KB122216

근현대 한국의 지성과 연세

연세국학총서 110

근현대 한국의 지성과 연세

연세대학교 국학연구원 편

혜안

간행사

우리나라 근현대를 바르게 이해하기 위해서는 우선적으로 우리 근현대에 지대한 공을 끼친 연세의 위상을 확인하고 학문적으로 점검하는 것이 중요하다는 생각을 지니고 있었다. 마침 2015년은 연세대학교가 창립된지 130주년이 되는 뜻 깊은 해였다. 선교사로 파송되어 온 언더우드가 1885년에 교육활동을 시작한 이후, 130년 동안의 연세 역사는 우리나라 근현대 역사와 같이 숨을 쉬어왔다고 해도 과언이 아니다. 이런 연세의 역사와 우리 근현대의 숨결을 오늘에 되새기기 위해, 국학연구원에서는 각계각층의 전문가들을 모시고 2015년 연중 기획으로 "근현대 한국의 지성과 연세"라는 학술대회를 가졌다. 이 책은 상반기 5월과 하반기 11월에 있었던 학술발표회의 연구 성과를 깁고 모은 저작이다.

연세는 구한말 개혁과정에서 새로운 서구문명의 통로 역할을 했을 뿐만 아니라 우리 국학을 이 땅에 뿌리내리게 했고, 식민지시기에는 민족문화와 민족사 연구를 통해 민족의식을 보존하는 요람 역할을 했으며, 우리나라 국학(國學)을 자리매김하고 서양의 근대학문을 수용하여 형성 발전시키는 데 크게 기여하였다. 이 책은 바로 이런 점에서 연세대학교 학문의 전통을 계승하고 발전시킨 여러 선구적 연구자들의 학문적 업적을 되돌아보고 그 가치를 조명함으로써 우리 민족과 국학이 앞으로 나갈 방향을 모색하기 위해 마련되었다.

이 책을 통해, 식민지시기의 고뇌에 찬 연희의 인재들이 민족의 구원과 국가 건설의 상충되는 고민 속에서 어떻게 연희전문의 기독교 정신이 민족 형성과 국가 건설에 영향을 주었는지를 살펴보기도 하고, 평생을 한글운동을 위해 헌신한 인물을 통해 그의 과오를 되짚고 민족주의적 삶과 당대적 판단에 따른 실천의 문제를 무겁게 가늠해 볼 수도 있을 것이다.

또한 연희전문을 입학하고 졸업한 학생들의 명단과 그들의 면면을 명확히 하고, 그들 삶의 궤적을 살펴봄으로써 단순히 사료화된 역사를 더듬는 것 이상의 생동감 있는 근현대사를 재현하는 작업을 수행하기도 했다. 이는 우리 민족과 고락을 같이 한 수많은 연세의 인재들을 살펴봄으로써, 우리 학교의 학문적 분위기와 인적 교류를 통찰하고, 민족을 위해 힘쓰고 노력한 각계각층의 인재들과 그들의 구체적 삶과 사실들의 면면을 확인하는 의미 있는 연구들이다. 연희전문이 초기에 문과, 상과, 수물과를 중심으로 운영되었던 시기의 근대 학문이 어떻게 형성되고 발전되었는지를 역사적 재구와 조명을 통해 확인하는 것 역시 이런 맥락에서였다.

국학연구원에서 2015년에 "연희 100년, 연세 130주년"을 맞아 이런 뜻 깊은 연구를 통해 우리 연세의 정신과 노력이 널리 확산될 것을 기대했는데, 그것은 우리나라 근현대에 면면히 흐르고 있는 선각자들의 정신을 살펴보고 그들의 지성이 어떻게 우리나라, 그리고 연세에 모아지고 확산되었는지를 통해 우리가 나가야 할 바른 방향을 찾아보려는 생각에서였다. 이를 통해, 연세의 지성이 곧 우리나라 지성임을 다시 한 번 되새기고, 연세 선학들의 학문과 노고를 계승하여 내일에 전해주는 소중한 책무가

6

우리에게 있음을 자각하는데 이 책이 도움이 되기를 바란다.

끝으로 이 책을 기획하고 출판하는데 수고해 주신 여러 선생님들께 깊은 감사를 드린다.

2016년 2월

국학연구원장 도현철

목 차

8

연희전문학교 졸업생들의 사회 진출 기초 연구

김 성 보

1. 머리말

일제 강점기에 조선에는 단 하나의 '대학'만 존재했고 나머지 고등교육 기관은 '전문학교'라는 제도의 틀 안에서만 설립이 허용되었다. 이는 조선총독부가 경성제국대학 1개교만을 통해 관학적 학술연구의 독점적 지위를 구축하면서, 그 외에는 실업교육 중심의 전문학교 교육을 실시함을 고등교육정책의 핵심으로 삼았기 때문이다.[1] 이 식민지 고등교육 정책은 일제 강점기 동안 지속되었고, 그 정책에 도전하는 민립대학 설립운동은 줄곧 좌절되었다.

일본 제국주의의 물리적, 제도적 억압 속에서 조선인 사회가 근대적, 민족적 고등교육을 위한 차선책으로 선택한 하나의 길은, 제도로서는 전문학교의 지위를 받아들이되 그 실제 운영에서는 인문·사회과학과 자연과학의 기초 학문을 교육과정에 포함하여 사실상 대학으로서의 근대 고등교육을 실현하는 방법이었다. 21개교의 전문학교 중에서도 보성,

---

[1] 정선이, 「연희전문 문과의 교육」, 연세대학교 국학연구원 편, 『근대 학문의 형성과 연희전문』, 2005, 63쪽.

숭실, 연희, 이화, 혜화 등의 사립 전문학교들에서 그러한 지향성이 잘 드러난다.

사립 전문학교들 중에서 숭실, 연희, 이화는 모두 기독교 계통의 교육기관이라는 공통점을 지니고 있다. 일제 강점기에 기독교계 전문학교들은 서구의 미국·기독교계와의 밀접한 관계를 통해 서구적 근대성을 직접 수용하고 조선화함으로써, 일제가 이식하려는 식민지 근대성과 경쟁하는 지식의 공간을 창출한 점에서 독특한 위상을 지닌다.2)

이 글은 기독교계 전문학교 중 근대적 대학교육의 제도에 가장 부합한 운영체계를 갖추었던 연희전문학교 졸업생들의 진로를 조사하여, 조선인 사회가 기대했던 근대적·민족적 고등교육을 통한 인재 양성에 이 학교가 얼마나 부응했는지, 그리고 그 과정에서 미국·기독교계와의 연관성이 어떤 특징을 보여주는지 살펴보고자 한다.

연희전문학교의 교수진과 학풍에 대해서는 그동안 많은 성과가 나왔다.3) 그렇지만 그 교육과 학풍을 통해 배출된 연희전문 출신들이 실제로 일제하와 해방 이후 신국가건설의 과정에서 어떤 진로를 선택하고 어떤 기여를 했는지에 대해서는 아직 본격적인 연구가 없는 실정이다. 경성제국 대학 졸업생들의 경력이 상당히 파악되어 있는 것에 비하면, 많은 아쉬움이 남는다.4) 이 글은 그 본격적인 연구를 위한 기초 조사 연구에 해당한다.

---

2) 백영서, 「일본제국권 기독교대학의 학풍과 그 계승 - 연희와 도시샤의 대학문화 비교」, 연세학풍사업단·김도형 외, 『일제하 연세학풍과 민족교육』, 혜안, 2015, 225쪽.

3) 연세대학교 국학연구원 편, 앞의 책 ; 연세대학교 국학연구원, 『연세국학연구사』, 연세대학교출판부, 2005 ; 연세대학교 박물관 편, 『내일을 걷는 연세 역사』, 연세대학교 대학출판문화원, 2013 ; 연세학풍사업단·김도형 외, 위의 책 등이 참고된다.

4) 일제하 고등교육 졸업자의 사회진출 일반에 대해서는 정선이, 「일제강점기 고등교육 졸업자의 사회적 진출 양상과 특성」, 『사회와 역사』 77집, 2008 참조. 경성제국대학 졸업생들의 주요 경력에 대해서는 이충우, 『경성제국대학』, 다락원, 1980의 부록이 충실하다. 정근식 외, 『식민권력과 근대지식 : 경성제국대학 연구』, 서울

이 조사 연구에서 주로 활용한 자료는 연희전문학교의 『Chosen Christian College Historical Data』(1925)·『延禧專門學校 狀況報告書』(1937), 연희동문회의 『延禧同門會報』 1~22호(1932~1941)·『母校創立二十五週年記念』(1940)·『會員名簿』(1940)·『延禧專門學校同硯錄』(1930)·『延禧同硯錄』(1954, 1958), 연세동문회의 『延世同硯錄』(1962, 1967, 1971) 등이다.5) 아울러 『大韓民國建國十年誌』,6) 『한국인물대사전』,7) 『한국민족문화대백과사전』,8) 『한국사회주의운동 인명사전』9) 등 각종 사전류, 학교사, 신문, 국사편찬위원회 '한국근현대인물자료' 데이터베이스 등에서 이들의 경력을 조사했다.

2. 일제하 연희전문 학생의 졸업·중퇴 이후 진로와 그 특징

1) 입학과 졸업·중퇴 추이

1915년도에 경신학교 대학부로 출발한 연희전문학교는 2년 뒤인 1917

대학교출판문화원, 2011도 참고된다.

5) 수물과 졸업생의 보다 정확한 개인신상은 나일성 편저, 『서양과학의 도입과 연희전문학교』, 연세대학교출판부, 2004의 부록 「연희전문학교동연록(1919~1944년 3월)에서 확인할 수 있었다. 나일성은 『연세동연록』을 토대로 하면서 그 외 여러 자료들을 참고하며 수물과 졸업생들의 동연록을 수정, 보완하였다.

6) 建國記念事業會, 『大韓民國建國十年誌』, 建國記念事業會, 1956.

7) 한국정신문화연구원 편, 『한국인물대사전』, 중앙일보·중앙M&B, 1999.

8) 『한국민족문화대백과사전』은 한국학중앙연구원에서 1979~1991년간 총 27권의 종이책으로 출간된 바 있으나, 그 이후 디지털화하여 『디지털 한국민족대백과사전』의 이름으로 출간되고 2010년에 그 제2차 개정증보판이 온라인 서비스되고 있어 이를 참고하였다(http://encykorea.aks. ac.kr/).

9) 강만길·성대경 엮음, 앞의 책, 『한국사회주의운동 인명사전』, 창작과비평사, 1996.

년도에 조선총독부에게서 사립 전문학교 인가를 정식으로 받았다. 그뒤 일제하에 연희전문학교에서 배출한 졸업생은 총 1,693명이다. 학과별로는 1회(1919.3)부터 27회(1944.3)까지 문과 403명, 상과 872명, 수물과(이과) 263명, 농과 3명이 졸업했으며, 이와 별도로 1944년 9월에 경성공업전문학교 이름으로 152명이 졸업했다.10)

우선 이들의 출신 환경을 이해하는 데에 도움이 되는 두 가지 통계자료를 소개한다. 연희동문회가 발간한 『모교창립25주년기념』 자료에 수록되어 있는 1940년까지 졸업생 1,040명의 원적 기준 출신지 통계와 『연희전문학교 상황보고서』(1937)에 기록되어 있는 학생들의 종교 상황 통계이다.

1940년까지 졸업생 1,040명의 출신지 분포를 보면, 원적 기준으로 경기도(서울 포함)가 35.4%로 가장 많은 비중을 차지한다. 경기도 인구 비율 11.2%에 비해 3배가 넘는 수치이다. 그 다음이 평안남북도 출신으로 이들은 21.5%에 이른다. 평안남북도의 인구비율이 13.9%임에 비하면 상대적으로 높은 수치이다. 이들 서울·경기도 출신과 평안남북도 출신을 합하면 56.9%로 과반수가 넘는다. 한국 기독교의 양대 산맥이라 할 수 있는 서울·경기도 지역과 평안남북도 지역에서 많은 학생들이 입학하였다. 그에 비해 전라남북도와 경상남북도는 그 인구 비율이 38.4%를 점하지만, 연희 졸업생 비율은 14.4%에 불과하다. 남부지역에서는 연희전문 진학이 소극적이었다.11)

---

10) 해방 후 다시 연희전문학교를 회복한 뒤인 1946년도에 28회 졸업생 122명이 나왔다. 이들을 포함하면 연희대학교 이전인 연희전문학교의 전체 졸업생수는 1,815명이다.

11) 연희 졸업생의 도별 분포도는 1895~1910년간 사립학교 설립 추세와 상관성이 높다. 한말에 세워진 1,647개 사립학교의 도별 분포를 보면 평북(241), 한성부(226), 경기(214), 평남(192), 황해(172) 순이었고, 경남(104)을 제외한 영호남 지역은 사립학교 설립에 소극적이었다(송규진 외, 『통계로 본 한국근현대사』, 아연출판부, 2004, 84쪽.). 한말에 사립학교들은 기독교 수용 등 서구적 근대화를 적극 받아들이는 지역에서 많이 세워졌다. 기독교의 영향이 큰 지역에서,

〈표 1〉 연희전문 졸업생 원적별 통계(1919~1940, 단위 : 명, %)

도명	졸업생수	졸업생 비율	도 인구 비율❶
함북	26	2.5	3.9
함남	72	6.9	7.5
평북	90	8.7	7.2
평남	133	12.8	6.7
황해	75	7.2	7.5
경기	368	35.4	11.2
강원	53	5.1	7.1
충북	22	2.1	4.1
충남	51	4.9	6.6
전북	34	3.3	6.8
전남	36	3.5	10.9
경북	41	3.9	10.9
경남	38	3.7	9.8
합계	1,040명	100%	100%

* 출전 :『모교창립25주년기념』, 연희전문학교 연희동문회, 1940, 21쪽.
❶ 도 인구비율은 1920년, 1930년, 1940년, 1944년 5월 4개년도의 인구 평균치임(송규진 외,
『통계로 본 한국근현대사』, 아연출판부, 2004, 94쪽).

　다음으로 1937년도 교파별 생도수 통계를 보면, 당시 444명의 학생
중에서 362명(81.5%)이 기독교인이다. 교파별로 보면 장로교파 145명
(32.65%), 조선감리교파 160명(36.04%), 기타 기독교파 57명(3.84%) 등이다.
신자가 아닌 경우는 82명으로 18.5%이다. 재학생 5명 중 4명은 기독교인에
해당했고, 교파별로는 감리교와 장로교가 반씩 점하였다. 서울·경기도가
주로 감리교 선교구역이고 평안남북도가 장로교 선교구역이었음을 고려

　　그리고 그 영향 아래 기독교와 서구적 근대화의 지향성을 공유하는 사립학교
　　출신들이 상위 사립 고등교육기관인 연희전문으로 입학하는 경우가 많았을
　　것으로 보인다. 그 연관성을 확인하기 위해서는 현존하는 연희전문 학적부를
　　모두 열람해서 학생들의 출신 중등학교 분포를 파악해야 하는데, 개인 신상
　　자료로서 접근에 제한성이 있어 미처 조사하지 못했다. 추후 연구가 필요하다.

하면, 감리교 신자들은 주로 서울·경기도 지방에서, 장로교 신자들은 주로 평안남북도 지방에서 입학했을 것으로 보인다.

이제 연희전문의 전반적인 졸업생 추이를 확인해 보자. 다음 <표 2>는 일제하의 회수별 졸업생 수이다.

〈표 2〉 각 회수별 연희전문학교 졸업생 수(1919~1944, 단위 : 명)

회수(년도)	졸업생수	회수(년도)	졸업생수	회수(년도)	졸업생수
1회(1919)	22	10회(1928)	39	19회(1937)	99
2회(1920)	2	11회(1929)	43	20회(1938)	104
3회(1921)	3	12회(1930)	23	21회(1939)	116
4회(1922)	10	13회(1931)	43	22회(1940)	122
5회(1923)	20	14회(1932)	28	23회(1941)	102
6회(1924)	26	15회(1933)	54	24회(1941)	94
7회(1925)	27	16회(1934)	60	25회(1942)	114
8회(1926)	23	17회(1935)	76	26회(1943)	122
9회(1927)	33	18회(1936)	68	27회,경성공업(1944)❶	220
합계 1,693명❷					

* 출전 : 연희동문회 본부 편, 『연희동연록』, 연희동문회, 1954, 217쪽 ; 『모교창립25주년기념』, 연희전문학교 연희동문회, 1940, 21쪽.
❶ 27회 졸업생 68명, 경성공업전문학교 졸업생(1944년 9월 졸업) 152명.
❷ 해방 이후인 1946년도의 제28회 졸업생 122명을 제외한 수치임.

이 표를 보면 연희전문학교의 졸업생 수는 1923년 3월 5회 졸업생까지 50명을 넘지 못하다가 1937년에 이르러 비로소 100명에 근접하거나 그 이상의 졸업생을 매년 배출하기 시작했다. 이를 연희전문의 재학생 수와 비교해보면 많은 차이가 확인된다.

연희전문은 1918~19년도 재학생 수가 94명이었으나 1919~20년도에는 3·1운동의 영향 등으로 그 수가 17명(문과 9명, 상과 5명, 농과 3명)으로 줄었다. 이로 인해 1920년과 1921년의 2·3회 졸업생 수는 각각 2명과

3명에 불과했다. 재학생 수는 1920~21년도에 다시 68명으로 증가하고, 1921~22년도에 118명이 되면서 1백 명을 넘어섰고, 1925~26년도에는 214명으로 그 규모가 2배로 증가했다.[12]

1920~21년 이후 재학생 수의 증가에도 불구하고 졸업생 수는 그에 훨씬 못미치는데, 이는 그만큼 중퇴자들이 많았음을 뜻한다. 『朝鮮總督府統計年報』 각년도판의 '사립전문학교 상황'에 따르면, 1917년부터 1942년 사이에 연희전문의 입학생 수는 3,176명인데, 그중 퇴학 1,489명, 사망 32명으로 중퇴자가 거의 절반인 1,521명에 이른다. 이토록 많은 중퇴자가 발생한 원인은 무엇일까? 그 원인으로는 엄격한 학사 관리, 학부형의 경제 사정, 개인적인 진로 변경 등 일반적인 사정을 고려할 수 있겠으나, 민족운동·학생운동 등 일제 강점기의 특수 사정도 이와 무관하지 않음을 시야에 둘 필요가 있다.

연희전문 중퇴자 수는 매년 수십 명을 기록하는데, 특히 1926년도와 1929년도에는 퇴학생 수가 급증하여 각각 103명과 172명을 기록했다. 1926년도는 6·10만세운동이 일어난 해인데, 이 운동에는 연희전문 학생들이 깊이 관여되었다. 사회주의 성향의 조선학생과학연구회에서 활동하던 연전 문과 2년생 이병립(李炳立)과 박하균 등은 만세 시위를 모의하고 태극기 200장과 '독립만세' 깃발들을 제작했다. 이 운동 관련으로 체포된 연희전문 학생은 앞서 언급한대로 37명에 이르렀다.[13] 1929년 6월에는 상과의 동맹휴학이 일어났다. "성경 시간에 불온한 태도를 보인" 상과 학생 한 명을 퇴학 처분한 것이 발단이 되어 상과 학생들이 집단 반발하자 상과 전원을 퇴학조치했는데, 문과 및 수물과 학생들이 동조하자 임시

---

12) 『Chosen Christian College Historical Data』, 1925, p.2. 일제하에 연희전문에서는 민족주의적 성향이 강한 기독교계 인사들이 학풍을 주도했고, 이에 따라 많은 학생들이 민족운동, 사회운동에 참여했다. 3·1운동이 일어날 때는 김원벽, 이병주 등이 연희의 학생들을 이끌었다(연세대학교박물관 편, 앞의 책, 81~82쪽).

13) 연세대학교박물관 편, 위의 책, 85쪽.

방학을 하고 상과 학생 98명을 제적하는 결과가 나왔다.[14] 한편 1938년에는 상과의 경제연구회가 '학생공산주의 단체'로 규정되어 연희전문 부교장 유억겸(兪億兼)을 비롯해서 상과 과장 이순탁(李順鐸), 백남운(白南雲)과 노동규(盧東奎, 상과 6회 졸) 등 상과 교수들이 검거되었고, 많은 학생들이 체포되어 고난을 겪었다.[15]

연희전문의 교육과 졸업생 배출은 이처럼 순탄하지만은 않았다. 민족적이며 사회 참여적인 학생들과 이에 억압적인 조선총독부 사이의 갈등, 기독교 교육을 강제하는 학교 운영진과 대체로 종교적으로 자유로운 교풍을 원하는 일부 학생들 사이의 갈등은 사상·이념과 종교라는 근본적인 문제를 드러내면서 때로는 학생들이 학업을 중간에 포기하게 되는 결과를 낳기도 했다. 연희전문의 운영진으로서는 식민지 피지배의 현실, 기독교계 학교로서의 특징, 학생들의 요구 등 다양한 요소들을 고려하며 "기독교주의 아래 동서 고근(東西古近) 사상의 화충(和衷)"으로 전문교육과 인격 도야를 통해 "학구적 성취를 도하되 학문의 정통에 수반하여 실용 능력을 겸비한 인재를 배출"한다는 교육 목표를 실현해가야 했다.[16] 그 과정에서 자의 또는 타의로 학교를 중간에 떠난 절반의 중퇴생들과 그 과정을 끝까지 이수한 또다른 절반의 졸업생들이 일제 강점기와 해방·분단의 신국가건설기에 고등교육 수혜자로서의 역할을 담당하게 된다.

2) 졸업생의 취업 통계(1940)

1940년까지 연희의 인재들은 졸업 이후 어느 분야로 진출했을까?『모교

---

14) 홍성찬,「일제하 연전 상과의 경제학풍과 '경제연구회' 사건」, 연세대학교 국학연구원 편,『근대 학문의 형성과 연희전문』, 2005, 131~132쪽.

15) 연세대학교 박물관 편, 앞의 책, 163~164쪽.

16) 연희전문의 교육목표는『연희전문학교상황보고서』, 연희전문학교, 1934, 2쪽 참조.

창립25주년기념』과 『Twenty-Five Years of the Chosen Christian College』(The Chosen Christian College, 1940)에는 이에 대한 조사 기록이 나온다.

〈표 3〉 연희전문 졸업생 취직 상황(1940, 단위 : 명, %)

직업	졸업생수	비율	직업	졸업생수	비율
모교 재직교수, 강사	9	0.8	文士(작가)	2	0.2
모교 직원	11	1.1	관리	75	7.2
학교 교원❶	121	11.6	은행 등 회사원	201	19.3
목사	10	0.9	자영 및 기타 사업❷	207	19.7
신학교 재학	3	0.3	농업	5	0.5
미국 유학	30	3.0	의사	2	0.2
일본 상급학교 재학	70	6.7	영세 자영업❸	240	23.1
신문기자	13	1.3	사망	43	4.1
			합계	1,042명❹	100%

* 출전 :『모교창립25주년기념』, 22쪽 ;『Twenty-Five Years of the Chosen Christian College』, 21쪽.
❶ 다른 기독교 학교 교사 76명 / 비기독교 학교 교사 45명.
❷ "Independent Commercial or Industrial Workers".
❸ "Various Lines of Independent Business".
❹ 졸업생수 통계 1,040명과 2명의 오차가 있음.

1940년 시점에 연희의 졸업생들이 가장 많이 진출한 곳은 경제 분야이다. 은행 등 회사원, 자영 및 기타 사업, 농업 종사자를 합하면 39.5%이며, 여기에 영세 자영업 등까지 포함한다면 62.6%에 이른다. 특히 상과 졸업생들은 은행, 금융조합 등에 많이 진출했다.

『회원명부』(1940)를 보면, 은행에는 동일은행 19명, 조선식산은행 15명, 조선상업은행 9명, 한성은행 8명, 조선은행 7명, 호남은행 3명, 산업은행 2명, 조선저축은행·대구경남은행·합동은행 각 1명, 미상 1명 총 67명이 일제하에 은행원이었다(상과 66명, 문과 1명). 금융조합 종사자는 43명이었다. 그 외에도 다양한 사업체에서 근무하거나 자영업, 상업 등에 종사했다.

그 다음으로 많이 진출한 분야는 교육 분야이다. 모교에 남은 9명의 교수·강사와 11명의 모교직원, 그리고 121명의 학교 교원을 합하면 141명으로 13.5%이다. 121명의 교원 중 과반수인 76명은 기독교 계통의 학교 교사로 부임했다. 서울의 배재고등보통학교, 이화여자고등보통학교, 배화여자고등보통학교, 정신(여)학교, 수피아여학교, 개성의 호수돈여자고등보통학교, 평양의 숭실학교, 신천의 신성학교, 정주의 오산학교, 함흥의 영생여자고등보통학교, 공주의 영명학교, 전주의 신흥학교 등 대부분의 일제하 기독교계 학교에 연희전문 졸업생들이 취직을 했다.[17] 특히 서울· 경기도와 평안남북도 지역의 기독교계 사립학교에 많이 부임했는데, 이는 이 지역에서 기독교 신앙을 가진 학생들이 기독교계 고등교육기관인 연희 출신 교사들의 교육을 받고 다시 연희전문에 진학하는 통로로서 작용했을 것으로 보인다. 졸업 후 유학의 길을 택한 경우는 9.7%로서 상당히 높은 비중이다. 유학에 대해서는 뒤에서 별도로 언급한다. 관리의 비중은 7.2%로 그리 높지 않다. 조선총독부 식산국·농림국·철도국 등과 각 도·부·군청 등에서 대부분 하위직으로 근무했다.

1941년도의 『경성제국대학일람』을 분석한 정선이의 연구에 따르면, 경성제국대학의 법문학부 출신들은 주로 관공서의 관료, 학교교원, 은행· 회사원의 순으로 사회에 진출했다. 같은 경성제대라고 해도 법학부와 문학부 출신의 사회진출 양상에는 차이가 있는데, 1934년 자료에 따르면 법학부의 경우 약 42%가 관공서로 진출했고, 문학부 출신들은 45%가 중등학교 교원으로 진출하고 관료가 2위였다.[18] 경성제국대학 졸업생들이 관료로 진출하는 경향이 두드러진 반면, 연희전문은 경제와 교육

---

17) 『연희동문회보』 1호~22호(1932~1941) ; 『모교창립25주년기념』(1940) 등에서 확인함. 일제하 기독교 학교에 대해서는 김홍석, 「일제 하에서의 한국 기독교학교」, 『기독교 사상연구』 4, 1997 참고.

18) 정선이, 앞의 글, 2008, 13~19쪽.

분야로의 진출과 유학이 많은 점이 두드러진 차이이다. 경성제대가 식민지 지배의 엘리트를 육성하는 데 초점을 맞춘 반면, 연희전문은 상과와 문과 졸업자들 다수가 민간사회로 진출하는 경향성을 보여준다. 한편 법과와 상과를 둔 보성전문학교의 졸업생들은 관공서와 법조계, 은행 등에 많이 진출했다.[19]

3) 졸업생의 활동 공간 확대 – 해외 유학과 해외 취업

위에서 연희전문 졸업생들의 각 분야별 진출 상황을 살펴보았는데, 그렇다면 그 진로는 어떤 지역 공간 속에서 이루어졌는지 살펴보자. 기독교계 학교로서 연희전문은 한편으로는 미국과 직접 연계고리를 가지면서 서구 근대를 수용하는 위치에 있었고, 다른 한편으로는 동아시아에 구축된 일본 제국의 지배질서 하에서 재구성된 학문을 수용하고 또한 직업을 구해야 하는 현실적인 조건에 놓여 있었다. 이러한 이중성은 연희 출신들이 졸업 이후 활동하게 되는 지역 공간의 특성에 영향을 미치게 된다.

『연희동문회보』와 『회원명부』(1940) 등에서 확인되는 졸업생들의 주소지를 보면, 미국과 일본, 중국 등 해외 거주자들이 눈에 띈다. 일제 강점기에 미국·일본·중국 3국에서 각각 다르게 나타나는 해외 유학과 해외 취업의 상황을 검토하면서 이러한 이중성이 어떻게 반영되는지를 확인해 본다.

---

19) 보성전문학교의 설립 초기 법학과 졸업생은 주로 판검사, 재판소 서기 등의 사법관 및 변호사 간혹은 경찰관으로 진출하고 상과 졸업생은 주로 세무관, 세무주사 등의 관리 및 기타 실업에 종사했는데, 이러한 경향은 그 뒤에도 지속되었으며 점차 은행원, 교원들의 숫자도 증가했다(『고려대학교 60년지』, 고려대학교, 1965, 84쪽 ; 『고려대학교 90년지』, 고려대학교, 1995 제1장 4절).

(1) 해외 유학 : 미국 선호 성향의 지속과 일본 유학의 점진적 증가

연희전문의 교육에서 두드러진 특징의 하나는 학문 지향적 성격이다. 이 학교에는 문과와 수물과(1941년 이후 이과)라고 하는 기초 학문을 학습·연구할 수 있는 학문적 기반이 있었다. 특히 일제 강점기에 연희의 수물과는 기초학문으로서 자연과학을 배울 수 있는 유일한 교육 공간이었다. 사실상 대학교육을 받음에도 불구하고 전문학교 졸업자격만을 부여받을 수밖에 없었던 당시의 현실 또한 연희 졸업생들 상당수가 또 다른 상급학교에 진학하여 학업을 계속하게 하는 경향을 촉진했다. 이로 인해 당시 전문학교는 상급학교 진학기관이 아닌 그 자체로서 완성교육기관이었지만 연희전문 졸업생의 상급학교 진학률은 다른 전문학교 진학률보다 훨씬 높은 비율을 보인다. 1937년도까지 졸업생의 상급학교 진학률은 17%에 이르렀다. 당시 전문학교 졸업생으로서 상급학교 진학자는 대부분 연희전문 출신이었다.[20]

연희 졸업생들은 특히 유학을 선호했다. 연희의 1919년도 첫 졸업생 22명 중에서 9명(40.1%)이 유학을 떠났다. 특히 수물과 졸업생 4명은 모두 유학을 선택했다. 유학지로는 7명이 미국을, 2명이 중국을 선택했으며, 일본을 처음부터 선택한 경우는 없다. 미국으로 유학한 첫 문과 졸업생 3명을 보면, 노준탁(盧俊鐸)과 전처선(全處善)이 각각 노스웨스턴 대학과 콜럼비아 대학에서 교육학을 전공했고, 홍기원(洪基援)은 남감리대학 문과에서 수학한 다음 교토제국대학 경제학부 위탁학생으로 옮겼다. 수물과에서는 김술근(金述根)이 하바드 대학에서 물리학을, 이원철(李源喆)이 미시간 주립대학에서 천문학을, 임용필(任用弼)이 말큐 대학에서 전기공학을, 장세운(張世雲)은 시카고 대학에서 수학을 전공했다. 그중 이원철과 장세운은 각각 천문학과 수학 분야로 박사학위까지 취득했다. 뒤에서 언급하는

---

20) 정선이, 앞의 글, 2005, 107~108쪽.

이원철을 제외하고 수물과의 다른 세 명은 학업 이후에도 미국에 체류한 것으로 확인된다. 한편 문과의 유기준(劉基俊)은 중국 진링 대학(金陵大學)에서 영문학을 전공했고, 상과의 문승찬(文承贊)은 옌칭 대학(燕京大學) 문과로 진학했다.

첫 졸업생들이 주로 미국으로 유학한 것은 연희전문을 세운 선교사와 미국 출신 교수들의 미국 기독교계·교육계와의 연관성, 학교측의 적극적인 유학 지도 없이는 생각하기 어려운 일이다. 예를 들어 이원철은 1922년도에 스승 베커(白雅惠, A. L. Becker)와 루퍼스(W. C. Rufus)의 모교인 알비언 컬리지에 편입하여 한 학기 만에 졸업한 다음, 당시 루퍼스가 교수로 재직 중이던 미시간 대학으로 다시 진학하여 박사학위를 받았다.[21] 물리학자 최규남도 미시간 대학에서 박사학위를 받았다. 문과 졸업생 박희성(朴希聖) 역시 1928년도에 알비언 컬리지에서 철학을 전공한 다음 미시간 대학 대학원에서 「주관주의와 직관」이라는 논문으로 박사학위를 받았다.[22]

1934년 『연희동문회보』 2호(1934)에 의하면, 개교 이래 1934년 시점까지 총 72명이 유학길에 올랐다. 졸업생들은 미국행을 선호하여 48명이 미국으로, 그리고 중국에 3명이 유학했으며, 일본에는 21명이 유학했다. 당시까지 연전 졸업생의 제1 유학지는 일본이 아닌 미국이었다. 그러나 일제의 식민지 지배 후반기로 갈수록 미국 유학이 어려워지면서 일본 유학이 상대적으로 비중이 늘어나게 된다. 이는 아래 표에서 확인할 수 있다.

<표 4>를 보면, 1940년 시점에는 일본 유학이 84명으로 미국 유학 66명보다 더 많음이 확인된다. 특히 상과에서 일본 유학이 32명으로 미국 유학 19명을 훨씬 상회하였다. 문과는 일제 말기에도 미국과 일본

---

21) 나일성, 「사막에서 홀로 몸부림친 천문학자」, 김근배 외, 『한국 과학기술 인물 12인』, 북하우스, 2007, 255~257쪽 ; 나일성 편저, 『서양과학의 도입과 연희전문학교』, 연세대학교출판부, 2004, 122·281쪽. 이원철의 박사학위논문 제목은 「독수리자리 에타성의 대기운동」이다(나일성(2007), 위의 글, 258쪽).
22) 『디지털 한국민족문화대백과사전』의 '박희성' 항목.

<표 4> 연희전문 출신의 유학 상황(1940년 5월 현재, 단위 : 명)

	문과	상과	수물과(이과)	농과	계
미국 유학	34	19	12	1	66
영국 유학	1	0	0	0	1
독일 유학	1	0	0	0	1
일본 유학	34	32	17	1	84
계	70	51	29	2	152

* 출전 :『모교창립25주년기념』, 22쪽.

유학이 반반이다. 일제 말기에는 일본 유학이 미국 유학을 앞지르기는 하지만, 일제 강점기 전반을 놓고 볼 때 연희전문 학생들은 다른 학교 출신들에 비해 미국을 유학지로 선호하는 경향이 컸다고 할 수 있다. 이는 연희전문과 미국과의 깊은 연관성 외에도, 미국의 대학들이 일본과 달리 연희전문 졸업자들을 대학 졸업자로서 대체로 인정했고, 미국의 교육과정이 유럽·일본보다 박사학위 취득이 상대적으로 수월했다는 점을 들 수 있다.

일제하에 박사학위를 취득한 연희전문 졸업생은 11명이 확인된다. 이중에서 일본에서 박사학위를 받은 경우는 교토제국대학에서 이학 박사 학위를 받은 물리학자 박철재(朴哲在)가 유일하다.[23] 나머지는 모두 미국 유학을 통해 박사학위를 취득했다. 해방 이전에 박사학위를 받은 연희전문 졸업생은 다음 <표 5>와 같다.

문과 출신으로는 이묘묵, 박희성, 정일형, 갈홍기가 철학박사학위를, 김치선이 신학박사학위를 취득했다. 이들 중 이묘묵, 정일형, 갈홍기는 연희전문 교수로 부임했다. 박희성은 보성전문학교 교수로 부임해서

---

23) 박철재는 1940년 10월에 이학박사학위를 취득했는데, 논문 제목은「生호막의 결정화에 대하여」이다(김근배,『한국 근대 과학기술인력의 출현』, 문학과지성사, 2005, 276쪽).

〈표 5〉일제 강점기에 박사학위를 취득한 연희전문 졸업생

성명	연희전문 졸업 학과, 회수(년도)	유학 대학, 학위명, 전공	주요 경력
李卯默	문과, 4회(1922)	마운트유니온대학 졸. 시라큐스대학 문학사(B.A), 도서관학. 보스턴대학 철학박사(Ph.D, 1931), 사학	연희전문 교수·도서관장, 『The Korea Times』초대 사장, 미군정 하지사령관 특별보좌관
朴希聖	문과, 7회(1925)	알비언대학 문학사. 미시간대학 철학박사(1937), 철학	보성전문 교수, 고려대학교 교수
金致善	문과, 9회(1927)	고베중앙신학교 졸, 웨스트민스터신학교 졸, 댈러스신학교 신학박사(Th.D, 1936), 신학	남대문교회 목사, 대한신학대학교 초대 교장
鄭一亨	문과, 9회(1927)	드루대학 철학박사(1935), 사회학·법학	연희전문 교수, 미군정청 인사행정처장, 국회의원
葛弘基	문과, 10회(1928)	캐랫신학교 졸. 노스웨스턴대학 문학사. 시카고대학 철학박사(1934)	연희전문 교수, 외무부 차관, 공보처장
金永羲	상과, 4회(1922)	예일대학 종교역사과 철학박사(1929), 교육철학	이화여자전문 도서관장, 변호사
崔淳周	상과, 5회(1923)	뉴욕대학 경제학과 석사, 철학박사(1930)[24]	연희전문 교수, 조선은행 총재, 재무부장관, 국회 민의원 부의장
李源喆	수물과, 1회(1919)	미시간대학 이학박사(1926), 천문학	연희전문 교수, 중앙관상대 초대 대장, 인하공대 초대 학장
長世雲	수물과, 1회(1919)	시카고대학 이학사, 노스웨스턴대학 이학박사(1938)	북미한인학생총회 편집부장, 『우라키』편집위원, 미국 체류
崔奎南	수물과, 8회(1926)	미시간대학 이학박사(1932), 물리학	연희전문 교수, 서울대학교 교수, 문교부 장관
朴哲在	수물과, 12회(1930)	교토제국대학 이학박사(1940)	서울대학 교수, 한국원력연구소 초대 소장

* 출전 : 『연희동문회보』, 『디지털 한국민족문화대백과사전』, 『동아일보』; 김근배, 『한국 근대 과학기술인력의 출현』, 문학과지성사, 2005 ; 이은석, 「김치선 목사의 개혁파 부흥운동」, 『신학지평』, 23-1, 2010.

철학을 가르쳤다. 「5경의 모세 저작권」이라는 제목으로 박사학위를 받은 김치선은 일제하에 고베 등 일본에서 목회를 하다가 1944년에 귀국하여 남대문교회 목사가 되었다. 그는 해방 후에 삼백만부흥전도회를 이끌었으며 그 일환으로 1948년에 장로회 야간 신학교를 개교했다. 이 학교는 대한예수교장로회 대한신학교로 교명을 변경하게 된다.25) 상과에서는 김영희, 최순주 2명이 철학박사학위를 받았는데, 김영희는 이화여자전문학교 도서관에 근무했으며, 최순주는 연희전문 상과 교수로 부임했다. 수물과에서는 이원철·장세운·최규남·박철재가 이학박사학위를 받았는데, 이원철과 최규남은 연희전문 교수로 부임하고 박철재는 해방 후 서울대학교 교수가 된다. 장세운은 학위 취득 후에 미국에 체류한 것으로 확인되는데 구체적인 경력은 확인하지 못했다.

일제하에 유학하여 박사학위를 취득한 졸업생들 가운데 6명은 모교인 연희전문 교수로 부임하여 학문의 계승·발전에 기여했다. 그 외에도 보성전문(고려대학교), 서울대학교 교수로 활동하는 등, 대부분 한국의 고등교육기관에 자리를 잡았다. 경성제국대학이 많은 졸업생을 배출하면서도 단 한 명도 교수로 임용하지 않은 데 비해, 사립전문학교인 연희에서는 유학 경험을 통해 고등교육을 책임질 인력을 양성하는 데 그 기반을 제공하였다.

(2) 해외 취업 : 중국 취업의 확대와 소수의 일본 취업

그렇다면 연희전문의 졸업생들은 어떤 공간에서 자신의 진로를 찾아갔

---

24) 최순주는 뉴욕대학에서 실업경리 분야의 석사학위를 받았고(『동아일보』 1927.8.7), 같은 대학에서 철학박사학위(Ph.D)를 받았다(『동아일보』 1930. 11.22. ;『연희동문회보』 2호, 1934, 48쪽).

25) 이은석, 「김치선 목사의 개혁파 부흥운동」,『신학지평』 23-1, 2010, 125~128쪽 ; 김의선,『고봉 김치선 목사의 신학사상과 한국교회에 끼친 영향』, 안양대학교 신학대학원 석사학위논문, 1999, 15~25쪽.

을까? 지역 공간의 관점에서 볼 때, 『연희동문회보』 1호(1932)와 『회원명부』 (1940)의 주소란을 비교해보면 한 가지 두드러진 특징을 찾을 수 있다. 1932년의 회보에는 해외 유학생들을 제외하면 북간도(北間島) 용정(龍井) 은진학교(恩眞學校) 교원 이석용(李錫勇, 수물과, 8회 졸) 단 1명만 해외에 거주했으며, 나머지는 모두 한반도 안에서 활동했다. 용정중학교의 전신인 은진학교는 시인 윤동주(尹東柱, 문과, 24회 졸)가 다녔던 민족교육을 중시한 학교이다. 일본으로 주소지를 옮긴 경우는 모두 유학한 경우이다.

이에 비해 1940년 회원명부를 보면, 만주국을 비롯한 중국 지역으로 활동 공간을 옮긴 경우를 좀 더 찾아 볼 수 있다. 1,041명의 동문회원 중 극히 적은 숫자이지만, 중국 거주자는 44명으로 증가했다. 이들의 직업은 교원, 관리, 회사원, 목사, 사무원 등이다. 용정 은진중학교에 고창렬(高昌烈), 박창해(朴昌海), 최윤식(崔允植) 등 교원 3명이 근무하는 등 중국에 8명이 교원으로 활동했으며, 상업 10명, 관리 9명(경찰 1명 포함), 회사원 4명, 목사 2명, 사무원 2명, 개척훈련소 단장, 지점장, 농업, 기자, 기술자, 의과대학 연구, 자영, 군속, 미상 각 1명이다.

연희 졸업생의 활동 공간이 중국으로 확대된 것은 일본 제국주의의 중국 침략과정과 직간접적으로 연관성이 있음을 부인하기 어렵다. 극소수이지만 만주국 대사관의 조선과에서 관리로 근무하거나 경찰서 고등계 주임, 협화회 사무원 등으로 활동한 경우는 일제의 중국 침략과 직접 연관된 사례라고 하겠고, 그 외에 만주국 광업개발주식회사, 신경(新京)척식공사 등에 근무하는 경우도 연관성이 있다. 북지전선(北支戰線) 통신반 군속이었다가 주화조민통일동맹(駐華朝民統一同盟) 공작원 활동으로 검거된 김세원(金世元, 문과, 6회 졸)의 경우도 있어, 그 연관성에 대해서는 보다 면밀한 사례 조사가 필요하겠다.26)

---

26) 김세원은 그 뒤 河北省 石門韓人會 교육부장, 고창중학교 교장, 군산사범학교 교장, 전주명륜대 교수·교무처장, 대전사범학교 교장 등 교육계에서 활동했다(建

한편 사립학교의 교원, 목사, 유한양행 지점장 등으로 활동한 경우는 1930년대 이후 직업과 자신의 소신을 위해 활동공간을 넓혀간 사례로 보여진다. 1930년대 이후 일제 말기에 접어들면서 연희전문 졸업생의 활동공간은 일본의 중국 침략과 직간접으로 연관되면서, 그 안에서 직업 기회 창출 등 자신들의 필요에 따라 활동공간을 넓혀가고 있었다.

1940년 시점에 연희 졸업생들의 일부는 일본으로 유학 이외에도 근무지를 옮긴 경우도 나타나는데, 중국행에 비하면 소수인 7명에 불과하다. 화신주식회사 오사카시 지점 등에서 경제 활동을 하거나 시모노세키시에서 목사로 근무한 경우 등이다.

이상에서 살펴본 것처럼, 해외에 주소지를 둔 연희전문 졸업생중 미국 거주자는 모두 유학생이며, 일본 거주자는 유학생들이 많지만 직장이 그곳인 경우도 일부 있다. 그리고 중국의 경우에는 유학생의 경우는 예외적이고 그곳에 직장을 둔 경우가 다수로서, 주로 1930년대 이후 그 현상이 나타난다. 이는 일제하에 연희전문과 미국의 관계는 직업 기회의 확대보다는 전적으로 서구 학문의 수용이라는 맥락 위에 놓여져 있고, 일본의 경우에는 동아시아에서 변형된 서구 근대 학문의 재수용과 아울러 직업 기회의 새로운 창출과정과 맞물려 있었음을 보여준다. 그리고 중국의 경우에는 부분적으로 학문 수용의 대상이 되기도 했으나 주로 일본 제국주의의 팽창과 직간접적으로 연관되거나 직업을 위해 조선인의 활동공간이 동아시아에서 확산되는 양상 등과 결부되어 있었다.

4) 민족운동과 사회운동 참여

지금까지 연희전문 졸업생들의 진로와 활동공간을 검토했는데, 그

國記念事業會, 앞의 책, 980쪽).

속에서 검토하지 못한 중요한 사항은 이들의 민족운동과 사회운동 참여 경력이다. 그 경력은 이 논문에서 다루는 연희전문·연세대학교의 졸업생에 대한 기초자료를 통해서는 제대로 확인되지 않는다. 무엇보다도 민족운동·사회운동에 참여한 학생들의 상당수는 졸업하지 못하고 퇴학당하거나 스스로 학업을 중도에 포기하는 경우가 많아서 졸업생 명부에서 그 이름 자체를 확인할 수 없다. 이에 대해서는 광범한 민족운동사 관련 자료들을 섭렵하면 통계적인 접근이 가능하겠으나, 여기서는 다만 몇 가지 주요 사례들만을 언급하고자 한다.

3·1운동 이후 연희전문 출신들이 겪은 대표적인 민족주의 관련 사건으로는 수양동우회 사건과 조선어학회 사건 등을 들 수 있다. 1937년의 수양동우회 사건 때는 배화 교사였던 김윤경(金允經, 문과, 4회 졸)이 검거되어 교사직을 사임했고 연희전문 이사직에서도 해임되었다. 이묘묵은 유학 이후 귀국하여 모교의 교수로 부임했는데, 이 사건에 연루되어 구속되었다가 석방되었다. 김윤경은 해방 이후 연희대학교 총장대리로 취임하여 연희의 재건을 위해 노력하게 된다.

조선어학회 사건 때는 김윤경이 또 다시 붙잡혔고, 문과 7회 졸업생인 정태진(丁泰鎭)과 정인승(鄭寅承), 문과 12회 졸업생 김선기(金善琪) 등이 수난을 겪었다. 정태진은 해방 이후 조선말『큰사전』속간 작업에 전념하다가 1952년에 작고했다. 정인승은 일제하에 전라북도 고창고보에서 교사 생활을 하며『큰사전』편찬에 참여했었고, 해방 이후에는 전북대·중앙대 교수로 활동했다. 김선기는 이후 연희전문·연희대 교수직을 역임한 후 이직하여 서울대 언어학과 교수가 된다.

연희 졸업생의 사회주의운동은 1924년도에 창립한 조선학생과학연구회와 관련이 깊다. 조선학생과학연구회에는 6·10만세운동을 주도한 이병립과 박하균 외에도 권오상(權五常), 이석훈(李錫薰), 정달헌(鄭達憲), 조두원(趙斗元, 조일명) 등이 참여했다. 정달헌은 개성 송도고보를 나와 연희전문

문과에 입학했으나 학업을 마무리하지는 못했다. 그는 1926년에 조선공산
당에 입당하고 모스크바 동방노력자공산대학을 졸업했으며, 적색노동조
합운동에 참여했다. 해방후 조선공산당 함경북도책이 되었고 1948년
북조선로동당 제2차 대회에서는 종파주의자로 비판받았다. 평북도인민
위원회 위원장, 평양경제전문학교 교장을 지냈다.27) 조두원은 양양의
지주 집안 출신으로, 연희전문 문과를 잠시 다닌 바 있다. 그는 1915년
남경 진링 대학을 졸업한 후 상해(上海)에서 동제사에 가입했으며, 신한청
년당과 대한민국임시정부 활동에 관여했다. 그 이후 사회주의자가 되어
1922년 모스크바에서 열린 극동민족대회 고려공산당 대표, 1926년 코민테
른 제6차 확대총회 조선공산당 대표 등으로 활동했다. 그는 1944년 조선건
국동맹에 참여했고, 해방 이후 장안파 조선공산당 결성에 동참했다. 근로
인민당 중앙위원이 되어 여운형과 함께 활동하다가 그가 암살되자 낙향했
다.28) 이영선(李英善, 상과, 13회 졸)도 조선건국동맹과 근로인민당 중앙위
원으로 활동했다.29)

　　일제 말기 연희 출신의 민족운동으로는 김상훈(金尙勳)과 윤동주·송몽
규(宋夢奎) 등의 사례를 들 수 있다. 중동중학 동맹휴학을 주도하고 연희전
문 문과 재학중에 인월회(引月會) 조직 활동을 했던 김상훈은 1944년에

---

27) 강만길·성대경 엮음, 앞의 책, 430쪽.
28) 강만길·성대경 엮음, 위의 책, 453쪽.『한국사회주의운동 인명사전』에는 연희전문
　　을 다닌 16명의 명단이 확인된다. 사전에 수록된 2,000명 중에서는 아주 적은
　　비중이다. 16명의 성명은 姜英均, 郭良勳, 權大衡, 權五常, 金光洙, 朴世榮, 朴長松,
　　安鍾翊, 李炳立, 李錫薰, 李恒發, 鄭達憲, 趙斗元, 秦炳魯, 韓一淸, 黃泰成 등이다.
　　이들 대부분 연희전문을 중퇴했다. 金光洙는 이 사전에 연희전문을 졸업한 것으로
　　기록되어있으나(45쪽), 문과 8회 졸업생 金光洙와는 동명이인으로 보인다.
29) 육척거구로 연희전문 운동선수 출신인 이영선은 조선건국동맹에 가입하여 화북조
　　선독립동맹을 연계해주는 연락원을 담당했고, 해방 후 여운형과 함께 근로인민당
　　에서 활동했다. 1948년 남북제정당사회단체연석회담때 근로인민당 5인 대표중
　　한 명이다(정병준,『몽양여운형평전』, 1995, 79·105~107·301쪽 ;『서울신문』
　　1948.4.20.).

조선민족해방협동당 별동대에 들어가 훈련중에 체포되어 투옥되었다.[30] 도시샤대학 유학생 윤동주와 교토제국대학 유학생 송몽규(문과, 24회 졸)는 둘 사이의 이야기가 도청되어 '교토의 조선인 학생 민족주의그룹 사건'이란 명목으로 체포되었고, 둘 다 옥사했다.[31]

그 외에도 3·1운동에 참여한 뒤 상해 대한민국임시정부의 연통제 평남 특파원, 남경단우회장, 상해 한인구락부, 시사책진회에서 활동한 유기준(문과, 1회 졸), 상해임시정부 산하 한중항일공동투쟁청년단에서 활동하고 해방 후에는 건국준비위원회 강원도 위원장, 반민특위 강원지부 조사부장을 지낸 김우종(金宇鍾, 문과, 14회 졸), 의열단·조선민족혁명단 활동을 한 정순갑(鄭淳甲, 1926년 문과 입학), 브나로드운동에 적극 참여했고 해방 후 강원도 내무국장, 대한농회 활동을 한 강치봉(姜致奉, 문과, 14회 졸) 등도 민족운동·사회운동에 참여한 경우에 속한다. 연희전문 출신의 민족운동 및 사회운동에 참여한 인물들에 대한 본격적인 조사는 추후의 과제로 남긴다.

3. 해방 후 연희전문 졸업생의 진로와 신국가 건설 참여

1) 졸업생들의 해방 후~1960년대 직업 분포

1945년 연희전문 졸업생들은 일본 제국주의가 물러나고 해방을 맞으면서 새로운 국가 건설의 기회를 얻게 된다. 각 분야에서 고등교육 수혜자들에 대한 수요는 폭증했다. 해방 이후 1960년대 사이에 연희전문 졸업생들은

---

30) 연세대학교 문과대학, 『연세대학교 문과대학 100년 2-학술사, 인물』, 연세대학교 대학출판문화원, 2015, 548~549쪽.
31) 연세대학교박물관 편, 앞의 책, 198~199쪽.

주로 어떤 분야로 진출하게 되는지 살펴보자.

『연희동연록』(1954, 1958)과 『연세동연록』(1962, 1967, 1971)을 통해 연희전문 졸업생들의 취직 상황을 대체로 확인할 수 있다. 이 자료들은 부정확한 경우가 많기 때문에, 다른 자료들을 일부 검토했으나 정확을 기하기는 어려우며 대체적인 추세만을 확인하기 위해 살펴본다. 1919년부터 1944년까지 졸업생 1,693명중에서 해방 후 경력이 확인되는 숫자는 934명(55.2%)이다. 이들의 직업 분포는 <표 6>과 같다.

〈표 6〉 연희전문 졸업생(1919~1944)의 해방 후~1960년대 직업 분포(단위 : 명, %)

진출 분야	문과	상과	수물과	농과	경성공업	계	비율1	비율2
교육, 연구	121	92	89		25	327	35.0	
언론, 방송	10	7	1		3	21	2.2	42.8
문화,예술	20	14	1		1	36	3.9	
종교	11	4	1			16	1.7	
정치, 외교	6	4			1	11	1.2	
행정	10	87	12		6	115	12.3	13.7
법조	1	1				2	0.2	
경제	37	222	29		30	319	34.2	34.2
군인	13	35	7		11	66	7.1	7.1
의약, 기술	5	6	8		2	21	2.2	2.2
계	234명	472명	148명	1명	79명	934명	100%	100%

* 출전 : 『연희동연록』(1954, 1958), 『연세동연록』(1962, 1967, 1971), 국사편찬위원회 '한국근현대인물자료' 데이터베이스, 『대한민국건국십년지』, 『한국인물대사전』, 『디지털 한국민족문화대백과사전』 등.

가장 많은 분포를 보이는 직업은 교육·연구 분야로 전체의 35.0%에 해당하는 327명이다. 1940년 시점의 졸업생 취직 조사에서 교육계 종사 비율은 13.5%였는데, 이에 비해 해방 후 교육·연구 분야의 비율은 2배 이상 증가했다. 이는 해방 이후 고등·중등교육 수요가 폭발적으로 증가한

데 비해 이를 뒷받침할 수요가 극히 부족했던 점, 학교 이외에 취직이 어려웠던 사정 등이 복합적으로 작용한 것으로 보인다.

이들 중 대학교수 수는 102명이며, 그 외에 중고등학교 교사 등으로 활동했다. 기초학문에 해당하는 문과와 수물과(이과) 졸업생의 교육·연구 분야 진출이 두드러졌는데, 문과 출신은 51.7%가, 수물과(이과)는 60.1%가 이 분야에 진출했다. 상과 출신의 교육·연구 분야 진출은 상대적으로 비중이 적다. 문과와 수물과 출신들이 신국가건설의 토대를 이루는 인재 양성의 현장에서 특히 중요한 역할을 했다 하겠다. 교육·연구분야를 포함해서 언론, 문화, 예술, 종교를 합하면 졸업생의 42.8%에 이른다. 연희 졸업생은 해방 후의 건국과정에서 문화 분야의 건설에 가장 많이 참여했다고 하겠다.

문화·언론 분야에서는 언론인·수필가·아동문학가 조풍연(趙豊衍), 수도극장 지배인·부사장 이회극(李會極), 언론인 강영수(姜永壽) 등을 예시할 수 있다. 특히 연희전문 졸업생은 음악계에서의 활동이 두드러진다. 연희전문은 매일 채플시간이 있고 그때마다 찬송가를 부르고 합창 순서가 있어, 음악과 학교 생활이 밀접히 관련되어 있었다.[32] 이에 많은 음악가들이 배출되었다. 『모교창립 25주년 기념』 자료에는 9명의 음악가 사진이 실려있다(25쪽). 성악 윤기성(尹基誠)·이유선(李宥善)·이인범(李仁範)·김연준(金連俊), 제금(提琴) 곽정순(郭正淳), 김생려(金生麗), 문학준(文學準), 피아노 최성두(崔聖斗), 작곡 김성태(金聖泰) 등이다. 연희전문 합창단원이던[33] 이유선은 시카고 American Conservatory of Music에 유학했고, 일제하에 축음기 회사 직원으로 있다가, 해방후 UN군 극동사령부 문관, 한국음악협회 초대이사장, 한국성악학회 회장, 중앙대학교 음대 교수 등을 역임했다.

---

32) 연세대학교 백년사편찬위원회 편, 『연세대학교 백년사 1』, 연세대학교출판부, 1985, 207쪽.
33) 연세대학교 백년사편찬위원회 편, 위의 책, 207쪽.

김성태는 동경국립고등음악학원에 유학했고, 일제하에 경성중앙방송국 합창단 상임지휘자를, 해방 후에는 서울대학교 예술대학 음악부 창설기부터 교수로서, 그리고 서울시립교향악단 이사, 대한민국 예술원 회장 등을 역임했다. 이인범은 일본고등음악학교에 유학했고, 1939년도에 전일본 성악콩쿨대회에 수석 입선했으며, 해방 후 한국오페라단 단장, 서울대학교·이화여대·연세대 등에서 교수로 활동했다. 최초의 국악 오페라 춘향전 대본을 작성한 김문응(金文應)도 연희전문 졸업생이다.

그 다음으로 많은 활동을 한 영역은 '경제'로 총 34.2%에 이른다. 1940년 시점의 62.6%에 비하면 약 절반 정도로 축소되었다. 이는 해방 후 교육자에 대한 수요가 폭증하고 관료 진출도 늘어나게 되어 상대적으로 비중이 줄어든 데 따른 현상이다. 경제계 진출은 역시 상과 출신들이 많은데, 졸업생 472명중 그 절반(47.0%)인 222명이 경제 분야로 진출했다. 일제 강점기에도 상과 졸업생들의 은행·금융조합 등 경제계 진출은 활발했는데 그 경력은 해방 이후 남한에서 그 분야의 전문가로 성장하는 기반이 되었다. 예를 들어 조선은행 행원이었던 김영찬(金永燦)은 정부 수립 이후 한국은행 부총재, 한국산업은행 총재, 제5대 재무부 차관, 제11대 상공부 장관 등을 역임한다. 개경금융조합 등에서 근무한 박동규(朴東奎)는 대한금융조합연합회 사업부 지도부장, 농업은행 이사·총재, 중소기업은행 행장, 한국산업은행 총재, 제17대 재무부 장관, 대한방직협회 회장, 대한생명 회장, 금융제도심의위원회 위원장 등의 경력을 쌓았다.[34]

그 다음 넓은 의미의 정관계에 진출한 비율은 행정 12.3%, 정치외교 1.2%, 법조 0.2% 등 총 13.7%에 이른다. 정계에서는 국회 프락치사건에 휘말린 서용길(徐容吉) 제헌국회의원을 비롯해서 권복인(權福仁)·김용우(金用雨)·류진(柳津)·박종남(朴鍾南)·송방용(宋邦鏞)·정일형(鄭一亨)·주금용

---

34) 『디지털 한국민족문화대백과사전』 '김영찬', '박동규' 항목.

(朱金用)·한태일(韓泰日) 등이 정부 수립 이후 1960년대에 국회의원으로 활동했다. 관료계에서는 정일형이 외무부 장관직을 지냈고, 최순주·박동 규가 재무부에서, 박술음(朴術音)이 사회부에서, 최규남이 문교부에서, 김용우·박병권(朴炳權)이 국방부에서, 그리고 김영찬·나익진(羅翼鎭)이 상공부에서 장관직을 지냈다. 그 외에 미군정 외무청에 근무하고 초대 교육부 차관을 지낸 문장욱(文章郁), 미군정 재무부 이재관 기술관, 적산 관리인, 초대 재무부 차관으로 활동한 장희창(張熙昌), 미군정 외무과장, 남조선과도정부 문교부 성인교육국장을 지낸 송흥국(宋興國), 외교관 김주천(金柱天)·한표욱(韓豹頊), UNKRA 농촌사업부 고문관, 미군정 경기도 문정관으로 4-H구락부를 조직하는 데 참여한 이진묵(李辰黙) 등이 있는데, 모두 일일이 열거하지 않는다.

일제 강점기에 비해 해방 후 연희전문의 졸업생들은 2배 이상 교육·연구 분야와 관료 진출이 증가했고, 이에 상대적으로 경제분야로의 진출은 절반으로 축소되었다. 이는 상과의 경제 분야 진출 경향이 약화되어서 발생한 현상이라기보다는, 해방 이후 신국가건설기에 교육·연구와 정치· 외교·행정 분야에서의 인력 수요가 급증해서 나타난 결과였다.

그렇다면 좀 더 구체적으로, 이들은 해방과 분단, 미군정기와 이승만 정부 시기로 이어지는 신국가건설기에 주로 어떠한 역할을 담당했는지 살펴보기로 한다.

2) 해방 후 좌우대립, 남북 정부 수립과 연희

연희전문 학생들은 학교에서 기독교와 서구 자본주의·민주주의, 그리고 영어에 대한 교육을 많이 받았고 미국 유학 경력자들이 많았기에, 미군정 하에서 사회 진출의 기회를 얻기에 상대적으로 용이했다. 그런 연유로 연희 출신들은 해방 후 분단 상황에서 남한 사회가 미국의 헤게모니하에 반공·자유민주주의 국가를 구축하는 데 적극 협력할 개연성이 높았다. 다만 연희전문의 학풍은 비교적 자유롭고 중도적이었기에 좌우대립과 남북분단의 위기 속에서 극단적인 반공·반북의 길보다는 중도적 통합을 모색하거나 더욱 적극적으로 통일 민족국가 건설운동에 참여하는 인물들이 나올 수 있는 개연성도 함께 안고 있었다. 연희전문 졸업생들의 해방 이후 진로를 어느 하나의 틀로 재단하는 것은 불가능하다. 이 기초 조사 연구에서는 다만 미군정기 및 이승만 정부 시기에 보여준 연희전문 출신들의 행적 중에서 두드러진 세 가지 역할을 살펴보기로 한다.

(1) 미군정·정부수립 초기 대학교육에의 적극적 참여

그 첫째는 미군정하에 대학 위주의 고등교육 정책을 추진하는 데에서의 역할이다. 단수의 대학과 복수의 전문학교로 운영되던 일제 강점기의 독점적이며 관학 중심의 고등교육은 미군정기에 다수의 전문학교들이 대학으로 승격되고 새로운 대학들이 세워지면서 민주화되었다. 다만 미군정은 경성제국대학을 여러 특수 전문학교들과 통합하여 하나의 국립 종합대학을 만들어 국립대학이 학문의 권위에서 우위를 점하게 하는 방식의 제한적인 고등교육의 민주화를 추진했다. 연희전문의 교수진과 연희 출신 학자들은 이 과정에 대체로 협력적이었다.

해방 후 연희의 첫 교장 유억겸이 미군정청 문교부장직을 맡고, 미군정이 조직한 조선교육위원회에 유억겸, 백낙준이, 교육심의위원회에는 정인보, 백낙준, 하경덕, 최현배 등이 참여해서 민주주의 교육제도를 정비하고 교육이념을 '홍익인간'으로 제정하는 데 주도적인 역할을 하는 등 연희전문 교수진은 미군정의 고등교육 정책에 핵심적으로 참여했다. 백낙준은 잠시 서울대학교 법문학부장을 맡으면서 미군정의 대학 개편작업에 참여하기도 했다. 그는 1950년에 문교부 장관으로 취임했다.[35] 반면 상과 교수 백남운은 서울대학교 교수로 부임했으나 국립대학 설치안 반대운동에 참여했고, 신민당을 이끌다가 월북해서 북한의 교육상이 되었다.

연희전문이 1946년 연희대학교로 승격하고 대학 규모가 확대되면서 연희 출신의 학자들이 대거 모교의 교수진으로 활동하게 되었다. 연희·연세대학교에서 교수로 재직한 졸업생 수는 33명에 이른다. 이들에 대한 구체적인 소개는 지면관계상 생략한다. 연희 출신의 학자들 일부는 서울대학교 교수로 부임하기도 했다. 미군정 및 이승만 정부 초기에 국립 서울대학교를 설립, 운영하는 데 필요한 교수진은 부족한 실정이었다. 경성제국대학에는 조선인 교수가 한 명도 없었고, 해방 후 서울대학교 교수가 된 경성제국대학 출신의 학자들 상당수가 국립대학 설치안 반대운동에 나섰다가 사직하고 월북하는 등의 사정 탓이다. 이에 비해 연희전문학교는 제도상으로는 전문학교이기는 하나 문과, 상과, 수물과(이과) 등에서 기초학문 분야의 고등인력을 양성해왔고, 일제 강점기에 이미 모교 출신의 학자들을 교수로 채용하였으며 많은 미국 유학 경력자들을 보유하고 있어, 신국가건설기 교수진의 부족을 매울 수 있는 중요한 기반이 되었다.

서울대학교 물리학과의 경우, 박철재·최규남·윤세원 등 연희전문 수물과 출신의 학자들이 초기 교수진을 담당했다. 해방 이후 경성대학교 물리학과에는 도상록 등의 학자들이 있었으나 일부는 국립대학 설치안 반대편에 섰다가 월북했다. 그 뒤 1946년 9월에 국립서울대학교가 개교하고 문리과대학 이학부에 물리학과가 세워지자, 10월에 교토제국대학 이학박사 박철재(수물과, 12회 졸)가 물리학과 교수로 부임하고 주임교수를 맡았다. 1947년 10월에는 연희대학교 수물과 교수 최규남이 서울대로 자리를 옮겼다. 다만 이들의 서울대에서의 역할은 오래가지 않았다. 최규남은 1948년 6월에 문교부 기술교육국장으로 전출되었고, 이후 문교부 차관(1950년), 서울대학교 총장(1951년), 문교부 장관(1956년), 국회의원

---

35) 연세대학교박물관 편, 앞의 책, 90~91쪽 ; 김도형, 「해방 후 대학교육과 연세학풍」, 『해방 후 연세학풍의 전개와 신학문 개척』, 혜안, 2015, 13~15쪽.

(1958년) 등을 역임하였으며, 학계에서는 한국물리학회 초대 회장, 학술원 부회장 등을 역임했다. 박철재는 최규남을 따라 1949년에 문교부 기술교육국 부국장에 취임했다가 국장으로 승진했으며, 원자력연구소 초대 소장(1959), 인하대학장, 한국 물리학회 부회장(1952.12~1960.10), 학술원회원 등을 역임했다. 한편 연희전문 수물과 졸업생으로서 서울대학교 물리학과 1회 졸업생이 된 윤세원은 연희대학교 전임강사(1949~1951)를 거쳐 1952년 9월에 문리과대학 물리학과에 전임강사로 서울대에 복귀했다. 그는 조교수, 부교수로 강의와 실험교육에 진력하다가 1957년 10월에 사임하고 문교부 원자력과장으로, 1959년에는 원자력연구소 원자로부장으로 옮겨 갔다. 그는 경희대학교 교수 부총장, 한국물리학회장(1974~1975) 등을 역임했다.[36]

서울대학교 언어학과도 국립대학안 반대운동과 좌우대립의 혼란 속에 연희대학교 교수가 이직하여 그 초기 운영에 참여하여 학과의 기틀을 만든 경우에 해당한다. 언어학과의 첫 주임교수는 일본 도쿄대학 언어학과 출신인 유응호(柳應浩)였으나, 그는 1950년에 월북하여 김일성종합대학 어문학부 교수가 되었다.[37] 그를 대신해서 새 주임교수를 맡은 인물은 연희대학교 교수로 재직하다가 이직한 김선기 교수였다. 런던대학에서 음성학을 전공한 새 주임교수를 맞아, 언어학과에서는 음성학, 음소론 분야에 대한 관심이 고조되었고, 당시 국어학계의 큰 관심사였던 국어 계통론 문제에 대해서도 적극적인 관심을 보이기 시작하여, 여진어, 만주어, 몽고어, 토이기어 등의 강좌를 개설하게 되었다.[38]

그 외에도 서울대학교에는 인문대학 국문과에 정병욱·장덕순, 철학과

---

36) 서울대학교 물리학부, 『(서울대학교) 물리학과(부)의 발자취 ; 1948~2002』, 서울 대학교 물리학부, 2003, 148~152쪽.

37) 『디지털 한국민족문화대백과사전』 '유응호' 항목.

38) 서울대학교 40년사 편찬위원회 편, 『서울대학교 40년사 ; 1946~1986』, 서울대학 교, 1986, 720쪽.

에 김준섭·박상현, 사회과학대학 외교학과에 이용희(李用熙), 공과대 광산
학과와 전기공학과에 홍준기(洪準箕)·우형주(禹亨疇), 사범대학 사회교육
과 역사교육에 박덕배(朴德培)·손보기(孫寶基), 음악대학 작곡과와 성악과
에 김성태·이인범 등 연희전문 출신 학자들이 교수로서 활동했다.39)

　해방 후 대학 교수로 활동한 연희전문 출신은 위의 교수들을 포함해서
앞서 언급한대로 1026명이 확인된다. 연희·연세대학교와 서울대학교 다
음으로 한 대학에 많은 교수진이 부임한 경우로는 인하공과대학을 들
수 있다. 1954년에 세워지는 이 대학에 초대학장으로 이원철이 부임했다.
박철재와 최규남은 뒤에 각각 학장과 이사장이 된다. 우상현은 사무처장을
맡았고, 신영묵·이인흥·이현오·김성극 등이 교수로 부임했다.

　한편 연희전문 출신 학자로서 월북한 경우도 있다. 김일성종합대학
교수로 부임한 학자로는 김삼불(金三不)·한인석(韓仁錫)·정진석(鄭鎭石) 등
이 확인된다. 판소리 연구의 선구자이며 고전문학 연구자인 김삼불은
어문학부 교수로,40) 한인석은 물리학 교수·강좌장으로,41) 뒤에 서술할
정진석은 철학부 교수로 활동했다. 김사억(金思億)42)과 홍희유(洪憙裕)43)

---

39) 서울대학교 60년사 편찬위원회 편, 『서울대학교 60년사』, 서울대학교, 2006,
　　933~959쪽의 전직교수명단을 참고함. 경성음악학교 교무부장이던 김성태는
　　이 학교가 국립서울대학교로 통합하자 그 대학의 교수가 된 경우에 해당한다.
　　그는 "본 대학 최초로 교환교수 자격으로 미국의 인디애나 대학에서 수학하고
　　귀국하여 대학운영에 많은 개혁을 이룩하였으며, 고 현제명 박사의 뒤를 이어
　　제2대 학장으로 취임하였다. 그의 재임 9년 동안 이루어진 시설강화 및 교육의
　　충실 등에 의한 내실은 대학발전에 커다란 힘이 되었다"고 한다(서울대학교
　　40년사 편찬위원회 편, 앞의 책, 931쪽).
40) 한국전쟁기에 월북한 김삼불은 북한에서 『가사집』(고정욱·김삼불 주해, 1955)과
　　『송강가사 연구』(1956) 등을 펴냈다. 그의 생애와 학문에 대해서는 연세대학교
　　문과대학, 앞의 책, 551~554쪽 ; 유춘동, 「남북 이데올로기로 인한 지식인의
　　좌절 : 월북 국문학자 김삼불(金三不)의 삶과 행적」, 『평화학연구』 16-3, 2015
　　참조.
41) 外務省アジア局, 『北朝鮮人名錄』, 1967, 247쪽.
42) 김사억(문과, 27회 졸)은 『력사과학』 1966년 5호에 「원사 박시형의 광개토왕릉비에

는 과학원 력사학연구소에서, 시인 김상훈은 고전문학편찬위원회에서 활동했다.[44]

(2) 미국 유학 경력자의 미군정 협력과 분단정부 수립

두 번째는, 미국 유학 경력자로서 미군정에 협력하여 친미반공국가 수립에 기여한 경우이다. 미군정기·정부 수립 초기에 국정에 깊이 관여한 연희인은 대다수가 교수들이었다. 연희전문 졸업생의 경우에도 미국에서 박사학위를 수여받은 뒤 모교 교수로 부임했던 인물들의 활동이 두드러졌다.

연희전문 문과를 졸업하고 미국 유학 이후 1944년에 연희전문 교수가 되어 도서관장도 겸임했던 이묘묵은 해방 직후 영자신문인 『Korea Times』를 창간, 초대 사장이 되었다. 뒤이어 미군이 남한에 진주하자 그는 하지 중장의 특별보좌관이 되었으며, 영어 실력을 바탕으로 미군정의 실력자로 활동했다.[45]

이승만 정부에서 공보 역할을 담당한 갈홍기는 미국 시카고 대학에서 철학박사를 수여받은 이후 연희전문 교수로 활동한 인물이다. 그는 1937년 동우회 사건으로 체포되어 교수직을 상실했으나, 1938년 대동민우회에 입회한다는 전향 성명서를 내고 교수직에 복직했다. 그는 1943년 일본기독

대하여」라는 글을 발표했는데, 이때 직위·학위는 '부교수 력사학학사'로 명시되어있다.

43) 홍희유(문과, 25회 졸)는 과학원 력사연구소 연구사로 활동하였으며, 『조선중세수공업사연구』(과학백과사전출판사, 1989), 『조선상업사(1,2)』(사회과학출판사, 1989), 『조선수공업사 2』(공업종합출판사, 1991), 『조선교육사(1,2)』(사회과학출판사, 1995) 등 다수의 저작을 남겼다.

44) 김상훈(문과, 27회 졸)은 조선작가동맹 중앙위원회 시분과 작가로 활동했고, 조국통일상을 수상했다(연세대학교 문과대학, 앞의 책, 546~551쪽).

45) 한국정신문화연구원, 앞의 책, 1559~1560쪽. 이묘묵에 대해서는 연세대학교 문과대학, 앞의 책, 402~403쪽 참조.

교 조선감리교단 연성국장 겸 상임위원에 임명되었고, 학병 권유 활동 등을 위해 조직된 종교연합단체인 조선종교단체전시보국회에 감리교를 대표하여 위원을 맡는 등 친일경력의 오점을 남겼다. 그는 대한민국 정부 수립 후 초대 공보실장, 한일회담 한국 대표, 외무부 차관, 공보처장 등을 역임했다.[46]

연전 상과 졸업생으로 미국 뉴욕 대학 상학부에서 박사학위를 받은 이후 연전 교수로 부임한 최순주는 미국 유학중 이승만의 동지회에 가입해서 활동한 것이 문제되어 교단을 떠났으나, 해방 후 미군정에서 조선은행 총재, 이승만 정권에서 재무장관, 무역협회 회장을 지냈다. 그는 1954년에 제3대 민의원 선거에서 자유당 소속으로 당선하여 민의원 부의장이 되었는데, 그의 부의장 시절 사사오입개헌 통과는 오점으로 남았다.[47]

연희전문 졸업→ 미국 유학→ 연희전문 교수→ 미군정기·정부 수립 초기 주요인물로의 부상이라는 전형을 보여주는 사례들이다. 한편『연희동연록』등에는 '미국의 소리 방송'에서 활동한 이진묵(李辰默)·황재경(黃材景)·민자호(閔鼒鎬) 등 연희 졸업생들도 확인된다. 이진묵은 국제연합한국재건단(UNKRA) 농촌사업부 고문관으로도 활동했다.

(3) 통일국가 수립을 위한 중도좌파의 흐름

위에서 언급한 내용은 남북분단의 질곡 속에서 미국과 협력하는 가운데 남한에서 반공-자유민주주의 국가의 토대를 세우는 역할을 담당한 대표적

---

46) 친일인명사전편찬위원회 편,『친일인명사전 1』, 민족문제연구소, 2009, 85쪽. 갈홍기의 생애에 대해서는 안동인,『갈홍기의 생애 연구』, 목원대학교 신학대학원 석사학위논문, 2008 참조.
47) 홍성찬,「일제하 연전 상과의 경제학풍과 '경제연구회' 사건」,『근대 학문의 형성과 연희전문』, 136~137쪽) ; 김학은,『연세대학교 상경대학 백년사 I ; 한국의 근대경제학, 1915~1956』, 연세대학교 대학출판문화원, 49쪽 ;『디지털 한국민족문화대백과사전』'최순주' 항목.

인 연희인들을 예시한 것이다. 해방 후 연희인들의 활동으로 또 하나 주목할 수 있는 세 번째의 경우는 좌우 어느 쪽에 치우치지 않는 중도적인 자세에서 민족의 통합과 통일국가 수립을 위해 노력했던 역할들이다. 연희전문은 기독교 이념을 바탕으로 삼고 '동서고근의 화충'이라는 자세에 서서 어느 한 이념·사상에 편벽되기보다는 민족적, 세계적 견지에서 다양한 이념·사상을 포용, 융합하는 분위기를 유지해왔다. 그런 분위기가 널리 있었기에 정인보의 민족주의와 백남운·이순탁의 중도적 사회주의가 공존할 수 있었다. 그렇기에 해방 후 남북분단의 비극을 막고 민족적 통합을 이루기 위해 노력한 연희인들이 많이 나올 수 있었다. 대표적으로는 백남운 교수와 졸업생 정진석, 김일출로 이어지는 중도 좌파의 맥락을 들 수 있다.

상과 교수였던 백남운은 해방 후 본격적인 학술·정치활동에 뛰어들었다. 조선학술원 위원장, 조선신민당 경성특별위원회 위원장 등으로 활동하며 '신민주주의'의 국가건설을 추구했다.[48] 그는 1946년 5월에 민족문화연구소를 창립하고 소장직을 맡았는데, 이때 연전 졸업생인 정진석(문과, 17회 졸)이 소원(所員)으로 참여했다. 그는 1945년 10월에 자유신문사를 창간하여 발행인 겸 주필로 활동했다. 『자유신문』은 진보적인 논조를 폈으나, 애써 좌우 양쪽에 치우치지 않으려는 노력을 기울인 신문으로 알려져 있다. 그는 조선민주주의민족전선의 교육문화대책연구위원이었으며, 1946년 말부터 1947년 초까지 민족문화연구소가 주최하는 인문과학 강좌에서 동양철학 부문을 맡았다. 그는 1948년 4월의 남북연석회담에 참가했다가 북에 잔류했고, 이후 김일성대학 교수가 되었다. 그리고 1953년 송도 정치경제대학장이 되었고 같은 해에 과학원 철학연구소장을 맡았다. 1960년에 그는 정성철 등과 함께 남북 통틀어 한국 최초의 철학사

---

48) 백남운의 활동과 학문에 대해서는 방기중, 『한국근현대사상사연구』, 역사비평사, 1992 참조.

저술로 평가받는 『조선철학사(상)』를 펴냈다.[49]

해방 공간에서 정진석과 함께 중도적인 활동을 한 또 다른 연희 졸업생으로는 김일출을 들 수 있다. 그는 여운형의 인민당에 참여하여 활동한 인물로서, 1945년 12월에 연희 출신들 중심으로 역사학회를 창립할 때 정진석과 함께 참여했다. 김일출은 1948년 4월 14일에 문화인 108명이 연서하여 '남북회담 지지 성명'을 낼 때 정진석과 함께 참여하기도 했다.[50] 당시 백남운은 남북연석회담에 참여하여 남북요인회담 15명에 포함되어 있었으니, 백남운·정진석·김일출 3인이 모두 남북의 분단정부 수립에 반대하는 남북연석회담에 직간접으로 동참했다고 하겠다.

이렇듯 연희전문 출신들의 해방 이후 좌우대립과 남북 정부수립과정에서의 활동을 보면, 미국과 협력하며 반공-자유민주주의 국가 건설에 참여하는 흐름과 중도적인 자세로 남북의 분단을 막기 위해 노력했던 흐름 등 두 가지 활동이 부각되었다고 하겠다.

4. 맺음말

이상에서 연희전문 졸업생들의 진로를 기초 조사하여 일제 강점기와 해방 이후 신국가건설기에 기독교계 사립전문학교가 담당했던 역할의 한 측면을 검토해보았다. 면밀한 실증적 검토가 부족하여 정확을 기하기는

---

49) 김재현, 「월북 철학자들-생애와 저작」, 『시대와 철학』 1호, 1990, 138~139쪽. 정진석은 연희전문 졸업 후에 메이지대학을 거쳐 교토제국대학을 졸업하고 같은 대학원에서 철학을 연구했다(『연희동문회보』 15호, 1939, 6쪽 ; 鄭鍾賢·水野直樹, 「日本帝國大學의 朝鮮留學生 硏究(1)-京都帝國大學 조선유학생의 현황, 사회경제적 출신 배경, 졸업 후 경력을 중심으로」, 『대동문화연구』 80, 2012, 512쪽).

50) 宋南憲, 『韓國現代政治史 第1卷-建國前夜』, 성문각, 1986(再版), 460쪽. 김일출의 학술활동에 대해서는 도현철, 「김일출의 학술활동과 역사연구」, 『한국사연구』 170, 2015 참조.

어려우나 대체적인 경향과 특징을 확인할 수 있었다.

경성제국대학이 대학으로서의 권위를 독점하고 있던 일제 강점기에 연희전문학교는 전문학교의 지위를 받아들이되 실제 운영에서는 인문·사회과학과 자연과학의 기초 학문을 중시하는 사실상 대학교육을 실현했다. 기초학문을 중시하는 방침에 더해 미국 교육계·기독교계와의 깊은 연관성은 졸업생들의 미국 유학 선호 경향을 낳았다. 미국 유학은 일본 제국주의가 강요하는 식민지 근대에 대항할 수 있는 서구적 근대의 직접적 수용을 가능하게 하였다. 이에 더해 연희전문을 다닌 학생들이 중퇴·졸업 이후 민족운동과 사회운동에 참여하여 일본의 식민지 지배에 저항하는 실제적인 행동에 나서기도 했다.

다만 일본 제국의 질서 하에 있다는 현실 속에서 연희전문의 졸업생들은 미국 유학이 점차 어려워지는 데 반비례하여 일본 유학을 선택하는 경우가 많아져갔으며, 일본의 중국 침략과 직간접적으로 연관성을 가지며 만주국 등 중국에서 직업 기회를 얻는 경향도 소수에 불과하지만 1930년대 이후 나타나기 시작했다. 한편으로는 일본 제국주의의 고등교육 지배구조 아래 다른 한편으로는 그에 대한 대안을 찾거나 저항하던 복합성이 학생들의 행동과 진로에 반영되었다.

일제 강점기에 연희의 졸업생들은 금융업·상업 등 경제 분야에 진출하는 경향성이 크게 높았으며 그 다음으로 기독교계 사립학교의 교사가 되는 등 교원 진출의 비중이 컸다. 관리로의 진출 비중이 매우 적은 점이 경성제국대학이나 보성전문학교 졸업생들의 진로와 다른 점이다. 연희의 졸업생들은 일제 강점기에 주로 민간사회의 영역에 포진하고 있었음을 보여준다.

해방을 맞아 고등교육 수혜자들에 대한 수요가 폭증하면서 졸업생들의 취업 기회는 크게 확대되었다. 문과와 수물과(이과)에서 기초학문을 이수한 졸업생들 중 과반수는 대학과 중고등학교의 교수·교사로 진출했다.

신국가건설기에 요구되는 정치·행정 분야로의 진출도 상대적으로 적은 비중이지만 일제 강점기에 비해 배증했다. 이에 비해 상대적으로 경제분야로의 진출은 축소되었으나, 상과 출신들의 절반은 역시 이 분야로 진출하여 한국 경제의 토대 형성과정에서 한 축을 담당했다.

해방과 분단의 혼란기에 연희 출신들의 활동에서 두드러진 특징으로는 첫째, 미군정기와 정부 수립 초기에 연희대학교를 비롯해서 서울대학교·인하공과대학 등 여러 대학과 다양한 분과에 교수진으로 부임하여 대학교육의 기틀을 형성하는 데 기여했다. 연희전문에서 인문·사회과학과 자연과학의 많은 학자들이 배출된 점과 아울러 서울대학교 물리학과와 언어학과의 예에서 확인되듯이, 국립대학설치안 반대운동 등의 혼란이 그에 영향을 미쳤다. 둘째, 미국 유학과 연희전문 교수 경력 등으로 미국과 깊은 연결고리를 가지며 전문성을 갖춘 인물들이 미군정 정책에 적극 협력하면서 분단정부 수립과정에 깊이 관여한 점도 주목된다. 셋째, 다른 한편으로 연희전문 출신으로 해방 후 좌우대립 속에서 어느 한 극단에 치우치기보다는 중도적인 자세에서 통일국가의 수립을 위해 노력한 경우를 찾아볼 수 있다. 이는 연희전문에 기독교적이며 친미적인 성향과 함께 중도적인 이념 성향이 공존했던 배경과 연관하여 이해할 수 있다.

참고문헌

1. 자료

『Chosen Christian College Historical Data』(1925), 『延禧專門學校 狀況報告書』(1937), 『延禧同門會報』1~22호(1932~1941), 『母校創立二十五週年記念』(1940), 『會員名簿』(연희동문회, 1940), 『延禧同硯錄』(1954, 1958), 『延世同硯錄』(1962, 1967, 1971)

『朝鮮總督府統計年報』, 『大韓民國建國十年誌』(1956), 『한국인물대사전』(1999), 『한국사회주의운동 인명사전』(1996), 『친일인명사전 1』(2009), 『동아일보』, 『六十年誌』(고려대학교, 1965), 『高麗大學校九十年誌』(1995), 『서울대학교 40년사 ; 1946~1986』(1986), 『서울대학교 60년사』(1986), 『仁荷二十年史』(1974), 『北朝鮮人名錄』(1967)

디지털 한국민족문화대백과사전(http://encykorea.aks.ac.kr/)

국사편찬위원회 한국역사정보시스템 '한국근현대인물자료' (http://db.history.go.kr/)

2. 논저

김근배 외, 『한국 과학기술 인물 12인』, 북하우스, 2007.

김근배, 『한국 근대 과학기술인력의 출현』, 문학과지성사, 2005.

김의선, 『고봉 김치선 목사의 신학사상과 한국교회에 끼친 영향』, 안양대학교 신학대학원 석사학위논문, 1999.

김학은, 『연세대학교 상경대학 백년사 I : 한국의 근대경제학, 1915~1956』, 연세대학교 대학출판문화원, 2015.

나일성 편저, 『서양과학의 도입과 연희전문학교』, 연세대학교출판부, 2004.

서울대학교 물리학부, 『(서울대학교) 물리학과(부)의 발자취; 1948~2002』, 서울대학교 물리학부, 2003.

안동인, 『갈홍기의 생애 연구』, 목원대학교 신학대학원 석사학위논문, 2008.

연세대학교 국학연구원, 『연세국학연구사』, 연세대학교출판부, 2005.

연세대학교 문과대학, 『연세대학교 문과대학 100년 2 − 학술사, 인물』, 연세대학교 대학출판문화원, 2015.

연세대학교 박물관 편, 『내일을 걷는 연세 역사』, 연세대학교 대학출판문화원, 2013.

연세대학교 백년사편찬위원회 편, 『연세대학교 백년사 1』, 연세대학교출판부, 1985.

정병준, 『몽양여운형평전』, 한울, 1995.

강명숙, 「1945~1946년의 경성대학에 관한 시론적 연구」, 『교육사학연구』 14,
        2004.

김도형, 「해방 후 대학교육과 연세학풍」, 연세학풍사업단·김도형 외, 『해방 후
        연세학풍의 전개와 신학문 개척』, 혜안, 2015.

김재현, 「월북 철학자들 : 생애와 저작」, 『시대와 철학』, 1-1, 1990.

김흥석, 「일제 하에서의 한국 기독교학교」, 『기독교 사상연구』 4, 1997.

백영서, 「일본제국권 기독교대학의 학풍과 그 계승-연희와 도시샤의 대학문화
        비교」, 연세학풍사업단·김도형 외, 『일제하 연세학풍과 민족교육』, 혜안,
        2015.

유춘동, 「남북 이데올로기로 인한 지식인의 좌절 : 월북 국문학자 김삼불(金三不)의
        삶과 행적」, 『평화학연구』 16-3, 2015.

이은석, 「김치선 목사의 개혁파 부흥운동」, 『신학지평』 23-1, 2010.

정선이, 「연희전문 문과의 교육」, 연세대학교 국학연구원 편, 『근대 학문의 형성과
        연희전문』, 2005.

정선이, 「일제강점기 고등교육 졸업자의 사회적 진출 양상과 특성」, 『사회와
        역사』 77집, 2008.

鄭鍾賢·水野直樹, 「日本帝國大學의 朝鮮留學生 硏究(1)-京都帝國大學 조선유학생의
        현황, 사회경제적 출신 배경, 졸업 후 경력을 중심으로」, 『대동문화연구』
        80, 2012.

홍성찬, 「일제하 연전 상과의 경제학풍과 '경제연구회' 사건」, 연세대학교 국학연
        구원 편, 『근대 학문의 형성과 연희전문』, 2005.

〈부록〉 연희전문학교 졸업생 명부

1919년 제1회부터 1946년 제28회까지 연희전문학교를 졸업한 총 1,815명의 성명, 졸업 이후 학력, 일제하 및 해방후 주요경력을 조사한 표이다. 활용한 자료들에는 명단에 차이가 있거나 불확실한 경력이 기재되어 있는 경우가 있었다. 완벽을 기하기 위해서는 향후 수정, 보완작업이 요청된다. 주로 참고한 자료는 아래와 같다.

연희동문회, 『연희동문회보』 2호(1934)·『회원명부』(1940)·『연희동연록』(1954, 1958)
연세동문회, 『연세동연록』(1962, 1971)
연세대학교 백년사편찬위원회 편, 『연세대학교 백년사 1~4』, 연세대학교출판부, 1985
나일성 편저, 『서양과학의 도입과 연희전문학교』, 연세대학교출판부, 2004
연세대학교 문과대학, 『연세대학교 문과대학 100년 2 - 학술사, 인물』, 연세대학교 대학출판문화원, 2015
정종현·미즈노 나오키, 「일본제국대학의 조선유학생 연구 - 경도제국대학 조선인 유학생의 현황, 사회경제적 출신 배경, 졸업후 경력을 중심으로」, 『대동문화연구』 80, 2012
디지털 한국민족문화대백과사전(http://encykorea.aks.ac.kr/)
국사편찬위원회 역사정보통합시스템 '한국근현대인물자료'(http://db.history.go.kr/)
네이버 뉴스라이브러리(http://newslibrary.naver.com/)

일러두기

1. '졸업 이후 학력'에서 졸업 여부가 상당히 불확실하거나 중퇴한 경우에는 '학업'으로 표기함.
2. 경력란에서 '교수'는 조교수·부교수 등의 직위를 포함함.

조사 | 김성보, 김세림, 문선익, 정다혜

〈부록〉 연희전문학교 졸업생 명부

◇ 1회 졸업생(1919년 3월, 22명)

졸업 학과	성 명		원적 지	졸업 이후 학력	주 요 경 력	
					일제하	해방후
문과 (8)	김동익	金東益	서울		상업	
	김한영	金漢永	평남		농업, 사원	농업
	노준탁	盧俊鐸	서울	Northwestern Univ. 교육과 졸업(得業士)	상업, 광업	
	유기준	劉基俊	평남	金陵大學 영문과 학업	3·1운동 주도, 대한민국 임시정부 연통제 평남 특파원, 남경단우회장, 상해 한인구락부 발기, 시사책진회 회원	한중문화사 근무
	전처선	全處善	황해	Columbia Univ. 교육과 B.A(문학사)	상업(뉴욕 거주)	미국 체류
	최상현	崔相鉉	평남		기자, 목사	납북
	최치완	崔致完	경기		가업(농업)	
	홍기원	洪基援	평남	Southern Methodist Univ. 문과 학업, 京都帝國大學 경제학부 위탁학생	상업(濱江省 珠河縣 거주)	
상과 (10)	강헌집	姜憲集	서울		영국성서공회 사무원, 목사	목사
	김병석	金柄奭	전남		동아일보사 기자	
	김원벽	金元璧	황해		3·1운동에 민족대표 48인 중 한 사람으로 참가, 신생활사·시대일보사 근무	건국훈장 독립장 추서 (1962)
	김형주	金瀅柱	서울		여객업	

		문승찬	文承贊	평북	燕京大學 문과	燕京大學 강사 겸임 중 사망	
		박동걸	朴東杰	황해		가업, 사무원(천진 거주)	
		이범일	李範一	경기			
		전종린	全鐘麟	충남		가업	
		정순규	鄭淳奎	경기		부산제면소 사무원	
		최순탁	崔淳鐸	함남			
	수물과(4)	김술근	金述根	평남	Harvard Univ. 물리학 B.S(이학사)	연희전문학교 조수	미국 체류, 한국인연구원장
		이원철	李源喆	서울	Michigan State Univ. 천문학 Ph.D	연희전문학교 수물과 교수, 흥업구락부 가입 이유로 퇴직	미군정청 문교부 기상국장, 중앙관상대 초대 대장. 인하공과대학 초대 학장, 연세대학교 재단이사장, 학술원 회원
		임용필	任用弼	평남	Marquette Univ. 전기공학과	연희전문학교 조수, 상업	미국 체류
		장세운	張世雲	평남	Univ. of Chicago 수물과 B.S, Northwestern Univ. Ph.D	북미한인학생총회 편집부장, 『우라키』 편집위원	미국 체류

◇ 2회 졸업생(1920년 3월, 2명)

졸업 학과	성 명		원적 지	졸업 이후 학력	주 요 경 력	
					일제하	해방후
문과 (2)	김재련	金在鍊	함남		교원	
	박태원	朴泰元	경북			

◇ 3회 졸업생(1921년 3월, 3명)

졸업 학과	성 명		원적 지	졸업 이후 학력	주 요 경 력	
					일제하	해방후
농과 (3)	김희완	金熙完		東京高等師範學校 박물과 졸업	호수돈여자고등보통학교·신성학교 교원, 명신고등여학교 교장	
	서광진	徐洸瑨	전남		이화여자고등보통학교 교원, 상업	대한수리조합연합회 이사

| 송기주 | 宋基柱 | 평남 | Texas State Univ. 건축과 졸업, Univ. of Chicago 대학원 이수 | 4벌식 한글 타자기 발명(1930), Rand Mcnally 지도 제도원 | 한국전쟁 때 납북 |

◇ **4회 졸업생(1922년 3월, 10명)**

졸업 학과	성 명		원적 지	졸업 이후 학력	주 요 경 력	
					일제하	해방후
문과 (3)	김윤경	金允經	경기	立敎大學 사학과 문학사, 연희대학 명예 문학박사	배화여자고등보통학교·정신학교 교원, 연희전문학교 교수, 조선어학회 사건 복역	연희대학교 대학원장·총장대리, 한양대학교 문리과 대학장, 학술원 회원, 문화훈장 수훈
	이묘묵	李卯默	평남	Syracuse Univ. 사학과 MA, Boston Univ. 사학과 Ph.D	조선학생대회 참여, 공주영명학교 교사, 시라큐스대학 동양사 강사, 연희전문학교 교수·도서관장, 수양동우회 사건으로 구속, 연희전문학교 학감	『The Korea Times』 초대 사장, 미군정청 하지사령관 특별보좌관, 비상국민회의 평안남도 대표, 한국민주당 창당 참여, UN한국협회 이사장, 주영공사
	최종묵	崔種默	평남	Drew Theological Seminary B.D	진남포 비석리감리교회 전도사, 만주 사평가에서 목회	서울 궁정동교회 목사, 국방부 근무, 한국전쟁 중 납북
상과 (7)	계병호	桂炳鎬	평북	Cornell Univ. 농과 학업	선천기독교청년회 총무, 종로기독교청년회 간사	보성여고 교장
	김병선	金秉善	평남	Lawrence Univ. 경제학과 졸업	가업	해군본부 문관
	김수천	金壽千	충북		서기	
	김영희	金永羲	경기	Yale Univ. 종교역사과 Ph.D	개성부중앙회관 총무, 이화여자전문학교 서무·도서관장	변호사
	김형삼	金炯三	경기		서기, 협성신학교 사무원	미 감리회 선교부 관재국 총무
	박승호	朴承浩	경기			
	최유구 (평집)	崔裕久 (平輯)	평북		상업, 조선총독부 식산국 광산과 특무계 관리	상공부 광무국장 태백지구 지하자원조사단장

◇5회 졸업생(1923년 3월, 20명)

졸업학과	성 명		원적지	졸업 이후 학력	주 요 경 력	
					일제하	해방후
문과 (8)	김 주	金 鑄	함남		평양장로교 신학교 학생, 성남 성흥부 장로교회 목사	
	박태화	朴泰華	평북	Ohio Wesleyan Univ. 영문과 B.A(문학사)	물산장려운동의 일환으로 자작회 발기	대전신학교 교수
	안신영	安信永	경기		공주영명학교 교원, 영천정 감리교 총리원 사월(Sauer)선교사 서기(비서)	
	염태진	廉台振	강원	京都帝國大學 경제학과	물산장려운동 일환으로 자작회 발기, 총독부 철도국 경성운수사무소 서기, 조선금융조합연합회 서기	
	오봉순	吳鳳淳	평북	早稻田大學 사학과 문학사	가업, 오산중학교 교원	
	윤기성	尹基誠	평북	東京音樂大學, Ohio Univ. 성악과 졸업	미국유학	미군정청 체신부 근무
	정성봉	鄭聖鳳	평북	Boston Univ. 신학과 B.D (신학사)	미국유학	출판업
	조진구	趙軫九	강원		가업, 상업	상업
상과 (12)	김기환	金奇煥	전북		자영업	
	김형종	金亨鍾	평남		가업	
	오경량	吳慶良	황해		재령 명신학교 교원, 상업	
	오국환	吳國煥	서울		상업	
	윤왕선	尹旺善	충남	Hastings College경제과	유학중 사망	
	윤원상	尹元相	전북		연희전문학교 회계	
	이계원	李桂元	서울	Michigan State Univ. 생물학과 졸업	연희전문학교 회계과 사무원	
	이시흥	李時興	경기	Brown Univ. 응용화학과 졸업	미국유학	재미

이중희	李重熙		Hastings College 경제학과 졸업	운수업	
임병혁	林炳赫	경기	Syracuse Univ. 경제학과 M.A	연희전문학교 상과 교수, 도서관장	미군정청 임시관재국 초대국장
최순주	崔淳周	충북	New York Univ. 경제학과 Ph.D	연희전문학교 상과 교수	조선은행 총재, 재무부 장관, 한국무역협회장, 국회 민의원 부의장
한필제	韓弼濟	서울		사무원, 상업	

◇ 6회 졸업생(1924년 3월, 26명)

졸업 학과	성 명		원적 지	졸업 이후 학력	주 요 경 력	
					일제하	해방후
문과 (11)	김세원	金世元	평북		상업(宇利商店), 北支 戰線 통신반 군속, 주 화조민통일동맹 공 작원 활동으로 검거	허베이성 석문한인회 교육부장, 고창중학교 교장, 군산 사범 학교 교 장, 전주 명륜대 교수, 대 전사범학교 교장
	독고선	獨孤璇	평북		경성중앙보육학교 교원, 교장	대동방직회사 이사장
	박술음	朴術音	강원		휘문고등보통학교 교원	휘문중학교 교장, 연세 대학교 교수·교무처장, 사회부 장관, 한국외대 교수·대학원장
	송치명	宋致明	평북		자강도 융신학교, 강 계 명신학교 교원, 영 실중학교 강사, 연희 전문학교 기숙사 사 감, 고양군 연희면 협 의원, 고양군 학교평 의원	서울시 문교위원장, 이화여자고등보통학 교 후원회 대표이사
	신봉조	辛鳳祚		東北 帝國大學 地歷科 문학사	배재고등보통학교 교원, 이화고등여학 교 교장	학교법인 이화학원· 상명학원 이사장, 학 교법인 한양학원·연 세대학교·배재학당 등 다수 학교법인의 이 사·부이사장 역임
	유근창	柳根昌	경기		기독교조선감리회 총리원교육부 사무 원, 상업	

	이경렬	李庚烈	함남	早稻田大學 철학과 학업	배재고등보통학교 교원, 배재중학교 교원	배재고등학교 부교장
	이재백	李在白	함남	Lewis Univ. 공과 연구	미국유학	
	이정근	李晶根	전북		전북 군산부병원 의사	
	최경식	崔敬植	평남	Univ. of Chicago 사회학과	유학중 사망	
	홍순혁	洪淳赫	강원	早稻田大學 사학과 문학사	영생여자고등보통학교 교원, 경성공립고등여학교 교원	연희대학교 교수, 납북
상과 (12)	김성희	金成熙	서울		경성역 화물계 역원, 경부선 천안역 조역	
	김익중	金翊重	경기		상업	
	김인묵	金仁默	평남		경성 싱거미싱회사 사무원	문관(거제도 거주)
	노동규	盧東奎	평남	京都帝國大學 경제과 경제학사	연희전문학교 상과 교수	
	박영숙	朴永淑	평북		만주국 경찰서 고등계주임	이북
	우상무	禹相碔	경기	京都帝國大學 경제과 학업	개성 송고실업장 사무원	인천주정회사 전무, 세창물산 비상근이사
	우상현	禹相玄	경기		개성 (주)송도고무 사무원, 송도중학 회계	인하공과대학 사무처처장
	이춘헌	李春軒	경기			
	조봉환	曹鳳煥	경기	Chicago Univ. 경제학과	흥남 동일은행 지점 지배인	
	현흥주	玄興柱	경기		상업	
	홍순필	洪淳泌				
	황의권	黃義權			가업	전북 UNCACK 문관, 전북대학교 공대 교수
수물과(3)	박승철	朴承哲	경기	京都帝國大學 수학과	유학중 사망	
	신영묵	辛永默	서울	京都帝國大學 수학과 이학사	경신학교·배재고등보통학교 교원, 신의주 東공립중학교 교장	경성공업전문학교·서울대학교 문리과대·인하공과대학 교수, 배재중·고등학교 교장
	신제린	申濟麟	서울		연희진문 수물과 조수, 이과 강사	실업(實業)

◇ 7회 졸업생(1925년 3월, 27명)

졸업학과	성명		원적지	졸업 이후 학력	주요경력	
					일제하	해방후
문과 (13)	박희성	朴希聖	함남	Michigan State Univ. 철학과 Ph.D	보성전문학교 교수	고려대학교 교수
	배덕영	裵德榮			기독교조선감리회 총리원 교육국 목사	
	심인곤	沈仁坤	평북		신성학교 교원(신사참배 거부로 파면), 상업(신의주 남포상점)	연세대학교 영문과 교수
	염형우	廉亨雨	강원			
	이기연	李基淵	경기	Southwestern Univ. 신학과 B.D	운산 북진교회 목사, 용정 제2구 감리교회 목사	구포감리교회 목사
	이병수	李炳秀	평북		가업	
	이정화	李禎華	봉천		테일너상회 사무원, 光化ビル상회	
	임영찬	林榮讚	평북		상업	
	전진규	全珍珪	경기		조선감리교회 목사, 원산 중앙교회 목사	
	전최식	全最植	평북		가업, 재령경찰서 관리(官吏)	
	정인승	鄭寅承	전북		고창고등보통학교 교원, 조선어학회 간사	전북대학교 교무처장, 전북대학교 총장, 건국대학교 교수·대우교수
	정태진	丁泰鎭	경기	College of Wooster 철학, 교육학 B.A	영생여자고등보통학교 교사, 조선어학회 조선어사전 편찬 전임위원, 조선어학회 사건으로 복역	『우리말 큰사전』 편찬 참여, 『조선고어방언사전』 편찬, 한글학회 이사, 대한민국 건국 공로훈장 추서(1962)
	최광범	崔光範	경기	Columbia Univ. 영문과 졸업	연희전문대학 도서관 사서, 서기	
상과 (11)	김병세	金秉世	경기		교원, 상업((주)풍국무역)	
	김재성	金在聲	평북	Springfield College 체육과 연구	상업	(주)조선강업 중역
	박태현	朴泰鉉	경북		자영업, 대구 동산병원 사무원	국립삼육학원 원장, 대구 침산교회 장로

	송덕삼	宋德三	평북		세브란스병원 판매부 사무원, 서무실 사무원, 상업	유바제한델 회사 지배인
	오세창	吳世昌	황해		광업	
	윤진성	尹鎭聲	경기		송도고등보통학교 교원, 상업	송도중학교 교원, 법무부 재무과 근무, 서울대학교 공과대학 사무과 과장
	이병선	李炳善	강언		흑교역 조역	
	이시창	李始昌	경기	Vanderbilt Univ. 경제과 졸업	世富蘭偲상회 지배인	
	이영기	李永棋	경기		종로 예수교서회 사무원, 세브란스병원 서무실 사무원	
	장재룡	張在龍	경북		상업, 조선교재주식회사 사원	
	탁세열	卓世烈	평북			
수물과(3)	강우석	姜佑錫	경남		일본 축음기회사 사무원, 상업	
	장기원	張起元	평북	東北帝國大學 수학과 이학사, 연세대학교 명예박사	이화여자전문학교·연희전문학교 교수	연세대학교 이공대학 초대학장, 교학부총장, 대한수학회 회장, 학술원 회원
	조국하	趙國河	함남		가업	이북

◇ 8회 졸업생(1926년 3월, 23명)

졸업학과	성명		원적지	졸업 이후 학력	주요경력	
					일제하	해방후
문과 (8)	김덕삼	金德三	평북		평양숭실학교 교원, 상업	연희대학교 강사
	노재명	盧在明	이천	Columbia Univ. 교육과 B.A	『우라키』 편집 참여, 연희전문학교 동문회 상무간사, 개성 송도중학교 교원	국학대학 학장
	박유병	朴裕秉	경기		서산읍감리교회 목사, 미국유학	목사, 하와이 거주
	신익철	申翼澈	평북		제약업(협성약방)	
	윤병택	尹炳澤	서울		상업	
	이완모	李完模			세브란스병원 목사	청주교회 목사

	임병춘	林炳春	충남	Ohio Wesleyan Univ. 문과 졸업	상업	
	최봉칙	崔鳳則	평북		조선주일학교연합회 사무원, 아이생활사 주간, 장로교 종교교육부 회계	아이생활사 주간, 배화여자중학교, 상명여자중학교 교원, 군산사범학교 교장
상과 (9)	강정현	姜貞顯	황해		상업, 조합장	
	구한모	具漢模	서울		교원	연세대학교 동문회 상무간사
	김광수	金光洙	서울		세브란스병원 판매부 사무원, 천일약방 양약부 사원	심계원 제2국장
	김명신	金明信	황해		수피어여학교 교원, 유한양행 사원	세브란스 의과대학 사무처장, 유류산업주식회사 사장
	백학모	白學模	평북		상업	부산 南여자중학교 교장, 경남중학교 교장
	임경식	林敬植	경기		富國고무신상회 사무원, 상업	林내과병원
	정규봉	丁奎鳳	충남		상업, 생명보험 사원	이북
	조창제	趙昌濟	경남		무림금융조합 이사, 가조금융조합 이사	
	추무엽	秋武燁	함남		상업	
수물과(6)	김영성	金永成	평남		연희전문학교 수물과 조수, 상업	
	김창조	金昌祚	평남	Ohio Wesleyan Univ. 졸업, New Mexico State Univ. 수학 M.S	연희전문학교 강사, 사망	
	김치각	金致珏	평남		연희전문학교 건축부 사무원	연세대학교 직원
	이석용	李錫勇	함남		용정 은진학교 교원	
	조 함	趙 咸	함남		대성학교 교원, 덕성학교 교장	이북
	최규남	崔奎南	경기	Michigan State Univ. 수물과 Ph.D	연희전문학교 수물과 전임강사, 이과 교수	서울대학교 교수·제5대 총장, 인하공과대학 이사장, 제5대 문교부 장관. 아시아민족반공대회 한국대표·사무총장, 학술원 부회장

◇ 9회 졸업생(1927년 3월, 33명)

졸업 학과	성명		원적 지	졸업 이후 학력	주요경력	
					일제하	해방후
문과 (14)	고덕선	高德善	서울		종로예수교서회 사무원, 丁目장로회총회 간사	양정고등학교 교사
	김경섭	金璟燮	평남		상업	상업
	김영호	金英豪	함남		종로유신양행 사무원, 유한양행 지점장	유한양행 부사장
	김치선	金致善	함남	神戶中央神學校 수료, 목사 안수, Westmister Theological Seminary Th.M, Dallas Theological Seminary Ph.D	3·1운동 당시 학생 대표로 활동하다 검거되어 1년간 복역, 고베중앙교회, 신주 쿠중앙교회 목사, 메 구로교회 설립, 남대 문교회 목사	장로회신학교·대한 예수교 장로회총회신 학교 초대교수, 대한 신학대학교 초대 교 장, 대한예수교장로 회 성경장로회 초대 총회장, 서울 창동교 회, 중앙교회 목사
	노진박	盧鎭璞	평남		숭덕학교 교원·교장, 조선일보사 사원	미국기독교 아동복리 회 총무
	문장욱	文章郁	충남	Univ. of Southern California 사학과 B.A, Columbia Univ. 대학원, Univ. of Southern California 철학과 Ph.D	감리교신학교 교수	미군정청 외무처장, 초대 교육부 차관, 웨 슬리언 칼리지·이스 트 텍사스 주립대 교 수
	윤치연	尹致鍊	함남			
	이관희	李觀熙	충남		가업	대전사범학교 교사
	이시웅	李時雄	함남		경신학교 교원	
	이약한	李約翰	서울		양정여학교 교원	양정고등학교 교사
	이은택	李恩澤	경기		목사, 미국 유학	LA에서 한인교회 목사
	이재환	李載晥	경기	Willamette Univ. 철학과 졸업	사무원	이북
	이창희	李昌熙	강원	Vanderbilt Univ. 신학과 연구	미국유학	미국 체류
	정일형	鄭一亨	평남	Drew Univ. 사회학과, 법학과 Ph.D, 필리핀 Adamson Univ. 명예법학	감리교 총리원 교육 국 근무, 연희전문학 교, 숭실전문학교, 감 리교신학교, 협성신 학교 교수, 신리교회	미군정청 인사행정처 ·물자행정처장, 감리 교신학교 교수, UN한 국협회 회장, 제2대~ 제9대 국회의원, 제2

				박사	개척, 독립운동에 가담해 약 5년 간 투옥	공화국 수석국무위원, 제6대 외무부 장관, 신민당 부총재, '3·1명동구국선언'으로 구속, 건국훈장 무궁훈장·애국장 추서(1990)
	김근배	金根培	경기		정신여학교 교원, 공주 영명여학교 교장	간호부양성소 소장, 풍문여자중학교·동덕여자중학교·충남여자중학교 교장
	김낙기	金洛基	경기		농업	
	김동화	金東華	평남		상업(평양지물상회)	상업
	김명진	金鳴鎭	평남		상업, 대동상업학교 교원	
	김용협	金鎔鋏	함남		成南機船底成綱 연합회 출장소 사무원	
	김지삼	金持三	평북		세브란스병원 사무원, 오산중학교 회계	
	박상설	朴商卨	서울		상업	상업
	박원식	朴元植	강원		평양군 세포금융조합·조선금융조합연합회 조사계 이사	농협중앙회간행사업소 고문
상과 (19)	백성화	白聖和	서울		상업(백상회)	상업(백상회)
	변봉소	邊鳳韶	평북		평양역 열차구차장, 조촌역 역장	
	신영록	申永祿	강원		사무원	
	오재성	吳在省	전남		도쿄유학, 제약업(삼산당약방)	제약업
	우신기	禹信基	평남		충남도청 산업과 관공리, 신의주 우편국 사무원	상업, 미국 체류
	이영두	李永斗	경남		대륙시보기자, 상업(동서상회)	상업(지물상(紙物商))
	이정근	李定根	평남	Modesto College 연구		
	임병두	林炳斗	평남		동일은행 김화부·동대문지점 은행원	
	전학률	全學律	평북		상업	
	조석칠	趙錫七	황해		교원	
	한용태	韓龍泰	평북		가업	

◇ 10회 졸업생(1928년 3월, 39명)

졸업 학과	성명		원적 지	졸업 이후 학력	주요경력	
					일제하	해방후
문과 (8)	갈홍기	葛弘基	경기	Northwestern Univ. B.A, Univ. of Chicago Ph.D	연희전문학교 문과 교수, 창영교회 목사, 일본기독교조선 감 리교단 연성국장, 조 선전시 종교보국회 감리교 대표	숙명여자대학교 문학 부장, 주일대표부 참 사관, 한일회담 정부 대표, 외무부 차관, 공 보처장, 주 말레이시 아 대사
	김흥태	金興泰	전북		군산 멜본딘여학교 교 원, 유한양행 외무원	
	박병하	朴炳夏	서울			
	이상문	李相文	경북		원산기독교청년회 총무, 농업	경주 무산중학교 교 장
	정병조	丁炳祚	전북		가업, 명신학교 교원, 재령군청 서무과 관리	
	최정완	崔程完	전남		매산학교 교원, 순천 군 프레스턴목사 서 기(비서)	은성고등학교 교장, 의사
	한영진	韓永鎭	평남		명신학교, 정신여학 교 교장	이북
	홍재식	洪宰植	충남		가업	
상과 (19)	곽주렴	郭周濂	평남		평양역 열차구 차장, 맹중리역 역장	
	김영소	金泳昭	평북		제일상회 사무원	
	박정균	朴鼎均	황해		명신학교 교원, 상업	
	박항만	朴恒滿	황해		종산학교 교원, 봉산 은파금융조합 서기, 해주금융조합 서기	
	서상준	徐相駿	충남		상업	
	서효석	徐孝錫	서울		텍사스 석유회사 사무 원, 고려영화사 사원	
	신태동	申泰東	평남		서기	동영상사 지배인
	안경련	安慶連	평북		도쿄유학	
	오행길	吳行吉	경기		상업	
	윤수환	尹壽煥	강원		가업	
	이기동	李基東	경기		테일너상회 사무원	한국RAC배급사 부지 배인
	이한상	李漢相	경남	New York Univ. 경제과 연구	미국 유학, 상업	상업

임천석	任天錫	평남		가업, 숭인상업학교 교원	
장도성	張道成	평남		벽동금융조합 서기·부이사, 화신상회 서무과 사원	
장희창	張熙昌	서울	東京商科大學 상학과 상학사	연희전문학교 상과 교수	미군정청 재무부 이재과 기술관, 보험과 수석보조관, (주)대한생명보험 상무취체역, 조선화재 남한적산관리인, 삼공성냥회사 고문, 초대 재무부 차관, 납북
전성찬	全成燦	경북		협성실업학교·대동상업학교 교원	
정진채	鄭鎭采	경북		대구식산은행지점 은행원, 자영업(대구지물공장)	경상북도 재무부장, 경상북도 재산관리처 처장
조영환	曹榮煥	서울		동일은행 남대문지점 은행원	
한관호	韓官鎬	황해		옹진군강금융조합 서기, 강령금융조합 서기	
수물과 (12)	김도겸	金道謙	평북		숭실학교 교원	
	남궁환	南宮桓	경기		진명여자고등보통학교·호수돈고등여학교 교원	
	박영규	朴榮奎	서울	Ohio State Univ. 전기공학과	유학중 사망	
	박인수 (승철)	朴寅秀 (承哲)	함남		丁目전기상회 상업	풍한산업회사 중역
	박태채	朴泰采	평북	California, Pacific Univ. 생물학과 학업	경성제국대학 의학부 미생물학교실 연구원	
	박평환	朴平桓	함북		철도국원	
	이완균	李完均	서울	Univ. of California, Berkley 물리학 B.S.	전북공립고등여학교 교원	경신중고등학교 교사

이춘영	李春榮	경북		경성역 검차구역원, 만철 북선철도관리국 청진전기구 만철사원, 나진 북선철도사무소 공무과 철도역원	
조병인	趙炳仁	함남		대동상업학교 교원, 장진광업소 소동채 광계 지사	춘천사범학교 교장
조상원	趙相元	경기		경신학교·은진중학교·배재중학교 교원	경기공업고등학교 교감
차필제	車弼濟	평남		광성고등보통학교 교원	마산 창신여자중학교 교사
최창일	崔昌鎰	평북		교원	

◇ 11회 졸업생(1929년, 43명)

졸업학과	성명		원적지	졸업 이후 학력	주요경력	
					일제하	해방후
문과 (10)	김성호	金誠鎬	경기		매일신보사 기자, 농업	(주)동양전선 회장
	배중현	裵中炫	경남		가업	경남중학교 교사
	안병덕	安秉德	경기		춘천 정명여학교 교원, 춘천 동아일보사 지국장	
	유경상	劉慶商	강원		연희전문학교 도서관 서기·사서	하와이대학 교수, 워싱턴 국회도서관
	이금산	李金山	함북		보신여학교 교원	공주중학교 교사
	이영민	李榮敏	경북		경성식산은행 은행원, 일본야구대표팀 (1934~1937)	해운공사 서울지점 이사, 조선체육회 재건, 조선야구협회 초대 이사장. 대한야구협회 부회장, 아시아야구연맹 한국대표
	정운수	鄭雲樹	서울	평양신학교, Princeton Univ. 신학과 Th.M,, City Univ. of New York Ph.D	6·10 만세운동 참여, 동지회·교민회 조직, 워싱턴 구미위원부 이승만 보좌관, 「구미위원 주보」·「한국평론」 등 발행, 미국 공군 소위로 임	대한해운공사 사장, 펜솔루회사 한국지부 근무, (주)남산관광 이사, 건국포장(1977) 수훈, 애국장(1990) 추서

				관하여 광복군 군사교육 담당	
차상달	車相達	충북	Univ. of Southern California 상과 학업	상업	미국 체류
채우병	蔡祐炳	평북		숭덕학교·은진중학교 교원	이북
최 활	崔 活	함북		근화여학교 교원, 만몽일보사 기자, 安東省 寬甸縣 제국협화회 사무장, 조선생필품영단 참사, 조선식량영단 참사, 政治大學 교수	대한방직협회 상무이사·전무이사
상과 (21)	김노겸	金魯謙	황해	神戶商業大學 상업과 상학사	(주)동아증권 취체역, 상업	
	김상의	金相儀	평북		(주)선일지물 사무원, 내외피혁상점 근무	
	김윤기	金允基	평남		평양 대일본곡산주식회사 사원	서울금융창고 사장
	김진석	金振奭	서울		금곡금융조합 서기, 성동역 철도국원	
	민경휘	閔庚輝	서울		조선어업조합중앙회 근무, 토지개량부 수리과 관공리	농림부 수산검사소 소장 서울시 산업국·건설국·사회국 근무
	민호식	閔好植	황해		청단금융조합 서기	사회부 직업보도소 공무원
	박병덕	朴炳德	평북		상업	내무부 통계국 경제통계과 근무
	박왕근	朴旺勤	전남		가업	대서업(代書業)
	송운순	宋運淳	경기		무장금융조합·고랑포금융조합 서기	
	이인흥	李仁興	서울		중앙기독교청년회학교·영창학교 교원	인하공과대학 교수
	이필룡	李弼龍	경기		가업	구성제약사 사장
	이항기	李恒基	충북		상업	
	임병철	林炳哲	함남		동아일보사 기자	
	임영선	林永善	서울		중앙기독교청년회학교 교원, 상업(간도성 거주)	경남 UNCAC, 대한금속계기
	임천상	林天相	평남		가업	농업

	장관식	張寬植	서울		가업	
	정준영	鄭俊英	평남		상업	이북
	조동빈	趙東玭	충남		완산금융조합 서기	
	최병건	崔秉健	평북		가업	이북
	최소준	崔小俊	경북		대구열차구 역원, 부산열차구 역원, 진주역 조역	자영업(인조 셀룰로이드 공장)
	최처순	崔處淳	경북		창성금광 사무원, 대유동금광 기사	연세대학교 재무처 직원
수물과 (12)	국채표	鞠採表	서울	東京帝國大學 수학과 이학사, Univ.of Chicago 대학원 졸업	이화여자고등보통학교 교원	국립중앙관상대 대장, 기상학회장, 위스콘신 대학 기상학과 연구원, 미국 지리물리학회 회원, 서울대학교 강사, 태풍진로예상법 '국의방법'(Kook's Method) 연구
	김용태	金龍泰	경기		자영업(동일건설회사), 영창학교 교원	국제토건사 사장
	김희부	金熙富	함남		경성부 토목과 관공리	
	손재명	孫在明	서울		영생여학교 교원, 연희전문학교 교무실 사무원	후포고등학교 교사
	안정진	安正鎭	평남		가업, 인실학교 교원	이북
	오석근	吳錫根			교원, 광업	
	오천식	吳千植	황해		조선토지개량주식회사 황해파출소 회사원, 신경척식공사 관리과 사원	염전시험소 소장
	이규진	李圭珍	함북			
	이만학	李萬鶴	함북		연희전문 수물과 연구실에서 연구, 동신학교교원	이북
	이성규	李聖揆	경기		종로 예수교서회 사무원	부여고등학교 교장
	이정수	李正洙	함남		용산철도국, 원산역 보선계, 배양철도관사 철도국원	동아대학 공과
	조상한	趙尙翰			수피어여학교·숭덕학교 교원	이북

◇ 12회 졸업생(1930년 3월, 23명)

졸업 학과	성명		원적지	졸업 이후 학력	주요경력	
					일제하	해방후
문과 (11)	김규봉	金奎鳳	서울		세브란스병원 판매부 사무원, 광업	광업
	김대연	金大淵	서울		상업(금희악기점)	광업
	김선기	金善琪	전북	Université de Paris-Sorbonne 음성학연구소에서 학업, University College London M.A	동아일보 문맹퇴치 운동 가담, 조선어학회 한글맞춤법통일안 제정위원·사전편찬위원, 조선어학회 대표로 제2회 국제음성학회에 한국대표로 참가, 연희전문학교 문과 교수, 조선어학회 사건으로 투옥	연희대학교 영문과 과장·문과대학장대리, 서울대학교 언어학과 교수·교무처장·학생처장, 한국언어학회 초대회장, 제8대 문교부 차관, 자유민주당 중앙위원회 의장, 명지대학교 초대대학원장·명예교수, 대통령 포상
	김세진	金世鎭	평북		평양장로교신학교 재학, 안동현 중앙교회 목사	목사
	김형기	金炯基	충북		영신학교·경신학교 교원	강경상업고등학교 교장
	송흥국	宋興國	황해	Pacific School of Religion B.D, M.A	연백 창동중학교·평양 여자고등성경학교 교원, 조선감리교 총리원 교육국 간사, 감리교회 신사참배 반대, 목사	미군정청 외무과장, 남조선과도정부 문교부 성인교육국장·교화국장·사회교육국장 해군본부 편수관 실장, 해군작전본부 UN 연락관 실장, 해병대 군목실장, 대한기독교 교육협회 총무
	오창희	吳昌熙	평남		서기, 정의여자고등 보통학교 교원, 사무원	목사
	이홍직	李鴻稙	충남		중앙일보사·조선일보 기자, 화신사 사원	대한야구협회 회장, (주)남선전기 사장, (주)조선전업 사장
	이회극	李會極	함남		경성악기상회 상업, 빅터레코드회사 사원	수도극장 지배인, 상업(오리온과자점)

	정순갑	鄭淳甲	경남		연희전문 재학중 경성지역 조선인 학생 고학생회 이사로 중국 내 조선인과 연락 담당, 상하이 怡元汽車公司 사원, 의열단 상하이첩보원, 조선민족혁명당 공작원	중동중학교·중앙고등학교 교장
	조낙연	趙樂淵	평북		가업	인천공립사범학교·군자고등학교 교장
상과 (3)	강흥주	姜興珠	충남		경부선 금천역 역원, 부산철도국 열차구·용산철도국 화물계 근무	경경선(京慶線) 봉양역장, (주)조선해륙운수 육운과(陸運課) 과장
	민병협	閔丙協	서울		동일은행 은행원, 상업	서울문리고등공민학교 교사
	이창종	李昌鍾	함남		식산은행 은행원	신탁은행 상무
수물 과(9)	김봉식	金鳳植			평양 숭의여학교 교원	
	김신진	金臣鎭	서울		교원,농업	서울공업고등학교
	박우수	朴又守	경남		상업	
	박철재	朴哲在	경기	京都帝國大學 이학박사, Oak Ridge National Laboratory에서 아이소톱기술 수료	문리고등학원 근무, 京都帝國大學 이학 부강사, 京都 부중등교원양성소 강사	경성대학·서울대학교 문리과대학 교수, 문교부기술교육국장, 국립과학관 관장, 한국물리학회 부회장, 한국원자력연구소 초대소장, 인하공과대학 학장, 대한민국 학술원 회원, 문화훈장 국민장(1963), 학술원 공로상(1967), 국민훈장 모란장(1970) 추서
	백순기	白順基			개성 보선구 문산주재 철도국원	
	신현구	申鉉九	함남		교원, 가업	
	조병곤	趙炳琨	함남		가업	
	조일헌	趙日憲	전남		가업, 전남도청 산업과 관공리	
	최인준	崔寅俊	평남		가업	

◇ 13회 졸업생(1931년 3월, 43명)

졸업 학과	성명		원적지	졸업 이후 학력	주요경력	
					일제하	해방후
문과 (9)	김경식	金庚軾	함남		가업	
	김문삼	金文三	서울		가업	부산대학교 교수
	김장억	金長億	경기		서기, 선천 신성학교 교원	서울공업고등학교 교감
	오영환	吳榮桓			상업	
	이강주	李康炷	경북		가업	가업
	이진묵	李辰默	평남	Pacific School of Religion에서 유학, Oregon State Univ. 대학원 수료	숭덕학교 교원, 四達학교 교장	UNKRA 농촌사업부 고문관, 미군정 경기도 문정관으로 4-H 구락부 조직, 농촌진흥사업 고문
	이환신	李桓信	평남	Vanderbilt Univ. 신학부, B.D, Univ. of Pennsylvania 사회학과, M.A, Univ. of Southern California 연구	조선감리교총리원 교육국 청년부장·사무국장, 서울YMCA 일요강화 강사, 평양 요한학교 교사·교장, 평양 역포교회 시무	연세대학교 교수·학생처장, 감리교신학대학교 교수, 대한YMCA연합회 간사·총무, 대한기독교감리회 감독
	조의설	趙義卨	평남	東北帝國大學 서양사학과 문학사, 연세대학교 명예문학박사	정의여자고등보통학교·광성고등보통학교 교원, 연희전문학교 문과 강사	연희대학교·연세대학교 사학과 교수·부총장, 학술원 회원, 한국서양사학회 회장, 국민훈장 모란장
	한재만	韓在萬	경기		가업	서울공업고등학교 교사
상과 (29)	고정운	高正雲	황해		식산은행 은행원	
	곽세현	郭世顯	함북		상업	
	김명남	金明南	함남		성남금융조합연합회 이사	이북
	김영길	金榮吉	경기		인천경전조 사무원, 경충버스회사 사원	
	김유택	金有澤	함남		조선총독부 농림국 농산과 서기·관리	한국미곡회사 여수지점 사원
	김응근	金應根	충남		대안금융조합 서기, 충주군 목동면 우편소 소장	
	김제정	金濟貞	평남		장연금융조합·신갈금융조합 서기, 구화금융조합 이사	

김준식	金俊植	황해		종로동아백화점 점원, 三隆회사 사원	
김창선	金昌善	서울		조선저축은행 은행원	외무부 총무과 공무원
김춘갑	金春甲	함북		함북도청 관공리, 성진세무서 관리	
김형진	金炯眞	전남		동산금융조합 서기, 이리읍산업조합 이사	전북대학교 교수
동병술	董秉述	함남		가조금융조합 서기, 영평금융조합 이사	관재청 공무원
민우식	閔宇植	충남		안성운송조합 운송업, (주)조선운송 감리과 사원	
박민하	朴珉夏	서울		조선감리교총리원 사무원	주한미군부대 군속, 문산고등학교 교감
박영록	朴永祿	함남		협성실업학교 교원, 신경대일본만주국 대사관 조선과 관공리, 만주국 선척식고분 유한공사 관리	여수 서중학교 교장
박정근	朴正根	평남		가업	
백근원	白根元	황해		황해도청 관공리, 황해도 안악군청 관리	
벽창준	薛昌濬	함남		가업, 원산부 세무서 관리	
서상덕	徐相德	경기		가업, 청부업	한국대학 강사, 국자철법연구회대표
오봉환	吳鳳煥	황해		농업	서울시 관재국 공무원
원소아	元素阿	서울		문산금융조합 서기, 구화금융조합 서기, 안양금융조합 이사	동회장(洞會長)
유약한	劉約翰	경기		용산철도국 사회과 관공리, 산서성 흥아상점	
이관제	李寬濟	황해		경기도 금융조합연합회 이사, 고양군 벽제관 금융조합 이사	상업
이영선	李永善	함북	馮庸大學 학업, 만주사변으로 중퇴	조선건국동맹 화북지방 연락책임자로 활동	조선인민당 중앙위원, 근로인민당 중앙위원
이정규	李晶珪	충남		상업	한국건설공업사

	이창진	李昌鎭	황해		농업, 해주부 황해증권사 사원	
	이한영	李漢榮	경기		조선총독부 토목국 평양출장소 관공리, 경기도청 이재과 관리	기획처 기획관
	장학영	張學榮	황해		가업	삼호방직회사 사원
	정규필	鄭奎弼	서울		가업, 청부업	관재청 처분국 공무원
수물과(5)	김상진	金相辰	충북		송도고등보통학교·숭인상업학교 교원	교사
	김성건	金成建	평남		코라스타취회사 사무원, (주)대일본곡산 사무원	콜럼비아대학 교수
	박용택	朴容澤	서울		가업	충주비료 공장장
	신응균	申雄均	경기		명신학교 교원	성북중학교 교사
	심재원	沈在原	서울		연희전문학교 수물과 연구실 연구생, 영창학교 교원	해운본부 휼병감실 근무

◇ 14회 졸업생(1932년 3월, 28명)

졸업학과	성명		원적지	졸업 이후 학력	주요경력	
					일제하	해방후
문과(11)	강치봉	姜致奉	경남		경성부 동양선교회 사무원, 경성성결교회 유년주일학교 직원연합회 회장으로 성결교 주일학교 운동 주도	강원도 내무국장, 강원도지사 권한대행, 대한농회 참사, 한양대학교 교수
	곽병수	郭炳守	평북		의명학교 교원	
	곽용오	郭龍吳	전남		기자, 상업(강소성 거주)	이북
	김우종	金宇鍾	강원	金陵神學校 신학과 학업	평양 남산현예배당 목사, 무궁화 보급운동 전개, 상해임시정부 산하 한중항일공동투쟁청년단 활동 중 2년간 복역	건국준비위원회 강원도 위원장, 반민특위 강원지부 조사부장, 강원일보사 초대 사장, 도덕재무장(M.R.A) 상임위원, 한서초등·중학교 설립
	김종상	金鍾像	서울			
	류 진	柳 津	전북	同志社大學 영문과	일본 天理外國語學校 교원	제5대·제6대 민주당 국회의원
	신동욱	申東旭	평남	九州帝國大學	사무원, 이화고등여	연세대학교 교수·학생

과	이름	한자	지역	학력	경력	후경력
				문학부 졸업, 법학사	학교 교원	처장·교무처장, 대한기독교육협회 이사, 국제학술원장, 국제라이온스클럽 한국회장, 국민훈장 동백장
	유남기	柳南基	서울		경기도청 세무과 관공리	경기도연합회 주류업조합 참사
	이정순	李貞淳	경기		정동공립보통학교 교원, 조선중앙일보사·매일신보사 기자	이북
	이장손 (태용)	李長孫 (兒鎔)	강원		호덕리교회 여학교·공덕정교회 여학교 교원	경기공업고등학교 교사
	한정기	韓正基	평남		평양연합기독병원 서기	이북
상과 (8)	김준식	金俊植	전남		벌교금융조합 서기, 벌교금융조합 이사	대한금염회 전남지회 검사역
	김창익	金昌翊	함남			대한식탄공업 회장
	백남환	白南煥	전북		만진양행 사무원, 한성상업학교 교원	
	오흥교	吳興敎	함남		신상금융조합 서기, 함경남도 도청 내무부 이재과 관리	이북
	이경호	李璟鎬	경기		가업	이북
	이영철	李永哲	경기		근화여학교·송도중학교 교원	선린상업고등학교 교사, 용산고등학교 교사
	조봉환	曺捧煥	경기		대전금융조합연합회 서기, 흥남 동일은행 지점 은행원	국민은행 검사역
	최영기	崔永起	경기		가업	
수물과(9)	구연횡	具然宏	충남		청진철도출장소철도 사원, 교원	조선전업회사 기사
	김한경	金漢卿	서울		운수업, 청부업	
	노병권	盧秉權	전북		가업	
	심운영	沈云永	서울		연희전문학교 서무실 서기	주한미군 제8군단 고문관
	안석온	安錫瑥	평남		경신학교 교원	(주)조선금속계기 사장
	어수진 (을룡)	魚秀辰 (乙龍)	경기	臺北帝國大學 농예화학과 졸업	일본화성공업 순천공장 기사, 대신농업 근무, 경성공립농업학교 교사	중앙농업기술원 시험부 농예화학과 토양계 주임·농예화학과장, 농업시험장 토양과장

임수종	林秀鍾	함남		교원, 금광 경영	농업
최 탁	崔 鐸	서울		상업	이북
한인석	韓仁錫	서울	東北帝國大學 물리학 이학사	정신여학교 교원, 연희전문학교 교수	연희대학교·김일성 종합대학 교수

◇ 15회 졸업생(1933년 3월, 54명)

졸업 학과	성명		원적 지	졸업 이후 학력	주요경력	
					일제하	해방후
문과 (8)	김병모	金炳模	함북	九州帝國大學 법문학부	이화고등여학교 교원	(주)남방산업 사장
	송세영	宋世英	서울		정창문사 사원	
	신한철	申垾澈	전북		연희전문학교 문과 연구실 조수	해군사관학교 교관
	안시영	安時永	경기		원산 루씨고등여학교 교원	이북
	엄우룡	嚴雨龍	한남		삼영사 사장	이북
	우덕준	禹德俊	경남		정명여학교 교원, 을빈제약회사 사무원	경상남도 인사처장, 부산시 시의원, 금성중학교 교장
	유증소	柳曾韶	강원		정명여학교 교원, 원산 루씨고등여학교 교원	
	이홍로	李弘魯	서울			
상과 (41)	강시종	姜時鍾	함남		신의주 府外中之島甲子상회	목재상
	구성회	具星會	경기		조선상업은행 경성본점 은행원	농림부 농정국장
	권오전	權五典	경기		경기도청 세무과 관공리, 경성세무서 관리	이천세무서 서장
	김선진	金善鎭	경북		만주 신경 거주	
	김수영	金壽永	경기	明治大學 상학부	조선일보사 기자	
	김영하	金永廈	전남		6·10 만세운동 주도로 투옥, 장성 형설학원 설립, 장성금융조합 조합장·이사	영광군·화순군·해남군·순천군·나주군수, 초대 목포시장, 전라남·북도 문교사회국장, 황룡고등공민학교 설립, 전라남도 교육위원회 초대의장
	김운천	金雲川	함남		경기도 금융조합연합회 서기	

김유건	金裕建	충북		상업	
김종석	金鍾奭	서울		상업, 만주 新京 거주	상업(활석공업사)
김종순	金鍾淳	경기		청주상업학교 교원, 인천부청 사회과 관리	문태중학교 교사
김지현	金之鉉	충북		황해도 장연군청 관리	
김창주	金昌柱	함남		삼수양조회사 회사원	
나선채	羅善菜	전남	Univ. of Chicago	미국유학	
류하형	柳夏馨			상업	UNKRA
민병규	閔丙奎	경기			조흥은행 용도과 행원
민영선	閔泳善	충남		상업	
박상래	朴商來	충남		연희전문학교 도서관 서기, 요하네성경학원 교원	연세대학교 신학대 교수·총무처장
박종구	朴鍾九	경기		조선감리교 총리원 사무원	북장로교 선교회 서기, 감리교 선교사
백기주	白基珠	경북		평양부청 관공리, 국산자동차회사 사원	문태중학교
백남영	白南永	전남		조선금융조합연합회 전북지부 서기, 홍해 정미소 상업	고창여자중학교 교사·교장
서창성	徐昌成	평남		대동금융조합 서기, 공업	동화기업회사 사장
송기수	宋基洙	평남		개성 송도고등보통학교 교원	해군사관학교 교관
오길만	吳吉萬	서울		농업(길림성 거주)	이북
유치백	兪致百	충남		선광인쇄주식회사 사무원, 일본화재보험회사 경성지점 사원	
유흥남	劉興男	서울		안동 세관감시과 관리	
윤정현	尹正鉉	평남		죽전리 해륙물산상회 상업, 심호약의원 의사	
이병기	李炳琦	서울		화신 연경부 배급과 사무원	이북
이상락	李相洛	전남		전라남도 광주군청 관공리, 영길 강밀봉 개척훈련소 원장	전남도청 회계과 과장
이성구	李性求	충남		연희전문학교 상과 연구실 연구생, 진명	대한체육회 이사, 연세대학교 체육회 부

				고등여학교 교원	회장
이유선	李宥善	서울	American Conservatory of Music Chicago 성악과	오케축음기회사 경성지점 사원	UN군 극동사령부 문관, 한국음악협회 초대이사장, 한국성악학회 회장, 중앙대학교 음대 교수, 총신대 종교음악과·호서대 음악과 창설, 서울시 문화상(1976), 대한민국 문화훈장 수상(1983)
이의두	李義斗	평남		경성조선은행 은행원	한국신탁은행 본점 중역
이재정	李載靚	서울		대구 경남은행 은행원	영등포구청 호적과 과장
이정식	李貞植	평남		상업(소화포목상점), 국산자동차회사 사원	
이종만	李鍾萬	전북			농업
임순평	林純平			오사카신문사 문화와비판계 기자	
조광휘	趙光彙	경기		연희전문학교 상과 연구실 연구생, 상업(진흥상회)	선린상업고등학교 교무과 주임
한전훈	韓典勳	함남		조선중앙일보사 기자	이북
현금갑	玄金甲	경기		화신상회 사무원	상업
황대걸	黃大傑	서울		신경 재정부 전매공서 관공리, 안동 환인 전매국 관리	대영고무공업회사 전무, 협성공사 대표
황시연	黃時淵	평남		순천금융조합 서기, 조만공업상사 총무	동남실업공사 사장
황필한	黃弼漢	서울			
이겸재	李謙在	서울		유동(楡洞)금광 사무원	체신부 공무원
이양선	李洋善	평북			이화여자고등학교 교사
이영진	李英珍	경기		가업, 창성군 금광기술계 기사	
이용우	李容祐	서울			
최득원	崔得元	평북	東北帝國大學 공학사	신성학교 교장	

수물과(5)

◇ 16회 졸업생(1934년 3월, 60명)

졸업 학과	성명		원적 지	졸업 이후 학력	주요경력	
					일제하	해방후
문과 (11)	곽정순	郭正淳	서울	American Conservatory of Music Chicago		미국 체류
	박규서	朴奎緒	서울		한영중학원 교원	해군사관학교 교관
	박상현	朴相鉉	경기	九州帝國大學 문학사	연희전문학교 문과 교수	서울대학교 교수
	박영준	朴榮濬	평남		길림성 반석협화회 사무원	연세대학교 강사
	배약한	裴約翰	서울		진흥학교 교원	교사
	유삼렬	劉三烈	서울			(주)한국화약공판 중역
	이시우	李時雨	강원		용정 동흥중학교 교원	경기고등학교 교사
	최성두	崔聖斗	평북		상업(삼이음악사)	상업(삼이음악사)
	한태수	韓太壽	경남			한양대학교 정경대학 교 수, 숙명여자대학교 교수
	함국형	咸國衡	함남		가업	홍익대학교 학생과 과장
	황재경	黃材景	함남	日本神學校		미국의 소리 방송국 아나 운서, 워싱턴 거주
상과 (41)	강신홍	姜信洪	서울		상업	
	강응천	姜應天	함북			
	강태식	康台植	경기		흡곡금융조합 이사	
	고준규	高駿圭	서울		인중상공회사 사원	
	김교영	金敎英	서울		상업은행 은행원	한국상업은행 심사과 과장
	김기정	金基政	함남			(주)대한물산 중역
	김영환	金永煥	서울			
	김용제	金龍濟	충남		동일은행 천안지점 은행원	재무부 회계국 국장
	김용환	金容煥	전북			
	김일진	金一鎭	평남		봉천 동광중학교 교원	
	박수복	朴壽福	평북			경남중학교 교사
	박용호	朴容澔	경기			상업
	박원철	朴源轍	함남			
	박일환	朴一煥	서울			이북
	백중철	白重哲	함남			
	백태환	白台煥	경기	日本大學		
	서강백	徐康百	함남		매일신보사 기자	
	서남용	徐南龍	함남		국본합명회사 사원	고려흥업회사 중역

성낙춘	成樂春	서울			조선운수회사 영등포 지점 지점장
심재건	沈在建	경기		경춘철도회사 사원	
안복암	安福岩	경북		대구금융조합연합회 이사	경북농업은행
우만형	禹萬亨	경기		용산철도국 조사과 제2계철도 국원	국회사무처 차장
이강채	李康宋	강원		연료주식회사 사원	상업
이기원	李基元	서울			
이기표	李奇翲	전남			이북
이병두	李秉斗	충남		경기세무서 관리	재무부 사세국 국장
이석열	李錫烈	황해			
이완희	李完熙	서울		동아증권주식회사 사원	
이윤재	李潤載	경기			
이 황	李 晃	함남		식산은행 광주지점 은행원	
이희성	李熙晠	서울			서울공업고등학교 교사
임동훈	林東勳	서울			서울시은행 수형교환소 행원
임재홍	林在洪	경북			
정구항	鄭求恒	충북			
조진대 (경대)	趙晋大 (涇大)	경남			
주금용	朱金用	경남		총독부 재무부속관	진해여자고등학교 교감, 거창여자중학교 교장, 경상남도의회 도의원·문교사회분과위원회, 주한미공보원 부처장, 제4대국회의원, 대한민주여론협회 경남본부 이사
주왕산	周王山	서울		조선일보사 사회부 기자	중앙고등학교 교사
최도용	崔道鏞	경기		송도중학교 교원	관재청 청장
최성호	崔成浩	강원			이북
한태일	韓泰日	경남			(주)고려모직·(주)명모방직사장, 한국모직협회이사, 마산대학재단이사장, 마산상공회의소 소장, 마산지역사

	성명		원적지	졸업 이후 학력	주요경력 일제하	주요경력 해방후
						회개발 위원장, 민주공화당 경상남도 제1지구당 위원장·노동분과위원회 위원장, 제7대 국회의원
	홍기윤	洪基倫	서울		한성은행 대전지점 은행원	
수물과(8)	김병수	金炳洙	평남			
	김영전	金永佺	서울		의명학교 교원	경기공업고등학교 교사
	김용우	金用雨	서울	Univ. of Southern California 응용화학 대학원 수료	숙명여자고등보통학교·배재고등보통학교 교사	서울시 후생국장, 중앙기술교육위원회 사무총장, 중앙관재처 운영처장, 대한주택영단 이사장, 제2대 국회의원, 제3대 국회사무총장, 제6대 국방부 차관·장관, 주영대사, 대한적십자사 총재
	김재을	金在乙	전남	京都帝國大學 채광야금과·수학과 공학사·이학사		이북
	마종승	馬鍾昇	경기	京都帝國大學 토목과 공학사	평양철도국 개량사무소 황주공사구 철도국원	교통부 시설국 국장, 동양화학공업주식회사 이사
	심상연	沈相連	경기		신명여학교 교원	경기공업고등학교 교사
	이순덕	李順德	평남		은진중학교 교원, 도문세관 감독국 관리	(주)한국제일산업 부사장
	정화국	鄭和國	충남		이화여자고등보통학교 교원, 연희 아이스하키 구락부 개성지역 간사	이북

◇ 17회 졸업생(1935년 3월, 78명)

졸업학과	성명		원적지	졸업 이후 학력	주요경력 일제하	주요경력 해방후
문과 (14)	강영주	姜瑩周	서울			
	김 강	金 剛	함남		텍사스석유회사 사무원	UN군사령부 문관, 미국 체류
	김진규	金瑨圭	경남		진명학원 교원	진해여자고등학교 교감

김진현	金鎭炫	경북		기자	
박현창	朴賢昌	경기		의명학교 교원	
방휴남	方烋南	충남			UN군사령부 문관
배운석	裴雲石	경북		명신중학교 교원	전주고등학교·청주고등학교 교장
이종현	李鍾賢	경기			
임진준	林鎭俊	평남			청주대학교 교수, 변호사
정진석	鄭鎭石	서울	明治大學 학업, 京都帝國大學 법과 졸업, 同대학원에서 철학 연구		『자유신문』 주필, 조선문필가협회, 조선문학가동맹,『문화일보』편집고문,『해방일보』논설위원장, 김일성종합대학 교수, 송도정치경제대학 학장, 과학원 철학연구소 소장, 애국렬사묘 안치
정진옥	鄭鎭玉	전남	九州帝國大學 법문학부 학업		이북
정학룡	鄭學龍	황해			
현영주	玄永疇	평남			이북
황호춘	黃好春	강원		壽常소학교 교장	
경세현	慶世顯	서울		조선금융조합연합회 황해도지부 서기	
공태화	孔泰和	황해			
김관성	金寬性	강원		대동상업학교 교원	이북
김성태	金聖泰	서울	東京國立高等音樂學院 작곡부 음악학사, Indiana Univ.에서 음악이론 연구, 연세대학교 명예문학박사	경성보육학교 음악주임, 경성중앙방송국 합창단 상임지휘자, 보성전문학교 음악강사	고려교향악단 지휘자, 경성음악학교 교무과장, 서울대학교 예술대학 음악부 창설·교수, 한국음악가협회 중앙위원, 서울시립교향악단 이사·객원지휘자, 대한민국 예술원 회장, 예음문화재단 회장, 한국문화예술진흥원 이사, 국민훈장 동백장
김성현	金成炫	서울	明治大學 상학과	강사	해양대학 교수, 한양대학교 상대 교수
김영국	金榮國	전남		대동광업주식회사 장진배급소 사무원	신생기업주식회사 사장

상과 (48)

김영찬	金永燦	경기		조선은행 진남포지점 은행원	조선은행 본점 영업부 부지배인, 검사역, 환금은행 지배인, 한국은행 외국부장·조사부장, 한국은행 부총재, 한국산업은행 총재, 제5대 재무부 차관, 제11대 상공부 장관
김정욱	金珽郁	평북		철도국 안동건설사무소 서무계 철도국원	교통부 부산철도국 공무원
김필환	金必煥	경기		조선중앙무진회사 사무원	교사
김한종	金漢鍾	강원		상업	상업
노윤환	盧允煥	전북		(주)조선운수 환성 경성지점 사무원	
류기흥	柳基興	서울		경성부 동일은행 서대문지점 은행원	조흥은행 부산지점 국제시장예금취급소, (주)안국화재해상보험 대흥대리점 사장
박영섭	朴永燮	평남		상업	이북
박창근	朴昌根	황해			
박해용	朴海用	충북		조선상업은행 재령지점 은행원	
백승우	白承宇	경기		개성상공회의소 사무원	송도중학교 회계원
변홍석	卞洪錫	경기		세브란스상회 사원	이북
손희식	孫熙軾	경남		식산은행 전남 광주지점 은행원	한국산업은행 마산지점 지점장
손희준	孫禧俊	서울		한성은행본점 은행원	조흥은행 의정부 지점 지점장
송재수	宋在秀	서울		안양보육원 원장	안양보육원
심상보	沈相輔	경기		가업	인천동산중학교 교사
안창해	安昌海	강원		화신상회 사무원	영창공사 대표
안효병	安孝炳	경기		조선금융조합연합회 경성지부 서기	삼광사인쇄소 대표
오익환	吳翼煥	황해	光華大學 교육과 졸업	조선일보사 기자	강경상업고등학교·만주은덕중학교·한성상업학교 교원, 서울 선린상업중학교 교장
유봉근	兪鳳根	경기		사무원	사원
이병묵	李炳默	경기		경성정류소 사원	한성고등학교 교원

	이병우	李秉雨	충남		강계수력전기회사 사무원	
	이봉구	李鳳九	서울		조선화재보험회사 사무원	안보화재회사 중역, 신아양행 사장
	이선주	李善柱	평남		평안석유합자회사 사원	대한잠사회관
	이용필	李用弼	평남		상업(상하이 千代洋行)	(주)협화건설 사장
	이익찬	李翊鑽	평남			
	이종국	李鍾國	경기	法政大學 학업		온양중학교 교원
	이창세 (이두)	李昌世 (李梪)	함북		상업	해병대 대위, 대한철강 총무부 용도계장
	이태흥	李泰興	함북		최용순방 사무원	
	장락승	張樂升	서울		전무	상업
	전제익	全濟益	경기		상업	서울중앙시장회사 중역
	정덕상	鄭德祥	황해		제국미싱제봉회사 총감독	
	정충모	鄭忠謨	충북		경성부 금고 관리	농업
	정환민	鄭桓民	전북			(주)대명광업 사원
	조충구	趙忠九	경기		동일은행 안성지점 은행원	
	최만희	崔萬熙	서울		상업	(주)신국제통상 사원, 미국 이민
	최봉순	崔鳳淳	평북		동양물산상회 지배인	이북
	최영함	崔泳涵	함북		일화제약소 상업	
	최학순	崔學舜	경기		사강금융조합 이사	용인금융조합 이사
	탁기연	卓基淵	평북		동일은행 원산지점 은행원	한국흥업은행·상공은행 적선동지점장, 미국 체류
	하순덕	河順德	평남		상업	
	호수복 (장환)	扈壽福 (章煥)	서울			경성전기공업중학교 교원
	황극로	黃極老	경기		왜성금융조합 서기	에버렛토기선(汽船)회사 사원
수물과 (14)	고순욱	高舜旭			신의주 광업개발주식회사 관리	
	곽용국	郭龍國	전북		만주국 광업개발주식회사 근무, 교원	창덕여자고등학교 교사
	국채식	鞠埰植	전남		만주국 광업개발주식회사 봉천금광훈련소 기술원	미국 체류

박천권	朴千權	경북	京都帝國大學 공업화학과	(주)오사카합동 유지 (油脂)부 화학공장	동양화학공사 이사장
신원근	申源根	경기		송도중학교 교원	용산중학교 교감
안창식	安昌植	서울		자영업	부국고무공장 대표
오혁준	吳爀準	충남		배화고등여학교 교원	경성영창중학교·배화여자중학교·경기여자중학교 교원, 창덕여자고등학교 교감
이수응	李秀應	경남		일시고등여학교 교원	경상남도 학무과 과장
이호식	李鎬湜	서울		상업	경기고등학교 교사
전광진	田光鎭	서울		상업(남산재목점)	거제중학교 교장
조능준	趙能俊	평남		세창고무공장 공장장	대동고무공업사 사장
조은영	趙殷泳	경기		가업	
최계순	崔季淳	전남	Princeton Univ. 연구	사원	서울대학교 공과대학 교수, 채광학
한용아	韓龍兒	경기	京都帝國大學 토목공학과 학업		

◇ 18회 졸업생(1936년 3월, 68명)

졸업학과	성명		원적지	졸업 이후 학력	주요경력	
					일제하	해방후
문과 (8)	강희갑	姜希甲	함북		신흥제약사 사원	천룡무역공사 무역부장
	김대균	金大均	경기			
	김형두	金炯斗				성림치과의원
	배은수	裵恩受	서울		매일신보사 사회부 기자	
	송방용	宋邦鏞	전북		가업	제2대·제3대 국회의원, 제5대 민의원, 제10대 국회의원, 금융통화위원회 위원, 대한곡물협회·대한보관협회 이사장, 경제과학심의회의 상임위원·장기자원대책위원회 회원장, 대한민국헌정회 회장·원로회의 의장
	임창한	林昌翰	평남			수산대학 교수
	최항진	崔恒鎭	경기	明治大學 법과 학업		

	홍윤식	洪胤植	서울		미국 유학	미국 체류
	강필록	康弼祿	황해		동양피복공장 상업	이북
	곽 빈	郭 斌	평남			상업
	권응택	權應澤	서울		상업	
	김관수	金冠洙	서울		조선상업은행 전주 지점 은행원	상업은행 아현동지점·동대문지점·충무로지점 지배인, 상업은행 비서실장, 상업은행 남대문지점장
	김광섭	金光涉	황해		가업	세계통신·한국일보사 근무, 조선일보사 편집국 차장, 일요신문사·현대신문사 주필, 경향신문사 편집국장
	김덕성 (종성)	金德成 (鍾聲)	서울		상업	상업
	김복동	金福同	경기			
	김선근	金宣根	서울		경기도청 사회과 관리	
	김성국	金聖國	황해		상업(안동현 대동양말공장)	
상과 (50)	김운배	金雲培	경기		상업(金培재목점)	동양방적공사 비서과 과장
	김윤근	金潤根	함남	東京體操學校 졸업	전조선씨름대회에서 수차례 우승	조선체육회 이사, 조선씨름협회 회장, 대동청년단 중앙감찰위원장, 대한청년단 단장, 국민방위군 사령관
	김일배	金日培	충남		호남은행 광주지점 은행원	
	김중원	金重遠	평북		상업	
	김진수	金珍洙	서울		조선식산은행 북청 지점 은행원	미군정청 상무부 근무, 외자관리청 조정국·관리국 과장, 외자청 여수사무소·군산사무소 소장
	김창화	金昌華	황해		조선운수주식회사 해주영업소 사무원	
	김태리	金泰利	충남		가업	
	김형태	金瑩泰	평북		상업	
	민병선	閔丙宣	서울			

성완용	成完鏞	충남		충남도청 산업부 농촌진흥과 관리	대전여자중학교 교감
송병호	宋秉昊	서울		사원	부산 세관총무과 과장
심창식	沈昌植	서울		계청공사 상업	배재중학교 교사
원치승	元致升	서울		흥일사 상업	화성산업회사 사장
이경득	李慶得	서울		경성부청 수도과 서무계 관리	
이동수	李東壽	경북		배재중학교 교원	
이린정	李獜貞	평남		상업	상업
이만걸	李萬傑	평북		신의주 다사도 철도 주식회사 사원	통제부 군수과 공무원
이범래 (범상)	李範來 (範尙)	충북		영목상회 전무	영목상사 사장
이상철	李象哲	경기		자영업	미국 체류
이신득	李辛得	함남		조선총독부 체신국 수선계 관리	체신부 전무국 부국장, 서울체신청 청장, 함경남도 도지사
이영욱	李榮郁	경북			숙명여자대학교·한양대학교 교수
이유성	李有聖	평남		사원(도쿄 거주)	이북
이정우	李廷禹	함남		상업(삼호역전 정미소)	
이종찬	李鍾燦	황해		경의선 한포금융조합 이사	서울금융조합연합회 중앙지소 이사
이치구	李致九	충남		배화고등여학교 교원	
이화규	李和圭	함북			
이희성	李喜成	경기		가업	농업
임병성	林炳星	서울		상업	상업
장병일	張炳日	경북		조선은행 당좌계 은행원	조선은행 계리부 참사·계산과장, 조선은행 검사부 검사역, 조선은행 감사실 수석검사역
정완희	鄭完熙	서울			
정용수	鄭龍洙	평남		상업(베이징 거주)	동양면화회사 사원
정인협	鄭寅協	서울		가업	신동아 손해보험회사 영업과 과장
정준석	鄭俊碩	평북		가업	
조능환	曹能煥	서울		조일지물회사 부산지점 사원	대한지업회사 상무
조종표	趙鍾杓	경기		가업	

	지생업	池生業	경남		부산부 제2금융조합 이사	대한금융조합연합회 경북지부 과장
	차형기	車亨基	서울		조선성서공사 사무원	사범대학부속고등학교 교사
	한윤수	韓崙洙	서울		자영업	제1산업진흥주식회사 사원, 금융조합연합회 이사견습, 일산금융조합·금촌금융조합·부천금융조합, 안주금융조합이사, 대신상사주식회사 전무취체역
	함경탁	咸景鐸	경기			
	홍성민	洪性旼	평북		상업실수학교 교원	이북
	황환승	黃煥昇	강원		강릉금융조합 이사	서울관재국 국장
수물과 (10)	김규황	金奎煌	평남		상업(베이징거주)	
	김기택	金基澤	평남		간도 연길공업학교 교원	
	박종남	朴鍾南	경남		전라남도 광주청 농진과 기수	함평고등학교·송정공립여학교 교장, 광주의과대부설 문교부 중등교원 임시양성소 부소장, 광주의과대학 교수·교무과장, 제헌국회 국회의원
	서병훈	徐丙薰	충남		광업	청양사금광 경영주
	송수천	宋壽千	경기		숙명고등여학교 교원	고창중학교·배재중학교 교사, 배재중·고등학교 교장
	이재남	李載南	강원		기수(技手)	이북
	전재환	錢載煥	서울		원산 루씨고등여학교 교원	
	정근식	鄭謹植	경남		함북 부령 하자마구미(間組)출장소 사원	기획처 과장
	정명진	丁明鎭	경기		대륙상사회사 상업	
	홍준기	洪準箕	서울	京都帝國大學 채광야금과 졸업	조선총독부 식산부 광산과 조사계 관리	미군정청 상무부 광산과장, 서울대학교 공대 교수, 대한광산학회 회장, (주)대명광업 중역

◇ **19회 졸업생(1937년 3월, 107명)**

졸업 학과	성명		원적 지	졸업 이후 학력	주요경력	
					일제하	해방후
문과 (28)	김경한	金景漢	서울	독일 유학	사무원(독일 거주)	미국 체류
	김도성	金燾星	평북		숭인상업학교 교원	일본 유학(1954)
	김병서	金炳瑞	충남		연희전문학교 도서 관 사무원	동양타이피스트학원 원 장, 중앙일보중도시단
	김선동	金仙童	경북			
	김성도	金聖道	경북		영생중학교 교원	신명여자고등학교 교사
	김성섭	金聖燮	서울		사무원	신한기업공사 사장
	김일출	金一出	경북	東北帝國大學 문학부 문학사	치안유지법·보안법 위반 기소유예(1932)	역사학회·신문화연 구소 창설 참여, 서울 대학교 사학과 교수, 신문화연구소 창립, 조 선인민당 중앙위원, 북 한 사회과학원 고고학 연구소 연구사
	김춘택	金春澤	서울		가업	
	노정현	盧正鉉	경남	九州帝國大學 법과		부산검사국 변호사
	모기윤	毛麒允	함남		시인, 아동극작가	방송문화연구실장, 방 송윤리위원회 사무국장
	문학준	文學準	전남		관리(도쿄시 거주)	이북
	박덕배	朴德培	황해	東北帝國大學 법문학부 졸업	금융조합 근무	단국대학교 법학과 교수, 서울대학교 사범대 일반 사회과 교수
	박병호	朴炳鎬	충남	東京農業大學		연세대학교 농업개발 원 원장
	방현모	方顯模	서울	東北帝國大學 심리학과		숙명여자대학교·중 앙대 논산분교·성균 관대학교 교수
	선우 천복	鮮于 天福	평남		미국 유학	미국에서 연구활동
	설정식	薛貞植	강원	Mount Union College 문학사, Colombia Univ. 학업	가업,『인문평론』기 고	조선문학건설본부·조 선문학가동맹 활동, 미 군정청 공보처 여론국 장, 조선공산당 입당, 『서울타임스』주필·편 집국장, 인민군대표단 통역관

여운대	呂運大	경기	明治大學 상학부 학업		
염은현	廉殷鉉	서울	교토대학 사학과 졸업	1936년 베를린올림픽 일본대표 농구선수	연희전문학교·연희대학교·서울대학교·성균관대학교 교수, 역사학회 창설 주도
윤준섭	尹駿燮	충남			이북
이계일	李啓一	황해		황주 춘광원예학교 교원	이북
이귀조	李龜祚	평남		연희전문학교 문과 조수	
이봉호	李奉鎬	전북	세브란스 의학전문학교		의사
이인범	李仁範	평북	日本 高等音樂學校	전일본 성악콩쿨대회 수석 입선(1939)	한국오페라단 단장, 한국전쟁기 해군정훈음악대 음악가, 서울대학교·이화여자대학교·연세대학교 교수
장서언	張瑞彦	서울		화신ジーリストビュロ(일본여행협회) 사무원, 『동광』 통해 등단, 시인	경기여자고등학교 교사
전진성	田鎭成	평남		대구 교남학교 교원	대구중학교 교감, 경주중학교 교장, 문교부 발행과장, 인천동산중·고등학교 교장, 연세대학교 총무처장
정세찬	鄭世燦	평북		가업	이북
최완복	崔完福	황해	慶應義塾大學 불문과		이화여자대학교 교수
홍성은 (종혁)	洪聖恩 (鍾赫)	경남		간도성 왕청현 춘화촌 석현구 협화학원 교원	해군중령, 미국 시찰, 동국대학교 행정대학장
강성일	姜聲一	서울		만주 신경 만몽일보사 기자	
고병헌	高丙獻	서울		상업은행 진남포지점 은행원	
고응진	高應振	황해		상업	제일제침공사 사장
김광섭	金光攝	황해		명신중학교 회계	
김긍렬	金兢烈	강원		경성부청 토목과 관리	이북
김동광	金東光	평남		합동은행 진주지점 은행원	이북

상과 (58)

김두칠	金斗七	평남		진남포경찰서 고등계 관리	조일양조장 송파동공장 공장장
김성간	金成玕	평남		금성운동구점	동화백화점 운동구부, 운동구제조업
김윤백	金倫栢	전북		은행원	전북 상이군인정양원 교무과 과장
김종대	金鍾大	전북		자영업(남원도서문고)	(주)삼형목재 사원
김충현	金忠鉉	서울		사원	
류희춘	柳熺春	함북			
민병문	閔丙文	충북		동일은행 원산지점 사무원	
박충재 (선옥)	朴充在 (先玉)	충남			
박정엽	朴楨葉	평북		가업	충주중학교 교사
백남승	白南昇	충북		자영업	자영업
변 일	邊 鎰	서울		산업은행 전주지점 은행원	
변종호	邊宗浩	평북			신생교회 목사
신원배	申源培	경기		상업	(주)강서미유 중역
신형준	申亨俊	강원		평양부 연합기독병원 서기	
안민식	安敏植	서울			
오기복	吳基福	평북		팔원금융조합 이사	제사(製絲)공장 공장장
오상찬	吳相瓚	평북		관리	중외출판사 대표
오의삼	吳義三	황해			이북
유병갑	兪炳甲	경기		가업	
윤두식	尹斗植	서울			(주)강서미유 전무
윤진호	尹振皓	서울		사무원	평화자동차부 사무원
이겸수	李謙洙	경남		가업	정미업
이광춘	李光春	강원		자영업	
이덕현	李德鉉	평북		평북 자성군청 공리	
이상철	李相哲	경기		경성부청 호적계 관리	천풍기업공사 사장
이세화	李世華	평북			
이영섭	李英燮	황해			대영광산 광산주
이 용	李 墉	경기		창덕금광 광업	
이원구	李元九	경기		베이징 소화인쇄사 사원	공주사범대학 교수
이의범	李義範	충남		조선총독부 사회교육과 관리	
이정업	李定業	경북		가업	

이종무	李鍾武	경남		청도주조주식회사 지배인	청도 새천공장 사장
이준식	李畯植	평남		조선택송회사 평양 지점 사원	
이춘환	李春煥		法政大學 학업		
정지양	鄭智陽	황해		상업관찬학교 교원	대한금융조합연합회 인천사무소 공무원
정화세	鄭和世			사무원	신한문화사 사장
조관설	趙觀卨	평남		자영업(중국 평안당 약방)	
조은상	趙殷相	황해		상업	이북
지세룡	池世龍	겨북		자영업	
최병준	崔炳準	경북		조선일보사 광고부 기자	
최순중	崔淳仲	함북		흥아상사 무역상회 운영	
최영신	崔永信	평남		가업	이북
최주현	崔周鉉	평남		평안남도 강서군 함 종우편소 소장	이북
한갑석	韓甲錫	함남		서기	
한성복	韓誠福	평남		상업(덕흥상회)	이북
한숭덕	韓崇德	평남		평양부청 관리	
한이섭	韓利涉	평남		제약업(세르방약방)	이북
한인환	韓麟桓	함남		관리	서울시교향악단 창단 주도·진행부장, 한국 전쟁기 해군정훈음악 대 음악가
한창남	韓昌男	경기			재무부 전매국 근무, 관 재청 강원도국장, 관재 청 관리국 소청과장, 처 분국 감정과장
홍문길	洪文吉	전남		합동전기회사 이리 지점 사원	다유기업회사 사원
홍성복	洪性復	서울		경성역 철도국 열차구 차장(철도국서기)	서울열차사무소장, 철 도운수총국 인사과 직 제주임, 영등포역·청 량리역·서울역장, 서 울철도국 철도국장서 리, 교통부 경리국 심 사과·총무과장, 철도 건설국 관리과장

	홍종구					
	고창렬	高昌烈	평북		용정 은진중학교 교원	이북
	김복성	金福盛	서울		용산공작회사 사원	
	남명희	南明熙	충남		조선총독부 농촌국 토지개량과 관리	이북
	신인철	申仁澈	강원		광주부 고등여학교 교원	여수 수산고교 교장, 군산 수산대학장
	원종봉	元鍾鳳	서울		조선공영회사 사원	대영토건사 부사장
	이강훈	李康勳	강원		주소주식회사 사원	
	이성모	李星模	서울			
수물 과 (13)	이성준	李聖濬	충남	京都帝國大學 전기과 졸업		이북
	이신복	李莖馥	강원	東北帝國大學 이학부 물리학 교실 학업		이북
	조진연	趙晋衍	서울		철도국 용산보선과 제2계 철도국원	교통부 부산철도국 공무과 과장
	지응제	池應濟	평북		보성여학교 교원	이북
	한경원	韓慶源	경기		영생중학교 교원	경기공립여자중학교 교무주임, 경기여자고 등학교 교감
	홍찬희	洪贊憙	서울		명신여학교 교원	이북

◇ 20회 졸업생(1938년 3월, 104명)

졸업 학과	성명		원적 지	졸업 이후 학력	주요경력	
					일제하	해방후
문과 (23)	강영수	姜永壽	경기		경성일보사 기자	대동신문사·대한통 신사·중앙일보사 편 집국장, 평화신문사 상무·편집국장, 대한 일보사 주필
	김은우	金恩雨	서울	立敎大學 철학 과 문학사, Columbia Univ. 대학원 수료		이화여자대학교 사 범대 교수, 한국철학 회 부회장, 대한일보· 경향신문 논설위원
	김주천	金柱天	서울	日本 中央大學 법학부 졸업	영창중학교 교원, 경 성일보 기자	중외신보 정경부장, 대 동토목주식회사 상무, 대한기업주식회사 사 장, 대법원 통역관, 외 무부 통상국정책국·정

					무국 근무, 주영한국대사관 참사
김하태	金夏泰	경기	Drew Univ. 신학부 졸, Syracuse Univ. 졸, Univ. of Southern California Ph.D		오하이오 노던대학 교수, 연세대학교 신과대 교수·학장·대학원장, 목원대학교 대학원장, 초우칠라 한인교회 목사
박택렬	朴澤烈	함남	法政大學		
유연옥	劉演玉	평남		가업	이북
윤봉희	尹奉曦	평남		경북도청 관리	해군정훈감실 영화대 중령
윤태웅	尹泰雄	강원	立敎大學		이북
이동정	李東鼎	함남		가업	이북
이영근	李泳根	서울		도쿄대 일본청년단 관리	삼호공업 회장
이원복	李元馥	강원		가업	주문진수산고등학교 교감, 춘천고등학교 교장
이윤태	李潤泰	평북		안동성 공서지방과 관리	코리아타임스사 기자
장금성	張今成	경기			
전형국	全炯國	함북	Univ. of Michigan 영어교육과 청강, Columbia Univ. 사범대학 M.A	길주사립공업학교 교원	서울대사범대학부속고등학교 교사, 주한미군24군사령부 번역관, 연세대학교 교수·문과대학장, 한국영어교육학회 초대회장
정석정	鄭錫楨	평북		가업	이북
정희준	鄭熙俊	경북			
조풍연	趙豊衍	서울			아세아협회 이사, 소년한국일보 주필
조한응	趙漢膺	경기		학생아나키즘 운동, 항일운동으로 3년간 복역	자유사회건설자연맹, 조선농촌자치연맹, 노동자자치연맹 활동, 자유청년동지회 국민문화연구소(설형회), 성균관대학 도서관 관장, 고려대학교 교무과, 경천학

					술연구원, 국민문화연구소 활동
하원재	河元才	황해		가업	
한길수	韓吉洙	서울		가업	한국민사처 교육과 과장, 홍익대학교
한상직	韓相稷	서울		매일신보사 기자	
한표욱	韓豹頊	함남	Syracuse Univ. 철학과 B.A, Harvard Univ. 정치학 M.A, Univ. of Michigan 정치학 Ph.D	미국 유학	하버드대학교 동부아세아연구소 연구원, 조지워싱턴대학교 대학원 국지정치학 교수, 주미대사관 창설준비위원·초대 참사관·전권공사, 주제네바·태국·영국 대사, 제7차 UN총회 한국대표, 대일강화회의대표단
홍이섭	洪以燮	서울	연세대학교 문학박사	중앙기독교청년회학교 교원	국학대학·고려대학교·연희대학교·연세대학교 교수·문과대학장, 숙명여자대학교 교수·대학원장, 문교부 국사편찬위원회 위원, 역사학회 회장, 학술원 회장, 외솔회 회장
강영학	姜永學	평남		자영업	
강의홍	康義弘	평남		자영업	이북
강호연	康昊然	서울		중앙물산회사 사원	
계수빈	桂受彬	평남		화신주식회사 오사카 사입부(仕入部) 사원	상신무역주식회사 상무
고제경	高濟經	강원		상업	서울신문사 편집국장
공봉술	孔鳳述	경북		정봉금융조합 이사	삼익철공소 대표
곽정선	郭正善	서울		미국 유학(시카고 거주)	미국 체류
권복인	權福仁	경북		조선식산은행 은행원, 한일광업회사 광업소장·지배인, 월명광산 소장	충청북도의회 부의장, 한일흑연광업주식회사 전무이사, 제4대 국회의원, 자유당 중앙위원, 민주공화당 중앙상임위원, 대한정구협회 부회장·

상과 (64)

					이사장
권세일	權勢一	전남		가업	
김경수	金炅洙	평북		가업	광주사세청 총무과 과장
김광욱	金光旭	함북		상업	이북
김명관	金明寬	함남		간도 명신여학교 교원	경복고등학교 교감
김성환	金星煥	평남		자영업(태안양행)	제과업
김연수	金淵洙	충북		전매국 김천출장소 관리	삼화실업주식회사 전무
김연식	金衍植	서울		한성은행 평양지점 은행원	이북
김영기	金永祺	경기		황해도청 이재과 관리	금정물산주식회사 사장
김응호	金應鎬	평북		안동시 공서실업과 관리	
김인석	金寅碩	함북		가업	
김종하	金鍾河	서울		창도금융조합 이사	조선일보사 사원
김종한	金宗漢	경기		인천부 상업전수학교 교원	
김창식	金昌植	경기		상업은행 동대문지점 은행원	이북
김형균	金衡均	서울		중앙철도 운수과 영업계 철도국원	
류병석	柳丙錫	황해	明治大學 상학부		강경상업고등학교 교사
박규희	朴奎喜	평남			서울사세청 공무원
박영상	朴永相	전남		목포부 상업전수학원 교원	
백찬욱	白贊旭	경북	立敎大學 상학과		충남 관재국관리과 과장, 이북
서상흘 (남철)	徐相屹 (南哲)	함남		ジーリストビュロ(일본여행협회) 사원	대한여행사 종로사무소장
송병주	宋秉周	경남		가업	대한금련회사 비료과 공무원
심형섭	沈亨燮	강원		중앙방송국 제2방송부 아나운서	이북
안병근	安炳根	황해		조선총독부 곡물검사소 관리	
연장성	延壯星	경기		협성실업학교 교원	육군중위
원경수	元瓊洙	경기		일본상업통신사 사원	금정물산주식회사 사원

유승억	劉承億	강원		가업	
유장열	劉章烈	서울		사무원	심계원(審計院) 검사관
유지철	柳志喆	전북		자영업	
윤준호	尹俊鎬	서울	早稻田大學	일본 유학	
이경희	李敬熙	경북		합동산업주식회사 사원	
이대균	李大均	평북		진남포세무서 관리	
이동승	李東昇	평남		평양부 청호적계 관리	
이유형	李裕瀅	황해		토지금융합사 사원	대한축구협회 이사, 연세대체육회 부회장, 대한필드하키협회 부회장, 대한체육회 이사, 서울신문사 체육부장
이태우	李迨雨		立敎大學	일본 유학	이북
이해성	李海誠	서울		동일은행 본점 은행원	
이해준	李海俊	경기		상업	
이희수	李義洙			식산은행 이리지점 은행원	
이희철	異熙哲	서울	法政大學 상업부	일본 유학	이북
인주봉	印柱鳳	전북	明治大學 상학부	일본 유학	
임재룡 (성의)	林載龍(成宜)	경남	立敎大學	일본 유학	대구공업고등학교 교사, 국민대학교 교수
임종배	林鍾培	전남		조선은행 목포지점 은행원	
장이진	張利鎭	평남	立敎大學	일본 유학	해군정보감실 대위, 미국 체류
전기영	全基榮	서울		상업	
전사룡	全四龍	서울		경성부 일본공립화재보험회사 사원	
전상철	全商喆	평북		순천군 상업실수학교 교원	이북
정국성	鄭國星	황해		가업	
정해돈	丁海敦	경남		용산 철도국전기과 서무계 철도국원	
조선묵	趙瑄默	충남		가업	
조인호	趙仁濠	평남		김천군 지예금융조합 이사	이북
조형태	趙衡台	전북	明治大學 상학부	일본 유학	

	주성진	周聖鎭	평남		조선전기공업사 사무원	
	최돈홍	崔燉晄	강원		상주군 낙동금융조합 이사	
	최봉진	崔鳳鎭	경기	明治大學		해군정훈감실 문관
	한재성	韓載成	경기		교원	이북
	현태호	玄泰鎬	평남	立教大學		
	황병우	黃柄祐	평남		조선전기공업사 사원	이북
	황재오	黃材五	함남		ニメ전기주식회사 사원	
수물과 (17)	강호석	姜浩錫	경기		동아공과학교 교원	
	김정섭	金鼎燮	평남		신성학교 교원	
	문이복	文履福	평북	세브란스 의학전문학교		군의(軍醫)
	박봉필	朴鳳弼	황해		동아공과학교 교원	숭문고등학교 교사
	박원익	朴元翊	서울		만주 봉천 동광중학교, 대구계성중학교·경성원예학교·경기여자중학교 교원	경북중학교·경기공립고등학교 교원, 용산중·고등학교·경기고등학교·경복고등학교 교감, 성동여자중학교·성동실업여자고등학교 교장, 문교부 장학실 장학관
	심동구	沈同求	서울		조선총독부 내무국 토목과 관리	
	우형주	禹亨疇	평남	京都帝國大學 전기공학과 공학사		서울대학교 공대 교수, 학술원 회원
	윤재현	尹在鉉	전남		보인광업회사 사원	
	윤태영	尹台榮	함남		대구계성학교 교원	대구여자고등학교·경주공업고등학교·양성공업중학교·대구공업중학교·경북여자고등학교 교장
	이영득	李永得	평남		철도국 경성개량사무소 수량공사구 철도국원	경기여자고등학교 교사
	임약한	林若翰	경기		경성공과학교 교원	상명여자고등학교 교사
	정명국	丁明國	황해		주조주식회사 기사	
	주채련	朱埰鍊	함남		조선총독부 내무국	

				토목과 경성출장소 관리	
한승우	韓昇瑀	서울		사원	
허려산	許犁山	함북	-	용산철도국 건설과 설계계 철도국원	
홍순각	洪淳恪	서울		경성 철도개량사무소 능곡공사구 철도국원	삼성공업회사 사원
황영복	黃永福	경북		건축청부업	

◇ 21회 졸업생(1939년 3월, 116명)

졸업학과	성명		원적지	졸업 이후 학력	주요경력	
					일제하	해방후
문과 (33)	강약한	姜約翰	전남		황해도 안암명진실수학교·목포상업실수학교·목포중학교 교원	광주중앙여자고등학교·전남여자고등학교 교장
	구본준	具本俊	서울		교원	교통부 공로과 과장
	김길성	金吉成	서울		일본생명 사원	서울신문사 출판국 기자
	김대성	金大成	경남		가업	대성의원 의사
	김도영	金道泳	평남			이북
	김상철	金相哲	서울		조선고무연합회사 사원	사회부 구호과 과장
	김생려	金生麗	함남		경성중앙방송국 관현악단 악장, 경성후생실내악단 창단 주도, 만주국 신경교향악단 입단	고려교향악단 창단 주도, 서울교향악단 창단·대표, 해군정훈음악대 대장, 서울시립교향악단 상임지휘자, 대한민국예술원 회원
	김생뢰	金生賚	전남			이북
	김순익	金淳益	황해		가업	이북
	김연준	金連俊	함북	연세대학교·Univ. of Windsor 명예법학석사, Southern Illinois Univ. 명예문학박사, Université de	조선문화학원 원장	한양공과대학 학장, 기독교신문사 발행인, 대한일보사 사장, 경성문화학원·경성영신학교·한양여자중·고등학교·동아공과학원 설립, 한양대학교 총장, 한양학원

			Rouen 명예음악박사		이사장, 대한체육현 맹 회장, 국민훈장 모 란장(1970), 무궁화장 (1996), 금관문화훈장 (1998) 수훈
김영환	金永煥	서울		외국어학교 교원	이북
김원송	金元松	전남		심상소학교 교원	
김중원	金中源	경기		매일신보사 기자	이북
김형수	金炯洙	평북		평안북도청 관리	
민영규	閔泳珪	전남	大正大學 사학 과 문학사	大正大學 사학연구 실 부수(副手)	연세대학교 사학과 교수, 한국서지학회 창립 참여, 연세대학 도서관장, 문교부 고 적보존위원회 위원, 학술원 회원
민자호	閔鼎鎬	황해		성동상과학교 교원	미국의 소리 방송국 아나운서
박창해	朴昌海	서울	연세대학교 국 문과 문학박사	용정 은진중학교 교 원	연세대학교 문과대 교수, 연세대학교 한 국어학당 설립·초대 학감, 하와이대학교 교수, 한국교원대학 교 강의, 뉴욕 한국일 보 논설위원, 대한성 서공회 성경번역 문 장위원
백남훈	白南勳	서울		사원	해군정훈부 서울분 실장
사일순	史佾淳	경기		가업	
서정국	徐廷國	경기		천일약방 사원	수원북중학교
안동삼	安東三	평북		정주세무서 관리	
여상현	呂尙鉉	전남		광화문통인문사 사 원	이북
오창근	吳彰根	경기	京都帝國大學 사학과 전공, 東 北帝國大學 법 문학부	독립운동 혐의로 검 거·투옥(1941)	
유지옥	柳志玉	서울		조선문화학원 교원	
이성범	李成範	전북		조선방직회사 사업	주미대사관 공무원, 범양사 사장
이영근	李永根	함북		가업	숭의여자중·고등학

						교 교감
이영해	李永海	전남	立敎大學 사학과 학업			
이춘택	李春澤	평남				이북
이필갑	李弼甲	경기			강원도 청학무과 관리	경기반월중학교 교장
임근수	林根洙	경기	중앙대학교 언론학 문학박사		영창중학교·배재중학교·조선문화학원 교원	코리아타임즈 기자, 외무부 의전과장, 서울신문사 상무, 서울신문학원 강사, 중앙대학교·홍익대학교·서울대학교 신문대학원·신문학과 교수
주영하	朱永廈	서울			조선문화학원 교원	세종대학교 대학원장, 수도여자사범대학 학장
최영해	崔暎海	경남			기자	한국검인정도서공급회사 사장
홍재우	洪在祐	경기			총독부 사회교육과 서기	대전종합중학교 교사
상과 (68)	강만수 / 康萬壽 / 평남			가업	조양중학교 교장	
	강필주	姜弼周	서울		상업(용정 거주)	이북
	고흥원	高興元			사원	Tradeship Co. 사원
	권처흥	權處興	충남		동일은행 본점 검사과 은행원	
	김광수	金光洙	서울		경춘철도회사 사원	
	김귀석	金貴錫	경기		상업	인천외국어학관 관장
	김규삼	金奎三	함북	Univ. of Washington 경영학 MS	대동상업학교 교원	연세대학교 교수·부총장·명예교수, 한국회계학회 회장
	김대근	金大根	경북		철도국 경성 화물계 철도국원	교통부 총무과 공무원
	김돈수	金敦洙	서울		보흥여학교 교원	이북
	김병초	金炳樵	전남		산업은행 장성호지점 은행원	
	김봉찬	金鳳贊	황해		자영업	이북
	김상겸	金相謙	서울	立敎大學 상학과		연세대학 상경대 교수, 한국경제학회·경영학회 창설 주도
	김승연	金昇淵	서울		신경 변도 개발주식회사 경리부 용도과 사원	

김신찬	金信燦	평남		동일은행 함흥지점 은행원	미국 유학
김정신	金程信	평남		사원	한국은행 조사부 행원, 연세대체육회 감사
김종관	金鍾寬	서울		자영업	해군본부 군수국 연구과 과장
김지배	金支培	강원		동일은행 흥남지점 은행원	이북
김태진	金泰晉	서울		조선은행 본점 은행원	대한공론사 전무, 한양대학교 상대 교수
김한주	金漢柱	전북		가업	(주)삼형목재 사장
김혁진	金奕鎭	평북		상업(신의주 거주)	
민영기	閔永基			전기주식회사 운수부 서무계 사원	
민응기	閔應基	경기		철도국 평양역 개량 사무소 철도국원	
박경렬	朴景烈	충북		가업	
박동규	朴東奎	경남	연세대학교 명예경제학박사	충북문경금융조합 이사, 개경금융조합·김천금융조합·선산금융조합 이사	대한금융조합연합회 사업부 지도부장·조사부장, 농업은행 이사·총재, 중소기업은행 행장, 한국산업은행 총재, 제17대 재무부 장관, 대한방직협회 회장, 대한생명 회장, 금융제도심의위원회 위원장
박병희	朴秉熙	함남		산동성·동아의과대학 연구	성남의원 의사, 남서울중앙의원 원장
박복래	朴福來	충남		가업	금융조합연합회 전주지부 양곡과 과장
박상훈	朴常勳	서울		동일은행 경성부 관훈정지점 은행원	육군본부고급부관실 중령, 캐나다거주
박용업	朴容業	경기		보성중학교 회계, 상업은행·저축은행 근무	저축은행 전주지점장, 조선은행 검사역, 한국은행 대전지점장·부산지점장·문서부장
박윤규	朴潤奎	황해		가업	
박종국	朴鍾國	황해		상업전수학원 교원	
방원순	方元淳	평남		신흥제약사 사원	인천조일양조회사 서울출장소 취체역

백영기	白英基	평북		상업(영통함흥그릴)	이북
백완현	白完鉉	충남			충남 관재국 관리과 과장
서규석	徐圭錫	서울		만주 연길성공서 관리	서울YMCA
서신용	徐愼龍	전남		상업	
서정욱	徐廷昱	서울		상업(천진 거주)	
석진동	石鎭東	서울	立敎大學 영문학과		휘문중학교 교사
송태영	宋呔永	서울	立敎大學 상학과		중앙대학교·연세대학교 상경대학 교수
안인원	安仁源	평남		가업	
안태호	安台護	서울		가업	
오경식	吳敬植	서울		광주부 호남은행 은행원	동래중학교 교사
원치복	元致復	서울		한성은행 평양대화정지점 은행원	조흥은행 영업부 차장
위혜덕	韋惠德	평남		상업	금정물산회사 사원
윤석원	尹錫元	서울		경성부 남대문통 식산은행 은행원	
음재원	陰在元	평남		용풍광산 사원	이북
이기삼	李基三	경북		동양척식주식회사 지사 사업과 사원	상업
이민국	李旻國	평북		서대문外 금융조합 연합회 고원	상업
이병헌	李秉憲	황해		가업(연안면 거주)	
이성근	李成根	황해		한성은행 동성본점 은행원	감사원 제3국 제3과장
이우연	李宇淵	함남		간성금융조합 이사	동일서점
이의갑	李義甲	경기			㈜동남합성공업 사장
이종석	李鍾奭	서울		사원	이북
이찬규	李燦珪	충남		대흥면 사창리 흥창탐광소 사원	
이홍수	李洪洙	함북		청진부 철도학원 교원, 식량영단 함북지부근무	공보처 선전국 정보과장·선전과장, 서울 재산관리처 산업부 조사과장, (주)천도의약품 전무, 경기도 UNCAC 보좌관, 공보국 출판과장·보도과장, 중앙공보관장
장석민	張錫珉	서울			동양지업회사 전무

	장성언	張聖彦	서울	Yale Univ.	화신주식회사 오사카 사입부(仕入部) 사원	미국 체류
	장희선	張熙璿			식산은행 성진지점 은행원	신풍산업회사 사장
	정원현	鄭元鉉	황해		자영업	육군본부 정훈감실 중령
	조병희	趙炳熙	함북		화신상회 평양지점 사원	이북
	조사수	趙蛇洙			경성신약사 상업	천도의약품회사 사장
	진병상	秦柄相	경기		가업	
	차균용	車均瑢	평북		자영업	화평당 약국
	채세병	蔡世秉	평남		가업	
	최규영	崔奎英	경기		중앙무진회사 사원	
	최대식	崔大植	황해	法政大學 경제학부		조양산업회사 사원
	최영순	崔永淳	서울		상업	(주)고려흥업 사원, 미국 체류
	최인섭	崔麟鍱	서울		경성부청 세무과 제2 부과 공리	광업
	홍순직	洪淳直	전북	專修大學		이북
수물과 (15)	금동용	琴東用	경기		철도국 강릉 건서사무소 기술계 철도국원, 경성보선구 공사 조역	부산철도국 보선과장, 부산보선사무소장, 순천철도국 공무과장, 전남공과대학 강사
	김두현	金斗顯	서울	京都帝國大學 전기공학과 졸업		신한전기공업 부사장
	김승형	金勝炯	황해		원산 루씨고등녀학교 교원	
	김창수	金昌洙	함남		길주군 공업보습학교 교원	수세제약소 약제사
	민경식	閔暻植	서울		평양철도 개량사무소 기술계 철도국원	
	변숙철	邊淑喆	황해		대동상업학교 교원	목포사범학교·대전사범학교 교감
	유상준	兪相濬	경기	早稻田大學 응용금속학과		
	윤홍기	尹弘基	경기	京都帝國大學 공업화학과 공학사		상공부 공업국 지감, 연희대학교·연세대학교 교수·학생처장
	이규헌	李圭憲	서울		청진방송국 기술과	

				아나운서	
이성흠	李聖欽	경기			목포방송국 과장
정삼운	鄭三雲	서울		철도국원	의사
정희영	鄭熙永	서울		용산철도국 전기과 통신계 철도국원	
진인종	秦仁鍾	경기		대구부 계성학교 교원	
최윤식	崔允植	전남		용정 은진중학교 교원	
황두엽	黃斗燁	평남		대일본곡산주식회사 사원	한국농약인천공장장

◇ 22회 졸업생(1940년 3월, 122명)

졸업 학과	성명		원적 지	졸업 이후 학력	주요경력	
					일제하	해방후
문과 (29)	김기환	金基煥	서울		가업	서울대학교 교수, 가정법원(심리학)
	김두식	金斗軾	평남		가업	
	김명수	金明洙	황해		가업	이북
	김성묵	金成默	평남		가업	모슬포 군목, 춘천제일교회 목사
	김순규	金淳奎	평북	廣島文理科大學		UN군 문관, 증권협회 총무부장
	김승제	金承濟	충남		순안의명학교·순안중학교 교원	홍성농업학교 대전여자중학교·한밭여자고등학교 교장, 충남대학교 강사, 문교부 보통교육국 중등교육과장·기획과 조사과장·편수국 편찬과장·총무과장
	김인오	金仁梧	평북		매일신보사 기자	군산대학관·전북대학교 상과대학 교수
	김종림	金鍾林	서울		가업	정안여자중학교 교장
	김창문	金昌文	황해		매일신보사 기자	대한통신·동양통신 편집부장, 경향신문 편집국장, 서울신문 편집부국장, 자유신문 정치부장·사회부장, 대한연감 편찬부 상임위원, 경향신문 논설위원
	김창호	金昌鎬	황해		숭덕학원 교원	이북
	김형을	金亨乙	평남	日本大學 예술과		이북

	박창원	朴昌遠	경기		가업	창덕여자중·고등학교
	배 준	裴 浚	충남		가업	온양고등학교·서울고등학교 교장
	서정만	徐廷萬	서울		가업	이북
	안명길	安命吉	서울		가업	출판사 대표
	유현국	劉賢國	서울		외국어학교 교원	
	이명희	李命熙	평북		保合名회사 사원	서울대학교 문리대 교수
	이연삼	李連森	평북		연희전문학교 교무실 서기	교통부 마산 해사국 공무원, 군산 해무청 해운국장
	이용희	李用熙	서울	서울대학교 법학박사	만주국 신경협화회 관리	서울대학교 교수, 한국국제정치학회 회장, UN 총회 한국대표, 대통령 정치담당 특별보좌관, 아주대학교 총장, 세종연구소 이사장
	장낙희	張洛喜	황해		保合名회사 사원	이북
	정상록	鄭上錄	서울		상업	유이비인후과
	정상훈	鄭祥勳	전남	立敎大學 경제학부		이북
	정태의	鄭泰義	충남		保合名 회사 사원	
	지승만	池勝晩	함북			
	천영희	千永熙	강원	中央大學 법학부		이북
	최경섭	崔璟涉	평북		가업	인천여자고등학교
	최영일	崔永日	평남		가업	오현중학교 교사
	한상태	韓相泰	경기		조선성서공회 서기	미국 공보원 문화과
	황윤섭	黃允燮	경북		가업	
상과 (75)	강대욱	姜大昱	충남		동일은행출장소 은행원	상업
	강영흠	姜榮欽	경기		조선은행 본점 은행원	조흥은행 인천지점 지배인대리, 조흥은행 업무부장대리·조사부 조사역, 한국은행 저축과·서무과장, 한국은행 전주지점장
	고병희	高丙熙	평북		합동전기주식회사 개성지점 사원	이북
	김경수	金景洙	평남		식산은행 조치원지점 은행원	

김경준	金景濬	평북		가업	이북
김길남	金吉男	전남		가업	한국상업은행 신탁부장
김동원	金東元	서울		동일은행 관훈정지점 은행원	공보처 비서실 비서, 미국 덴버 U.S.A 은행원
김병갑	金秉甲	경기		상업	자영업(명일장)
김삼주	金三柱	서울		가업	전주시 부시장
김세진	金世鎭	서울		삼중정 경리부 사원	풍한제약회사 사원
김영배	金寧培	전북		가업	항만사령부 사무관 군산연세동문회 부회장
김영해	金泳海	평북		화신주식회사 사원	
김종수	金鍾洙	서울		동순덕 사원	상공부 상역국 수출과장
김종원	金鍾遠	경북		조선총독부 철도국 전기과 서무계 철도국원	부산 철도국 관리과장
김창조	金昌朝	서울		경성 세무감독국 관리	공보처경리과 과장
김치완	金致完	평북		가업	종로 세무서 제3계 계장. 김치완 세무사무소 세무사
김태준	金泰俊	강원		가업	서울 오림피아호텔 회장
김태홍	金泰弘	경북		신경특별시 송산양행 사원	
김학승	金學昇	강원		가업	충청남도 인사처 보임과장, 대전중·고등학교 교사, 봉황중학교·대전중학교 교감
남궁순	南宮珣	경기		죽첨금융조합연합회 서기	김천금융조합·대구금융조합 이사, 경기도 강화금융조합 전무이사
민병두	閔丙斗	경기		조선상업 은행본점 은행원	자영업(대한민예사)
박명원	朴命遠	경기		동신학원 교원	서울관재국 처분과 기사, 동부세무서 계장
박상준	朴尙準			가업	이북
박용상	朴容相	함남		평양 철도국 전기과 서무계 철도국원	상업
박우철	朴雨喆	경남		청진 제재(製材)주식회사 사원	(주)대한물산 사원
박인형	朴寅炯	평남		가업	전주북중학교 교사

박종원	朴鍾元	강원	日本大學 상학부		상업
송재봉	宋在鳳	평북			농림부 공무원, 이북
송종극	宋鍾克	경기	연희전문학교 상과 연구생	전북대학교 상과대학 교수, 중앙대학교 경상대학 교수
안상진	安相珍	서울		한성은행 본점 은행원	양정중학교 교사
여정구	呂鼎九	경기			광업
오철영	吳喆泳	충북		인천세무서 관리	(주)조선해상공업 중역
유시완	柳時浣	경북		조선문화학원 상과 교원	상주중학교 교장
윤지현	尹智鉉	평남		일진양행 사원	서울관재국 공무원
윤홍수	尹鴻洙	평남		大井광산 사원	재무부 이재국장
이기동	李基東	평남		조선운송주식회사 사원	
이동수	李垌洙	경기		조선상업은행 남대문출장소 은행원	기자, (주)대원강 고문
이상경	李相瓊	평북		대구세무서 관리	
이상훈	李相勛	경기		개성부 한성은행지점 은행원	
이송학	李松學	함북		경춘철도주식회사 사원	
이영우	李暎雨	서울	慶應義塾大學 법학부		(주)한성무역 전무, (주)삼화제철 관리인, 후지은행 총무담당이사
이용일	李容一	경기		상업(영통함흥그릴)	일간스포츠사 주간, 한국일보 체육부장, 대한체육회·대한축구협회 이사
이원구	李源求	충남		화신주식회사 사원	공무원
이응진	李應鎭	황해		협실상업전수학교 교원	한국상업은행 본점 부지배인, 캐나다 거주
이재완	李在完	강원		가업	
이종성	李鍾星	서울		경성부 세무과 고원, 경성부 식산은행본점 은행원	상공은행본점 영업부 차장
이해동	李海東	서울		가업	
이흥일	李興一	황해			해군휼병감실 총무과장
임아각	林雅各	전남		유한양행 사원	공성약국
임종순	任鍾淳	서울		가업	(주)조선운수 사원
장덕영	張德瑛	서울		만주국 안동 신흥국 민고등학교 교원	이북

전인국	全仁國	평남		서양 합동 전기주식회사 평양영업소 사원	이북
전호원	全浩元	함남		가업	이북
정국진	鄭國振	평남		삼화광산주식회사 사원	해군휼병감실 대위
정운용	鄭雲龍	서울	早稲田大學 사학과		충남대학교 농과대학 강사
정일섭	鄭日燮	평남		이천세무서 관리	용산세무서 직세과 계장, 세무사 사무소
조경용	趙庚龍	경기		동일은행 본점 은행원	상업
조진오	曹晉五	경남		동척광업주식회사 사원	한국신탁은행 본점 영업부 지배인대리
조창대	趙昌大	경남		가업	마산관재국 공무원
조효원	趙孝源	황해		식산은행 광주지점 은행원	미국 유학
지장근	池長根	강원		화신주식회사 오사카 사입부(仕入部) 사원	
최병헌	崔炳憲	서울		중앙청과주식회사 사원	이북
최복원	崔福源	경기		화신주식회사 사원	상업, 미국거주
최연수	崔延壽	황해		상업	해성상사
최영걸	崔永杰	평북	日本大學 법과		이북
최은섭	崔銀涉	함남			
최 을	崔 乙	경남		목포호남은행 은행원	
한병모	韓丙模	함남		함경남도청 상공과 관리	이북
함동찬	咸東燦	평남		대륙물산상회 상업	이북
호재성	胡在晟	서울		가업	건설사, 신일스포츠사
홍근희	洪根熹	충북		동일은행 본점 은행원	조흥은행 업무부 심사과 행원
홍순영	洪淳英	서울		가업	한국민예사 지배인, (주)오원상사
홍종철	洪鍾哲	경기		동일은행 남대문지점 은행원	상업
홍형균	洪炯均	평남		경성부 세무감독국 관리	남양섬유공업
황문중	黃文中	황해		한성은행본점 은행원, 식량영단 황해도지부 근무	운수부 적산선박과 감리계장, 교통부 관리국 관재과장·경리국

						관재과장, 문교부 관리과장, 미국 이민
	강성진	姜聲振	서울		상업	상업
	공형식	孔亨植	서울		김천중학교 교원	휘문중학교 교사
	김상걸	金尙杰	평남		용산철도국 보선과 선로계 철도국원	인창약업회사 사원
	김창현	金昌鉉	평남		기사	
	김필중	金必重	경기		성남덕원신학교 교원	경성전기공중교 교사
	김형전	金亨塡	충남		평양철도개량사무소 토목기술계 철도국원	삼거리 감리교회 목사
	박병극	朴秉極	강원		부산부 철도개량사무소 계획계 철도국원	순천 철도국 보선구 구장
	박정기	朴鼎基	경남	九州帝國大學 수학과 이학사	연희전문학교 강사	연희대학교·서울대학교·고려대학교 교수, 경북대학교 교수·총장, 학술원 회원
	송경원	宋敬元	황해		고원(雇員)	대동상업고등학교 교사
수물과 (18)	오세정	吳世晶	서울		철도국원	육군본부 공병감실 장교
	윤명숙 (웅택)	尹明淑 (雄澤)	황해		철도국원	서울농업대학 부교수, 의정부종합고등학교 교장
	윤충섭	尹忠燮	서울	京都帝國大學 전기공학과 공학사		이북
	이상봉	李相鳳	서울		조선토지개량협회 근무	조선수리조합연합회 공무과 근무, (주)삼화공무사 대표, 토지개량조합연합회 이사
	이인수	李寅洙	서울		부산부 철도사무소 건축계 철도국원	농림부 토지개량과 공무원
	이태형	李泰炯	황해		안동 신흥국민고등학교 교원	
	이형성	李炯成	서울		가업	경복고등학교 교사
	이희재	李熙宰	강원		영창학교 교원	사원
	정귀화	鄭貴和	강원		연희전문학교 이과 조수, 하얼빈 오리엔탈맥주회사 생산기사	이북

◇ 23회 졸업생(1941년 3월), 102명

졸업 학과	성명		원적 지	졸업 이후 학력	주요 경력 (일제하 경력은 [ ] 표시)
문과 (20)	강성갑	姜成甲	경남		
	고성은	高聖恩	서울		미국 유학, 한국스프링강업사
	고흥상	高興祥	서울		연합신문사 기자, 합동통신사전무
	김신권	金信權	평북		보성중학교 교사
	김준섭	金俊燮	황해	東北帝國大學 철학과 졸업, Columbia Univ. 철학과 Ph.D	[이화여자전문학교 교수], 고려대학교 교수, 서울대학교 교수·문리대학장·명예교수, 세 종대학교 학장, 한국철학회장, 학술원상 (1975), 국민훈장 동백장(1970) 수훈
	김진하	金珍河	평북		이북
	박흥서	朴興緖	서울		남선전기 마산지점 용도계 주임
	서용길	徐容吉	충남	京都帝國大學 경제과	제헌국회 국회의원, 국회프락치사건으로 구 속, 서울대학교 상과대학 강사, 성균관대학 교 경제학과 교수
	양주인	梁柱仁			
	윤석주	尹錫疇	충남		농업
	이백하	李伯夏	평북		이북
	장갑순	張甲淳	충남		대전한밭여자중학교
	전효진	田孝鎭	충남		수원비행장 통역관
	정광현	鄭廣鉉	경기		이북
	정희석	鄭熙錫	서울	日本高等音樂 學校 기악과 음악학사	고려교양악단 단장, 해군정훈음악대 악장, 이화여자대학교 교수, 연세대학교 음대 교 수·학장, 은관문화훈장(1982), 국민훈장 동 백장(1983), 대한민국예술원상(1984)
	조국형	趙國衡			
	조병의	曺秉懿	서울		경동고등학교 교사, 성남중·고등학교 교장
	최성진	崔聖晉	경북		
	최재수	崔在壽	서울		상업
	현승은	玄承殷	평북		이북
상과 (65)	강정도	姜貞道	전북		전주전매청 공무원, 중학교 교감
	권종훈 (종선)	權鍾勛 (鍾宣)	충북		외자관리청 공무원, 조달청 외자과장, 경제 기획원
	김남준	金南駿	서울		재무부 국유재산과장, 한림합동회계사무소
	김병숙	金炳淑	평북		이북
	김영소	金永昭	평남		구례고등학교 교감
	김영원	金寧元	충남		
	김우식	金又植	서울		전주서중학교 교사
	김정석	金貞錫			

김진구	金鎭求	경기		염전 경영
김창규	金昌奎	평남		(주)대한중석 사원
김천석	金千石	평북		대한증권업협회 전무이사
김형원	金洞元	황해		
나익진	羅翼鎭	전북		[조선식산은행 근무], (주)동서통상 사장, 한국무역협회 창설 주도, 제7대 체신부 차관, 제11대 상공부 장관, 한국산업은행 총재, 금융통화위원, (주)제동산업·(주)동아무역 사장, 산업포장(1975), 은탑산업훈장(1980) 수훈
문동욱	文東彧	평북		
문승구	文承龜	평남		
민남기	閔南基	충북		이리고등공민고등학교 교장
박영대	朴榮大	평남		
박종구	朴鍾龜	서울		상업
박현덕	朴賢德	평남		삼화정미소 총무
배관호	裴觀鎬	충남		
백승조	白承祖	충남		
손성철	孫聲喆	충남		
송영훈	宋永勳	서울		
송창엽	宋昌燁	평남		서울세무서 공무원
신경일	申慶一	평남		이북
신원경	申源暻	경기		동양골석회사 경리과 과장
심동섭	沈東燮	경북		
심상도	沈相度	서울		조흥은행 군산지점 행원
심일구	沈一求	서울		[서울철도국 용산역 근무, 서울역 운전 조역], 영등포역장, 교통부 서울철도국
애학준	艾鶴俊	경기		수원여자중학교 교사, 이북
엄동섭	嚴東燮	서울		남선전기 영업과 사원
엄재섭	嚴載燮	서울		부산 호폐회사 행원
우제철	禹濟徹	서울		이북
유학진	兪鶴鎭	경기		브라질 이민
윤영철	尹永哲	평남		
이동춘	李東春	강원		경향여객버스공사 지배인, 이민
이만철	李萬喆	황해		서울시문사 기자
이상규	李商圭	강원		
이상근	李相瑾	경북		
이신춘	李新春	충북		동아공사 상무
이용욱	李容郁	서울		대한금융조합연합회 강원도지부 부참사
이응주	李應柱	충남		용산중학교 교사, 홍성여자고등학교 교장
이인준	李仁俊	경북		

	이재량	李載樑	전북		용성중학교 교장
	이재민	李在敏	서울		성신공사 대표
	이재항	李載沆	서울		
	이종구	李宗求	서울		(주)리부라더스 사장
	이중연	李重淵	강원		
	이찬열	李瓚烈	경남		한국상업은행 업무부
	이창환	李昌煥	서울		
	이태흡	李泰洽	평북		
	이하영	李夏榮	경기		경신중·고등학교 교장
	임주환	林周煥	전북		
	정건억	鄭乾億	평남		부산세관
	정인택	鄭麟澤	경북		농업협동조합 군위지점장
	정태용	鄭泰容	평남		이민
	조문호	趙文鎬	충남		신금속공업주식회사
	조한범	趙漢範	서울		(주)중앙양곡시장 사원, (주)동방유량 부사장
	주운진	朱雲辰	서울		
	주재하	朱載廈	서울		근화약품주식회사
	차남준	車南駿	평남		
	최봉기	崔奉璣	황해		벤자민케미칼 회사
	한강수	韓康洙	전북		남원농업고등학교·고창고등학교 교장
	홍기준	洪起俊	충북		
	홍순흥	洪淳興	평남		
이과 (17)	곽영달	郭永達	서울		숙명여자고등학교 교사
	김영진	金瑩振	서울		
	박이환	朴利煥	평남		
	박인수	朴仁秀	경북		대한제재소 소장
	박태엽	朴泰燁	평남		부산여자고등학교 교사
	신귀남	申貴男	전남		광주농과대학교·전남대학교 농과대 교수
	여병윤	呂秉允	함북	京都帝國大學 전기공학과 졸업	이북
	우종인	禹鍾仁	경기		
	유석복	柳錫福	경기	京都帝國大學 공업화학과 공학사	
	이강우	李康雨	경기		대한중공업회사 관리인
	이규영	李圭永	함남		[호수돈고등여학교 교장], 이화여자고등학교 교사
	이용달	李溶達	서울		인천대한중공업회사 사원
	이용준	李龍濬	서울		
	장길환	張吉煥	서울		

천영기	千永基	서울		
하준일	河準一	서울		이북
한형근	韓亨根	함남		경동중학교·서울공업고등학교 교사

◇ **24회 졸업생(1941년 12월, 112명)**

졸업학과	성명		원적지	졸업 이후 학력	주요 경력 (일제하 경력은 [ ] 표시)
문과 (21)	강은서	康殷瑞	황해		이북
	강처중	姜處重	함남		이북
	김문응	金文應	평북		오페라회사 이사
	김삼불	金三不	경북	서울대학교 학업	[치안유린죄로 투옥], 『배비장전』교주본 출판, 김일성종합대학 교수
	김종수	金宗秀	서울		수원농업고등학교 교사, 대광중학교 교감
	김창수	金昌壽	경남		대구 신명여자고등학교 교감, 영남중학교
	김영원	金永源	충남		
	김창일	金昌一	평남		목사
	박명삼	朴明三			대위
	백남훈	白南薰	서울		
	백승룡	白承龍	황해	京都帝國大學 언어학과 졸업	이북
	송몽규	宋夢奎	함북	京都帝國大學 사학과 학업	[중국 중앙육군군관학교 한인특별반 입학, '교토에 있는 조선인 학생 민족주의 그룹 사건'으로 투옥, 옥사]
	엄달호	嚴達鎬	서울		이북
	윤건로	尹健老	서울		(주)삼일상사 전무
	윤동주	尹東柱	함북	立教大學 영문과 입학, 同志社大學 편입	['교토에 있는 조선인 학생 민족주의 그룹 사건'으로 투옥, 옥사], 유고시집 『하늘과 바람과 별과 시』 출간
	이갑선	李甲善	충남		
	이기빈	李起彬	경기		
	이영주	李永柱	서울		풍문여자고등학교 교사
	임길순	任吉淳	경기		
	주달제	朱達濟	평남		
	한혁동	韓赫東	서울		이북
상과 (55)	강종삼	康宗三	평남		이북
	김경태	金景泰	경기		상업
	김광서	金光瑞	평북		이북
	김낙중	金洛中	충남		서천중학교 교감, 대전고등학교 교장
	김덕웅	金德雄	경기		스포-스社 사원, 동일전기회사
	김상집	金祥集	평남		토건업

김상흠	金相歆	서울		[조선학생동지회 조직(1939) 및 활동으로 검거(1941)·투옥], 동아일보 편집부장, 민주신보사 편집국장, 부산방직회사 상무취체역, 한국금융공업회사 사장, 제5대·제6대 국회의원, 민정당 전북지부 부위원장, 민중당 재정금융위원장
김성학	金成學	황해		
김염식	金濂植	평남		
김영우	金榮又	전남		건영산업회사 전무
김영하	金永河	전남		경북 영주중학교 교감, 평해중학교·평해상업고등학교 교장
김유석	金裕晳	강원		
김재황	金在璜	충남		농업, 독립유공자협회 조직부장
김종대	金鍾大	경북		
김종진	金鍾振	서울		서울시 관재국 총무과 공무원
김진수	金鎭秀	서울		
김형옥	金瀅玉	함남		
문수완	文壽完	경기		전매청 공무원
민병상	閔丙祥	경기		
박성규	朴星奎	서울		삼일기업공사 대표
박용관	朴鏞官	서울		서울시 용산세무서 법인계 공무원
박정복	朴晶福	평북		
박창세	朴昌世	평남		이북
백윤대	白潤大	서울		(주)범한기업 상무
변승목	邊勝睦	황해		
서광순	徐廣淳	전남		미국 체류
서영원	徐泳源	충남		[조선학생동지회 조직(1939) 및 활동으로 검거(1941)·투옥]
소윤영	蘇允永	전북		농업
송순일	宋淳日	황해		양평금융조합 직원
신성철	申成澈	충남		
안종수	安鍾秀	경남		双馬燐寸회사 사원
우동환	禹東煥	경기		배재고등학교 교사
유용희	柳容熙	경기		서울사세청 세무국장, 재무부 총무과장, 남대문세무서장, 국세청 간세국 소비세과장
윤주연	尹柱淵	전남		[조선중등웅변대회 1등 후 항일내용으로 종로경찰서 유치, 조선학생동지회 조직(1939) 및 활동으로 검거·투옥], 광복회 경기지회장
이경근	李京根	황해		
이동원	李東元			[조선학생동지회 조직(1939) 및 활동으로 검

				거(1941)·투옥], 이민
이봉우	李鳳雨	서울		이북
이성근	李星根	황해		서산농업고등학교 교사
이수근	李守根			이북
이영춘	李永春	평북		(주)화흥산업 상무
이진생	李振生	경남		농업
이철상	李喆相	전남		전북도청 보건과 공무원
이치영	李致寧	황해		재무부 이재국장, 대한체육회 부회장
이택웅	李澤熊	서울		
이희순	李熙淳	서울		
장우창	張禹昌	황해		
장현욱	張賢郁	평남		(주)대광화학공업 상무
정명근	鄭命根	충북		광업
조영표	趙泳驃	평남		범양증권회사 부사장
최영관	崔榮官	서울		군수국 대위
최의영	崔毅英	서울		공군본부 정보국 대위
최이재	崔利載	서울		(주)조선운수 사원, 이민
한일희	韓日熙	평남		상업, 이북
함성석	咸成錫	평남		이북
현우섭	玄禹燮	서울		해병대 중위
이과 (18)	강요섭	姜堯燮	경기		교통부 서울철도국 국장
	김갑권	金甲權	경기		염색공업
	김병대	金秉大	서울		이북
	김욱상	金勗相	경남		이북
	김창환	金昌煥	서울		이북
	문인숙	文仁淑	황해		이북
	배기만	裵基萬	경기		경기여자고등학교 교사
	신기영	申琦永	강원		이북
	이석주	李錫柱	서울		삼성기업회사 취체역
	이인영	李寅英	평남		동산고등학교 교사
	이종세	李鍾世	서울		
	조천봉	趙千鳳	황해		
	한영동	韓榮東	경기		창덕여자중학교 교사
	한윤수	韓潤洙	서울		경복고등학교 교사
	함완식	咸完植	경기		인천중학교 교사
	홍성렬	洪性烈	충남		
	홍윤명	洪允命	함남	京都帝國大學 공업화학과 공학사	연세대학교 산업대학원 초대원장, 연세대학교 교학부총장, 화학공학회 회장
	홍장희	洪漳憙	충북		교사

112

◇ 25회졸업생(1942년 3월, 114명)

졸업 학과	성명		원적 지	졸업 이후 학력	주요 경력 (일제하 경력은 [ ] 표시)
문과 (32)	강대호	姜大鎬	전북		이북
	강정선	姜正善	충남		이화여자고등학교 교사
	김광진	金光珍			
	김수명	金壽明	서울		
	김영하	金永河	경북		[조선학생동지회 조직(1939) 및 활동으로 검 거·투옥]. 건국훈장 애족장 수훈
	김용은	金龍隱	함북		이북
	김철회	金鐵會	경기		이북
	남기영	南基永	경기		조선일보사 기자
	박남수	朴楠洙	황해		이북
	박도수	朴道秀	경기		이북
	박문원	朴文遠	서울		이북
	송병진	宋炳珍	전북		전주사범학교 교사, 전북대학교 농과대 교수
	박이석	朴利錫	평남		서선운동구점
	변우룡	邊宇龍	황해		의약판매협회
	서세근	徐世根	황해		이북
	오용순	吳龍淳	전북		
	원종철	元鍾哲	황해		이북
	유중렬	柳重烈	서울		이북
	이강성	李康星	경기		강화교동중학교
	이규현	李圭鉉	경북		서울시 교육국학무과 장학사
	이기열	李基烈	황해		
	이순복	李順福	경기	Columbia Univ.	한양대학교 문리대 영문과 교수
	이용호	李庸濩	경기		백호사장
	이주열	李周烈	황해		상업
	이 준	李 邊	황해		범양증권회사 사장, 아르헨티나 이민
	임상호	任祥鎬	서울		납북
	임순섭	林順燮			이북
	정귀영	鄭貴永	충북		안양중교 교사
	정인준	鄭寅俊	서울		공보처방송국 촉탁(囑託)
	조동만	趙東萬	서울		이북
	지관순	池寬淳	평남		대구선교회 목사, 을지장로교회 목사
	홍희유	洪熹裕	경기	역사학 학사 (1961, 북한 국 가 학 위 학 직	북한 과학원 력사학연구소 연구사, 『조선상 업사』 『조선교육사』 등 저술

				수여위원회)	
	강봉현	康鳳鉉	평남		이북
	김갑선	金甲善	충남		
	김광수	金光洙	서울		저축은행 본점 과장대리
	김도수	金燾洙	평남		
	김두식	金斗植	경남		
	김만연	金萬淵	서울		이북
	김봉제	金鳳濟	충남		경향뻐스서울사무소 소장
	김세제	金世濟	평북		(주)태평산업 사원
	김순모	金淳橅	평남		이북
	김순성	金順性	강원		이북
	김영록	金永錄	경기		이북
	김응섭	金應燮	평남		철물상
	김일상	金日尙	경북		동래고등학교 교감
	김종신	金鍾信	전남		
	김지순	金智淳	황해		대한금융조합연합회 충남지부 직원, 미국 이민
	김헌형	金憲炯	평남		
	김형식	金炯植	전북		
상과 (69)	나시범	羅時範	평남		회사원
	노희건	盧熙鍵	평남		
	문천석	文天錫	평남		동인고등학교·인천동산중학교 교사
	문택용	文澤用	충북		
	민제원	閔悌源	황해		대구시장
	박강양	朴康陽	서울		
	박철규	朴喆圭	경기		토건업
	신택선	申宅善	경북		(주)대한산도 사원
	안성호	安晟護	서울		세관 공무원
	양상용				
	원 만	元 滿	함남		
	위세현	魏世鉉	함남		
	윤국일	尹國一	평남		무역협회 총무
	윤보근	尹葆根	경기		코스코석유회사 대한유류저장소 사원
	윤형모	尹馨模	서울		해운공사 사원
	이규작	李揆爵	충남		(주)북성물산 사원
	이문창	李文昌	충남		상업
	이병국	李炳國	평남		상업, 연세축구부 이사
	이병목	李丙穆	서울		상업

이병현	李丙賢	황해		빠큐레이회사 사원
이상철	李相喆	경남		부산세관 감시과 공무원
이성업	李成業	평남		이북
이숙영	李驌永	충북		공군본부 휼병감실 서울분실 문관
이승순	李承淳	황해		
이영선	李永善	서울		
이용장	李容莊	경기		상업
이우식	李祐植	경기		서울시 서대문 세무서 공무원
이원직	李元稙	경기		
이윤두	李允斗	황해		
이의준	李義俊	경북		
이종균	李鍾均	황해		청주여자고등학교·단양고등학교 교사
이종철	李鍾鐵	경기		한국은행업무소 과장대리, 풍우실업
이중국	李重國	평남		천안농업고등학교 교사, 영석고등학교 교장
이해승	李海昇	서울		육군재무감실 문관, (주)경동산업
이해용	李海用	서울		
이희주	李喜柱	평남		대구병사구사령부 문관, 한일은행 본점 근무, 문화방송해설위원
임병연	林炳淵	서울		
전재완	全載完	서울		대신고등학교 서무주임
정태희	鄭泰熙	충북		한국상업은행 인천지점 지배인대리
조관영	趙冠永	평북		심계원 공무원
조국정	趙國定	평남		광성고등학교 교사
조병욱	趙炳旭	서울		대한석탄공사 영월탄광소 사원
최동훈	崔東勳	평북		
최두환	崔斗煥	경남		
최병성	崔炳盛	경기		
최성덕	崔聖德	황해		육군포병학교 교무처 중위, 시사영어학원
최원종	崔源鍾	평북		
최이섭	崔利燮	경남		
한세호	韓世鎬	경기		
홍창희	洪昌羲	경기		
홍충렬	洪忠烈	서울		
황수엽	黃秀燁	평남		국방부 제4국 병무계 중위
이과 (13)	김주삼	金周三	평북		삼척탄광회사 사원, 중도공업고등학교 교장
	김창수	金昌壽	황해	京都帝國大學 전기공학과공 학사, Syracuse Univ. Ph.D	연희대학교 교수, GE연구원, 시라큐스대학교 교수

김필호	金弼浩	경기		
문제근	文悌根	황해	東北帝國大學 물리학 이학사	[연희전문학교 조교수], 연희대학교 교수
박세만	朴世晩	서울		
신남준	申南俊	서울		양정고등학교 교사
윤석제	尹錫齊	경기		안성농업고등학교 교사
윤은성	尹銀成	서울		중앙대학교 물리학과 교수
이창희	李昌熙	서울		(주)흥국기업 전무
이철우	李轍雨	경기		직물상
이철재	李哲載	충남		
이현오	李賢五	경기	京都帝國大學 화학공학과 학업	인하공과대학 교수
태정학	太正學	서울		

◇ 26회 졸업생(1943년 9월, 122명)

졸업학과	성명		원적지	졸업 이후 학력	주요 경력 (일제하 경력은 [ ] 표시)
문과 (20)	김상룡	金祥龍	강원		
	김성호	金聖浩	평북		숭실대학교 박물관
	김재홍	金載弘	함남		
	김헌식	金憲植	충남		서울상업고등학교
	김홍관	金洪寬	평북		
	김희옥	金熙鈺	함남		
	박지영	朴枝英	평남		
	사동욱	史東郁	평북		안일여자고등학교 교감
	석능인	石能人	황해		
	손보기	孫寶基	서울	九州帝國大學 동양사학과 자퇴, 서울대학교 국사학과 석사, Univ. of California, Berkeley Ph.D	[경성의법학교 교사], 서울대학교 사범대학 교수, 연세대학교 사학과 교수, 한국선사문화연구소 창설, 단국대학교 석좌교수, 연세대학교 용재석좌교수
	송은섭	宋殷燮	전북		전북대학교 문리과대학 강사
	유 영	柳 玲	경기	서울대학교 영문과 문학사	[『문장』통해 소설가로 등단(1939), 시인], 연세대학교 영문과 교수·명예교수, 국민훈장 동백상 수훈(1983)
	정해영	丁海英	경기		
	최규일	崔圭一	전북		
	최봉찬	崔奉瓚	황해		해군헌병대 문관

	최봉철	崔鳳喆	함북		
	최석연	崔石淵	충남		자영업(염전)
	최지현	崔芝顯	서울		이화여자고등학교·서울중학교 교사
	최학규	崔鶴圭	서울		
	홍복인	洪福仁	경기		
상과 (78)	강문헌	姜文憲	평남		
	고봉영	高峰英	함남		
	권오기	權五箕	경기		이북
	권하룡	權河龍	황해		
	김경호	金景浩	경기		해군본부 조달감실 대위, 고계중·고등학교 교사
	김규성	金奎聖	평북		개정농촌위생연구소 총무과장
	김규창	金圭昌	서울		경기여자고등학교·정원여자중학교 교사
	김덕준	金德俊	함남		일민공사 사원
	김도준	金道俊	평남		동국문화사 사원
	김상민	金相敏	경기		한국미곡창고회사 사원
	김선경	金善慶	황해		조선전업회사 사원
	김성삼	金誠三	전남		
	김성연	金聖淵	평남		중앙청 총무처 공무원
	김양환	金樣煥	경기		상업
	김영귀	金榮貴			소령
	김영길	金永吉	전남		성문사 대표
	김영한	金英漢			방공병학교, 동화백화점
	김인준	金寅浚	황해		삼화사 사원, (주)풍국목 대표
	김재위	金載埠			문교부 체육관
	김지영	金志榮	경기		자영업(옵셋트정판사)
	김현성	金顯聲	서울		한국은행 香港지점 지점장대리
	김 흥	金 興	평남		해군본부 대위, 미국 체류
	나선웅	羅善雄	황해		제1신문사 기자
	노영준	盧永濬	평남		경남경찰국 공무원
	문세안	文世安	황해		에베렛트기선회사 인천지점 사원
	민경욱	閔庚郁	황해		육군 제1지구경리대 중위
	박몽환	朴夢煥	평남		이북
	박음채	朴愔采	평북		(주)흥아고무 사원
	박정랑	朴政郞	평남		
	백만길	白萬吉	함북		해군본부 조달감실 대위
	백인한	白寅漢	평북		주한 미군 제8군 군속
	사상필	史尙弼			지구레코드공사 전무
	서세원	徐世瑗			중위, 한국미곡창고주식회사 인천지점 총무 과장
	손준식	孫浚植	서울		부산 해사국 문관

송흥택	宋興澤	서울		
신능순	申能淳	경기		선인학원 이사장, 국방부 제1국 경리과장, 제6국 부국장, 경리국 예산과장
신용표	愼鏞杓	전북		서울호텔 운영, (주)삼신합동기업 사장
신창현	申昌鉉	서울		홍성고등학교 교감, 성동공업고등학교
신태언	申泰彦	함남		외자구매처 공무원
신태즙	申泰楫			광신광고
안무사	安武司	경기		육군본부 문관
안진현	安鎭鉉	평남		
오예근	吳禮根	함남		경신고등학교 교원
이군열	李君烈	함북		현남중학교
이규성	李奎成	서울		외자구매청 공무원, 성업공사 상임감사
이덕윤	李德允	평북		대전공업고등학교
이동하	李東河	경북		
이명복	李明馥	경기		이북
이병필	李秉珌	서울		상업, 한국생산성본부 시청각부장
이양훈	李良薰			강원도 경찰국
이영래	李永來	황해		육군본부 재무감실 경리과 대위, 산업기지 개발공사 경리부장
이영은	李永恩	경기		
이원영	李元榮	경기		육군본부 휼병감실 대위
이재두	李在斗	경기		육군 제3구경리대 중위
이준달	李俊達	함남		한국은행 조정과장
이창봉	李昌鳳	서울		
이태의	李泰宜	경기		
이현원	李鉉元	함남		해군사관학교 대위
임신행	林信行	평북		
임학상	林鶴相	경기		이북
임호준	林鎬俊	경남		
장기홍	張基鴻	충남		배재고등학교 교목, 삼일중·실업고등학교 교장
장유방	張裕邦	서울		대위
장융평	張隆平	서울		
장주언	張周彦	서울	Yale Univ.	예일대학교 교수
장태진	張泰鎭	서울		
장홍순	張弘純			
조동건	趙東健	충북		합동통신 취재부장, 기자금융금고 사무국장
지전영	池田榮	서울		
진기형	陳起亨	경기		산업은행 본점 근무
차두형	陳斗炯			중앙여자고등학교 교원, 호남비료 서울사무소장

	최경환	崔慶煥	서울		제일물산회사 상무, (주)경동산업 사장
	최길주	崔吉柱			
	최의종	崔義宗			
	최홍광	崔弘光	경기		
	추삼득	秋三得	경남		(주)동아선업 사장, 삼화식품 비서실
	한명삼	韓命三	평북		육군 제3519부대 문관
	홍택호	洪澤浩	평남		
이과 (24)	고윤덕	高潤悳	서울		상공부 공업국 화학과 기사, 한국과학진흥 회사
	권윤근	權潤根	서울		서울시 경찰국 공무원, 백광약품회사
	김동문	金東文	경기		동산고등학교 교사
	김동배	金董培	서울		공군사관학교 대위, 한국타이야 기사장
	김무경	金武卿	서울		경기여자고등학교 교사
	김병칠	金秉七	함북		배재고등학교·한성중고등학교 교사
	김성극	金成極	강원		공군사관학교 대위, 인하공과대학 교수, 인 하대학교 이과대학장
	김신영	金信永	평남		
	김신화	金信曄	함남		경기여자중학교 교사
	김영생	金永生	함남		국방부 제2호병창장 중령
	김형규	金亨圭			이북
	박래창	朴來昌	경남		경북대학교 교수
	손선관	孫仙官	경기	京都帝國大學 연료화공학 전공	釜山工科大學館 교수, 한국화약 기획부, 한미 화학 기획부장
	신현석	申鉉奭	경남		이북
	우종열	禹鍾悅	경기		경기여자고등학교 교사
	윤석규	尹錫珪	충남		
	윤세원	尹世元	경기	京都帝國大學 우주물리과 전공, 서울대학 교 물리과 대학 원 졸업, Argonne National Lab 원 자핵공학 이수	연희대학교 이공과대학 전임강사, 서울대학 교 문리과대학 조교수, 문교부 원자력과 초 대과장, 한국원자력협회 부회장, 경희대학 교 부총장, 성화신학교·선문대학교 총장, 한 국물리학회장, 대한민국학술원 회원, 국민 훈장동백장(1972)·무궁화장(1998) 수훈
	이경재	李景載	서울		경기여자고등학교 교무주임
	이규원		황해		
	이우영	李禹永			예산고등학교 교감
	이종호	李鍾皓	경기		충남도청 장학사
	임준상	林浚相	경기		
	최영규	崔英圭	전남		상공부 공업국화학과 기사
	최정하	崔政夏	충북		

◇ **27회 졸업생(1944년 3월, 79명)**

졸업 학과	성명		원적 지	졸업 이후 학력	주요 경력 (일제하 경력은 [ ] 표시)
문과 (40) 3월	권희상 (대상)	權喜相 (大相)			미국 유학·체류
	김경희	金景熹	서울		
	김기수	金琦洙	강원		건국대학교 교수
	김사억	金思億	함남	역사학 학사 (북한)	경성대학 조선사 연구실에서 『조선사개설』 편찬 참여, 북한 과학원 력사학연구소 소속, 력사 가 민족위원회 위원, 부교수
	김상훈	金尙勳	경남		[중동중학 동맹휴학 주도, 리月會 조직, 문학 서클 『만월』 활동, 조선민족해방협동당 활 동으로 투옥], 조선학병동맹·조선문학가동 맹 활동, 민주주의민족전선중앙위원, 『민중 조선』 창간·주필, 『전위시인집』 출판, 반공법 위반으로 구속, 북한고전문학편찬위원회 소 속, 『조쏘친선』 과장, 애국렬사묘안장, 조국 통일상 수상
	김승경	金升卿	경남		동양공업고등학교 교사
	김영조	金永祖	경북		이북
	김정격	金正格	평북		
	김정래	金鼎來	서울		육군본부 문관
	김찬득	金燦得	황해		온양중학교
	김현종	金顯宗	서울		서울대학교 공과대학 직원
	박병권	朴炳權	충남	미 군정청 군사 영어학교 졸업	국방경비대 창설 참여, 육군사관학교 교장, 제2훈련소장·군단장, 대한중석사장, 제14 대 국방부 장관
	박영래	朴永來	경기		송도고등학교 교감, 경기농약 전무
	박용필	朴容弼	서울		지방법원 공무원
	박인관	朴仁寬	서울		조흥은행
	박재식	朴在植	서울		
	박호열	朴浩烈	서울		국회사무처 비서차장, (주)한국개발
	배지순	裵智順	황해		인천사범학교 교사
	서갑록	徐甲錄	함남		
	손홍수	孫弘洙	평남		
	신현상	申鉉尙	충북		대한중석광업회사 사원
	심관유	沈灌裕	경기		교통학교 교사
	양흥식	梁興植	서울		한국은행 발권과 행원
	오경환	吳景煥	경남		상업
	유종석	柳宗錫	황해		상업

	윤영구	尹英九	서울		
	이군철	李君喆	평남	서울대 영문과 졸업	상명여자고등학교 교감, 숙명여자대학교·서울대학교 강사, 연세대학교 교수·문과대학장·명예교수, 영어영문학회장, 국민훈장 목련장(1984) 수훈
	이민영	李敏永	경기		수원북중학교
	이재영	李載榮	평남		이북
	이종육	李鍾六			
	이하구	李鶴九	서울		국방부 문관
	장덕순	張德順	강원	서울대학교 국문과 졸업	연희대학교·서울대학교 문리대 교수, 구비문학·국문학사 연구
	정병욱	鄭炳昱	경남	경성대학 국어국문학과 졸업, 서울대학교 국문과 문학박사	부산대학교·연희대학교·서울대학교 국어국문학과 교수, 하버드대학·콜레주 드 프랑스 초빙교수, 고전문학연구 체계화, 대한민국학술원 회원, 한국판소리학회장, 외솔상(1979)·삼일문화상(1980) 수상
	정준섭	丁駿燮	서울		
	조규선	曹圭善	경북		경북고등학교 교사
	조세환	趙世煥	경기		미국홍보문화원(U.S.I.S)
	진도석	陳道錫	경남		(주)경양실업 전무
	최선징	崔善澄	충남		대동상업고등학교 교사
	최우철	崔佑喆	경남		해인대학 교수
	한경우	韓景愚	경기		안성농업고등학교 교사
이과 (28)	권청룡	權靑龍	함남		중앙고등학교 교장
	김덕교	金德敎			이북
	김유진	金悠鎭			성동공업고등학교 교사
	김일래	金一來			
	김재설	金載高			
	김재주	金在注	황해		
	김종형	金鍾亨			이북
	김형성	金炯成			국방부과학기술연구소 중령
	박봉현	朴鳳鉉	평남		박문여자고등학교교사, 이북
	박용진	朴容震			휘문중학교 교사
	박재식	朴在植			
	박중욱	朴重旭			경기도내무국건설과 기좌
	신현기	申鉉琦			인천화약공장, 신양지물포
	심문택	沈汶澤	서울	서울대학교 화학과 졸업, Indiana Univ. 물리학 Ph.D	연세대학교·서강대학교 교수, 한국과학기술연구소 부소장, 국방과학연구소 소장, 국민훈장 동백장(1972), 보국훈장 통일장(1979) 수훈

안재윤	安在允	충북		인천고등학교 교원
우성구	禹聲九		연희대학교 수학과 이학 석사	연희대학교 교수, 연희대학교 중등교원양성 소장
유승억	劉承億	강원		
유철수	柳哲秀	경기		용인고등학교 교사
이길주	李吉周	황해		수원농림고등학교 교사
이영희	李永熙	경북		경북대학교 문리대학 교수
이준경	李俊景	황해		인천여자고등학교 교사
이진복	李振馥			
임도순	任道淳			화재보험회사
정광열	鄭光烈			
정연태	鄭然泰			서울사범대학 물리학 교수
조용건	趙容健			
한재곤	韓在坤			육군헌병사령관 행정과장 대위
허 식	許 軾			이북

◇ 경성공업경영전문학교 졸업생(1944년 12월, 152명)

성 명		원적 지	졸업 이후 학력	주요 경력 (일제하 경력은 [ ] 표시)
강석균	康錫均	경북		경북 의성 가은중학교 교장
강은경	康恩卿	평북		
강이식	康珆植	황해		대한석탄공사 영월출장소 사원
계봉웅	桂峰雄	평북		
고계성	高繼聖	황해		군속, 보성중학교
고의범	高義範	평북		
고홍행	高弘行	경북		
곽태신	郭泰信			육군 3516부대 제202지구대장
구행생	具行生	함북		
김각중	金珏中	서울	Univ. of Utah 화학과 Ph.D	고려대학교 화학과 교수, 대한화섬 상무이사, 경방그룹 회장, 제일은행 회장, 전국경제인연합회 회장, 국민경제자문회의 위원
김경호	金景浩	평북		고계고등학교
김관순	金寬淳	경기		수원북중학교
김광웅	金光雄	평남		
김규구	金圭玽	서울		상업, 미국체류
김기석	金基錫	충남		북대구세무서장, 서울 광화문세무서 총무과장
김덕영	金德榮	경기		
김무택	金茂澤	황해		
김병감	金炳坎	황해		안성 죽산중학교

김병숙	金秉淑	평남	
김부웅	金富雄	함남	
김석환	金錫煥	평남	국방부 문관, (주)한국운수
김성탁	金城琢	함남	육군 제1사단 제5816부대 중령
김성혁	金成赫	경기	인천세관 공무원
김승방	金勝邦	황해	
김승평	金昇平	강원	
김영웅	金英雄	충남	
김용기	金龍基	경기	산업은행 과장
김용진	金龍鎭	경기	
김일중	金一中	서울	동양통신사 외신부장
김재창	金在昌	경기	
김정신	金廷信	강원	
김종갑	金鍾甲	충남	국회의원
김종렬	金鍾烈	서울	상업
김종욱	金鍾旭	서울	교사
김종한	金鍾翰	평남	미제8군 군속
김중배	金重培	경북	제일물산양행 전무, (주)한국화이자 사장
김찬규	金贊圭	경남	의사
김태진	金泰鎭	전남	영광남중학교, (주)남송개발 사장
김태진	金兌振	평북	자영업(인영극장)
김해룡	金海龍	평남	
김현창	金顯昌	서울	흥업은행·신탁은행 을지로지점 은행원, 한일은행 외국부 차장
김형섭	金炯燮	평남	용산고등학교 교사
김흥렬	金興烈	서울	
김홍석	金洪錫	충남	한국은행 수출과장
김흥충	金興忠	경남	
노원준	盧元濬	평남	운수업
노전근	盧全謹	경기	(주)한국싼토리 영업부
노희원	盧喜源	평남	전남도청 교육과 공무원
동희준	董熙俊		동북중학교 교감
문방고	文芳高	전남	
문응점	文應漸	평북	
문이각	文履珏	평북	
문한우	文漢雨	경북	[재학중 항일운동으로 징역 선고, 학도병으로 강제 입대하여 대구24부대 학병사건 주도],한국구무회 공업사
민강대	閔康大	서울	
박달집	朴達集	함남	협성여자상업학교 교장

박상의	朴常義	서울		
박선회	朴善會	함남		
박영관	朴榮寬			
박영직	朴泳稷	함남		
박용구	朴容九	서울		문예사기자, 작가
박용원	朴容源	서울		조선운수 영등포지사 사원
박은렬	朴銀烈	경남		동래여자고등학교 교사
박충철	朴充喆	서울		
박충평	朴忠平	황해		
박치호	朴治昊	함남		
박호성	朴昊成	경기		
방기표	方基杓	서울		상업
방보식	方普植	평북		
백문오	白文梧	평북		육군본부 소령
백보계	白輔啓	서울		
사상필	史相弼	경기		평화신문사 서무과 과장
서정빈	徐廷斌	경기		중앙제약 이사, 한국쉐링주식회사
서희원	徐希源	충남	Samford Univ. Cumberland School of Law MA/Ph.D	이화여자대학교 교수·법정대학장, 대한국제법학회장, 한국항공법학회 창립 참여, 서재필기념재단 이사, 송제교육재단 이사장, 국민훈장 목련장(1989) 수훈
석상길	石商吉	평남		
선우삼	鮮于三			중앙청 총무처 공무원
성대우	成大祐	서울		
성영부	成英夫	충북		
소봉치	蘇鳳治	충남		
송문호	宋文鎬	경기		남인천여자중학교
송인규	宋寅奎	평남		군인
신광남	申光男	서울		
신덕기	申德基	함남		
신태실	申泰實	함남		상업
심춘보	沈春輔			육군소령, 한국전력 남부영업소
안민정	安敏正	함남		숭의여자고등학교
안용성	安隆盛	경기		
안헌남	安憲男	경남		
양재기	梁在起	서울		상업
여운일	呂運一	충북		상업은행 외국부 대리
오부환	吳富煥			대전공업고등학교 교사
오선랑	吳善郎	평남		
오응주	吳膺疇	황해		

오장석	吳章錫	평북		
왕규섭	王圭燮	서울		
우진자	禹鎭宇	전남		흥업은행, 신탁은행 업무과 과장
유성근	柳星根	전북		
유영하	柳永夏	경북		안동중학교 교사
유홍준	兪弘濬	서울		화신무역회사사원, 흥한방적 상무, 미국이주
윤창현	尹暢鉉	함북		
이국천	李菊天	함북		
이덕규	李德閨			
이명수	李明洙			
이병렬	李炳烈	서울		
이병욱	李丙郁	서울		
이병천	李秉天	경기		제주베다니방적 사원
이보현	李保鉉	황해		
이상호	李相虎	경기		대한양조장
이순용	李淳瑢			육군
이승구	李昇求	충남		온양중학교 교사
이영의	李英毅	충남		
이우룡	李雨龍			해군본부 군수국 보급과 대위, 상공부 차관보, (주) 영풍상사 사장
이운재	李雲宰	전북		태인중학교 교사
이종완	李鍾完	서울		서울세관
이종화	李踵和	경기		
이중희	李重熙	전북		김제고등학교 교사
이찬주	李讚柱	평남		
이철구	李哲求	강원		교사
이춘택	李春澤	평남		
이충재	李充宰	평남		
이호정	李虎正	함남		
이홍재	李弘宰	평남		
임광일	林廣一	경북		
임병윤	林炳輪	서울		(주)남대문시장 사원
임수부	林秀夫	평남		
임철순	任哲淳	황해		이화여자고등학교 교사
장기정	張基政	충남		안면중학교
장리사	張理思	서울		
장승희	張承熙	경북		신양상호신용금고 대표
전광웅	田金雄	평남		
전익삼	田益三	평북		대한석유공사 신용조사부장
정석모	鄭石謨	서울		

정태복	鄭泰復	경북		한국은행 오사카지점 행원, 외환은행 을지로지점장
정희철	鄭熙哲			
조병태	趙秉泰	서울		미국 유학
조봉원	趙奉元	서울		남성중학교
조열창	曺烈昶			
주영광	朱榮光	평남		헌병총사령부 소령
차창렬	車昌烈	평남		용산고등학교 교사
최달웅	崔達雄	평남		조선철강 구매과
최무영	崔武永	함북		
최병국	崔炳國	경북		(주)대동화학 기획부 부장
최수익	崔壽益	충북		육군사관학교 교관
최승조	崔承祚	황해		낙양중학교, 경기중·고등학교 교사
최완형	崔完衡	서울		조선운수회사 사원, 서울시체육회 이사
최이권	崔二權	경북		상업, 제와업(製瓦業)
탁연택	卓練澤	전남		육군대위, 대한사회복지회 회장
하경영	河景永	경남		동아면업 사장
한정치	韓定治	평북		
황부영	黃富永	평남		
황재삼	黃材三	함남		조선전업 영월발전소 사원
황종순	黃琮順	황해		이북

◇ 28회 졸업생(1946년 6월, 122명)

졸업 학과	성명		원적 지	졸업 이후 학력	주요 경력 (일제하 경력은 [ ] 표시)
문과 (14)	김경섭	金坰燮	평남		용산중학교·경기여자고등학교 교사
	김기태	金基泰	전북		군산광동기술학교 교장
	김덕근	金德根	경남		마산고등학교·마산동중학교 교사
	김동성	金東成	황해		
	김영룡	金永龍	경남		
	김영선	金永善	평남		이북
	박안민	朴安民	평남		
	손종섭	孫宗燮	경북		경북여자고등학교
	윤창현	尹暢鉉	경기		
	이중희	李重熙	전북		
	장리사	張理思	서울		
	장익환	張翊煥	서울		이화여자중학교 교사
	최순진	崔淳鎭	평남		보성여자고등학교 교사
	최원섭	崔元燮	함남		교사
상과 (101)	강돈원	姜敦遠	경기		
	강여택	姜如澤	황해		

고광선	高光先	저북		전주지방전매청 공무원
고익화	高益和	충남		청양 양조소 지배인
공규식	孔圭植	서울		신탁은행 본점 행원
구병유	丘秉裕	충남		군산사범학교 교사, 세교샘터 대표
구필현	具必鉉			(주)대한생사 사원
김광근	金光根			(주)경진화물자동차 사원
(김계원)	(金桂元)	(경북)	(미군정청 군사 영어 학교 수료)	(육군포병학교교장,육군참모총장,중앙정보부장,주자유중화민국대사,대통령비서실장,원효실업회장) #『연세동연록』1962
김교창	金教昌	경북		육군본부 상훈과 소령, 중앙중학교 교사
김길원	金吉源	평북		상업
김대준	金大濬	경북	경북대학교 경제학 석사, Stanford Graduate School of Business 학업, 연세대학교 경제학 박사	안동고등학교 교사, 연세대학교 상경대 교수·원주캠퍼스 학장, 배재대학 학장, 경제기획원 예산회계제도심의회 위원, 국세청 국세심사위원, 재무부 자문위원
김두하	金斗河	전북		
김문규	金文圭			
김병웅	金秉雄	함남		
김상호	金尙浩	서울		통영고등학교 교사, (주)동성상사 대한지공 대표
김성호	金聖鎬	서울		한국은행 국고국 국고과 행원
김순기	金純基	서울		(주)삼영케블 대표
김영렬	金永烈			군의(軍醫)
김예환	金禮桓	서울		시계점, 예일학원 학원장
김용봉	金龍鳳			
김원규	金元圭	충남		홍성고등학교 교사, 천호중학교 교장
김원식	金元植	함남		
김응환	金應煥	평북		
김정현	金正鉉			경기도청공무원, (주)한국텍스코트 사장
김종수	金鍾洙	평북		
김창진	金昌鎭	평북		제천여자고등학교 교장
김학경	金鶴經	서울		미국 체류
김학술	金學述	서울		해병학교 교관
김해영	金海榮	경북		해병대사령부 대위, 이민
김홍관	金鴻寬	서울		충남위성사령부 소령, 김홍관법률사무소 변호사
김홍식	金洪植	서울		
노석찬	盧錫瓚	경기		합동통신사 기자, 아르헨티나 대사, 한국일보

				사 부국장, 민주공화당 선전부장·당대변인, 공보부 차관
문근식	文槿植	전남		
박갑득	朴甲得	함남		대한해운공사 사원
박민순	朴敏淳	충남		교사, 충남도교육위원회 사회체육과장
박용각	朴容珏	강원		
박이건	朴離健	평남		인천여자고등학교 교감
박재식	朴在植	경남		한국은행 외국부 무역금융과 행원
박종윤	朴宗胤	황해		동대문세무서 관세과 공무원
박중근	朴重根	경북		
박찬준	朴燦俊	전북		상업은행 광주지점 행원
박찬희	朴贊熙	충남		외자구매처 공무원, 경기서울임시외자총국 경리국 청산과·구매국 생필과 사무관, 외자청 제주사무소장, 외자청 경리국 징수과장, 조달청 내자국장
박창화	朴昌華	평남		
박치상	朴致相	경기		
박필환	朴弼煥	서울		
박 황	朴 晃	서울		상공은행 용산지점 행원, (주)극동철강 전무
배 준	裴 駿	충남		
손영관	孫永寬	서울		육군 제2사단 중위
송규현	宋圭顯	서울		
송재현	宋宰顯	서울		
신문섭	申文燮	충남		서천중학교 교사, 서천농협
심선창	沈宣昌	경기		삼애보육원
심인식	沈仁植	경기		인천석탄공사 출장소 사원
심하택	沈夏澤	충남		한국은행 업무과 은행원
안용승	安勇承	황해		
오기창	吳基彰	서울		민주공화당 중앙상임위원·충청북도지부 사무국장, (주)호남비료 부사장, 청주경찰서 보안계장
오인섭	吳麟燮	서울		
유영식	劉永植	서울		육군본부 경리장교
윤세기	尹世基	경기		전시고아원, 미국체류
윤승구	尹勝求	서울		해군본부 군수참과 중위
윤장희	尹章熙	충북		상공은행 본점 행원
윤태연	尹泰淵	경기		공군대위, 연세의료원 연세남대문빌딩 사무처장
이갑영	李甲榮	경북		육군 대령
이강해	李康海	서울		상업은행 영업부 심사과장대리, (주)대양통

				상 대표
이경환	李慶煥	경기		해병학교 교관
이병춘	李秉瑃	경기		수원 농업요원양성소 교사
이상학	李相學	충북		충주 공익스포츠사 사장
이석화	李錫華	평남		
이성환	李星桓	경북		지방검찰국 공무원
이용주	李龍柱	서울		해운공사 사원, 동광중기 대표
이원갑	李元甲	경기		이북
이재원	李栽元	서울		상호운수회사 사장
이호두	李浩枓	경북		상업
임동린	任東麟	평남		해양극장 총무
전석호	田錫浩	경기		
정반수	鄭班洙	강원		상업은행 영업부 지배인대리, 인창목장 대표
정세택	鄭世澤	경기		농림부 공무원
정영식	丁英植	서울		보세창고 공무원
정준섭	鄭寯燮	경기		(주)제일상선 사원
정태복	鄭泰復	경북		한국은행 오사카지점 행원
정휘춘	鄭輝春	경북		한국은행 외국부 행원
조재현	曹在鉉	황해		계성여자중학교 교사
조종태	趙鍾泰	경기		(주)선경건설 부회장
조한욱	趙漢昱	충남		
주기황	朱基滉			
주재영	朱在榮	함남		대한석탄공사 사원
차은상	車殷相	경기		경기도청공무원, 성문사 대표
최경호	崔暻浩	경남		상구출판사 사장
최기종	崔基鍾	함북		숭문중학교 교사, (주)해보실업 대표
최완형	崔完衡	서울		조선운수
최종식	崔種植	황해		이북
최찬행	崔讚行	경기		
탁연택	卓鍊澤	전남		대한사회복지회 회장
한경원	韓慶源	평남		육군 중위
한당욱	韓唐頊	함남		동덕여자대학교 학생처장
한영우	韓永愚	경남		
한종훈	韓鍾訓	함남		
현효윤	玄孝胤	평남		동국대학교사범대학부속고등학교 교사
홍선희	洪善熹	경기		경복중학교 교사, 한국청동공예상사
황문수	黃文秀	경기		
이과 (7)	민호기	閔虎基	서울	연희대학교 강사
	박선회	朴善會	함남	
	손규진	孫奎鎭	서울	

오응주	吳膺疇	황해		
이동규	李東珪	충남		
이찬주	李瓚柱	평남		
임욱상	林昱相			
(황중엽)	(黃中燁)	(평남)		(수산대학 교수) #『연세동연록』1962

위당 정인보의 교유관계와 교유의 배경
─백낙준·백남운·송진우와의 교유관계를 중심으로─

윤 덕 영

1. 머리말

위당 정인보는 그동안 역사학뿐만 아니라, 철학과 문학 학문영역에서도 많은 관심과 연구가 있었던 인물이다. 정인보에 대해서는 강석화에 의해 100여 편 이상에 이르는 연구 문헌이 소개되고 이중 주제별로 주요 연구를 소개하는 정리가 있었다.[1] 그렇지만 조선학운동 및 실학에 대한 연구를 비롯하여 각 주제별, 각 학문별로 정인보의 활동과 사상을 언급하거나 다룬 연구들은 소개된 것보다 훨씬 더 많이 있다. 정인보가 남긴 사료가 많지 않은 한정된 것임에도 불구하고 이 정도로 많은 연구가 진행되었다는 것은 정인보가 우리 근현대사에서 차지하는 위치가 적지 않고, 그에 대한 우리의 관심이 남다르다는 것을 보여주는 것이라 하겠다.

잘 알려져 있다시피 정인보는 한국 근대 양명학의 계승자이자 핵심 인물이었기 때문에 양명학과 관련된 연구가 지속적으로 많이 축적되었다.[2] 또한 정인보 행적과 사상의 배경으로 강화학파의 학풍과 사상 경향에

---

1) 강석화, 「담원 정인보선생에 대한 연구사 정리」, 『애산학보』 39, 2013.
2) 양방주, 「한국근대 양명학의 개혁사상적 성격과 그 전개」, 『동아시아 연구논총』

대해서도 많은 연구들이 있어 왔다.3) 정인보의 스승인 난곡 이건방 외에도

4, 1993 ; 남궁효, 「정인보의 '조선학' 이론에 관한 연구」, 『역사와실학』 8, 1996 ;
최영성, 「정인보의 양명학 선양과 얼사관」, 『한국유학사상사』 V (근·현대편),
아세아문화사, 1997 ; 이상호, 「정인보의 얼사관」, 『동양철학』 12, 2000 ; 이상
호, 「정인보 實心論의 양명 좌파적 특정」, 『양명학』 15, 2005 ; 장병한, 「19세기
양명학자로 규정된 심대윤의 사유체계」, 『한국실학연구』 10, 2005 ; 김세정,
「한국양명학의 생명사상」, 『동서철학연구』 39, 2006 ; 이상호, 「일제강점기
정인보 실심론의 주체성과 창조적 정신」, 충남대학교 유학연구소, 『유학연구』
14, 2006 ; 최재목, 「정인보 『양명학연론』에 나타난 王龍溪 이해 - '근대한국양명
학' 領有 양상에 대한 한 시론」, 『양명학』 16, 2006 ; 최재목, 「정인보의 양명학
이해 - 『양명학연론』에 나타난 황종희 및 『明儒學案』이해를 중심으로 -」, 『양명
학』 17, 2006 ; 최재목, 「日帝强占期 新聞을 통해 본 陽明學 動向」, 『일어일문학』
35, 2007 ; 송석준, 「난곡 이건방의 양명학과 실천정신」, 『양명학』 18, 2007 ; 김
영봉, 「위당 정인보의 墓道文字에 나타난 시대 의식」, 『동방학지』 141, 2008 ; 신
현승, 「정인보의 눈에 비친 중국 明末淸初期의 지식인」, 한국동서철학회, 『동서철
학연구』 48, 2008 ; 이규성, 「한국 근대 生철학의 조류와 구조」, 한국철학사상연
구회, 『시대와 철학』 19-4, 2008 ; 이상호, 「한국 근대 양명학의 철학적 특징 - 박
은식과 정인보를 중심으로」, 『양명학』 20, 2008 ; 최재목, 「정인보 '양명학'
형성의 知形圖 - '세계'와의 '호흡', 그 중층성과 관련하여 -」, 『동방학지』 143,
2008 ; 최재목, 「일제강점기 잡지를 통해서 본 陽明學 연구의 동향」, 『동양철학연
구』 55, 2008 ; 한정길, 「위당 정인보의 삶과 학문에 나타난 실심 실학의 정신」,
『다산과현대』 1, 2008 ; 한정길, 「정인보의 陽明學觀에 대한 연구」, 『동방학지』
141, 2008 ; 정두영, 「한국 양명학 연구의 동향과 과제」, 『경상사학』 25 ; 신현승,
「鄭寅普의 朝鮮陽明學派 硏究에 관한 一考察」, 강원대학교 인문과학연구소, 「인문
과학연구』 23, 2009 ; 권상우, 「일제강점기 "민족성과 유학의 관계성" 담론을
통한 "한국적 유학"(얼유학) 시론 - 다카하시 도루, 신채호, 정인보의 담론을
중심으로 -」, 경북대학교 퇴계연구소, 「퇴계학과 유교문화」 48, 2011 ; 송석준,
「한국 양명학의 역사적 성과와 발전 방향」, 『양명학』 30, 2011 ; 신현승, 「정인보
의 조선 양명학파 연구와 민족의식」, 이정환·신미나 편, 「동북아 집단이해의
다양성 - 근대 민족주의를 넘어서」, 아연출판부, 2011 ; 김윤경, 「舊園 鄭寅普의
주체적 實心論」, 한국유교학회, 『유교사상문화연구』 48, 2012 ; 배연숙, 「정인보
의 인문학적 사유에 의한 민족주체사상 연구」. 부산대학교 국민윤리학과 박사
학위논문, 2012 ; 송석준, 「정인보의 양명학」, 『양명학』 36, 2013 ; 심경호, 「위당
정인보의 양명학적 사유와 학문방법」, 『애산학보』 39, 2013 ; 홍원식, 「鄭寅普와
『陽明學演論』」, 『선비문화』 23, 2013 ; 정덕기, 「위당 정인보의 실학인식과 학문
주체론 - 「양명학연론」을 중심으로 -」, 『동방학지』 167, 2014.
3) 閔泳珪, 『江華學 最後의 光景 - 西餘文存其一』, 又牛, 1994 ; 劉明鐘, 『韓國의 陽明學』,

정인보와 깊이 교유하였던 겸곡 박은식, 단재 신채호의 영향도 많이 논의되었다. 또한 정인보가 속한 동래 정씨 가문의 소론계 가학에 대해서도 일정한 연구가 진행되었다.[4] 정인보의 한학적 배경과 평가, 사상의 근대성 문제도 다각도로 연구되었다.[5] 이러한 연구들을 통해서 정인보의 행적과

同和出版社, 1883 ; 이희목, 「영재 이건창의 주체적 자각과 시세계」, 『한국한문학연구』 8, 1985 ; 강석중, 「李匡師 文論 硏究」, 서울대 석사학위논문, 1991 ; 이완우, 「員嶠 李匡師의 書藝」, 『美術史學硏究』 190·191, 1991 ; 한국정신문화연구원 어문연구실 편, 『江華學派의 文學과 思想』(1), 한국정신문화연구원, 1993 ; 한국정신문화연구원 어문연구실 편, 『江華學派의 文學과 思想』(2), 한국정신문화연구원, 1995 ; 한국정신문화연구원 어문연구실 편, 『江華學派의 文學과 思想』(3), 한국정신문화연구원, 1995 ; 한국정신문화연구원 어문연구실 편, 『江華學派의 文學과 思想』(4), 한국정신문화연구원, 1999 ; 鄭良婉, 『江華學派의 文學과 思想』(5), 월인, 2012 ; 유준기, 『한국근대유교개혁운동사』, 삼문출판사, 1994 ; 박준호, 「椒園 李忠翊의 生涯와 詩」, 『漢文學硏究』 9, 1994 ; 박준호, 「岱淵 李勉伯의 生涯와 文學」, 『漢文學硏究』 11, 1996 ; 박광용, 「강화학파의 인물과 사상」, 『황해문화』 10, 1996 ; 김기승, 「이건창의 생애에 나타난 척사와 개화의 갈등」, 『인문과학논총』 6, 1998 ; 서경숙, 「初期 江華學派의 陽明學에 關한 硏究」, 성균관대 박사학위논문, 2000 ; 심경호, 「19세기 말 20세기 초 강화학파의 지적 고뇌와 문학」, 『語文論集』 41, 2000 ; 심경호, 「강화학과 담원 정인보」, 한국어문교육연구회, 『어문연구』 28-3, 2000 ; 박준호, 「江華學派의 文學世界에 대한 一考察」, 『大東漢文學』 14, 2001 ; 이희목, 「寧齋 李建昌의 陽明學과 文學」, 『大東漢文學』 14, 2001 ; 김학목, 「李忠翊의 椒園談老 硏究」, 『인천학연구』 2-2, 2003 ; 최재목, 「강화 양명학파 연구의 방향과 과제」, 『양명학』 12호, 2004 ; 심경호, 「강화학파의 假學비판」, 『양명학』 13, 2005 ; 최재목, 「'강화 양명학' 연구를 위한 기초자료 정리」, 『양명학』 16, 2006 ; 천병돈, 「강화학파의 형성과 사상적 계보」, 『인천학연구』 7, 2007 ; 이용규편, 『강화학파 학인들의 발자취』, 수서원, 2007 ; 심경호, 「위당 정인보와 강화학파」, 『열상고전연구』 27, 2008 ; 이우진·이남옥, 「강화학파 형성담론의 재구성 - 계보학적 접근방식을 중심으로 - 」, 『양명학』 33, 2012.

4) 조성산, 「조선후기 소론계 고대사 연구와 中華主義의 변용」, 『역사학보』 202, 2009 ; 조성산, 「정인보가 구성한 조선후기 문화사」, 『역사와 담론』 56, 2010 ; 정호훈, 「『書永編』의 자료 구성과 지식 세계」, 『진단학보』 110, 2010.

5) 이황직, 「위당 정인보의 유교 개혁주의 사상」, 『한국사상사학』 20, 2003 ; 김진균, 「근대 한문학의 세 지향」, 『인문과학』 49, 2008 ; 이황직, 「위당 조선학의 개념과 의미에 관한 연구」, 『현상과 인식』 34, 2010 ; 김진균, 「성호 이익을 바라보는 한문학 근대의 두 시선 - 1929년 문광서림판 『성호사설』에 게재된 변영만과

학문, 사상 등에 대해서 많은 점이 해명되었다.

그러나 이러한 연구 성과에도 불구하고 정인보의 행적과 사상의 배경이 모두 해명되었다고 볼 수는 없다. 그것은 정인보를 소론계 가학적 전통과 강화학파의 전승, 근대 한국 양명학의 계승자로만 한정하기에는 그의 사상과 학문의 내용이 보다 복합적이고 중층적이기 때문이다. 더 나아가 정인보의 행적과 교유 관계를 놓고 보면 근대를 살았던 일반적인 한학자의 삶을 뛰어넘어 상당히 폭넓게 이루어지고 있었다.

그동안 정인보의 행적에 대해서는 조동걸과 정양완에 의해 그 전체적 양상이 파악되었다.6) 그리고 정인보의 행적과 관련한 중요한 일화 등은 일찍이 홍이섭, 민영규 등에 의해 논의되었다.7) 그 외에도 여러 연구들에 서도 정인보의 행적과 관련한 논의가 부분적으로 다루어졌고, 심경호는 정인보의 평전을 준비하는 과정에서 행적과 관련해서 추후 해명되어야 할 중요한 논점들을 제시하였다.8)

한 인물의 사상과 활동을 온전히 파악하고 그 성격을 제대로 이해하기 위해서는 그와 밀접한 인간관계를 형성했던 사람들과의 교유관계 속에서 그 인물의 사상과 활동이 어떻게 현실화되고 사회화 되었는가를 파악할 필요가 있다. 이는 교유관계의 파악이 그 사람이 남긴 글의 내용과 의미, 또한 그의 사상적 배경과 성격, 활동의 지향점과 현실성을 이해하는 데 있어 상당히 유효한 시사점과 기준점을 제공하기 때문이다. 특히

정인보의 서문 비교 연구-」,『반교어문연구』28, 2010 ; 김진균, 「實學 연구의 맥락과 鄭寅普의 依獨求實」,『민족문화논총』50, 2012 ; 김진균, 「정인보 조선학의 한학적 기반」,『한국실학연구』25, 2013.

6) 조동걸, 「年譜를 통해 본 鄭寅普와 白南雲」,『한국독립운동사연구』5, 1991 ; 정양완, 「담원 정인보선생 연보」,『애산학보』39, 2013.

7) 홍이섭, 「위당 정인보」,『한국사의 방법』, 탐구당, 1968 ; 민영규, 「爲堂 鄭寅普 선생의 行狀에 나타난 몇 가지 문제 : 實學原始」,『동방학지』13, 1972.

8) 심경호, 「위당 정인보 평전의 구상」,『연보와 평전』4, 2010, 66쪽 ; 심경호, 「위당 정인보의 양명학적 사유와 학문방법」,『애산학보』39, 2013, 103쪽.

정인보의 경우는 사상과 학문 자체에 대해서는 앞서 언급한 바와 같이 다각도로 많은 연구가 이루어진 반면, 그 이해를 위한 전제로서 정인보의 교유관계 및 행적, 특히 그와 관련되었던 근현대사 주요 인물들과의 교유관계 등에 대해서는 제대로 해명되지 않은 부분들이 많아 이에 대한 규명이 다른 무엇보다 시급한 실정이다.

소론계 가학 및 양명학, 강화학파와 관련된 인물들과의 관계를 제외하고 정인보와 긴밀히 교유하였던 한국 근현대사의 대표적 중요 인물들로는 1910년대 교유를 시작해 나중에 사돈사이까지 된 신간회 창립의 핵심인물이었던 홍명희, 그리고 서북지역 기독교 세력의 일원이면서도 같은 연희전문학교에 근무하면서 정인보를 후원하였던 백낙준, 당대 최고의 사회경제사학자이면서도 정인보와 교유하였던 같은 연희전문 교수 백남운, 재일유학생 시절부터 해방직후 한민당에 이르기까지 동아일보와 호남지역을 중심으로 한 국내 민족주의 세력의 지도적 인물인 동아일보 사장 송진우 등을 손꼽을 수가 있다. 백낙준은 안창호의 영향력 하에 있는 서북 기독교세력, 송진우는 동아일보·호남지역 민족주의세력, 홍명희는 좌우합작적 활동을 적극적으로 전개하며 한때 시대일보·홍명희 계열로 일컬어지던 소규모 민족주의세력, 백남운은 마르크스주의에 입각한 사회경제사학자이면서 해방직후에는 남조선신민당을 이끌었던 사회주의 세력으로, 이들 각자는 사상과 이념, 정치적 지향과 활동에서 상당한 편차가 있었음에도 불구하고, 정인보와는 각자 긴밀히 교유하였다.

본 연구는 이중에서 홍명희를 제외한 백낙준, 백남운, 송진우와의 교유관계와 그 배경, 특징 등을 규명하고자 한다.9) 정인보 행적에 대해 이미

---

9) 이외에도 안재홍과 문일평 등과 교유를 하였는데, 문일평과는 가깝게 지냈다. 정인보는 문일평이 1939년 죽은 후 묘비문을 작성하였는데, 묘비문에서는 문일평 말년에 자주 보면서 친하게 지냈고, 문일평 저술이 모두 사료를 깊이 연구한 것으로 "정밀하고 심중하면 조심스럽고 엄격하였다"고 평가하였다(정인보, 「문호함의 묘에 적다」, 『담원문록』 중, 태학사, 2006, 315~317쪽). 1934년에 한정되지

밝혀진 것은 기존의 연구에 의지하여 과감히 생략하고, 기존 연구들에서 미 규명되었던 부분을 중점적으로 밝히고자 한다.

정인보의 경우는 먼저 그가 1922년부터 몸담았던 연희전문학교의 학문적 분위기와 인적 교류가 주목되어져야 한다.[10] 연전에서 정인보는 백낙준과 상당히 긴밀한 교유관계를 가졌고, 기독교와 유학으로 학문적 사상적 배경을 달리하면서도, 실학 학풍과 국학을 전승하는 데 인식을 같이했다. 본 연구에서는 백낙준과 정인보의 교유관계, 실학 및 국학에 대한 인식 등을 살펴보고자 한다. 다음으로 정인보는 연전에서 사회경제사학자 백남운과도 이념을 뛰어넘어 깊은 교유관계를 가졌다. 본 연구에서는 정인보와 백남운이 교유관계를 가질 수 있었던 시대적 상황과 현실 조건을 검토하고, 이념과 연구방법론이 상이함에도 서로 어떠한 학문적 태도와 목표의식을 갖고 있었기에 그들이 긴밀히 교유할 수 있었는지를 해명하고자 한다.

마지막으로 본 연구에서 주목하고자 하는 점의 하나는 기존의 연구들에서 잘 이해되지 못하고 해명되지 못했던 정인보와 송진우의 관계를 살펴보는 것이다. 둘은 1920년대 후반부터 1945년 12월말 송진우가 암살될 때까지 아주 밀접한 관계를 가지면서 서로 일정한 영향을 주고받았다. 본 연구에서는 정인보와 송진우가 가까워지게 되는 과정, 송진우에 대한 정인보의 평가, 송진우 활동과 사상, 송진우의 정인보 후원 배경과 목적, 둘 간의 얽힌 행적 등을 송진우와 일제하 민족운동에 대한 최근의 연구

만 양자의 만남에 대해서는 다음 참조. 이한수 옮김, 『문일평 1934 - 식민지 시대 한 지식인의 일기』, 살림, 2009 ; 류시현, 「1930년대 문일평의 조선학 연구와 실학의 재조명」, 『한국인물사연구』 23, 2015.

10) "東西古近 思想의 和衷"으로 논해지는 연전의 학풍에 대해서는 기존에 충실한 연구 성과가 있다. 왕현종, 「연희전문의 한국사 연구와 민족주의 사학의 전개」, 『근대 학문의 형성과 연희전문』, 연세대 출판부, 2005 ; 김도형, 「1920~30년대 민족문화운동과 연희전문학교」, 『동방학지』 164, 2013.

성과를 기반으로11) 구체적으로 해명하고자 한다. 이상의 정인보를 둘러싼 교유관계를 해명함으로써 정인보 행적과 사상을 이해하는 바탕을 마련하는 동시에 정인보의 인식과 사상이 교유관계를 통해 어떻게 현실화되고 사회화되어 나타났는가를 살펴보고자 한다.

2. 백낙준 및 백남운과의 교유

정인보는 근대 신교육 과정을 거치지 않았음에도 1922년 연희전문학교의 강사로 초빙되어 1925년부터 교수로 1937년까지 재직하였다.12) 연전을 설립한 언더우드와 그의 아들 원한경은 조선의 민족문화를 교육하고 연구하는 데 있어 개방적이었다. 정인보는 한문학과 조선문학, 조선사를 가르쳤다.13) 1926년에는 주시경의 제자이면서 교토대학에서 교육학을

11) 송진우 및 그를 중심으로 한 동아일보·호남정치 세력의 1920년대 초반부터 해방직후에 이르기까지 활동에 대해서는 윤덕영의 일련의 연구에 의해 많은 것이 새롭게 해명되었다. 윤덕영, 「1920년대 전반 민족주의 세력의 민족운동 방향 모색과 그 성격」, 『사학연구』 98, 2010(a) ; 「1920년대 전반 동아일보 계열의 정치운동 구상과 '민족적 중심세력론'」, 『역사문제연구』 24, 2010(b) ; 「1920년대 중반 민족주의 세력의 정세인식과 합법적 정치운동의 전망」, 『한국근현대사연구』 53, 2010(c) ; 「1926년 민족주의세력의 정세 인식과 '민족적 중심단체' 결성 모색-소위 '연정회' 부활 계획에 대한 재해석-」, 『동방학지』 152, 2010(d) ; 「신간회 창립과 합법적 정치운동론」, 『한국민족운동사연구』 65, 2010(e) ; 「신간회 창립 주도세력과 민족주의 세력의 정치 지형」, 『한국민족운동사연구』 68, 2011(a) ; 「송진우·한국민주당의 과도정부 구상과 대한민국임시정부 지지론」, 『한국사학보』 42, 2011(b) ; 「1945년 한국민주당 초기 조직의 성격과 주한미군정 활용」, 『역사와현실』 80, 2011(c) ; 「1930년대 동아일보 계열의 정세인식 변화와 배경-체제비판에서 체제굴종으로-」, 『사학연구』 108, 2012 ; 「미군정 초기 정치 대립과 갈등 구조의 중층성-1945년 말 한국민주당 주도세력의 정계 개편 운동을 중심으로-」, 『한국사연구』 165, 2014.
12) 연세대학교 문과대학, 『연세대학교 문과대학 100년』 1, 연세대학교 대학출판문화원, 2015, 66쪽.

전공한 최현배가 교수로 초빙되어 조선어 교육과 교육학과 철학을 담당했다. 1927년에는 백낙준이 예일 대학에서 조선개신교사로 박사학위를 받고 귀국하여 연전의 교수가 되었다. 학문적 배경이 서로 다른 정인보, 최현배, 백낙준은 동서양의 학문을 아우르면서 조선의 역사와 언어, 문화를 교육하였다. 한편 백남운은 1925년에 도쿄상대를 졸업하고 연전 상과 교수로 부임하였다.

독실한 기독교 신앙을 가진 문과 과장 백낙준, 전통 한학에서 출발하여 양명학에 일가견을 이룬 정인보, 마르크스주의 경제사학자였던 상과의 백남운, 그리고 서양의 교육학과 더불어 한글을 연구한 최현배, 이들은 사상과 이념에서 전혀 어울릴 것 같지 않은 성향을 지녔지만, 민족적 이념을 공유하면서 기독교 학교의 울타리 속에서 비교적 자유롭게 학문을 연구하고, 친분 관계를 유지하였다.[14] '동서고근(東西古近) 사상(思想)의 화충(和衷)'으로 정리되는 연전의 교육과 학풍은 일제하 조선사회가 지닌 문명화, 근대화의 과제를 서양 문화와 조선(동양) 고유의 문화 사상을 결합하여 해결하고자 한 것이었다. 그리고 이런 방침은 당시 식민지하 민족문화를 주창하던 조선의 사상계, 문화운동을 반영한 것이었다.[15]

정인보의 연전시절 교유 관계 중에서 특히 주목할 만한 것은 백낙준 및 백남운과의 교유이다.

우선 백낙준과의 관계를 살펴보자. 정인보의 자녀인 정양완이 쓴 글 중에는 백낙준 부인에게 들은 정인보의 다음과 같은 일화가 적혀있다.

> "애! 정 선생님이 하루는 오시더니 '용재! 우리 아들 등록금 좀 내주슈!' 하시기에 '정 선생님 언제 맡겨놓으셨어요?' 하니 '용재가 나에게

---

13) 정인보의 연전에서의 강의 내용과 특징에 대해서는 왕현종, 앞의 글, 306~309쪽.
14) 김도형, 앞의 글, 205쪽.
15) 김도형, 위의 글, 212쪽.

내 아들 등록금 좀 내 주슈 하면 내가 물론 내 주고말고요' 애 너의
아버지와의 사이가 그랬었단다."[16]

위 인용문은 정인보와 백낙준이 서로 일상의 곤궁한 점까지도 허심탄회
하게 의논하고 협의할 정도의 가까운 관계라는 것을 잘 보여준다. 백낙준은
정인보와의 만남을 다음과 같이 기록한다.

　"내가 연전에 와서 처음 강의를 할 때, 교실에 들어와 방청한 분이
정인보님이었다. 정인보님은 내가 중국에서 공부를 하였다 하여 한문학
이야기를 듣고자 한 것이며, 이래서 우리는 가까워지고 나는 정인보님에게
실학에 관한 지식을 많이 얻게 되었다."[17]

백낙준은 정인보가 백낙준의 수업을 방청하면서 둘이 가까워졌고,
정인보를 통해 실학에 대한 많은 지식을 얻었다는 것을 기록하고 있다.
백낙준은 그의 교유록에서 정인보와의 관계를 다음과 같이 기술하고
있다.

　"위당이 한학자의 태두로서 칭송받는 것은 다 아는 일이요, 우리는
그를 국보로 부르고 있었다. 위당은 九經과 十通을 통달한 사람이다.
그보다도 위당은 쇠퇴해지는 국학을 진흥시키고 캄캄해져가는 국사를
빛내어 眞과 實을 알게 해서 뜻있는 사람들로 하여금 그 본연에 돌아가게
하려 함이 그의 평생 노력이었다. 나는 위당의 사상과 이념을 좋아하고
그의 감정에 동감하고 그의 文才를 아낀다. 애국 애족심과 높은 기개,
갸륵한 義, 영원의 진리, 그리고 괴팍한듯한 교묘하게 짜 만든 문장을

---

16) 정양완, 「담원문록 발문」, 『담원문록』 하, 태학사, 2006, 540쪽.
17) 백낙준, 「종강록」, 『백낙준 전집』 9, 연세대 출판부, 1995, 484쪽.

좋아한다. 나는 위당의 글이나 시를 읽을 때마다 내가 발표하고자 하는 뜻을 내가 발표할 수 있는 것보다 더 잘 표현하여 주는 것을 느껴서 읽고 또 읽는 때가 많았다. 우리는 학문에 있어서도 역사적인 관점에서나 사상적으로 뜻이 일치했다. … 서로 가족들과도 가깝게 지내 왔다."[18]

백낙준은 정인보에 대해 국보라고 칭할 정도로 그의 재능과 능력을 높이 평가하고 있었으며, 정인보의 사상과 이념을 좋아하고 그의 감정에 동감하고 그의 문재(文才)를 아낀다고 하면서, 자신이 발표하고자 하는 뜻을 자신이 발표하는 것보다 정인보가 더 잘 표현하여 주어서 그의 글을 누차 읽었다고 한다. 때문에 백낙준은 자신과 정인보가 "학문에 있어서도 역사적인 관점에서나 사상적으로 뜻이 일치"한다는 것을 분명히 하고 있다.

백낙준은 미국 프린스턴 대학과 예일 대학에서 서구 근대 학문을 체계적으로 배웠다.[19] 그는 한국 개신교사로 박사학위를 취득했는데, 서구 역사학의 방법론을 한국사에 적용하려는 목표를 가지고 있었다.[20] 때문에 이는 단순히 개신교사를 정리한 것이 아닌 '국사의 한 분류사'로서 1832년에서 1910년 시기의 한국 근대사를 정리하고자 하는 것이었다.[21] 이에 따라 백낙준은 서구 학문을 수학했음에도 조선의 역사와 문화를 높이

---

18) 백낙준, 「나의 교우 반세기」, 『한국의 현실과 이상』(하), 연세대출판부, 1977, 109~110쪽.

19) 백낙준의 생애와 학문에 대해서는 김찬국, 「용재의 삶, 사상, 그리고 학문」, 연세대학교 국학연구원편, 『백낙준 박사의 학문과 사상』, 대륙, 1995 ; 김인회, 「교육자로서의 용재」, 앞의 책 ; 민경배, 「교회사가로서의 용재」, 앞의 책 ; 이만열, 「사학자로서의 용재」, 앞의 책 ; 김동환, 「백낙준을 통해 발굴되는 대학의 학풍」, 『신학논단』 79, 2015.

20) 백낙준, 『시냇가에 심은 나무-나의 인생관』, 휘문출판사, 1971, 42쪽.

21) 민경배, 「1930년대 종교계에 있어서의 국학진흥운동」, 『민족문화연구』 12, 1977, 134쪽.

평가하고 있었다. 그는 연전 국학연구의 산실이었던 문과연구실에서 교수의 연구논문집으로 간행한 『조선어문연구』 서문에서 "우리 민족의 과거생활을 적으려면 사상상으로나 예술상으로나 문학상으로나 사회 제도로나 적을 바 많이 있고, 우리가 만일 우리 선조의 업적을 외인에게 자랑한다면 다른 민족에게 부끄러울 것이 없을 것이다"고[22] 하여, 조선의 역사와 문화에 대한 강한 자부심을 드러내고 있었다. 또한 서구 문화를 받아들이는데 있어서도 우리의 역사와 전통을 강조하였다.

> "내가 이렇게 우리 글과 말, 우리 역사와 우리 문학을 깨우치고 일으키려
> 한 것은 우리의 정신, 우리의 전통을 뿌리로 삼자는 것이었지요. 당시는
> 서구 문명이 마구 밀려들어와 우리의 문화 사회가 큰 혼란을 빚던 시절이었
> 거든요. 물론 선진 문명을 받아들여 발전시키는 일은 매우 중요하고
> 또 필요한 일입니다. 그러나 그 밑바탕에는 반드시 우리의 정신, 우리의
> 전통이 기초를 이루고 있어야 한다는 생각이었습니다."[23]

이러한 백낙준의 태도는 당시 서구에 유학을 다녀왔거나 서구 사상의 수입을 주장하던 사람들 중 상당수가 정도의 차이가 있겠지만 서화론 또는 문명개화론적 입장에 서있으면서, 우리의 전통과 문화를 사실상 부정하고 있었던 것과는 대비되는 것이라 할 수 있다. 그는 이런 점에서 기본적으로 정인보와 교유할 수 있는 바탕을 가지고 있었다.

더 나아가 백낙준은 1928년부터 문과 과장직에 있으면서 국학 연구를 발전시키는 데 앞장섰다. 그는 조선어를 학과 과정에 넣어 매주 2시간씩 1~3학년이 배우게 하였다.[24] 조선사는 동양사의 과목에 포함하여 가르치

---

22) 『朝鮮語文硏究』, 연희전문학교 문과연구논문집 제1집, 1930, 1쪽.
23) 백낙준, 「격동의 한 세기를 되돌아보며」, 『백낙준 전집』 9, 연세대출판부, 1995, 87쪽.

게 했으며, 한문학 속에 국문학을 함께 가르치게 하였다. 당시 백낙준은 "나는 정인보 선생에게 한문학을 강의하면서 한국학을 자료로 써주기를 요청하였다. 그리하여 그는 중국의 한문학을 형태로 하고 한국의 국문학을 내용으로 하는 한문학을 강의하였던 것"25)이라고 하여, 그와 정인보가 국학 교육을 위해 상호 협력하고 있었다고 한다.

백낙준이 국학을 진흥시켜야 한다는 생각과 행동을 한 것에는 정인보가 적지 않게 영향을 미치고 있었다. 그는 "내가 문과과장으로 있으면서 실학 내지는 국학을 진흥시켜야겠다고 느끼고 그런 방향으로 애 쓴 것은 정인보님의 깨우침과 협력이 있었기 때문이었다"26)고 하여 정인보를 통해 실학 및 국학을 진흥시켜야겠다는 깨우침과 협력을 얻었다는 것을 공공연히 말하고 있다.

백낙준은 1967년 11월 3일 연세대 제1회 실학공개강좌에서 행한 강연에서 "나는 실학을 장려한 사람이요, 또한 내가 아닌 상식에 의하여 실학 사상을 나의 교육 사상의 하나로 실천하여 왔다"고 하면서, "내가 이 학교에 재직하는 동안 실학을 연세 교육의 이념으로 삼아 왔던 사실을 후대에 전하여 보려는 의도에서 실학 강좌를 제청하였고 또한 이 개강에 참여하게 되었다"27)고 주장하였다. 그러면서 실학 정신의 요체에 대해 다음과 같이 설명했다.

"실학자들의 實心에 대한 이론이 많이 있지마는 學을 하거나 일을 하거나 모든 일에 본래부터 받아가진 실심으로서 眞向하기를 가르쳤다. 실심으로 時弊를 볼 때에 정치적 개혁을 말하게 되었고, 民生苦를 볼

---

24) 연세대학교 국학연구원 편, 『연세국학연구사』, 연세대 출판부, 2005, 31쪽.

25) 백낙준, 「회고록」, 『백낙준 전집』 9, 18쪽.

26) 백낙준, 「종강록」, 『백낙준 전집』 9, 484쪽.

27) 백낙준, 「실학의 현대적 의의」, 앞의 책(하), 1977, 155쪽.

때에 이용후생학으로 나타나고, 학문을 논할 때에는 실학이 되었다. 실심으로 동족을 대할 때에 주체의식이 발하고, 국정을 대할 때에 自土를 위한 實政으로 드러났다고 할 수 있다. 그러므로 실학자들이 모든 국가적, 사회적 문제와 개인의 수양과 생활 활동의 시비곡직을 실심이란 거울에 비추어 보았다."[28]

백낙준은 실학 정신의 요체에 대해 무엇보다 실심을 강조하고 있다. 이는 실학을 이용후생이나 실사구시를 중심으로 이해하는 일반의 실학 이해와는 일정한 차이를 가지는 것이다. 그런데 이러한 실심을 강조하는 실학 이해는 사실 백낙준의 고유한 것이 아니라, 1930년대 이래 정인보가 주장한 실학 이해에 기반한 것이었다. 정인보가 다산 정약용의 학문을 평하는 다음 글을 보자.

"선생 저술의 종지는 '新我舊邦'의 사자가 그 두뇌이라 … 요약하고 보면 오직 '不實'에 由함인 즉 舊를 新함의 大肯綮는 다른 것이 아니요, '實'로써 不實을 대함에 있을 뿐이다. 그러므로 학이면 實學, 행이면 實行, 정이면 實政, 事면 實事, 심지어 일서의 일언일구, 일물의 일방일원에 이르기 모두 그 實을 구하였다."[29]

정인보는 다산 저술의 요체는 '신아구방(新我舊邦)', 곧 썩어 문드러진 우리나라를 새롭게 하는 것으로 실심으로서 구래의 부실한 것을 대치하는 것으로 보았다. 그리고 이러한 실심이 학문으로 나타나면 실학이 되고, 행동으로 나타나면 실행이 되며, 정치로 나타나면 실정(實政)이 되고,

28) 백낙준, 「실학의 현대적 의의」, 위의 책(하), 1977, 161쪽.
29) 정인보, 「유일한 정법가 정다산선생 叙論」, 『담원 정인보전집』 2, 연세대학교 출판부, 1983, 74쪽.

일로 나타나면 실사(實事)가 되어, 모두 실을 추구하기 때문에 우리나라가 새롭게 될 수 있다는 것이다. 백낙준이 위에서 언급한 "실학자들이 실심(實心)으로 시폐를 볼 때에 정치적 개혁을 말하게 되었고, 민생고를 볼 때에 이용후생학으로 나타나고, 학문을 논할 때에는 실학이 되었다", "국정을 대할 때에 자토(自土)를 위한 실정(實政)으로 드러났다고 할 수 있다"는 주장은 정인보의 실학에 대한 설명에 바탕을 둔 것이었다.

실학을 이해하는 데 있어 무엇보다 실심을 강조하는 것은 정인보 실학 이해의 기본 바탕이자 가장 주장하는 바이었다. 정인보는 실심을 우리 민족이 갖고 있는 본심, 본밑 마음으로 규정하였다. 그는 본심을 나와 남의 구별이 없고, 어떠한 개인적, 가족적 환경변화에도 영향을 받지 않으며, 개인적 이해관계를 떠나있는 공동적이고 민족적인 마음으로 설명하였다.30) 본심은 자기와 그가 속한 집단의 사리(私利)만을 도모하는 일념인 자사념(自私念)과 대립하는 것으로, 정인보는 본심과 자사념의 대립 개념으로 사회와 역사의 모순을 설명하였다.31) 그런데 본심으로서 실심에서 가장 중요한 것으로 정인보가 강조하는 것이 독자성이었다.

"대저 학술에서 귀한 바는 작고 은밀한 일을 밝히고 소통하게 함으로써 본말과 시종을 드러내고, 이로써 그 민들을 보좌하는 것이다. 이러한 경지에 도달할 수 있는 것은 진실로 그 이치를 터득하는 것에 달렸다. 이치는 허위로 만들어질 수 없고, 반드시 실질에 의거해야 하며, 실질은 온갖 것에 뒤섞일 수 없는 것이기 때문에 반드시 독자성을 구해야 한다. 독자성을 갖추면 실질이 되고, 실질을 갖추면 이치를 터득하게 되어서, 소통하고 밝힌 효과가 민과 만물에게 드러나서 감출 수 없다."32)

---

30) 정인보, 「역사적 膏盲과 吾人의 一大事」, 『담원 정인보 전집』 2, 279쪽.
31) 남궁효, 「정인보의 조선학 이론에 관한 연구」, 『실학사상연구』 8, 1996, 134쪽.
32) 정인보, 「序」, 『星湖僿說』, 문광서림, 1929, 5쪽.

독자성을 갖추면 실질이 되고, 실질을 갖추면 이치를 터득하게 되어 만물을 드러내게 할 수 있어 민을 보좌하는 역할을 담당할 수 있게 된다는 것이다. 이렇게 실질(實)이 독자성, 주체성을 갖는 것에서 나오는 것이기 때문에 정인보는 실심에서도 가장 중요한 것이 독자성, 주체성이라고 보았다.[33]

민족의 독자성과 주체성을 강조하는 정인보의 주장과 사상이 백낙준에게 얼마나 영향을 미치고 있었는가를 객관화하기는 쉽지 않다. 백낙준이 정인보에 비해 훨씬 폭넓은 사회와 정치활동 경험을 하면서 다양한 교류를 하고 있었기 때문이다. 또한 백낙준이 정인보에게 얼마만한 영향을 미치고 있었는가를 확인하는 것도 쉽지 않다. 백낙준이 정인보가 실학과 국학을 연구하고 진흥하는 데 앞장서서 도와주었지만, 그 자신이 기독교사 전공자로[34] 한국사와 유학 사상에 대한 본격적 연구를 하지는 못했다. 때문에 정인보와 학문적으로 구체적인 연구 작업을 같이하거나 심도 깊은 논의를 같이 하지는 않았다고 보여진다.

그럼에도 불구하고 우리의 전통과 문화를 계승하고 이에 기반하여 서구 문명을 선별적으로 수용해야 한다는 것에 입장을 같이하고 있었다. 정인보 전집을 펴낼 때 백낙준이 직접 쓴 敍에서도 이를 비슷하게 기록하고 있다.

"丁卯에 내 自外歸國하여 연희전문학교 교단에 就하니, 그는 在職有年이

---

33) 독자성의 측면에서 정인보의 실학 인식을 정리한 것으로는 윤덕영, 「위당 정인보의 조선학 인식과 지향」, 『한국사상사학』 50, 2015 참조.
34) 백낙준의 사론에 대해서는 민경배, 「용재 백낙준과 한국교회사학」, 『한국교회사학회지』 4, 1990 ; 민경배, 「교회사가로서의 용재」, 연세대학교 국학연구원 편, 『백낙준 박사의 학문과 사상』, 대륙, 1995 ; 이만열, 「사학자로서의 용재」, 앞의 책 ; 오홍철, 「백낙준의 역사서술」, 『한국기독교역사연구소 소식』 51, 2001 ; 서정민, 「백낙준의 『한국개신교사』와 '국학'」, 『한국교회사학회지』 12, 2003.

었다. 國學傳承으로 相求하고 實心向學으로 相投하고 憂國憐民에 肝膽相照
하였다. 내 이제 學鄕舊園에 남아 있어 物材人換하였으나 이 學鄕에서
再發綠한 실학학풍을 繼傳하지 아니 할 수 없어 舊園의 저작을 發議公刊한
다."35)

백낙준은 정인보와 국학을 전승하기 위하여 가깝게 학문을 서로 '상구
상투(相求相投)' 하였다는 것을 언급하고 있다. 이렇게 서구 근대 학문방법
론에서 학문을 연구하던 백낙준과 소론과 양명학, 강화학파의 전통에
서있는 정인보가 국학을 전승한다는 데 인식을 같이하고 실심의 학문으로
서 실학을 서로 구했다는 것은 정인보의 학문이 단순한 국수적이거나
전통적 학문이 아닌 근대적 가치에 걸 맞는 재창조된 근대적 한학이라는
것을 의미하는 것이라 하겠다. 한편 이러한 과정을 통해 우리 역사에서
실학 학풍을 재발견하고 계승하였다는 것이다.

잘 알려져 있다시피 백낙준은 1945년 11월 구성된 미군정의 교육자문기
관인 한국교육심의회에 참여하여, 12월 20일 미군정청 중앙 회의실에서
열린 조선교육심의회 제4차 전체회의에서 한국 교육의 이념으로서 홍익
인간(弘益人間)을 처음으로 제안하였고, 이를 채택하는 데 앞장섰다. 백낙
준은 대한민국 정부 수립 후 교육법 제정 기초위원으로 활동하면서 홍익인
간 이념을 최초의 한국 교육법에 명기하도록 하는 데도 주도적 역할을
담당했다.36) 백낙준은 홍익인간 이념의 유래와 그에 따른 교육에 대해
다음과 같이 주장했다.

"제왕운기의 작가와 삼국유사의 저자는 따로 따로 같은 이념을 적은

---

35) 백낙준, 「敍」, 『담원문록』 하, 477쪽.
36) 민경배, 「대한민국의 교육 이념을 정립하다」, 『한국사시민강좌』 43, 2008, 241~244
쪽.

것이 아니요, 옛적부터 전하여 오던 문자 그대로 옮겨 놓은 것이 아니면, 오랫동안 전해온 정신이요 이상을 문자화 한 것이었을 것입니다. … 개성의 특질을 원만히 계발시키어 완전한 인격을 양성하도록 교육을 실시하려 함이 근대 교육의 이념이요 또한 우리 교육의 이념이 될 것입니다. 그러면 완전한 인격을 양성하자는 그 목적은 어디 있겠습니까? 나 개인의 만족과 영달을 위하는 것이 아닙니다. 홍익인간의 이념에서는 홍익하는 생활과 활동을 하자는 것이 그 목적입니다. 나 개인이 私利를 위한 교육이 아니요 남을 이롭게 하도록 사람을 만들자는 것입니다. … 홍익을 할 수 있는 인간이 되는 것이 첫째요, 완전한 인간으로 홍익의 생활과 활동을 함이 둘째입니다. … 그러므로 사람마다 홍익의 생활, 즉 공동한 사회, 국가, 세계의 복리를 위한 생활을 하지 않아서는 안될 것입니다."[37)]

백낙준은 단군과 관련해 제왕운기와 삼국유사의 저자들이 우리 역사에서 오랫동안 전해온 정신과 이상을 기록한 것이 홍인인간의 이념이라고 보았다. 그리고 홍익인간의 목적은 개인의 만족과 영달을 추구하는 인간이 아니라, 공동의 사회와 국가, 세계의 복리를 위한 생활을 하는 인간을 양성하는 것이 목적이라고 주장하였다.

백낙준이 홍익인간의 이념을 앞장서 제안한 것은 독실한 기독교인으로 평생을 살아간 백낙준의 삶을 놓고 보면 사실 의외일 수 있다. 때문에 민영규는 "어쩌면 불교인의 용어에서 나온 것일지도 모를 홍익인간이란 덕목이 불교인도 아니고, 국사를 전공한 분도 아닐 뿐 더러, 기독교 목사의 자격을 지니신 선생에 의해서 제창되었다는 데에 나는 지대한 관심과 흥미를 느끼지 않을 수 없다. 일개 기독교인으로서의 외연(外延)이, 용재선

---

37) 백낙준, 「민족적 이상」, 『새교육』 1949.2. 앞의 책(상), 1977, 22~24쪽.

생의 경우 얼마나 적극적이고 폭넓은 것이었던가, 고개를 숙이지 않을 수 없다"고 하였다.[38]

그렇지만 국학을 전승하는 데 인식을 같이하고 학문적 교유를 했던 백낙준과 정인보의 관계를 놓고 보면, 홍익인간에 대한 그의 이해와 주장도 일정하게 이해될 수 있다. 이는 홍익인간의 주장이 백낙준의 고유한 것이 아닌 정인보의 연구와 주장에 크게 영향을 받은 것일 수 있기 때문이다. 백낙준은 "특히 역사를 공부하는 데 있어 내가 그로부터 배운 것이 많았다. 위당은 내가 비평해 주는 것을 달가이 받아주었다. 그래서 동양사와 국사에 대한 화제를 통하여 가까워지고 문학에 대한 얘기로 시간이 가는 줄 몰랐다"고 하면서,[39] 역사인식과 이해에 있어 서로간의 학문적 교유를 말하고 있다. 정인보는 홍익인간 이념의 유래와에 대해 다음과 같이 설명하고 있다.

"아사달 創基의 초에 이미 '弘益人間'으로써 최고의 정신을 세우니만큼 이내 전 민족 공통의 敎義로 되어 널리 또 길게 퍼지며 내려온지라 … 홍익인간의 교가 接化群生의 도요, 以道興治의 도가 곧 玄妙之道의 도다. … 그 實인즉 古聖立敎의 宗旨와 後哲繼述의 大義가 오직 인간을 弘益함에 있어 平易한 대로 확고하여, 고구려인이 聖帝의 垂訓을 約하되 '以道興治'라 하였으니 治를 흥하지 못할진대 하등의 현묘함이 있을지라도 이는 이 민족의 이르는바 도가 아니라. … 환웅천왕의 人世下降이 홍익인간의 사명으로써 임을 主說한 것이니, 이른바 天符의 印이라 함이 무슨 神祕渺茫한 기적을 말하는 것이 아니라, 곧 天人相與의 心印으로 付收의 實이 있음을 이름이요, 또 인간을 홍익하기를 주로 하되"[40]

---

38) 민영규, 「용재선생과 홍익인간의 문제」, 한국기독교문화연구소 엮음, 『용재 백낙준 박사 기념강좌』, 대한기독교서회, 1992, 132~133쪽.
39) 백낙준, 「나의 교우 반세기」, 앞의 책, 1977, 110쪽.

"이른바 홍인인간의 大道가 단군開基와 함께 발원을 始하였으매 단군은
그 교조요 홍익은 그 교의니"41)

"이 홍익의 대도가 고조선 開建의 최고 정신이니만큼 전 민족적으로
유서가 깊고 또 길어 한 骨血의 傳洐됨을 따라 流渗 침투하였으니"42)

정인보는 홍익인간의 이념이 단군조선의 개국 이념으로 제기된 것으로
곧 전 민족의 공통의 교의가 되어 한국의 역사 속에서 지속적으로 내려왔다
고 주장하였다. 그는 「조선사연구」에서 이러한 홍익인간 이념이 한국의
역사 각 시기에 각각 어떻게 나타났는지를 설명하였다.43) 정인보는 홍익인
간의 정신아래 개인이나 집단의 이해를 억제하고 민족과 겨레의 대의에
충실할 것을 다음과 같이 주장하였다.

"옛날 조선의 조선됨이 그 근본되는 심원이 있으니 三危太伯에서 인간
을 홍익할 수 있음을 생각한 그 眞정신이 주축으로 박히어 그 建함이
있음이 이로써요, 그 立함이 있음이 이로써요, 그 분발함이 있음이 또한
이로써니 우선 인간의 홍익을 주로 할진대 일신의 이해나 一家團欒의
보전쯤은 저 홍익의 대의 앞에 단연 파쇄 되었을 것을 알지라 … 그네는
大願이 있었다, 이 곧 홍익인간이요, 그네는 深盟이 있었다, 이 곧 홍익인간
이니 家를 成함은 곧 이 홍익의 資 되는 데에서 그 成을 許하며, 身을
存함은 곧 이 홍익의 具 되는 데에서 그 存을 許하였나니"44)

40) 정인보, 「조선사연구」, 『담원정인보 전집』 4, 182~183쪽.
41) 정인보, 「조선사연구」, 『담원정인보 전집』 4, 184쪽.
42) 정인보, 「조선사연구」, 『담원정인보 전집』 4, 186쪽.
43) 정인보, 「조선사연구」, 『담원정인보 전집』 4, 182~187쪽.
44) 정인보, 「丙子와 朝鮮－今古丙子의 재음미」, 『담원정인보 전집』 2, 366쪽.

곧 조선은 홍익인간의 정신에 따라 나라를 건국하였기 때문에 조선인의 조선인 됨은 홍인인간의 참된 정신을 중심으로 가지고 일신의 이해나 일가 및 집단의 이해를 타파하는 데 있으며, 가문을 일으키는 데 있어서도 홍익인간의 정신을 바탕으로 하여야 하고, 스스로의 존재도 홍익인간의 이념을 갖추는 것에서 찾아진다는 것이다. 이러한 설명은 백낙준이 주장하는 홍익인간의 이해와 별 차이가 없는 것이라 할 수 있다. 또한 이는 개인이나 가문의 이해를 떠나서 민족과 겨레에 충성을 강조하는 민족주의자들의 이념적 모습을 보여주는 것이라 할 수 있다.

앞서 본 정양완의 글 중에는 또 다른 재미있는 내용이 있다. 그것은 "국한문의 『담원국학산고』가 문교사에서 나온 것은 1955년 8월 20일 부산에서였고, 장준하 선생에 의해서였다"[45]라는 언급이다. 여기서 장준하가 등장한다. 사상계의 편집자로서 1960~70년대 민주화운동을 하다가 박정희정권하에서 의문의 죽음을 당한 장준하가 어떻게 『담원국학산고』를 간행한 것일까? 그 연결고리는 백낙준에 있었다. 백낙준은 평북 정주출신이고, 장준하는 같은 평북 의주출신이다. 백낙준은 도산 안창호가 조직한 수양동우회의 멤버이기도 했다.[46] 사상계의 편집을 맡았던 손세일은 양자의 관계에 대해 다음과 같이 증언하고 있다.[47]

"1949년 6월 한국신학대학을 졸업한 장준하는 문교부장관 백낙준의 요청으로 문교부 산하 국민사상연구원 사무국장을 맡았다. 그리고 6·25전쟁이 터지자 정부를 따라 부산에 내려가 1952년부터 '思想(사상)'이라는 월간지를 펴낸다. 반공의식 고취가 목적이었다."

---

45) 정양완, 「담원문록 발문」, 『담원문록』 하, 539쪽.
46) 안창호가 죽었을 때 정인보는 「西臺曲 哀安島山昌浩先生」을 지어 도산을 애도하였다. 『담원문록』 상, 387쪽.
47) 이한우, 손세일 대담기사 『조선일보』 2012.8.25.

"내가 편집 책임을 맡게 됐을 때 장준하씨가 세 가지 부탁할 것이 있다고 하더라. 첫째, 친일 경력자의 글을 싣지 말라, 둘째, 좌익에서 전향한 사람들의 글을 싣지 말라, 셋째, 정실에 의한 글 청탁을 받지 말라."

장준하는 당시 문교부장관이었던 백낙준의 요청에 의해서『사상』잡지를 1952년 8월 부산에서 내게 된다.『사상』은 1953년 4월『사상계』로 바뀌게 된다. 백낙준도 사상계의 초기 주요 필자 중 한 사람이었다. 그런 연고로 장준하가 정인보의『담원국학산고』를 간행한 것이었다. 또한 손세일의 언급에서는 백낙준과 장준하가 속했던, 그리고『사상계』의 주류를 이루던 서북지역 기독교세력의 정서를 볼 수 있다.[48]

정인보의 연희전문학교에서의 교유관계에서 특이한 점으로 그동안 주목되었던 것 중의 하나는 같은 학교 교수로 근무했던 사회경제학자 백남운과의 관계이다. 정인보는 백남운과 매우 친밀하였으며, 이들의 친교는 당시 학생들 사이에서 화제가 되었다고 한다.[49] 백남운은 경제사 연구에 필요한 고문헌 정리에 정인보의 도움을 받았다. 사상적 입장은 서로 달랐지만, 민족해방에 대한 투철한 의식과 일제 관학에 대한 철저한 배격, 그리고 절제된 학문적 자세의 견지라는 공통점이 이들의 우정을 가능하게 하였던 것으로 보인다.[50]

---

48) 사상계 주도층의 사상과 현실인식에 대해서는 다음 참조. 김상태,「1950년대~1960 년대 초반 평안도 출신『사상계』지식인층의 사상」,『한국사상과 문화』45, 2008 ; 사상계연구팀,『냉전과 혁명의 시대 그리고 사상계』, 소명출판, 2012 ; 윤 상현,「『사상계』의 근대 국민 주체 형성 기획－자유주의적 민족주의 담론을 중심으로」,『개념과 소통』11, 2013 ; 이철호,「『사상계』초기 서북계 기독교 엘리트의 자유민주주의 구상」,『한국문학연구』45, 2013 ; 장규식,「1950~1970년 대 '사상계' 지식인의 분단인식과 민족주의론의 궤적」,『한국사연구』167, 2014.
49) 황원구,「정인보」,『한국사시민강좌』19, 1996, 136쪽.
50) 방기중,『한국근현대사상사연구』역사비평사, 1992, 83쪽.

정인보와 백남운은 한쪽은 민족주의, 다른 한쪽은 사회주의의 이념적 지향을 가지고 있고, 학문적 방법에 있어서도 서로 큰 차이를 갖고 있음에도 불구하고 1930년대 조선학운동에서 보이듯이 정인보와 백남운은 일정한 차이를 가지면서도 행동을 같이하는 경우가 많았다.[51] 이는 당시의 상황적 조건과 양자의 학문과 조선의 역사에 대한 입장 때문이었다.

1920년대 후반에서 1930년대 전반에 이르는 시기의 사회주의 운동은 코민테른 제6회 대회 이후 일반화되기 시작한 '계급 대 계급' 전술이 주도하던 시기였다. 소련과 코민테른을 추종하던 세력들은 공산주의 세력이 협력해야 할 대상인 사회민주주의 세력을 파시즘의 쌍생아인 '사회파시즘'으로 규정하고 공격하면서, 통일전선전술을 사실상 부정하였다. 또한 식민지 및 반식민지 민족운동에서도 민족주의 세력 전체를 제국주의에 협조하는 '민족개량주의'로 규정하여 공격하면서, 민족통일전선 결성을 사실상 부정하였다. 이는 동아시아에서 한국의 신간회 해소, 일본의 노동농민당의 해소 등으로 나타났다. 이러한 입장에 있는 공산주의 운동가들과 사회주의 이론가들은 '프롤레타리아 국제주의'를 주장하며, 민족은 자본주의 형성과정의 계급적 산물이라는 스탈린의 민족이론을 교조적으로 받아들여 민족문제 인식에서 철저한 계급주의적 입장을 견지하였다. 그들은 민족주의를 파시즘 이데올로기의 일면인 국수주의로 규정하면서, 정도의 차이가 있지만 민족을 드러내거나 내세우는 모든 주장과 행동을 국수주의적인 것으로 매도하였다. 더 나아가 조선 역사와

---

51) 조선학운동의 전개과정과 각 논자들 간의 인식의 편차에 대해서는 다음의 연구들을 참조. 전윤선, 「1930년대 '조선학' 진흥운동 연구」, 연세대 사학과 석사학위논문, 1998 ; 백일, 「1930년대 조선학운동의 전개와 그 성격」, 국민대 국사학과 석사학위논문, 1998 ; 채관식, 「1930년대 '조선학'의 심화와 전통의 재발견」, 연세대 사학과 석사학위논문, 2006 ; 이지원, 『한국 근대 문화사상사 연구』, 혜안, 2007, 제4장 ; 백승철, 「1930년대 '朝鮮學運動'의 전개와 民族認識·近代觀」, 『역사와 실학』 36, 2008 ; 류승완, 「1920~1930년대 조선학의 분화에 대한 일 고찰」, 『숭실사학』 31, 2013.

문화, 사상에 대한 부정까지 서슴지 않았다.[52]

　그들의 한국사에 대한 논의는 여러 갈래로 나타났지만, 원시사회 이래의 공동체적 요소의 강인한 잔존과 소유관계의 미발달 등 이른바 아시아적, 조선적 특수성을 강조하면서 한국사의 정체성을 강조하는 것이었다.[53] 곧 그들은 사적유물론의 과학적 법칙과 그 법칙의 '세계사적 보편성'을 주장하였지만, 이는 아시아적 생산양식론과 그에 따른 한국사의 정체성을 말하는 것이었고, 그들은 식민지반봉건 사회론에 따라 한국역사와 사회에 대한 정체적 인식을 하였다. 이점에서 그들의 인식은 백남운이 했던 것과 같은 조선 역사의 합법칙적인 발전과정을 찾아 '세계사적 보편성'을 해명하려는 작업과는 전혀 다른 각도에 있는 것이었다. 그들은 독자적이고 발전적인 조선의 역사와 문화 전통을 발굴하고 규명하여, 이를 민족운동의 사상적 기반으로 반영하려는 시도에 대해 극히 민감하게 반응하였고, 조선학에 대한 인식과 민족에 대한 관심을 파시즘과 다름없는 국수주의 사상이라면서 철저하게 배격하였다.

　이에 반해 백남운은 조선의 역사를 주체적으로 바라보았다. 그는 "조선 민족의 발전사는 그 과정이 아무리 아세아적일지라도 사회 구성의 내면적 발전 법칙, 그 자체는 완전히 세계사적인 것이다. 삼국시대의 노예제 사회, 통일신라기 이래의 동양적 봉건사회, 이식자본주의 사회는 금일에 이르기까지 조선 역사의 기록적 총 발전 과정을 표시하는 보편사적 특징(!) 이고, 그 각각은 그 특유의 법칙을 가진다"라고 파악했다.[54] 곧 한국

---

52) 조선 독자의 사상과 역사를 전면 부정하는 다음의 한응수의 주장은 그 극단적 예이다. 그는 "조선역사에서 보이는 바와 같이 조선 민족은 고대로부터 계통있는 사상생활을 할 수 없었든 것이다." "독자적 사상체계가 없었으니 역사상에 보이는 조선의 사상가들이란 지나 내지 인도 등 외래 사상에 도취된 학자들이었든 것이다." "이와 같이 조선의 이데올로기야말로 계통정연한 독자적 역사를 갖지 못했든 것이다." 韓應洙, 「'賣祖群' 頭上에 一棒」, 『비판』 25, 1935, 51쪽.

53) 방기중, 앞의 책, 169~170쪽.

54) 백남운 저, 하일식 옮김, 『조선사회경제사』, 이론과 실천, 1994, 22쪽.

민족의 역사는 아시아적 특수성을 띠고 있더라고 세계사적인 내면적 발전법칙을 가지고 발전해온 발전사라는 것이다. 그런 견지에서 백남운은 일제 관학뿐 아니라 조선인에 의한 문화사학 역시 특수사관으로 배척하였다. 그가 비판의 초점으로 삼은 것은 최남선의 역사학, 곧 불함문화론과 대단군조선주의에 기초한 역사인식이었다. 백남운이 볼 때 최남선의 역사학은 조선정신으로 분장하고 있지만, 내적으로는 조선 민족의 결함과 낙후성을 자인한 것으로 '일고의 가치도 없는 것'으로 간주하였다.[55]

이런 백남운에 대해 그가 사적유물론에 입각하여 역사 연구를 진행했고, 사회주의 이념에 기반하여 있음에도 불구하고, 당시 상당수 사회주의 이론가 및 논자들은 백남운을 철저하게 비판하고 공격하였다. 그들은 백남운의 입장을 사적유물론이 아닌 형이상학, 관념론이며, 현실 인식에서도 개량주의라고 강하게 비판하였다.[56] 심지어 백남운이 운동을 하는 직업적 운동가가 아닌 학자임에도 불구하고, 조선공산당 재건운동을 하거나 혁명적 농노조 운동을 전개하는 직업적 사회주의 운동가들도 그를 비판하고 나섰다.[57]

정인보는 "영국의 어느 학자, 프랑스의 어느 대가, 독일의 어느 박사, 러시아의 어느 동무의 말과 학설에"에 기준을 삼는 비주체적 학문 태도와 현실 인식에 대해 대단히 비판적이었다. 그는 "그것이 어찌하여 옳습니까" 질문하면 "응, 누가 옳다고 하였으니까" 하고 대답하는 것은 "그 '누가'가 주자만이 아닐 뿐이지" 지금도 마찬가지라고 보았다.[58] 정인보에게 있어

---

55) 방기중, 앞의 책, 142~143쪽.
56) 방기중, 앞의 책, 164~165쪽.
57) 이재유 그룹과 연결되어 있던 경성제대의 미야케 시카노스케(三宅鹿之助)와 권영태는 1934년 4월 회합에서 "조선의 제 신문지상에 나타난 사회민주주의 및 민족개량주의를 철저히 비판할 것. 당시 조선 인간에 이상한 충동을 捲起하는 백남운저 조선사회경제사를 철저적으로 비판할 것"이라고 주장하였다. 조선총독부 고등법원 검사국 사상부, 『思想彙報』 2, 1935.3, 37쪽.
58) 정인보, 『양명학연론』, 『담원 정인보전집』 2, 240~241쪽

주체적 학문 태도와 현실 인식은 연구의 출발이자 지속적으로 견지해야할 태도였다.

> "조상의 강역을 멸시하고 오랑캐 무리로 비하하여, 오류를 물려받고 허물을 계승한 것이 오래되었다. 그런고로 공자를 당연히 흠모할 줄만 알고, 공자의 尊華가 실은 공자의 독자성에 있음을 알지 못했다. 그러므로 우리의 독자성이 비록 비루할지라도 이것을 떠나서는 우리는 더불어 존재할 수가 없는 것이다."[59]

정인보는 그동안 조선의 유학자들은 공자를 흠모할 줄만 알았지 공자 학문의 요체가 독자성, 주체성에 있다는 것을 제대로 이해하지 못했기 때문에 조상의 강역을 멸시하고 스스로 오랑캐 무리로 비하하는 잘못을 범했다고 비판했다. 그는 우리의 독자성이 비록 비루할지라도 이것을 떠나서는 우리는 더불어 존재할 수가 없는 것이기 때문에 우리 민족의 독자성을 반드시 지키고 계승해야 할 것으로 파악했다. 이는 민족의 역사와 문화에 대한 관심과 발굴, 주체적이고 독자적 한국사 발전에 대한 인식으로 발전하였고, 이는 「오천년간 조선의 얼」의 저술로 나타났다. 정인보는 이를 통해 민족정신을 고취하고, 민족의 사상 정립을 시도하고자 했다.

정인보와 백남운은 비록 민족주의와 사회주의로 이념과 학문적 연구 방법은 달랐지만, 자주적이고 주체적인 입장에서 외래의 이념과 학문을 받아들여 독자적인 우리 것으로 만들어야 한다는 데에는 입장을 같이했다. 그를 위해 조선의 문화와 역사에 대해 애정을 가지고 탐구해야 하며, 우리 역사가 세계사적 보편성을 가지면서도 독자적인 발전과정을 하였다

---

59) 정인보, 「序」, 『星湖僿說』, 6쪽.

는 것을 밝혀내야 한다는 목표 의식을 공유하였다. 백남운이 한국사의
보편성과 특수성을 고려하면서 사적유물론의 역사발전 단계론을 주체적
으로 적용시켜 한국사의 합법칙적 역사발전과정을 해명하고자 했다면,
정인보는 인간의 본심이자 정신인 '얼'을 조선의 민족과 역사로 확장시켜
오천년간 조선의 얼의 발전과정으로서 우리 역사를 해명하고자 했다.
이러한 목표 의식과 학문적 태도를 갖고 있었기 때문에 그들은 긴밀히
교유할 수 있었다.

　백남운은 1930년 4월 2일, 「後塵追從 朝鮮産業傾向」을 동아일보에 발표한
이후, 1930년대 내내 십 수편의 글을 동아일보와 신동아에 지속적으로
기고하였다. 그 기간 중 타 언론에 발표한 편 수는 미미하였다. 1933년
백남운이 『조선사회경제사』를 출간하였을 때, 송진우, 백낙준, 여운형
등 20여 인의 발의로 이를 축하하는 출판축하회가 1933년 10월 16일
개최되었다. 동아일보는 며칠 전부터 출판축하회 소식을 계속 전하였고,
출판축하회 다음 날인 10월 17일자에는 2단에 걸친 큼지막한 축하회
사진과 함께 행사 진행과정을 소개하였다.[60] 당시 동아일보 사장인 송진우
도 축사를 하였고, 비용도 동아일보 쪽에서 제공했을 가능성이 높다.
왜냐하면 출판기념회 다음 날인 1933년 10월 17일 동아일보는 학계의
명망가 5인을 객원논설위원으로 임명하는데, 백남운은 정인보 등과 함께
동아일보 객원 논설위원으로 임명되었기 때문이다. 백남운이 이러한
관련을 맺고 지속한 데는 정인보의 역할이 컸을 것으로 보인다.[61]

---

60) 『동아일보』 1933.10.17.

61) 백남운은 그 이후부터 정인보뿐만 아니라 송진우와도 일정한 관계를 유지한
　것으로 보인다. 그리고 이런 유대 관계는 일반의 이해와 달리 해방 후인 1945년
　12월 송진우가 암살되기 직전까지 계속된다. 백남운은 송진우가 주도한 1945년
　12월의 정계개편운동 과정에서도 이름이 나온다(윤덕영, 앞의 글, 2014, 290쪽).
　백남운은 1946년 2월 초 조선신민당의 경성특별위원회의 위원장을 맡으면서
　좌익 정치가로 활동을 개시하였지만, 소위 신탁통치 국면이 전개되기 전인 1945년
　12월까지는 한국민주당의 핵심 인물이었던 송진우와 일정하게 관련되어 있었다.

그렇지만 정인보와 백남운이 앞에서 본 백낙준, 뒤에서 살펴볼 송진우, 그리고 홍명희와 비슷한 수준의 인간적 교유 관계를 가졌는가는 의문이다. 연희전문학교에서의 관계와 조선학운동에서의 활동을 제외하고 정인보가 백남운과 사적으로 어울린 행적은 찾아보기 힘들기 때문이다. 백남운과 달리 나머지 사람들은 계열은 달랐지만 크게 보면 민족주의 운동의 범주에 있으면서 민족주의 사상을 공유하였다.[62] 반면에 백남운은 당대 최고의 마르크스주의 사학자로 사회주의 이념을 가지고 있었다. 정인보가 주도한 1930년대 중반 조선학운동에 백남운이 참가하기는 하지만, 조선학운동을 둘러싸고 양자의 인식과 활동사이에는 일정한 차이가 있었다는 것은 기존의 연구에서 이미 밝혀진 바이다.[63]

그런데 1946년 7월 결성된 남조선신민당에서 위원장 백남운에 이어 부위원장에 취임한 정노식도 1945년에는 송진우가 주도한 한민당에서 지방부장을 역임하였다. 정노식은 송진우와 같은 메이지대학 법학부 출신에다가 지역도 같은 호남이다. 정노식은 찬반탁을 둘러싼 극심한 좌우대립이 전개되는 1946년 2월, 한민당을 탈당하고 좌익의 조선민주주의 민족전선에 가입한다(정노식의 간략한 이력은 강만길·성대경 엮음, 『한국사회주의운동 인명사전』, 1996, 429~430쪽 참조). 1945년 한민당은 정노식 이외에도 원세훈, 김약수, 서정희 등의 1930년대 소위 '좌익 사회민주주의', 또는 사회주의 우파로 불리던 사회주의자들도 적잖이 포괄하는 정당으로 결성되었다. 윤덕영, 앞의 글, 2011(c), 263~269쪽.

62) 홍명희는 해방 후 북으로 간 행적과 일제하 신사상연구회의 참여 경력 때문에 사회주의자로 판단하기 쉬운데, 일제하 민족운동의 과정에서 홍명희는 거의 대부분 민족주의 운동의 범주에서 활동하였다. 해방 직후에도 1945년 12월 신탁통치반대 국민총동원위원회의 상무위원, 1946년 2월 비상국민회의의 위원을 역임하는 등 민족주의진영, 우파의 영역에서 활동하였다. 그는 1946년 8월 민주통일당 제1회 발기준비회를 개최하면서 중간파 정당활동을 시작하였는데, 월북 전까지 그를 사회주의자로 보는 사람은 거의 없었다. 일제하에서 홍명희와 그를 따르던 구 시대일보 계열의 일군의 인물들을 묶어 홍명희 계열이라고 부르기도 했는데, 그들 역시 전체적인 성향과 활동은 대체로 사회주의 운동의 범주가 아닌 민족주의 운동의 범주에 있었다. 홍명희에 대해서는 강영주, 『벽초 홍명희연구』, 창작과비평사, 1999 참조. 일제하 홍명희 계열에 대해서는 윤덕영, 앞의 글, 2011(a), 111~117쪽 참조.

63) 자세한 것은 전윤선, 앞의 글, 14~59쪽 ; 백일, 앞의 글, 37~58쪽 ; 이지원, 앞의 책, 327~360쪽 ; 백승철, 앞의 글, 122~141쪽 ; 류승완, 앞의 글, 218~234쪽.

앞서 언급한 해방직후 미군정의 교육자문기관인 한국교육심의회에서 한국 교육의 이념으로서 홍익인간을 채택하는 데 있어서도, 백낙준과 정인보 등이 이를 적극 앞장섰던 것에 반해, 백남운은 극구 반대하였다. 그는 "홍익인간이라는 말이 고기(古記)에서 나온 말이요, 따라서 신화에 가까운 비과학적인 용어일 뿐만 아니라 일본인이 일본의 침략 논리로 즐겨쓰던 '팔굉일우(八宏一宇)' 사상과 비슷한 냄새를 풍기고 있기 때문에 홍익인간이란 말은 언어도단입니다"라고 하면서 홍익인간 이념을 비판하였다.[64] 한편 정인보가 남긴 글에서도 백남운에 대한 사적인 교유와 언급은 거의 찾아볼 길이 없다. 그런 점에서 그들의 교유관계는 제한적이었다고 보인다.

그렇지만 기존의 조선학운동 연구에서 정인보와 안재홍을 한편에 두고, 다른 한편에는 백남운을 두어 서로 다른 경향으로 비교하는 것은 그 시도와 내용은 의미 있는 것이지만, 그러한 구분이 당시 현실과 운동 상황을 제대로 반영하는 것이 아닐 수도 있다는 점에 유념할 필요는 있다. 정인보와 안재홍은 조선학운동을 주도하면서 서로 일정한 교유를 하고 있었지만, 학적 배경과 학문적 태도, 정치적 운동적 지반의 차이, 현실적 인간 및 사회관계 등을 놓고 볼 때, 하나의 계열로 묶을 수 있는 관계가 아니며 상당한 거리를 갖고 있었기 때문이다. 물론 백남운과 안재홍은 서로 연결되는 바가 없고, 서로 교유하는 바도 거의 찾아볼 수 없다. 조선학운동에서 힘을 합했던 정인보와 안재홍, 백남운은 서로 개별적 존재로 구별되어 각기 파악되어야 할 것이다.

---

64) 송덕수, 『광복교육 50년 1. 미군정기 편』, 대한교원공제회 교원보직신보사, 1996, 182쪽.

3. 송진우와의 교유와 영향

정인보의 대표적인 저작으로 1933년 9월 8일자부터 12월 17일자까지 장장 66회에 걸쳐 동아일보에 연재하였던『양명학연론』후기 끝부분에 다음과 같은 유명한 구절이 있다.

"붓을 던짐에 미쳐 本師 李蘭谷(建芳)선생으로부터 斯學의 大義를 받음을 正告하고, 同好 宋古下의 斯學闡揚에 대한 苦心을 深討하며, 또 九原에 永隔한 朴謙谷(殷植) 선생께 이 글을 質正하지 못함을 恨함을 附記한다."

이 구절에서 정인보는 자신의 학문 배경과 자신에게 가장 큰 학문적 영향을 준 사람들을 열거하고 있다. 이 문장에서 특이한 점은 잘 알려진 스승 난곡 이건방과 겸곡 박은식의 영향 외에도 고하 송진우를 언급하고 있는 점이다. 그동안 학계에서는 송진우가 어떠한 인물이고 위당과 어떠한 관계에 있기에 난곡과 겸곡과 함께『양명학연론』후기에 나란히 올라가 있는 것에 대해 제대로 해명하지 못했다. 한편에서는 이 구절을 가지고 고하 송진우를 양명학자로 보는 연구도 있었다.[65] 다른 한편에서는 일반 독자에게는 대단히 어렵고 인기 없는 글을 연재 내내 신문 1면에 게재한 감사의 인사 정도로 생각하는 것이 적절할 것 같다는 주장도 있었다.[66]

우선 송진우가 동아일보 사장이었기 때문에 의례적으로 한 인사란 주장은 몇 가지 점에서 문제가 있다. 첫째는 의례로 보기에는 유학자로서 평생을 살아온 정인보의 행적과 행동거지를 놓고 볼 때 납득이 되지

---

65) 유명종,『한국의 양명학』, 동화출판공사, 1983, 333쪽, 338쪽 ; 박연수,「하곡 정제두와 강화학파의 양명학」, 최영진 外,『한국철학사』, 새문사, 2009, 336~337 쪽.

66) 정덕기,「위당 정인보의 실학인식과 학문주체론-「양명학연론」을 중심으로-」,『동방학지』167, 2014, 39쪽.

않는다. 의례적 인사 대상인 신문사 사장 송진우를 스승인 이건방, 스승은 아니지만 정인보가 학문적 선배로서 가장 존경했던 박은식과 동렬로 놓고, 같은 문장 내에서 감사 인사를 한다는 것은 있을 수가 없는 일이기 때문이다.[67] 둘째는 정인보가 송진우에 대해 묘사한 내용도 심상치가 않다. 고하에 대해 동호(同好)라고 하고 있고, 더 나아가 "사학천양(斯學闡揚)에 대한 고심(苦心)을 심토(深討)", 즉 양명학을 드러내어 밝혀서 널리 퍼지게 하는 것을 마음과 힘을 다하며 깊이 토론하였다고 하고 있다. 이것은 단순한 감사 인사의 내용이 아니다. 셋째로는 일반 독자들이 읽고 이해하기에 대단히 어려운 글을 한두 번도 아니고 신문 1면에 오랜 기간 연재해 주었다는 것도 이해될 수 있는 일이 아니다. 일제하 동아일보의 지면은 몇 면 되지도 않았고, 특히 1면은 '민족운동의 표현기관'임을 자부했던 동아일보에 있어 자신들이 관심있는 국내외 주요한 사건에 대한 기사나 자신들의 관심과 주장을 반영하는 논설들로 채워지고 있었다. 때문에 정인보의 글이 1면에 66회 전회 모두 연재되었다는 것은 동아일보 관행에 비추어 볼 때는 대단히 파격적인 것이었다. 이는 정인보와 송진우의 밀접한 관계, 그리고 둘 사이에 일련의 사상과 행동의 논의과정을 전제하지 않고는 불가능한 일이다. 당시 송진우는 '신문독재자'란 말을 들을 정도로 동아일보의 경영과 편집 등 모든 면에서 전권을 행사하고 있었기 때문에,[68] 송진우의 적극적 지원 없이 이렇게 연재되는 것은 있을 수 없는 일이다.

동아일보는 1931년 3월 30일자부터 명사들의 서재를 소개하는 서재풍경이라는 칼럼란을 신설하고 관련 기사와 사진을 게재하기 시작했다. 그리고 그 첫 순서로 정인보의 서재를 소개하였다. 이때는 정인보가

---

67) 정인보의 제자인 민영규의 회고에 따르면 정인보는 길에서 스승인 이건방을 만나면 장소와 기후에 상관없이 우선 큰 절을 올리며 대했다고 한다. 이런 전통적 의례가 몸에 배어있는 정인보가 의례적 감사 인사를 이렇게 할 수 있을까? 가능하지 않은 일이다.

68) 유광렬, 「신문독재자 송진우론」, 『삼천리』 4-9, 1932.9.

본격적인 저술 활동에 나서기 전이라 대중적으로 많이 알려지지도 않은 시절이었는데, 정인보의 서재를 가장 먼저 소개한다는 것은 정인보와 송진우의 밀접한 관계를 보여주는 또 다른 사례이기도 하다. 송진우의 묘비에는 그와 송진우의 교우관계에 대해 다음과 같이 적고 있다.

> "普가 처음에는 군과 덤덤하였다. 군이 범태평양회의에 하와이로 갈 때 한 번 서울역에서 작별한 적이 있었다. 丙寅大喪에 군이 비밀스러운 계획을 지녀 친구 아무개를 통해 普에게 미치니, 일은 성취되지 않았으나 뜻만은 고락을 같이하기로 하였다. 이로부터 사귐은 차츰 은밀해졌다."[69]

정인보는 연희전문학교에서 교편을 잡으면서 1924년 5월부터 동아일보의 논설반 기자, 8월부터는 촉탁기자로 활동하게 된다. 지금으로 말하면 외부 논설위원 격이라 할 수 있다. 이때는 송진우가 조선총독부 마루야마 쓰루키치(丸山鶴吉) 경무국장의 노골적인 비호를 받고 있던 친일파 박춘금이 일으킨 '식도원 육혈포 협박사건'의 여파로 동아일보 경영에서 1년간 잠시 물러나 있던 시기였다.[70] 이때 초기 동아일보 신문편집에 영향이 컸고, 송진우에 대항하여 동아일보 경영권을 노렸던 이상협 편집부장과 그 계열들도 함께 동아일보를 떠나면서,[71] 경영과 편집진에 대거 공백이 생기게 되었다. 그러자 1924년 5월 이승훈이 동아일보의 사장, 홍명희가 주필 겸 편집국장으로 취임하게 된다. 정인보는 1910년대 전반 만주와 중국을 오가면서부터 홍명희와의 깊은 교우관계를 나누고 있었는데,

---

69) 「古下宋君 墓碑」, 『담원문록』 下, 117쪽.

70) 자세한 것은 윤덕영, 앞의 글, 2010(b), 32~42쪽 참조.

71) 정치부장 민태원, 조사부장 김동성, 사회부장 유광열, 지방부장 김형원, 정리부장 최영목, 기자 이서구와 박팔양 등, 이들은 바로 조선일보로 옮겨 활동한다. 장신, 「1924년 동아일보 개혁운동과 언론계의 재편」, 『역사비평』 75(여름), 2006, 250~258쪽.

홍명희와의 인연으로 동아일보에 참여하게 된 것이다.

송진우는 1924년 10월부터는 고문으로, 그리고 1925년 4월부터는 고문 겸 주필로 동아일보에 다시 돌아온다. 그리고 1925년 4월 퇴사한 홍명희와 그 계열들은[72] 곧 바로 시대일보로 옮겨가게 된다. 그때부터 정인보와 송진우의 관계가 시작된다고 할 수 있지만, 정인보는 신문사로 출근하지 않는 외부 논설위원 격이었기 때문에 송진우와는 처음에는 별 교류가 있지는 않았다. 정인보는 홍명희가 옮겨간 시대일보에 잠시 관여하기도 했다. 위의 정인보의 인용문에서 "普가 처음에는 군과 덤덤하였다"는 표현은 이런 상황을 말하는 것이었다.

송진우는 1925년 6월 제1회 범태평양회의에 참가하기 위해 조선 대표로서 떠나게 되는데, 위 인용문에서 정인보가 서울역에서 작별했다고 하는 것은 조선 대표를 배웅하기 위해 정인보가 서울역에 나왔을 때 인사한 것을 말한다. 당시 송진우는 정인보와 연희전문에 같이 근무했던 유억겸을 비롯해서 신흥우, 김양수 등과 같이 회의에 갔다.

정인보는 송진우가 가까워지기 시작한 것에 대해, 위의 인용문에서 "병인대상(丙寅大喪)에 군이 비밀스러운 계획을 지녀 친구 아무개를 통해 보(普)에게 미치니, 일은 성취되지 않았으나 뜻만은 고락을 같이하기로 하였다. 이로부터 사귐은 차츰 은밀해졌다"고 하고 있다. 여기서 '丙寅大喪'은 1926년 순종의 죽음을 말한다. 정인보는 그때 송진우가 비밀스러운 계획을 마련하였는데, 이 계획에 친구 아무개를 통해 정인보도 참여하게 되었고, 일이 성취되지 않아 계획이 취소되었지만, 이를 계기로 고락을 같이하기로 하여 사귐이 깊어졌다고 증언하고 있다. 그렇다면 정인보가 송진우와 가까워지게 된 이 비밀스러운 계획이 무엇일까? 여기에 대해 정인보는 별 다른 기록을 남겨두지 않고 있다. 다만 상대편이 되는 송진우

---

72) 한기악을 비롯해서 이관용, 이승복, 홍성희, 구연흠, 안석주 등.

의 전기에는 다음과 같은 내용이 있다.

1926년 순종의 죽음을 계기로 조선공산당과 천도교 구파 세력이 주도하여 6·10만세운동이 일어났다. 『송진우전기』에는 이들과는 별개로 송진우도 순종 죽음을 계기로 민족운동을 계획했다고 기록하고 있다. 당시 송진우는 대중을 분격시키고 동원하기 위한 방법을 생각해내는데, 그것은 고종이 죽기 전에 며느리 윤비(순정효황후)에게 한일병합이 강제적이었다는 내용의 유칙을 남겼다는 가공의 상황을 만들고, 그 위칙이 발견되었다고 신문에서 호외를 발간하여 대서특필함으로써 대중을 격분시키려는 했다는 것이다. 이를 위해 송진우는 가짜 유칙 작성을 정인보에게 부탁하게 된다. 송진우는 계획을 유진태를[73] 통해 윤비와 선이 닿아있는 윤모에게 전달하지만, 윤모가 공포에 사로잡혀 윤비에게 전달하기를 거절하면서 무산되고 만다.[74]

이상이 『송진우전기』에서 전하는 '비밀스러운 계획'이다. 이 내용의 사실여부는 현재 다른 기록에서는 확인할 수가 없다. 때문에 그러한 계획이 있었는지? 있었다면 어떠한 내용인지에 대해 엄밀한 재고증이 필요하다. 그럼에도 불구하고 정인보도 '비밀스러운 계획'을 언급하면서,

73) 兪鎭泰는 1872년 충북 괴산에서 태어나, 대한제국 무관학교를 수학하고 독립협회, 기호흥학회 등에서 활동했다. 1919년 3·1운동 후 김창숙이 주도한 유림단 만국평화회의 진정서 제출운동에 적극 협력했다. 이후 조선교육회, 조선교육협회 활동을 주도했다. 조선물산장려회, 민립대학설립운동에도 적극적으로 활동했다. 1927년 12월 신간회 경성지회장에 선임되었는데, 뒤에서 살펴보겠지만 이때 송진우가 신간회 경성지회에 가입한다. 1927년 이상재가 죽은 후에는 조선 사회의 대표적 원로인물로 논해졌다. 1932년에는 조선일보 사장 안재홍이 만주동포 위문 성금 유용 혐의로 구속되자, 조선일보 사장에 취임했지만 곧 바로 방응모가 조선일보의 경영권을 인수하면서 38일만에 물러났다. 유진태는 송진우 및 정인보와 가까웠다. 특히 정인보는 유진태에 대해 "마침 뭅 앓아눕자, 공께서 자주 찾아오시기도 하였다. 공이 이미 병들자 뭅를 위해 일체를 의론하심에 골육으로도 미치지 못할 바가 있었다"라면서 가족같이 가까웠음을 회고하였다. 『담원문록』 下, 57쪽.
74) 고하선생전기편찬위원회, 『독립을 향한 집념 : 고하 송진우 전기』, 동아일보사, 1990, 283~285쪽.

이를 계기로 송진우가 가까워지고, 삶의 고락을 함께 하게 되었다고 언급하고 있다. 정인보의 평소 행적과 그가 쓴 수십 편의 묘비문의 내용을 살펴보았을 때, 그가 없는 사실을 지어내어서 묘비문에 기록하는 경우는 거의 없는 인물이라는 점에서 어떤 내용인지 불확실하지만 '계획', 그것도 일제나 일반이 알아서는 안 될 '비밀스러운 계획'이 있었던 사실은 분명하다.

'비밀스러운 계획'과 관련해서는 당시의 정세와 상황을 살펴볼 필요가 있다. 1919년 3·1운동은 고종의 죽음을 직접적 계기로 삼아 일어났다. 당시 송진우는 중앙학교 교장으로서 3·1운동의 계획과 조직화에 핵심적 역할을 수행한다. 그는 민족대표 33인에는 들어가지 않았지만 최린, 이승훈, 현상윤 등과 함께 모의과정과 초기 확산을 사실상 주도하였고, 민족대표 48인으로 옥살이를 하게 된다. 송진우는 3·1운동을 주도한 것에 대해서 대단한 자부심을 가지고 있었다.[75] 그런 송진우가 일제에 의해 두 번째 구속되는 것이 1926년 시기이다.

1926년 3월 3일 동아일보에 사회주의 계열의 국제농민본부가 3·1절을 기념하여 조선농민에게 보내는 전보 메시지가 전송되었다. 송진우는 이 전보 메시지를 번역하여 3월 5일자 동아일보에 게재하도록 하였다. 3·1운동은 일제가 가장 경계하고, 그에 관한 언론보도나 기사를 가장 철저히 통제하는 대상이었다. 3·1운동은 일제 식민통치를 송두리째 흔들리게 하였을 뿐만 아니라, 일본 군부 세력의 조선 지배력을 약화시켜 일본 정계 구도에도 상당한 영향을 미친 사건이었기 때문에 3·1운동은 일제하에서 금기의 대상이었다. 이에 대한 보도를 하게 되면 언론사는 정간과 처벌을 각오해야 했다. 그런데 당시 사회주의 세력과 일정한 대립각을 세우고 있는 송진우가 사회주의 계열의 국제농민본부의 전문을

---

75) 송진우의 3·1운동의 인식과 평가에 대해서는 윤덕영, 앞의 글, 2010(a), 365~369쪽.

동아일보에 게재하도록 한 것이다.

동아일보는 이 기사 게재를 빌미로 조선총독부에 의해 3월 7일부터 무기정간 처분을 당하게 되었고, 정간은 4월 20일까지 계속되었다. 송진우는 이 사건 때문에 보안법 위반 혐의로 1926년 4월 26일자로 불구속 기소되었다. 송진우는 1심에서 징역 8개월을 선고받았지만, 불복 항소하여 2심에서 징역 6개월의 실형을 선고받았다. 그리고 11월 13일에 서대문 형무소에 구속 수감되었다. 송진우는 이 때문에 1927년 2월 신간회 창립과정에 직접 관여하지 못하게 된다.

이뿐만 아니라 당시 송진우는 민족운동의 정치단체 조직결성에도 적극 나서고 있었다. 1926년 9월 말 들어 조선총독부의 경무국장이 공석인 상황에서 국내 민족운동가들 내부에서 민족적 중심 단체, 정치운동 단체의 결성 움직임이 구체화되고 있었다. 송진우를 중심으로 한 언론계, 그리고 천도교와 기독교계의 주요 인물들이 단체의 발기준비위원회 결성 모임을 갖는 것까지 합의에 이르게 되었는데, 이는 우파 민족주의세력에 한정된 것이 아니었고, 좌·우파를 망라한 민족주의세력의 전반의 자발적 동의에 기초한 것이었다. '연정회 부활'운동으로 알려졌던 이 모임에 참가했던 민족주의자들은 이런 활동을 자치운동의 시도로 전혀 생각하지 않았다. 더불어 한위건과 김준연 같은 조선공산당의 인물들도 깊이 관련되어 있었다. 그렇지만 이 과정에서 사이토 총독의 정치자문이자 고등밀정인 아베 미츠이에(阿部充家)와 접촉하며 자치운동의 의혹을 받고 있는 천도교 신파와 최린의 참여 여부를 놓고 천도교 구파의 강력한 반대가 있었다. 또한 조선공산당으로 합류하는 서울계 신파의 김준연과 레닌주의동맹 한위건의 활동에 대해서 경쟁관계에 있던 서울계 구파 사회주의자들의 반대활동도 동시에 전개되었다. 이렇게 민족주의세력과 사회주의세력 내의 대립이 중첩되어 일어나면서 민족운동 단체를 결성하기 위한 활동은 결렬되었다.[76]

당시 이런 활동은 일본 보통선거 실시에 따른 일본 무산정당의 등장과 일본 정계의 변동 전망, 그에 따른 식민지 조선정책의 변화가 한 원인을 이루지만, 결정적인 것은 1926년 7월 단행된 중국 국민정부의 북벌이었다. 소련의 지원 하에 최초 10만의 병력으로 세 방향으로 북상한 북벌군은 각지 노동자·농민·학생 등의 전폭적인 지지와 지원 속에 파죽지세로 진격했으며, 각지에서 승리를 거두면서 9월초에는 북벌의 성공적 완수가 가능한 것으로 전망되어졌다.

당시의 논자들은 중국 국민정부군이 중국을 통일하면 혁명정부는 제국주의 타파 정책을 시행할 것이고, 이는 만몽에 대한 일본의 이권을 동요시켜 일본내 군부와 보수세력을 근본적으로 약화시킬 것이기 때문에, 군부와 보수세력의 영향력 하에 있는 식민지 조선정책도 크게 변화하면서 조선 독립의 기회가 열릴 것으로 전망하였다.[77] 잘 알려져 있다시피 중국 관내와 만주에서 전개된 민족유일당 운동은 중국 국민정부의 북벌이 계기가 되어 일어났다. 국외 민족유일당 운동에 발맞추어 국내에서도 유사한 움직임이 전개되고 있었던 것이다. 그리고 송진우는 이런 활동의 중심에 있었다. 이렇게 1926년은 1919년에 이어 조선의 민족운동가들에게 새로운 가능성의 시기로 와 닿았다.

정인보와 송진우의 '비밀스러운 계획'은 그 내용이 확인되기가 어렵겠지만, 1926년의 민족운동의 상황은 송진우 같은 합법적 지향을 가진 인물도 감옥 갈 생각을 할 정도로 급박하게 돌아가고 있었다. 역사에 있어 가정은 없지만 만약 내용을 확인할 수 없는 그 '비밀스러운 계획'이 성사되었다면, 정인보도 감옥살이라는 민족운동의 구체적 경력을 남겼을 것이다.

송진우는 해방직후인 1945년 12월 30일 한현우의 총탄에 맞아 암살당한

---

76) 윤덕영, 앞의 글, 2010(d), 270~285쪽.
77) 윤덕영, 위의 글, 2010(d), 268~269쪽.

다. 정인보는 송진우의 묘비에 다음과 같이 쓰고 있다.[78]

"김군이 언젠가 晋에게 농담 삼아 '고하 말 믿지 마소 곧이란 게 지금 어떻게 되었소?' 한 적도 있지만, 군이 신문사에 있을 때 실은 논설 중에 「중국의 현황과 세계의 전도」라는 글은 20년이 지나도 들어맞지 않는 것이 없으니 그의 뛰어난 식견이 이와 같았다."

여기서 김군은 김성수를 말한다. 논설제목이 정확하지 않은데, 이는 고하가 1925년 동아일보에 연재한 「세계대세와 조선의 장래」 논설을 말하는 것이다. 이 논설은 8월 28일부터 9월6일까지 10회에 걸쳐 연재된 논설로 세계정세에 대한 전망과 민족운동의 방향을 논한 것이다.[79] 정인보는 송진우의 식견에 대해서 높이 평가하고 있었다. 송진우의 묘비문에는 다음과 같은 내용도 있다.

"군은 인물이다. 한창 두려워 몸 둘 곳을 몰라 할 때, 절개로써 그 계략을 부리었으며, 왜적이 쫓겨가 휙휙 나는 구름의 조화로 영웅호걸이 한창 활약할 이때 굼틀거리다 갑자기 꺾기니 아! 殄瘁라는 말은 주나라 사람이 이미 말했거니와, 그러나 그때만 해도 또한 오히려 꼭 오늘과 같지는 않았느니라. 슬프다."

정인보는 송진우에 대해 인물로 높이 평가하면서 그의 죽음을 진췌에 비유하고 있다. 진췌는 『시경』에서 나온 말로 어진 사람이 없으니 온

---

78) 정인보, 「古下宋君 墓碑」, 『담원문록』 하, 119쪽.
79) 논설의 주요 논지와 이후 민족운동과의 관련에 대해서는 윤덕영, 앞의 글, 2010(c), 92~97쪽 참조.

나라가 고난에 허덕인다는 뜻이다. 정인보는 수십여 명의 묘비문을 써주었지만, 진췌라는 표현을 쓴 경우는 송진우가 유일하였다. 더 나아가 송진우의 죽임이 진췌를 쓴 주나라 때보다 더 안타깝고 슬프다고 하고 있다. 정인보는 그가 쓴 대부분의 묘비문에서 없는 이야기를 쓰거나, 아주 과장되게 평가하는 경우가 거의 없었다. 이렇게 볼 때 정인보의 송진우에 대한 생각은 아주 각별하였다고 보여진다. 정양완도 회고에서 "아버지가 우리나라에서 가장 훌륭한 정치가로 높이는 분은 고하 송진우선생이었다"[80]라고 언급하고 있다.

송진우가 어떠한 인물이기에 정인보가 이렇게 높이 평가하고 있었을까? 송진우에 대해서 상당수 연구자들은 동아일보사 사장과 주필을 역임한 언론인, 호남 대지주이자 대부르주아지인 김성수의 입장을 대변하는 대변인, 또는 자치론을 주장한 민족개량주의자, 타협적 민족주의자 정도로만 인식하고 있다. 그렇다보니 철저한 비타협 민족주의자이고, 국학자인 정인보가 어떻게 송진우를 이렇게 높이 평가하고 각별하게 생각하는지 도저히 이해할 수 없었다.

그렇지만 일제의 자치정책과 송진우를 중심으로 한 동아일보계열·호남정치 세력에 대한 최근의 일련의 연구를 통해 민족운동가로서의 모습이 새롭게 조명되었다. 우선 일제와 총독부 권력이 1920년대 조선에서 중앙정치 차원의 자치제, 즉 조선의회 설립 같은 정책을 실제 추진하고 있었는가 하는 점에 근본적 의문이 제기되었다.[81] 다음으로 1920년대 내정독립론, 타협적 자치운동을 전개한 주체가 유민회, 1922년 동광회와 내정독립기성회, 1924년 6월 결성된 갑자구락부(甲子俱樂部) 등과 같은 재조일본인과

80) 정양완, 「나의 아버지 나의 스승 담원 정인보 선생」, 『스승』, 2008, 108쪽.
81) 윤덕영, 앞의 글, 2010(c), 97~104쪽 ; 「1920년대 중반 일본 정계변화와 조선총독부 자치정책의 한계」, 『한국독립운동사연구』 37, 2010, 168~195쪽 ; 「1930년 전후 조선총독부 자치정책의 한계와 동아일보 계열의 비판」, 『대동문화연구』 73, 2011, 354~376쪽.

친일파 한국인에 기반한 친일정치세력이었다는 점이 밝혀졌다.[82] 송진우
는 타협적 자치를 주장하는 이런 친일 정치세력과 대립하고 있었다.[83]
한편 1922년 영국의 아일랜드 신페인당 주도의 아일랜드 자유국 수립,
1924년 3월 일본 보통선거 실시를 위한 중의원 선거법 개정안 통과,
1925년 8월 헌정회 단독내각 수립 등의 과정을 거치면서 일본정계에서
특권 및 군부세력의 영향력이 약화되고 서구의 의회민주정치와는 큰
차이를 가지기는 하지만 정당정치가 진행되었다. 식민지 조선에서도
'문화정치'라는 대단히 기만적이지만 조금은 열린 정치 공간이 만들어졌
다. 일본에서는 보통선거 실시를 겨냥하고 합법적 정치운동론이 확산되었
고, 다양한 성격을 갖는 무산정당이 결성되었다. 그와 동시에 조선에서도
합법적 정치운동론이 민족주의는 물론 사회주의 세력에 이르기까지 확산
되고 있었다.[84] 이는 1920년대 초반 '민족적 중심세력 형성'론[85] 1920년대
중반 '민족적 중심단체' 건설 주장[86]으로 나타났는데, 송진우는 이런
논의에 주도적 위치에 있었다. 그리고 이는 앞서 언급한 바와 같이 1926년
7월 중국 국민당 정부의 북벌을 계기로 하여 구체적인 조직 결성으로
진행되게 되고, 우연곡절을 겪기도 하지만 결국에는 1927년 2월 신간회
결성으로 결실을 맺게 된다.[87] 1927년 하반기 들어 국내외 정세가 변화하
자, 신간회 내외의 민족주의 세력들은 거의 동시에 '민족적 총역량 집중'을
주장하면서 신간회로 집결하기 시작하는데, 송진우도 그와 밀접한 관계에
있던 평양의 조만식과 함께 이때 신간회에 참여한다.[88]

---

82) 이태훈, 『일제하 친일정치운동연구』, 연세대 사학과 박사학위논문, 118~143쪽,
    183~188쪽, 206~232쪽.
83) 윤덕영, 앞의 글, 2010(b), 32~33쪽.
84) 윤덕영, 앞의 글, 2010(e), 133~153쪽.
85) 윤덕영, 앞의 글, 2010(b), 15~42쪽.
86) 윤덕영, 앞의 글, 2010(c), 82~108쪽.
87) 윤덕영, 앞의 글, 2011(a), 100~117쪽.

170

이상의 연구를 통해 송진우가 타협적 자치론을 주장한 타협적 민족주의
자로 논할 수 있는 인물이 아니고, 도리어 일제 정책과 일정하게 대립하고
있었다는 점이 밝혀졌다. 송진우는 일제시기 잡지 등에서 조선을 대표하는
'정객(政客)'으로 자주 묘사될 만큼[89] 대단히 정치적인 인물이면서도,
국내외 정세와 운동현실을 파악하는 데 상당한 주의를 기울여 일가견을
갖고 있었고, 자기 주관과 소신이 분명하였다. 그는 일본 다이쇼 데모크라
시의 사상과 독점자본의 제한과 민중생활 보장을 주장하면서 자유주의
사상을 체제내적으로 개선하려는 19세기 말 20세기 초 영국의 신자유주의
이념(New Liberalism)을 수용해서 일정하게 받아들이고 있었다.[90] 또한
요시노 사쿠조(吉野作造)를 비롯해서 자유주의 지식인들 및 헌정회 계열의
정치가들과 일정하게 교류하였다. 또한 일제말기에도 친일 행위를 하지
않을 정도로 자기관리에 철저한 사람이었다. 물론 송진우는 합법적 운동
영역에만 머물렀고 비합법적 영역까지를 포괄하는 정치적 결사를 결성하
거나, 국외 민족운동 단체와의 연계 하에 적극적으로 투쟁을 전개하지
않은 결정적 한계를 가지고는 있었다.

그렇지만 송진우가 단순히 정치적 능력이 뛰어나다고 해서 정인보가
그와 가까워지지는 않았을 것이다. 이는 정인보가 「양명학연론」 말미에
쓴 것처럼 스승 이건방 및 선배 박은식에 비견될 정도로 가깝게 지내면서
사상적, 이념적으로 교유하는 점이 있었기 때문일 것이다. 그게 무엇일까?
송진우는 기존 유교사상에 대해서는 대단히 비판적이면서도,[91] 1910년대
부터 이미 '국수(國粹)' 발휘와 단군 숭배를 주장하는 등 조선의 역사와

88] 윤덕영, 「신간회 초기 민족주의세력의 정세인식과 '민족적 총역량 집중'론의
　　제기」, 『한국근현대사연구』 56, 2011, 64~72쪽.
89] 黃錫禹, 「나의 八人觀」, 『삼천리』 4-4, 1932.4 ; 柳光烈, 「신문독재자 송진우론」,
　　『삼천리』 4-9, 1932.9.
90] 윤덕영, 앞의 글, 2010(a), 349~364쪽.
91] 송진우, 「사상개혁론」, 『학지광』 제3권 1호(총5호), 1915.5.2.

문화에 관심이 많았다. 그의 단군 숭배 주장은 근대국가 건설과정에서 필요한 근대 민족의식을 한국인들에게 일깨워주고 민족의 단합을 이루는 상징물이자 민족구심체의 상징으로서 의미를 갖는 것으로, 그는 '국수'인식을 통해 민족의식을 고무함으로써 역으로 근대적 자각, 근대적 사상개혁을 강조하려 했다.

송진우는 일본과 중국의 근대 국가 건설의 역사적 경험을 보면서 서구 자유주의나 민주주의 사상의 수용만으로는 자주독립된 근대국가를 건설하는 사상적 기반이 마련되지 못한다는 것을 알고 있었다. 또한 그는 민족혁명을 넘어서 사회주의 이행까지를 전망하는 공산주의 세력의 신국가 건설운동이 활발하게 전개되는 1920년대 이후 동아시아의 상황에서, 더군다나 격화되는 중국의 국공내전 상황과 코민테른의 '계급 대 계급' 전술에 따른 공산주의 세력의 공세를 지켜보면서 이에 대항하여 조선 민족주의 운동의 이념을 새롭게 정립할 필요성을 깊이 느끼고 있었다. 때문에 송진우는 우리의 독자적인 사상적 문화적 전통과 역사를 확립하는 것이 민족운동에 있어 무엇보다 중요한 과제이며, 이를 통해 민족주의세력 주도의 자립적 근대국가건설운동의 사상적 기반을 마련할 수 있다고 보았다. 이는 또한 공산주의 세력 주도의 국가건설운동에 대응하는 것이기도 했다.

그렇지만 송진우는 사상가나 이론가, 또한 학자적 성향의 인물이 아니기 때문에 이런 사상적 이념적 작업을 할 수 없었다. 박은식과 신채호, 안재홍 등은 실천적인 민족운동가 이전에 학자이고 사상가나 이론가의 소양과 능력을 가지고 많은 성과를 냈다. 일제하 민족주의 세력의 거두였던 안창호만 하더라도 사상가적 풍모를 보여주고 있었지만, 송진우는 이런 점에서는 취약했다. 그는 조선 민족주의 운동의 이념을 새롭게 혁신해줄 이론적 작업, 특히 사상적 이념적 기반을 마련해줄 사람이 필요했다. 이 지점이 송진우가 당대 양명학 대가이며 최고 조선학 연구자였던 정인보를 끌어들여 동아일보의 지면을 의도적으로 적극 제공하면서 정인보의 저작 활동을 적극 후원한 배경이었다.

앞서 언급하였듯이 「양명학연론」은 일반인은 이해하기 어려운 난해한 내용과 문장으로 되어 있어 대중 신문에 수록되기는 적합하지 않았는데, 1933년 9월 8일자부터 12월 17일자까지 장장 66회에 걸쳐, 그것도 줄곧 1면에 게재되었다. 이는 정인보의 「양명학연론」이 당시 송진우가 주도하는 동아일보의 사상혁신 및 민족운동 기획과 밀접하게 관련되고 있기 때문이었다. 신간회 해소 후 1932년 동아일보는 민족운동내의 사상적 대립과 불일치를 극복하기 위한 사상통일로서 '사상혁신'을 주장한다. 그들은 사상혁신을 위해서는 조선만의 사상을 마련해야 하며, 그를 위해서는 타의 존재를 연구하기 보다는 먼저 조선 자체를 연구하는 것이 필요하고, 조선 자체를 연구하기 위해서는 우선 "우리의 언어를 알고 우리의 문자를 알고 우리의 역사, 우리의 문학, 우리의 철학을" 알아야 하며, 이는 단순히 과거의 문화를 연구하여 진흥시키는 것이 아니라, 자주적 정신을 기반으로 한 자기의 발견을 하는 것에 있다고 주장했다. 그리고 이런 주장은 정인보가 『양명학연론』에서 주장하는 요체와 일정하게 연결되어 있었다. 정인보의 『양명학연론』에서의 주장은 '양지(良知)'를 통해 '자심(自心)'을 찾고 '심혼(心魂)'을 회복하는 것을 통해 자기를 인식하고 자기를 발견할 수 있는 사상적 바탕을 만들자는 것이었다.[92] 사상혁신을 위해서 자주적 정신을 기반으로 조선을 연구해야 한다는 동아일보 주장에 정인보가 전면적으로 대응한 것은 「오천년간 조선의 얼」 논설이었다. 이는 1935년 1월 1일부터 1936년 8월 27일까지 무려 1년 8개월간 283회에 걸쳐서 연재되었는데, 192회까지는 1면에서 연재되다가, 1936년 3월 17일 193회부

---

92) 1930년대 동아일보 '사상혁신'론의 내용과 그것이 당시 정인보의 일련의 논설들과 어떠한 관련을 갖고 있는가에 대해 자세한 것은 윤덕영, 앞의 글, 2015, 442~453쪽 참조.

터는 3면으로 옮겨서 연재되었다.

정인보의 「오천년간 조선의 얼」과 「양명학연론」 논설이 동아일보의 사상혁신 주장과 일정하게 연결되어 있다는 점에서, 정인보가 극복하고자 했던 것은 일제의 식민지배 이데올로기만이 아니었다. 문명개화론, 서화론 등으로 상징되는 서구 근대 사상을 무비판적으로 수입하는 경향에 대한 비판도 내포되어 있었다. 뿐만 아니라 '프롤레타리아 국제주의'와 '계급 대 계급' 전술에 입각하여 민족주의 사상과 이념을 전면 부정하고, 소련과 코민테른을 추종하던 공산주의자들에 대한 비판까지 내포하는 것이었다.[93] 물론 정인보의 사회주의, 공산주의 비판은 그 이념 자체에 있는 것이 아니라, 이를 수용하고 받아들여 행동하는 사람들의 태도에 있었다. 그러나 이런 정인보의 주장도 1945년 12월 시점에 조선의 현실을 인정하고 당면 민족혁명과 근대 국가건설에서 민족주의자들의 주도권을 인정한다면, 사회주의 세력의 '진보적 민주주의'의 사회경제 정책도 일정하게 수용하면서 사회주의 세력도 자신의 영향력 아래로 포괄하려 했던 송진우의 태도와 행동을 놓고 볼 때,[94] 중간적 입장에서 좌우의 통합이나 사상의 조화를 논하는 것은 아니었고, 민족주의의 분명한 이념적 지향을 갖고 있는 것이었다.

그렇지만 송진우의 후원 하에 진행된 정인보의 모색은 독자적인 한국 민족주의 사상의 정립으로 완결되지 못한다. 중국의 경우 타오시성(陶希聖)을 비롯한 중국본위문화파와 신유가들의 주장이 여러 논쟁을 거쳐 일정한 성과에 이른 반면, 식민지 조선의 경우는 1930년대 중반부터 식민지 억압과 통제가 강화되면서 논전은커녕 사상적 이론적 모색과 연구조차도 불가능하게 되었기 때문이다. 일제는 허울뿐인 '내선일체'를 주장하면서 보다 강화된 사상 통제와 황민화 정책을 추진했고, 일체의 조선적인

---

93) 윤덕영, 위의 글, 2015, 453쪽.
94) 윤덕영, 앞의 글, 2014, 281~287쪽.

사회·문화·학술 활동을 억압했다. 특히 1936년 8월 '손기정 일장기말소사건'을 계기로 동아일보가 무기정간에 처해지면서, 주요 지면 자체가 사라졌다. 그리고 전시총동원체제에 따라 전방위적인 친일 전향의 압박이 가해졌다. 이를 견디고 빌미를 주지 않기 위해서는 정치 사회적 활동은 물론 학술적 활동조차도 할 수 없는 상황에 이르렀다.

1937년 하반기부터 정인보는 병 때문에 자리를 보존하고 누워 지낸다는 핑계를 대면서 정치사회 활동을 거의 하지 않는다. 직장인 연전에도 나가지 않으며 교육 활동도 접는다. 이는 일제의 집요한 친일 회유와 탄압을 피하기 위한 사전 조치라 할 수 있다. 그런데 이렇게 정인보가 칭병하는 시점이 '손기정 일장기 말소사건'으로 1936년 8월부터 무기정간에 들어갔던 동아일보가 1937년 6월 정간해제 되기 위해, 총독부의 인사개혁에 굴복하여 송진우와 측근 인물들을 동아일보 경영에서 물러나게 하고, 「언문신문지면쇄신요항」을 받아들여 일제에 굴종하게 되는 시점이라는 점이다. 1937년 7월 중일전쟁이 발발하면서 8월부터 동아일보의 논조는 급격히 친일 논조로 전환하였다.[95] 송진우는 정간 해제 이후 신문사 경영 일선에 거의 관여하지 않았고, 그 역시 정인보와 마찬가지로 칭병하면서 집에서 지냈다. 송진우의 적극적인 후원 속에 동아일보 매체를 통해서 자신의 주장을 적극적으로 외화시키고 있던 정인보의 입장에서는 송진우의 동아일보 후퇴는 그의 정치사회적 활동 영역의 사실상 소멸을 의미하는 것이었다.

정인보는 1940년 8월 창동으로 이사를 한다. 창동은 지금은 서울이지만, 당시는 경기 양주군으로 청량리에서 기차를 타고 가야 하는 곳이었다. 다만 서울에서는 멀지 않은 곳이었다. 이때 창동에는 송진우, 김병로 등이 살고 있었다. 정인보와 달리 송진우는 원서동에서 창동으로 거처를

---

95) 윤덕영, 앞의 글, 2012, 237~244쪽.

아주 옮긴 것은 아니고 창동 집에는 아들 내외가 살고 있었지만, 자주 내려와 있었다. 창동에는 정인보와 사돈이 되는 홍명희도 합류하였다. 별 할 일도 없었고, 주변에 다른 사람들도 없었기 때문에 그들은 자주 어울렸다. 일제의 감시가 심해지고 생계가 어렵게 되자, 정인보는 일제강점 말기 제자 윤석오의 농장이 있는 전북 익산 황화산 자락으로 내려가 은거하게 된다.

정인보는 1945년 8·15 해방 당일에도 원서동 송진우 집에서 김병로, 김준연, 백관수 등과 같이 모여 시국을 논의하였다.96) 그 이후에도 정인보는 1945년 송진우가 주도한 일련의 정치활동 및 신국가건설운동에 참여한다. 1945년 12월 송진우가 주도하는 국민대표준비회가 국민대회 소집을 위한 정계개편운동을 광범하게 전개하는 과정에서 대한민국 헌법 대강을 준비하기 위해 헌법연구위원을 위촉하는데, 여기에도 정인보가 참가한다.97) 그러나 독자적인 한국 민족주의 사상을 정립하려 했던 정인보의 모색과 활동은 결국 결실을 맺지 못하게 된다. 이는 차분하게 사상적 모색과 저술 활동을 하기 어렵게 만든 격동의 해방 정국기 상황과 뒤이은 납북에 따른 활동의 정지 등 여러 요인이 있겠지만, 1945년 12월 30일에 그를 적극 후원하던 송진우가 암살되면서 그의 정치 사회 활동의 주요 지지 기반이 사라진 것도 무엇보다도 큰 요인이라 할 수 있다.

4. 맺음말

이상 정인보와 백낙준, 백남운, 송진우와의 교유관계와 상호 인식 등을 통해 정인보 행적과 사상을 이해하는 바탕을 마련하는 동시에 정인보의

---

96) 이인, 「解放前後 片片錄」, 『신동아』 1967년 8월호.
97) 윤덕영, 앞의 글, 2014, 290쪽.

인식과 사상이 어떻게 현실화되고 사회화 되어 나타났는가를 살펴보았다. 우선 연전의 동서화충의 학풍 속에서 이루어진 백낙준 및 백남운과의 교유관계를 여러 측면에서 살펴보면서 그들이 교유할 수 있었던 배경과 인식의 지반을 살펴보았다. 다음으로 정인보와 송진우의 관계를 당시 시대적 상황과 일제하 민족운동의 전개과정 속에서 살펴봄으로써 송진우의 정인보 후원 배경과 목적 등을 해명하였다. 이를 요약하면 다음과 같다.

정인보의 행적과 사상의 배경과 관련해서는 1922년부터 정인보가 몸담았던 연희전문학교의 학문적 분위기와 인적 교류가 주목되어야 한다. '東西古近 사상의 和衷'으로 정리되는 연전의 교육과 학풍은 조선사회가 지닌 문명화, 근대화의 과제를 서양 문화와 조선(동양) 고유의 문화 사상을 결합하여 해결하고자 한 것이었다. 정인보는 서북지역 기독교세력의 일원이었던 백낙준과 가깝게 지냈다. 백낙준은 미국에서 박사학위를 받았음에도 서화론자들과 달리 조선의 역사와 문화에 깊은 관심을 가지고 있었다. 백낙준이 실학 및 국학을 진흥시키는 생각과 행동을 한 것에는 정인보가 적지 않게 영향을 미치고 있었다. 백낙준은 실학자들이 모든 국가적, 사회적 문제와 개인의 수양과 생활 활동의 시비곡직을 실심이란 거울에 비추어 보았다고 하면서, 실심을 실학 정신의 요체로 설명하고 있었다. 그러나 이렇게 실심을 강조하는 실학에 대해 인식과 이해는 백낙준의 고유한 것이 아니라, 1930년대 이래 정인보가 주장한 실학 이해와 주장에 기반한 것이었다.

정인보는 실심을 우리 민족이 갖고 있는 본심, 본밑 마음으로 규정하였다. 그는 본심을 나와 남의 구별이 없고, 어떠한 개인적, 가족적 환경변화에도 영향을 받지 않으며, 개인적 이해관계를 떠나있는 공동적이고 민족적인 마음으로 설명하였다. 그리고 실심에서 가장 중요한 것으로 정인보가 강조하는 것이 독자성 이었다. 민족의 독자성과 주체성을 강조하는 정인보의 주장과 사상이 백낙준에게 얼마나 영향을 미치고 있었는가를 객관화하기는 쉽지 않지만, 우리의 전통과 문화를 계승하고 이에 기반하여 서구 문명을 선별적으로 수용해야 한다는 것에는 둘은 입장을 같이하고 있었다. 백낙준은 해방 후 한국 교육의 이념으로서 홍익인간을 공식적 회의석상에서 처음으로 제안하고, 이를 채택하는데 앞장섰는데, 그의 홍익인간 주장도 정인보의 연구와 주장에 기반한 것이었다.

정인보와 백남운은 민족주의와 사회주의라는 이념적 지향의 차이를 가지고, 학문적 방법에 있어서도 큰 차이를 갖고 있음에도 불구하고, 1930년대 조선학운동에서 보이듯이 행동을 같이하는 경우가 많았다. 이는 당시의 상황적 조건과 양자의 학문과 조선의 역사에 대한 입장 때문이었다. 1920년대 후반에서 1930년대 전반에 이르는 시기의 사회주의 운동은 코민테른 제6회 대회 이후 일반화되기 시작한 '계급 대 계급' 전술이 주도하던 시기였다. 당시 공산주의자들은 민족을 드러내거나 내세우는 모든 주장과 행동을 국수주의적인 것으로 매도하였고, 조선 역사와 문화, 사상에 대해 부정하면서 조선학에 대한 인식과 민족에 대한 관심을 파시즘과 다름없는 국수주의 사상이라면서 철저하게 배격하였다. 이에 반해 백남운은 조선의 역사를 주체적으로 바라보았고, 한국 민족의 역사는 아시아적 특수성을 띠고 있더라고 세계사적인 내면적 발전법칙을 가지고 발전해온 발전사라고 주장했다. 이러한 주체적 학문 태도와 현실 인식은 정인보에 있어서도 연구의 출발이자 지속적으로 견지해야할 태도였다. 그는 우리의 독자성이 비록 비루할지라도 이것을 떠나서는 우리는 더불어 존재할 수가 없는 것이기 때문에 우리 민족의 독자성을 반드시 지키고 계승해야 할 것으로 파악했다. 이는 민족의 역사와 문화에 대한 관심과 발굴, 주체적이고 독자적 한국사 발전에 대한 인식으로 발전하였고, 이는 「오천년간 조선의 얼」의 저술로 나타났다.

　정인보와 백남운은 비록 민족주의와 사회주의로 이념과 학문적 연구방법은 달랐지만, 자주적이고 주체적인 입장에서 외래의 이념과 학문을 받아들여 독자적인 우리 것으로 만들어 한다는 데에는 입장을 같이했다. 그를 위해 조선의 문화와 역사에 대해 애정을 가지고 탐구해야 하며, 우리 역사가 세계사적 보편성을 가지면서도 독자적인 발전과정을 하였다는 것을 밝혀내야 한다는 목표 의식을 공유하였다. 백남운이 한국사의 보편성과 특수성을 고려하면서 사적유물론의 역사발전 단계론을 주체적으로 적용시켜 한국사의 합법칙적 역사발전과정을 해명하고자 했다면, 정인보는 인간의 본심이자 정신인 '얼'을 조선의 민족과 역사로 확장시켜 오천년간 조선의 얼의 발전과정으로서 우리 역사를 해명하고자 했다. 그렇지만 정인보가 주도한 1930년대 중반 조선학운동에 백남운이 참가하기는 하지만, 조선학운동을 둘러싸고 양자의 인식과 활동사이에는 일정한 차이가 있었다. 또한 해방직후 한국 교육의 이념으로서 홍익인간 채택하는 데 있어서 백낙준과 정인보 등이 이를 적극 앞장섰던 것에 반해, 백남운은 극구 반대하였다. 정인보가 남긴 글에서도 백남운에 대한 사적인 교유와 언급은 거의 찾아볼 길이 없다. 그런 점에서 그들의 교유관계는 제한적이었다고 보인다.

　일반 독자들이 읽고 이해하기 어려운 정인보의 「양명학연론」은 66회에 걸쳐 동아일보 1면에 연재되었고, 「오천년간 조선의 얼」은 무려 283회에 걸쳐 동아일보 1면과 3면에 연재되었다. 이는 송진우의 적극적 지원 하에 이루어진 것이었다. 정인보와 송진우는 처음에는 별 교류가 없다가, 1926년 '비밀스러운 계획'을 계기로 급속히 가까워졌다. 조선에 대한 일제의 식민정책, 친일 정치세력의 존재, 1920년대 합법적 정치운동론의 확산과 그 귀결로서의 신간회 창립, 신간회를 둘러싼 민족주의세력의 민족운동 동향을 놓고 볼 때, 송진우는 자치론을 주장한 타협적 민족주의자가 아니었다. 일제시기 조선을 대표하는 '정객'으로 묘사되던 송진우는 일본 다이쇼 데모크라시의 사상과 19세기 말 20세기 초 영국 신자유주의 이념(New Liberalism)을 일정 수용하고 있었고, 국내외 정세와 운동현실을 파악하는 데 일가견을 갖고 있었으며, 일제 강점기 내내 친일하지 않았다. 송진우는 우리의 독자적인 사상적 문화적 전통과 역사를 확립하는 것이 민족운동에 있어 무엇보다 중요한 과제이며, 이를 통해 민족주의세력 주도의 자립적 근대국가건설 운동의 사상적 기반을 마련할 수 있다고 보았다. 이는 공산주의 세력 주도의 국가건설운동에 대응하는 것이기도 했다. 이 지점이 송진우가 정인보를 끌어들여 동아일보의 지면을 의도적으로 적극 제공하면서 정인보의 저작 활동을 적극 후원한 배경이었다.

정인보가 극복하고자 했던 것은 일제의 식민지배 이데올로기만이 아니었다. 문명개화론, 서화론 등으로 상징되는 서구 근대 사상을 무비판적으로 수입하는 경향에 대한 비판도 내포되어 있었다. 뿐만 아니라 '프롤레타리아 국제주의'와 '계급 대 계급' 전술에 입각하여 민족주의 사상과 이념을 전면 부정하고, 소련과 코민테른을 추종하던 공산주의자들에 대한 비판까지 내포하는 것이었다. 물론 정인보의 사회주의, 공산주의 비판은 그 이념 자체에 있는 것이 아니라, 이를 수용하고 받아들여 행동하는 사람들의 태도에 있었다. 그러나 이는 해방직후까지도 조선의 현실을 인정하고 당면 민족혁명에서 민족주의자들의 주도권을 인정한다면 사회주의 세력의 '진보적 민주주의'의 사회경제 정책을 일정하게 수용하고, 사회주의 세력도 포괄하려 했던 송진우의 태도를 놓고 볼 때 중간적 입장에서 좌우의 통합이나 사상의 조화를 논하는 것은 아니었고, 민족주의의 분명한 이념적 지향을 갖고 있는 것이었다.

정인보는 송진우를 대단히 높이 평가하고 있었으며, 1945년 12월 송진우가 암살될 때까지 긴밀한 관계를 유지하면서 행동을 같이하였다. 그렇지만 송진우의 후원 하에 독자적인 한국 민족주의 사상을 정립하려 했던 정인보의 모색과 활동은 결실을 맺지 못한다. 중국의 경우 중국본위문화파와 신유가들의 주장이 여러 논쟁을 거쳐 일정한 성과에 이른 반면, 식민지 조선의 경우는 1930년대 중반부터 식민지 억압과 통제가 강화되면서 논전은커녕 사상적 이론적 모색과 연구조차도 불가능하게 되었기 때문이다. 또한 해방이 된 후에도 본격적 연구를 하기도 전에 1945년 12월 30일 송진우가 암살되면서 정인보의 정치 사회 활동의 주요지지 기반과 후원이 사라지게 되었던 것도 이유가 될 수 있다.

정인보와 백낙준·백남운·송진우간의 교유관계를 종합적으로 볼 때, 각각의 특징과 편차를 찾아볼 수 있다. 백낙준은 정인보의 실학과 국학 연구를 적극 지원하였지만, 기독교와 유교사상이라는 사상적 편차, 학문적 수학 배경과 방법론, 연구 분야 등이 달랐기 때문에 깊은 학문적 교류나 사상적 교류를 나누지는 못했다. 백남운과는 조선 역사를 연구하고 조선학운동을 추진하는 데 있어 상호 협력하였지만, 민족주의와 사회주의라는 사상적 편차, 학문적 방법론과 연구 결과 등에 있어 상당한 차이를 보이고 있었고, 현실 정치사회 활동에서 일정한 거리를 두게 했다. 송진우는 정인보의 저술 활동을 적극 후원하고, 정치사회 활동을 거의 같이 하는 등 다른 사람들에 비해 훨씬 관계가 긴밀하였지만, 그렇다고 양명학이란 틀에 묶을 수 있는 관계는 아니며 서로에게 필요한 점을 보완하는 관계였다.

백낙준·백남운·송진우가 서로 사상과 이념, 정치적 지향과 활동에서 상당한 편차가 있었음에도 불구하고 정인보와는 각자 긴밀히 교유할 수 있었던 공통점은 무엇보다도 조선의 역사와 문화에 대한 이해와 사상과 학문 연구에 있어서의 주체적 태도였다. 이들 모두는 서구 사상과 문명, 이론을 그대로 수용해서는 안 되고, 자주적이고 주체적인 입장에서 외래의 이념과 학문을 받아들여 독자적인 우리 것으로 만들어야 하며, 그를 위해 조선의 문화와 역사가 세계사적 보편성을 가지면서도 독자적인 발전과정을 하고 있다는 것을 밝히는 것이 필요하다고 인식하였다.

한편 본 연구에서는 정인보와 긴밀한 관련이 있는 인물 중 홍명희에 대해서는 살펴보지 못했는데, 이는 추후의 연구에서 해명하고자 한다. 그리고 정인보의 행적과 사상의 배경을 이해하는 데 있어 또 다른 중요한 점으로는 그동안 많은 연구자들 사이에서 회자되었던 중국의 양명학자 및 국학자들과 정인보의 사상적 학문적 관계를 들 수 있다. 정인보는 중국의 양명학자들에 대해 연구하기도 했지만, 19세기 말에서 20세기 초 중국의 국학자들에 대해서도 상당한 관심을 갖고 있었고 일정한 영향을 받는다. 물론 그것이 현실의 교유관계로 연결되지는 못하였고 대부분 책을 통한 관계에 한정되었음에도 불구하고, 정인보의 저술과 행동 곳곳에는 그의 영향이 무시할 수 없을 정도로 드러나고 있다. 그럼에도 불구하고 정인보와 중국 양명학자, 국학자들과의 구체적인 비교 연구는 현재 거의 없는 실정이다.[98] 그중에서도 중국 '국학대사', '국수학파의 태두' 등으로 일컬어지는 20세기초 중국 국학파의 대표 인물인 장빙린(章炳麟)과 정인보의 관계는 주목되어야 한다.[99] 장빙린(章炳麟)과 정인보의 관계 및 상호 비교는 후속 연구에서 밝히도록 하겠다.

---

98) 최재목과 신현승이 「陽明學演論」에 나타난 黃宗羲 등 중국 양명학자에 대한 정인보의 이해와 인식의 양상을 정리하였는데, 정인보의 입장만을 분석한 것일 뿐 양자를 비교 분석하는 데는 이르지 못했다. 최재목, 『鄭寅普의 양명학 이해-「陽明學演論」에 나타난 黃宗羲 및 『明儒學案』 이해를 중심으로-」, 『양명학』 17, 2006 ; 신현승, 「鄭寅普의 눈에 비친 中國 明末淸初期의 知識人」, 『동서철학연구』 48, 2008.

99) 章炳麟에 대해서는 중국뿐만 아니라 국내에서도 꽤 많은 연구가 이루어져 있다. 그렇지만 서동석이 章炳麟과 박은식의 역사인식을 비교한 것 이외에 조선 지식인과의 비교연구는 거의 없다. 서동석, 『章炳麟(1868~1936)과 朴殷植(1859~1925)의 歷史認識」, 『안동사학』 3, 1998.

참고문헌

국사편찬위원회 한국사데이터베이스(http://db.history.go.kr)
『동아일보』, 『비판』, 『思想彙報』, 『삼천리』, 『신동아』, 『학지광』
백낙준, 『백낙준 전집』, 연세대 출판부, 1995.
백낙준, 『한국의 현실과 이상』 상·하 연세대출판부, 1977.
정인보, 『담원문록』 상·하, 태학사, 2006.
정인보, 『담원 정인보전집』, 연세대학교 출판부, 1983

강석화, 「담원 정인보선생에 대한 연구사 정리」, 『애산학보』 39, 2013.
고하선생전기편찬위원회, 『독립을 향한 집념 : 고하 송진우 전기』, 동아일보사, 1990.
김도형, 「1920~30년대 민족문화운동과 연희전문학교」, 『동방학지』 164, 2013.
김진균, 「정인보 조선학의 한학적 기반」, 『한국실학연구』 25, 2013.
류승완, 「1920~1930년대 조선학의 분화에 대한 일 고찰」, 『숭실사학』 31, 2013.
민경배, 「1930년대 종교계에 있어서의 국학진흥운동」, 『민족문화연구』 12, 1977.
민영규, 「용재선생과 홍익인간의 문제」, 한국기독교문화연구소 엮음, 『용재 백낙준 박사 기념강좌』, 대한기독교서회, 1992.
민영규, 「爲堂 鄭寅普 선생의 行狀에 나타난 몇 가지 문제 : 實學原始」, 『동방학지』 13, 1972.
방기중, 『한국근현대사상사연구』 역사비평사, 1992.
백승철, 「1930년대 '朝鮮學運動'의 전개와 民族認識·近代觀」, 『역사와 실학』 36, 2008.
백일, 「1930년대 조선학운동의 전개와 그 성격」, 국민대 국사학과 석사학위논문, 1998.
송덕수, 『광복교육 50년 1. 미군정기 편』, 대한교원공제회 교원보직신보사, 1996.
심경호, 「위당 정인보 평전의 구상」, 『연보와 평전』 4, 2010.
심경호, 「위당 정인보의 양명학적 사유와 학문방법」, 『애산학보』 39, 2013.
연세대학교 국학연구원 편, 『백낙준 박사의 학문과 사상』, 대륙, 1995.
연세대학교 국학연구원 편, 『연세국학연구사』, 연세대 출판부, 2005.
연세대학교 문과대학, 『연세대학교 문과대학 100년』 1, 연세대학교 대학출판문화원, 2015.

왕현종, 「연희 전문의 한국사 연구와 민족주의 사학의 전개」, 『근대 학문의 형성과 연희전문』, 연세대 출판부, 2005.

윤덕영, 「1920년대 전반 민족주의 세력의 민족운동 방향 모색과 그 성격」, 『사학연구』 98, 2010.

윤덕영, 「1920년대 전반 동아일보계열의 정치운동 구상과 '민족적 중심세력론'」, 『역사문제연구』 24, 2010.

윤덕영, 「1920년대 중반 민족주의 세력의 정세인식과 합법적 정치운동의 전망」, 『한국근현대사연구』 53, 2010.

윤덕영, 「1926년 민족주의세력의 정세 인식과 '민족적 중심단체' 결성 모색－소위 '연정회' 부활 계획에 대한 재해석－」, 『동방학지』 152, 2010.

윤덕영, 「1930년대 동아일보 계열의 정세인식 변화와 배경－체제비판에서 체제굴종으로－」, 『사학연구』 108, 2012.

윤덕영, 「1945년 한국민주당 초기 조직의 성격과 주한미군정 활용」, 『역사와 현실』 80. 2011.

윤덕영, 「미군정 초기 정치 대립과 갈등 구조의 중층성－1945년 말 한국민주당 주도세력의 정계 개편 운동을 중심으로－」, 『한국사연구』 165, 2014.

윤덕영, 「송진우·한국민주당의 과도정부 구상과 대한민국임시정부 지지론」, 『한국사학보』 42, 2011.

윤덕영, 「신간회 창립 주도세력과 민족주의 세력의 정치 지형」, 『한국민족운동사연구』 68, 2011.

윤덕영, 「신간회 창립과 합법적 정치운동론」, 『한국민족운동사연구』 65, 2010.

윤덕영, 「위당 정인보의 조선학 인식과 지향」, 『한국사상사학』 50, 2015.

이지원, 『한국 근대 문화사상사 연구』, 혜안, 2007.

이황직, 「위당 조선학의 개념과 의미에 관한 연구」, 『현상과 인식』 34, 2010.

전윤선, 「1930년대 '조선학' 진흥운동 연구」, 연세대 사학과 석사학위논문, 1998.

정양완, 「나의 아버지 나의 스승 담원 정인보 선생」, 『스승』 2008.

정양완, 「담원 정인보선생 연보」, 『애산학보』 39, 2013.

정호훈, 「『書永編』의 자료 구성과 지식 세계」, 『진단학보』 110, 2010.

조동걸, 「年譜를 통해 본 鄭寅普와 白南雲」, 『한국독립운동사연구』 5, 1991.

조성산, 「정인보가 구성한 조선후기 문화사」, 『역사와 담론』 56, 2010.

채관식, 「1930년대 '조선학'의 심화와 전통의 재발견」, 연세대 사학과 석사학위논

　　문, 2006.
홍이섭, 「위당 정인보」, 『한국사의 방법』, 탐구당, 1968.
황원구, 「정인보」, 『한국사시민강좌』 19, 1996.

위당 정인보의 조선학 인식과 지향

윤 덕 영

1. 머리말

3·1운동과 5·4운동 이후 동아시아에서의 근대 사회로의 이행, 민족국가 건설의 전망은 이전과 다른 상황에서 전개되고 있었다. 제1차 세계대전의 파괴적 결과에 따라 서구 문명에 대한 회의가 일어나기도 했지만, 전제 국가의 몰락 및 보통선거권의 확대, 의회제 민주정치의 정착으로 상징되는 서구 민주주의 진전은 자본주의 체제의 자기 변신 및 서구 문명의 또 다른 가능성을 보여주는 것처럼 보였다. 다른 한편 러시아혁명의 성공과 코민테른을 통한 식민지 반식민지 민족운동에 대한 지원은 사회 이행과 근대 국가의 수립에 있어 전혀 다른 새로운 방향과 전망을 제시하는 것이었다.

자본주의와 사회주의, 서구 민주주의와 공산주의의 전망이 서로 경쟁하는 가운데, 동아시아 지식인, 엘리트들은 유구한 역사적 전통을 갖고 있는 동아시아의 문화와 사상이 동아시아 근대사회로의 이행 및 근대 민족국가 건설에 어떠한 역할을 하고 어떻게 작용할지 고민하였고, 이를 둘러싸고 일련의 논쟁이 전개되기도 하였다. 중국의 경우 동서문화논전과

중국본위문화론을 둘러싼 논전으로 그 양상이 극명하게 드러났지만,
제국 일본의 경우에도, 그리고 식민지 조선에서도 그러한 고민과 논쟁의
흔적은 적지 않게 나타났다. 1930년대 조선에서 전개된 조선학운동도
거시적으로 보면 이런 동아시아 흐름의 한 양상이었다.

본 연구는 이런 인식하에 1930년대 조선학운동을 주도하였던 정인보의
조선학에 대한 인식과 지향을 당시의 정세와 관련해서 살펴보려는 것이
다.[1] 조선학은 말 그대로 조선을 '학(學)'으로 연구하는 경향을 말하며,
조선학의 개념과 범주에 대해서는 이지원, 신주백, 김인식 등에 의해
일정한 정리와 논의가 있었다.[2]

본 연구에서는 우선 조선학의 연구 경향을 크게 셋으로 나누고, 정인보
가 어떠한 입장과 태도에서 조선학을 연구했는지를 살펴보려고 한다.
그리고 순수한 학문적 입장에서 조선학을 연구하는 경향에 대해 어떠한
태도를 보였는지를 파악하고자 한다. 이는 조선학연구에 대한 정인보의
기본적 인식과 태도를 이해하는 배경이 될 것이다. 이런 바탕위에서
정인보가 조선학을 본격적으로 연구하는 계기를 살펴보고, 당시 민족운동
의 사상통일을 주장하던 동아일보의 '사상혁신' 주장과 정인보의 「양명학
연론」과 「오천년간 조선의 얼」의 논설이 어떠한 관련이 있는가를 해명하
고자 한다. 이를 통해 정인보가 비판하고 극복하고자 했던 사상의 내용을

---

1) 정인보에 대해서는 강석화에 의해 100여 편에 이르는 연구 문헌이 소개되고,
   이중 주제별로 주요한 연구를 소개하는 정리가 있었다. 강석화, 「담원 정인보선생
   에 대한 연구사 정리」, 『애산학보』 39, 2013. 그렇지만 정인보를 직접적 다루거나,
   조선학운동 및 실학을 비롯하여 각 주제별, 각 학문별로 관련 연구를 진행하면서
   정인보의 활동과 사상을 언급하거나 다룬 연구들은 추가로 훨씬 더 많이 있다.
2) 이에 대한 정리는 다음을 참조. 이지원, 『한국 근대 문화사상사 연구』, 혜안,
   2007 ; 신주백, 「1930년대 초중반 朝鮮學 學術場의 재구성과 관련한 시론적 탐색」,
   『역사문제연구』 26, 2011(a) ; 신주백, 「조선학운동에 관한 연구동향과 새로운
   시론적 탐색」, 『한국민족운동사연구』 67, 2011(b) ; 김인식, 「1920년대와 1930년
   대 초 '조선학' 개념의 형성 과정-최남선·정인보·문일평·김태준·신남철의 예」,
   『숭실사학』 33, 2014.

파악하고자 한다. 마지막으로 '근세 조선학'으로 명명된 실학에 대한 정인보의 인식과 그 발전과정을 통해, 정인보가 어떠한 강조점을 두고 실학을 이해하고 있었으며, 어떠한 학문으로 실학을 규정하고 있었는가를 파악하고자 한다. 이를 통해 해방 후 한국사의 핵심 연구 주제로 정착된 실학에 대한 인식과 연구가 실학과 근대성의 관계 해명에 연구 초점을 맞추고, 성리학과의 관련성을 제기하게 되면서 정인보가 생각했던 실학의 이해와 상당한 간극이 발생하게 되었다는 것을 논하고자 한다.

2. 운동으로서의 조선학 인식

1) 조선학 연구경향과 정인보의 입장

정인보는 연전에 몸담고 있는 대학교수였지만 학술지에 논문을 거의 쓰지 않았다. 그는 거의 대부분의 논설을 『동아일보』 같은 대중 매체를 통해 발표하였다. 해외 유학을 통해 체계적인 근대적 교육과 학문방법을 체득하는 과정을 거치지 못했기 때문에 학술지 형식의 글쓰기가 어려웠다고 치부할 수도 있지만, 당시 학술지들이 엄격한 형식과 높은 수준을 요하는 것도 아니어서 마음만 먹으면 쓰지 못할 바도 아니었을 것이다. 문제는 정인보가 그럴 생각이 없었다는 점이다.

조선학의 개념과 범주, 조선학의 학술지형에 대해서는 신주백에 의해 현실에 대한 태도, 연구방법론, (비)제도권, 발표 매체 등의 기준을 가지고 구분하는 시도가 있었다.[3] 그렇지만 필자가 보기에 가장 중요한 점은 조선학을 하는 연구자들이 어떠한 입장과 태도로 조선을 연구하였는가

---

3) 신주백, 앞의 논문, 2011(a), 99~104쪽.

하는 것이라 생각된다. 곧 식민지 조선의 현실, 현실문제에 대해 어떠한 태도와 입장을 가지고 연구했는가 하는 점이 우선이고, 다른 것들은 부차적이고 종속적 요소라고 보여진다. 이렇게 볼 때 1930년대 조선 또는 조선학을 연구하는 경향은 크게 세 경향으로 분류될 수 있다.

첫째는 식민지학으로 조선을 연구하는 관학계통의 연구경향이다. 여기에는 일본 내의 식민학자들, 조선사편수회의 설립으로 구체화된 총독부의 적극적 지원 하에 있는 조선사 및 식민지학 연구경향, 경성제국대학 법문학부 설립 이후 체계적이고 안정적으로 조선연구가 진행될 수 있는 재생산 구조가 만들어진 가운데 경성제대를 중심으로 제국사의 부속적 일환으로 조선을 연구하는 경향, 곧 경성제대 법문학부의 경성제대법문학회와 경성제대문학회, 그리고 청구학회 등의 연구 경향이 이에 해당된다. 이들 관학 계통의 연구 경향은 일본 본국 및 조선총독부의 직접적 지원 하에서 연구를 수행하고 있느냐의 여부와 연구 성과를 외화하는 수단과 방법 등에서 내부에 일정한 편차를 가지고 있다. 그렇지만 기본적으로 일본 제국과 식민지 조선의 관계를 긍정하고, 독자적인 조선학의 범주 설정을 거부하며, 일본제국의 종속된 공간으로서 조선의 역사와 문화를 연구하는 입장을 공통으로 갖고 있다. 이들 경향은 다소의 유무와 직·간접의 차이는 있지만 결국에는 식민지 지배 이데올로기를 생산, 재생산하고 확대하면서 식민지배 체제를 유지 안정화시키는 역할을 담당했다.

둘째는 식민지 조선의 현실에는 관심을 두지 않고, 현실문제에는 거리를 둔 채, 순수한 학문의 대상으로서 조선을 연구하는 경향이다. 1934년 5월 이병도의 주도하에 결성된 진단학회가 대표적이며, 그 외에도 어문학과 철학을 비롯한 여러 학문 분야에서 여러 사람들이 있었다. 이들은 일본인 중심으로 진행된 관학 계통의 조선학 연구에 대응해서 조선인에 의한, 조선의 역사와 문화연구를 표명했고 일정한 경쟁관계도 있었다. 그렇지만 일본 관학의 체계와 연구방법론, 성과물을 공유하고 있었고,

관학의 제도권을 지향했다. 진단학회는 청구학회와 협력적 경쟁관계에
있었다. 연구성과도 주로 학술지를 대상으로 발표했다. 무엇보다도 식민
지 조선의 현실 문제에는 거리를 두고 개입할 의사도, 의지도 거의 없었다.
뒤에서 살펴보겠지만 정인보는 이들 경향에 대단히 비판적이었다.[4]

 셋째는 식민지 조선의 현실과 현실 문제에 깊이 관심을 가지고 그
타개의 일환으로, 그리고 근대 자주독립국가의 사상적 문화적 기반을
만들겠다는 목적의식을 가지고 조선학을 연구하는 경향이다. 운동으로
서 조선학을 연구하는, 곧 '조선학운동'으로서 조선학을 연구하는 경향
이다. 정인보, 안재홍, 백남운 등이 대표적 연구자들이다. 식민지 지배
이데올로기를 생산하는 관학계통의 연구 방법론과 성과를 부정하고
이를 극복하는 것을 연구의 주된 목표로 삼아, 사상적 문화적 학문적
대안을 만드는 데 주력했다. 이들은 운동의 차원에서 조선학을 연구하기
때문에 학술지에 연구 성과를 발표하기 보다는 대중에게, 그리고 사회에
목소리를 낼 수 있는 일간지와 잡지 등에 주로 연구 성과나 논설을
발표하는 것을 선호하였다. 물론 논자마다 편차가 있다. 또한 대중 강연과
강좌, 다양한 학술행사와 대중적 이벤트도 적극적으로 개최했다. 그리고
민족의 역사와 문화와 관련된 현실의 제반 문제에 대해 적극적 관심을
가지고 실천적으로 참여하였다.

---

4) 진단학회는 창립시에는 각 일간신문에 관련 논설이 실린 정도로 조선 민족운동계
   와 조선인 사회의 기대를 받았다. 그렇지만 1934년 11월 진단학보 창간호가
   나온 직후부터는 여론이 급격하게 악화되기 시작한다. 사회주의 계열은 물론
   민족주의 계열에서도 이들을 비판적으로 보기 시작했다. 동아일보는 1935년
   1월 조선 학술계의 대표적 단체를 소개하였는데, 조선경제학회와 조선어학회는
   자세히 소개하였고, 경성박물연구회, 철학연구회, 과학지식보급회, 조선어학연
   구회, 발명학회, 약전식물동호회, 松京곤충연구회, 자연과학연구회 총 10개 단체
   를 소개했다. 그런데 가장 중요한 역사분야 단체는 소개하고 있지 않다. 이는
   진단학회를 조선 학술계의 주요 단체로 보지 않는다는 그들의 인식을 단적으로
   보여준다. 「학술부대의 참모본영, 각양각색의 진영과 其업적」, 『동아일보』
   1935.1.1~3.

이렇게 규정할 때 '조선학'과 '조선학운동'은 서로 다른 내용과 범주를 갖는 개념이라는 것에 유념할 필요가 있다. 그리고 1930년대 조선학과 관련된 인물들을 파악할 때는 우선 그가 어떠한 입장에서 조선학을 논했는가를 파악하는 것이 우선이다.[5] 그러면 정인보를 살펴보자.

> "나는 국사를 연구하던 사람이 아니다. … 그러다가 어느 해인가 일인들이 '朝鮮古蹟圖譜'라는 '첫 책'을 낸 것을 보니 그 속장 2, 3장을 넘기기 전에 벌써 '분'한 마디가 나타나므로 '이것 그냥 내버려 둘 수 없구나' 하였고, 또 어느 해인가 제 소위 '병합 몇 주년'이라고 경일(京日 : 경성일보)인가 매신(每新 : 매일신보)인가 기념호를 내었는데 소위 '秥蟬碑'의 사진이 소위 몇 해 안 대표적 대사건의 하나로 올랐다. … 이로써 평양이 古낙랑군의 郡治라고 떠드는 것이다. 이것을 보고 일본학자의 조선사에 대한 고증이 저의 총독정책과 얼마나 긴밀한 관계가 있는 것을 더욱 깊이 알아 '언제든지 깡그리 부셔버리리라' 하였다."[6]

정인보의 위 언급은 그가 어떠한 입장에서 조선사를 연구하는지를 잘 드러내고 있다. 무엇보다 정인보는 그의 역사 연구의 출발이 일본 관학의 『조선고적도보』 편찬과 낙랑군 고증에서 보이는 역사 왜곡, 그리고 그것이 식민지배 이데올로기를 양산하는 총독부의 식민지배 통치정책과 긴밀한 관계에 있는 것에 분노하여, 이를 '깡그리 부셔버리'기 위해서였다

---

5) 위 세 경향에 포괄되지 않는 인물들도 물론 있다. 한국인 중에서는 두 번째와 세 번째 경향의 중간적 위치에 있는 사람들이 있었다. 일본인 중에는 첫 번째와 두 번째 경향의 중간적 위치에 있는 사람들이 있었으며, 마르크스주의 식민학자나 사회경제사가 중에서는 사회변혁적 인식을 하면서도 조선인식에서는 정체적 인식을 하는 경우가 많았다.

6) 정인보, 「조선사연구」, 「附言」, 『담원 정인보 전집』 4, 연세대학교 출판부, 1983, 270~271쪽.

는 것을 분명히 하고 있다. 정인보의 조선학에 대한 관심은 역사적 사실을
순수하게 학문적으로 밝힌다거나, 양명학의 학술적 내용을 밝혀 조선의
유학체계를 완성한다든지 하는 순수한 학문적 관점에 있지 않았다.[7]
그는 식민지 조선의 현실, 조선의 사상적, 이념적, 문화적 현실 문제를
앞에 놓고, 조선의 자주적이고 독자적인 사상적 문화적 역사적 전통을
근대적 현실에 맞게 새롭게 재정립함으로써 이를 해결하겠다는 시대적
역사적 소명의식을 갖고 조선의 사상과 역사를 연구했던 사람이다. 곧
민족주의 운동으로서 조선학운동이 그의 조선학 연구의 출발이자 목적이
었다. 그의 양명학과 역사연구에 있어 보이는 학문적 연구 체계상의
문제나 엄밀성의 문제는 그 부분이 그의 관심사가 아니기 때문에 나타나는
현상이었다.

2) 순수 학문적 연구경향에 대한 비판

정인보는 조선학을 연구하는 두 번째 경향, 순수한 학문적 입장에서
조선학을 연구하는 것에 대해서 비판적이었다. 같이 조선학운동을 전개하
던 문일평에게 보내는 편지에는 이에 대한 그의 입장이 자세히 드러나
있다.[8]

> "지난번 당신이 이르기를 '오늘날 역사를 전공하는 아무개 같은 자는
> 비록 아직 대학자는 아니지만 그 조심스레 문헌에 의존하여 감히 넘나들지
> 않으니 족히 취할 만한 것이 있네' 하였소. 나는 따지고 싶은 생각이

---

7) 장지연, 현상윤과 달리 정인보는 그의 해박한 유학 지식에도 불구하고 조선유학사
　를 체계적으로 정리하지 않았던 점에서도 이러한 면이 드러난다.
8) 정인보, 「호암 문일평에게 보내는 편지」, 『담원문록』 중, 태학사, 2006, 136~
　138쪽.

있었지만 자리에 다른 손님도 있고 해서 말씀드리지 못했소.”

　“역사를 전공하는 사람이 문헌을 극진히 중시하는 것은 예로부터 이미 그러하였음을 알거니와, 역사에 있어서 문헌이란 유독 전설·가요·기물·송장의 뼈에 비할 정도뿐만이 아니요, 비록 그렇기는 하지만 진짜도 있고 가짜도 있고, 또한 만일 그 진짜라 하더라도 떠벌이거나 찌부러트리는 차이가 있어서 … 만약에 우리나라 옛 역사를 전공한다면 대개 과거에 있었던 국내외 문헌은 더욱이 그 중용을 잃은 것이 많았소. … 남의 견지에서 기술한 것은 믿고, 우리의 견지에서 기술한 것은 배척하여, 심하면 主와 客, 저와 나를 구분하지 못하여 … 국외의 문헌으로는 이 땅과 가장 가깝고 교류가 가장 오래고 記籍이 가장 풍부하기로는 漢人것보다 더 한 것이 없소.”

　“내 생각으로는 지금 우리 역사를 전공하는 자는 우리나라와 외국의 문헌을 처리함에 있어서 마땅히 자기를 억누르고 남을 따르면 안되고, 기운을 내어 맞서기를 마치 대로 거칠게 엮은 수레를 타고 나무와 풀이 우거진 속에 들어가서는 왼손에 지팡이를 쥐고 헤치고 오른손에 날이 선 칼로 물억새며 갈대를 쳐 없애듯이 하여야 하오.”

문일평이 두 번째 경향에 있는 아무개를 족히 취할 만이 것이 있다고 정인보에게 추천하자, 그는 이를 반박하는 편지를 문일평에게 후일 보냈다. 정인보는 아무개가 “조심스레 문헌에 의존하여 감히 넘나들지 않으니 족히 취할 만한 것이” 있다는 문일평의 주장에 대해 역사를 전공하는 사람이 문헌을 극진히 중시하는 것은 당연한 것으로, 그 보다는 문헌에 대한 고증이 중요하고, 우리나라와 외국의 문헌을 처리하는데 있어서 남의 견지에서 기술한 것은 믿고, 우리의 견지에서 기술한 것은 배척하는

태도를 보여서는 안 된다면서, 지팡이와 날선 칼로 수풀을 헤치며 나가듯이
주체적인 입장에서 역사를 연구해야 한다고 강조했다. 그러면서 정인보는
두 번째 경향에 있는 아무개에 대해 노골적인 비판을 가하였다.9)

　"내가 이 말을 하는 것은 요컨대 우리나라 사람이 역사를 전공하는
방법을 밝힐 뿐이지, 아무개와 그 득실을 따지자는 것이 아니라오. 아무개
와 같은 자는 바로 한낱 비루천박하고 어리석은 무리일 뿐이요 그 자는
문헌에 실린 바를 따른다고 하지만, 그가 과연 제대로 글자나 가려 읽고
문구나 꼼꼼히 따질 수 있는지 모르는지 나는 모르겠소 아무리 그 속임수
를 풀이하고 싶다 해도 속임에도 오히려 그 등급이 있으니, 어찌 아무개
같은 자가 능히 살피겠소?"

　"아무개가 구차스럽게 의존함은 다른 게 아니요. 최근 일본 학자가
왕왕 자기가 조선사가 임네 하기를 좋아하여, 내외의 옛 역사를 증명하는
데 한결같이 문헌에 의존한다고 과시하오. 이는 문헌에 의존하여 부회하면
이 땅의 백성이 가장 열등함을 증명할 수 있다고 알기 때문이오. …
아무개가 일찍이 이 무리에게서 배워서 존경하기를 神明같이 여기며,
居桀夫, 李文眞은 존경할 만하지 않고, 이즘 사람으로 申無涯(采浩, 丹齋)
같이 특출함은 미쳤다고 우선 비웃어 대고 있소. 밤낮으로 졸졸 따라다니
며 자기 선생의 자취만 밟아서, 저들이 대충만 써대어도 아무개가 상세하
게 펴내고, 저들이 그 실마리만 들추면 아무개가 끝맺음을 한다오. …
아무개의 마음을 헤아리건대 그 사람이라고 한들 어찌 반드시 그 스승에게
충성을 바치려고 그러겠소? 대개 어쩌다가 교수라는 이름 하나 얻어서
영광으로 여기려는 것이라오. 그 심보가 고약해서 때려줘도 부족할 것인데

---

9) 정인보, 「호암 문일평에게 보내는 편지」, 『담원문록』 중, 138~140쪽.

어디 취할 만한 점이 있다고 하겠소? … 당신은 행실이 깨끗하고 학문에만 전념하여 후생이 우러르는 터인데, 말씀을 삼가지 않아서야 쓰겠소? 다 적지 못하오."

정인보가 볼 때 두 번째 경향의 아무개는[10] 사실 식민 지배 이데올로기를 양산하는 일본 관학자들을 존경하고 충성을 다하는 제자일 뿐이며, 교수라는 자리를 얻기 위해 충성을 바치는 비루천박한 무리에 지나지 않았다. 그들은 일본 관학자들이 조선사를 왜곡하기 위해 하는 연구들을 상세하게 내용을 채우고 마무리하는 어리석은 무리일 뿐이었다. 더군다나 한학도 제대로 수학하지 않아 속임수도 제대로 풀이하지 못하는 무리라고 일갈하면서, "때려줘도 부족할 것인데 어디 취할 만한 점이 있다"고 하느냐며 문일평이 두 번째 경향에 대해 미온적인 것을 강하게 질타하였다.

---

10) 두 번째 경향의 아무개를 네 가지 이유, 즉 실증주의적 관점을 가지고, 신채호와 최남선의 사관을 비판하며, 한사군의 위치를 한반도로 규정하고, 1939년 경성제대 조선문학과 강사로 임용된 것을 들어 김태준으로 단정하는 견해가 있다(최선웅, 「정인보와 동아일보」, 『한국인물사연구』 23, 2015, 208~211쪽). 그렇지만 이는 여러 문제가 있다. 첫째, 정인보가 편지에서 "오늘날 역사를 전공하는 아무개 같은 자"라고 명백히 명시하였기 때문에 아무개는 역사를 전공하는 조선인 학자이다. 둘째, 문일평이 "비록 아직 대학자는 아니지만 그 조심스레 문헌에 의존하여 감히 넘나들지 않으니 족히 취할 만한 것이 있네"라고 평가할 정도로 한학에 조예가 있어야 하는데, 김태준이 문일평에게 이런 평가를 받았을지 의문이다. 셋째, 문일평이 당대 최고의 한학자인 정인보에게 소개시켜줄 정도로 문일평과 가깝고 자주 어울렸던 사람이어야 하는데, 김태준과 문일평은 그렇지 못하다. 비록 1934년에 한정되지만 이한수 옮김, 『문일평 1934-식민지 시대 한 지식인의 일기』(살림, 2009)에 보면 문일평의 교유관계가 잘 드러나 있다. 이 책에는 문일평과 가까웠던 '아무개'의 유력한 후보인 조선인 사학자가 등장한다. 넷째, 김태준은 경성콤그룹과 관계있는 공산주의자로 문일평 및 정인보 등 민족주의자들과의 유대관계가 별로 없다. 다섯째, 문일평은 1888년생, 정인보는 1893년생인데 반해, 김태준은 1905년생으로 서로 어울리거나 논의할 연배가 아니다. 십 수년 아래의 사람을 대상으로 이같이 노골적인 비판과 조롱을 한다는 것은 유학적 예의가 몸에 박힌 정인보로서는 상상할 수 없는 일이다.

조선학에 대한 정인보의 입장이 운동으로서의 조선학에 있었다는 것을 놓고 볼 때, 조선학운동에 대한 기존의 이해는 일정하게 재검토될 필요가 있다. 보통 조선학운동에 대해서 1934년 9월 일련의 '다산서세 99주기 기념사업'을 계기로 시작되었다고 보는 것이 일반적이다. 그리고 그 중심 인물이 정인보와 안재홍이라는 데에는 이론의 여지가 없다.[11] 그렇다면 정인보가 1934년 다사서세 기념사업 때부터는 운동으로서 조선학을 연구 했고, 그 이전에는 학문으로서 조선학을 연구했을까? 아닐 것이다. 정인보 는 그가 조선학을 본격적으로 연구하는 시점부터 운동으로서의 조선학을 구상하고 연구했을 것이다. 물론 조선학운동이 사회적 차원에서 큰 방향을 일으키고 대중적 관심 속에 전개된 것은 1934년 다사서세 기념사업 때부터 인 것은 분명하다. 그렇지만 정인보의 운동으로서의 조선학은 이미 그 이전부터 준비되고 시작되고 있었다.

운동으로서 조선학을 연구하는 세 번째 경향은 다시 그 이념과 학문적 연구 방법, 현실의 정치적 관계에 따라 다시 여러 부류로 나뉜다.[12] 우선 민족주의 이념과 운동의 입장에서 조선학을 구상한 사람들이다. 잘 알다시 피 정인보와 안재홍, 문일평이 대표적이다. 정인보와 안재홍은 민족주의 이념과 조선학운동에서는 공유되는 측면도 있지만, 서로 다른 학적 배경과 학문적 태도, 정치적 운동적 지반의 차이, 현실 문제를 바라보는 관점에서 미묘하게 서로 엇갈리는 측면이 여럿 있었다. 다음으로는 사회주의 이념과

---

11) 조선학운동의 전개과정에 대한 연구동향에 대해서는 신주백, 앞의 논문, 2011(b), 185~192쪽 참조.

12) 조선학운동의 전개과정과 각 논자들 간의 인식의 편차에 대해서는 다음 연구들을 참조. 전윤선, 「1930년대 '조선학' 진흥운동 연구」, 연세대 사학과 석사학위논문, 1999 ; 백일, 「1930년대 조선학운동의 전개와 그 성격」, 국민대 국사학과 석사학위 논문, 1997 ; 채관식, 「1930년대 '조선학'의 심화와 전통의 재발견」, 연세대 사학과 석사학위논문, 2006 ; 이지원, 앞의 책, 2007, 제4장 ; 백승철, 「1930년대 '朝鮮學運動'의 전개와 民族認識·近代觀」, 『역사와 실학』 36, 2008 ; 류승완, 「1920~1930년 대 조선학의 분화에 대한 일 고찰」, 『숭실사학』 31, 2013.

운동의 입장에서 조선학을 논한 인물들이다. 역시 백남운, 신일철, 김태준이 대표적이다. 이들은 다시 민족주의 세력의 조선학운동에 대해 이념과 연구방법론에서는 비판적 입장을 가지면서도 정인보를 매개로 조선학운동에 협력하여 같이 활동했던 백남운과 민족주의자들의 조선학운동에 비판하면서 동참하지 않았던 김태준, 신남철 등으로 다시 나뉜다. 당시에는 마르크스레닌주의 계열의 연구자들도 많았지만, 이들은 조선학 자체에 대해서 대부분 부정적이었고, 그런 범주 설정 자체를 달가워하지 않았다.[13] 현실 운동의 관점에서 볼 때는 정인보, 안재홍, 백남운은 각기 일정한 이념과 논점의 차이를 가지면서도 같이 힘을 모아 조선학운동을 전개했던 인물들이며, 김태준은 여기에 대립했던 인물이다.[14]

3. '사상혁신'론으로서 조선학의 제기

1) 고전 해제의 의미와 충무공유적지 보존운동의 경험

정인보가 조선학을 본격적으로 연구하기 시작한 것은 1931년 두 가지 일에 관여하기 시작하면서부터였다. 동아일보는 1931년 1월 5일부터 「조선고전해제」라는 문화면 칼럼을[15] 매 1주일마다 연재하기 시작했다.

---

13) 방기중, 『한국근현대사상사연구』, 역사비평사, 1992, 112~125쪽.
14) 정인보와 안재홍을 한편에 두고, 다른 한편에는 백남운을 두어 서로 비교하는 연구들이 여럿 있는데, 그 시도와 내용은 의미있는 것이지만 그 구분을 절대화해서는 안 된다. 학적 배경과 학문적 태도, 정치적 운동적 지반의 차이, 현실적 인간 및 사회관계 등을 놓고 볼 때 정인보와 안재홍은 하나로 묶을 수 있는 관계가 아니다. 정인보, 안재홍, 백남운은 각기 구별해서 보아야 한다. 그럼에도 이들은 같이 힘을 모아 조선학운동을 함께했던 인물들이다. 이점에서 이들과 김태준과 신남철은 명백히 구별해서 보아야 한다. 같이 운동을 했느냐, 안했느냐는 현실의 정치사회 관계에서 무엇보다 큰 차이를 낳기 때문이다.

제1회는 조선어연구회의 이윤재가, 제2회는 이은상이 집필했지만, 1931년 1월 19일부터 5월 11일까지 제3회부터 19회까지, 그리고 두 달 후인 7월 6일자 20회 마지막까지 정인보가 담당했다. 정인보는 학문 연구방법에 있어 고증을 중히 여기고, 언어와 문자에 대한 관심이 컸다. 이는 청의 건가학(乾嘉學)에 상응하는 것이라 할 수 있는데,[16] 중국 '국학대사', '국수학파의 태두' 등으로 일컬어지는 장빙린(章炳麟)를 비롯해서 19세기 후반에서 20세기 전반의 중국의 국수학파 및 국학자들의 학문적 바탕이자 출발도 건가학이었다.

당시 중국에서는 개항 이후 신해혁명을 통해 청조가 멸망하던 시기까지 제자학 연구가 활발하게 이루어지고 있었다. 제자서를 통해 경서를 고증하는 '以子證經'의 풍조와 경세치용과 관련한 선진 제자학의 연구가 중시되었으며, 서학과 비견되는 선진 제자학의 내용 발굴과 연구가 강조되었다. 그리고 이를 주도한 것이 장빙린이었다. 중국 국학파에서 두드러지듯이 이런 건가학의 학문적 배경을 갖고 있는 사람들에게 있어서 고전의 정리와 고증은 무엇보다 중요한 일이었다. 근대 문명에 대응할 새로운 동양적 근대사상도 이러한 전통의 정리와 고증을 통한 전통의 재해석과 재구성에서 나오는 것이기 때문이다.

정인보 역시 강화학파의 학문적 전통과 중국 국학의 영향 등으로 넓게 보면 이 범주에 속한 인물이었다. 정인보는 조선고전해제 작업을 통해 조선 전통의 정리와 고증을 통한 전통의 재해석 및 재구성에 착수할 수 있었고, 이는 그의 본격적인 조선학의 출발이었다. 「조선고전해제」 기획은 동아일보의 일반적 문화 연재에서 시작되었지만, 정인보가 전담하면서 정인보에 있어 문화연재 이상의 의미를 갖게 되었다.

---

15) 칼럼의 정식 명칭은 '朝鮮古典解題'이다. 또한 정인보에 의해 시작된 것은 아니고, 동아일보 기획에 의해 시작되었다가 3회부터 정인보가 하게 된 것이다.

16) 백낙준, 「敍」, 『담원문록』 하, 477쪽.

　한편 1931년 5월 13일자 『동아일보』에 이순신 묘소의 위토(位土)가 후손들의 빚 2,400원 때문에 동일은행에 저당 잡힌 채 경매에 넘겨지며, 묘소가 있는 산도 별도로 저당 잡혀있다는 내용이 보도되었다. 동아일보는 바로 전 해에 이윤재 집필로 이순신에 대해 43회나 연재를 게재하는 등,[17] 이순신 기획을 지속하였기 때문에 이 문제에 적극 대응했는데, 정인보가 주도적으로 참여하게 된다. 정인보는 5월 14일 「민족적 수치-채무에 시달린 충무공 묘소」, 5월 15일 「이충무공 墓山 경매문제」, 5월 21일 「이충무공과 우리」의 논설을 동아일보에 연이어 게재하였다.

　정인보는 "내옹(奈翁 : 나폴레옹)이니 화옹(華翁 : 조지 워싱톤)이니 하고 이국의 위인을 숭양(崇揚)할 줄 알되 자가(自家)의 위인을 모르는 그 시대는 다시 말할 것도 없거니와 '조선을 찾자'는 부르짖음이 벌써부터 잦은 이때"에 이순신의 묘소가 저당 잡혔다면서, "우리는 먼저 그보다는 민족적 이상이 결여하고, 민족적 정열이 냉각되고, 민족적 자부심이 마비된 조선을 스스로 책하지 않으면 안 될 것을 서러워 한다"고 개탄하면서, "이러한 붓대를 들기조차 손이 떨리고 얼굴에 모닥불을 붓든 듯하다"고 하였다.[18] 이런 생각은 이후 「양명학연론」이나 『오천년 조선의 얼』의 저술에서 누차에 걸쳐 강하게 표명된 외국 문명에 대한 숭배 자세와 자국 문명에 대한 비하 의식에 대한 비판의식으로 발전하게 된다.

　정인보의 논설 이후 『동아일보』에는 성금이 답지하기 시작했고, 『동아일보』는 대대적 성금 모금운동을 전개하면서 각종 관련 기획을 전개하였다. 5월 23일에는 이충무공유적보존회가 창립되었고, 7월에는 현충사 기공식이 거행되었다.[19] 충무공 유적지 보존운동은 송진우의 진두지휘

---

17) 이윤재, 「조선을 지은이들 성웅 이순신」 1~43, 『동아일보』 1930.9.20~12.13.
18) 「민족적 수치-채무에 시달린 충무공 묘소」, 『동아일보』 1931.5.14.
19) 충무공유적 보존운동의 전체적 경과에 대해서는 다음 참조. 이지원, 「1930년대 민족주의계열의 고적보존운동」, 『동방학지』 77·78·79합집, 1993, 760~764쪽 ; 이지원, 앞의 책, 317~323쪽.

아래 전개되었고, 정인보는 5월 25일 「충무공유족보존회 창립」, 6월 15일
「충무공 위토 推還」, 6월 17일 「성금 일만원-민족적 성심의 발로」 논설을
게재하여 이를 지원하였다. 이듬해 1932년 6월 5일 현충사 낙성식이
3만여 명이 운집한 가운데 거행되었는데, 정인보는 「중건 현충사비문」을
직접 작성하였고,[20] 「이충무공의 인격-현충사 낙성식날에」의 글을 게재
하였다.[21]

　　당시 이충무공 유적지 보존운동은 몇 가지 특징을 가지고 있었다.
우선 동아일보를 중심으로 언론계의 기획과 대중적 행사로서 일이 추진되
고 진행되었다는 점이다. 동아일보는 충무공 유적지 문제를 기사로서
알리고, 논설을 통해 대중의 공분을 일으켜 민족의식을 고취하려 했으며,
대대적 성금 모금 운동의 전개과정 보도와 충무공 유적지 순례 기사
등을 통해 보존운동을 대중적 차원에서 기획하고 추진하였다. 다음으로는
1932년 5월까지 보존운동에 성금을 낸 인원이 438단체와 개인 20,543명에
달했고, 모금액도 20,971회에 총 16,021원에 이르렀다.[22] 현충사 낙성식에
는 무려 3만여 명이 참가하였는데, 이러한 보존운동에 대한 대중적 지지와
참여 열기는 기획자들의 예상을 뛰어넘는 것이었다. 이러한 충무공 유적지
보존운동의 경험은 정인보에게 언론를 통한 조선학운동의 실천적 가능성
과 대중적 가능성을 확인하게 하는 계기였다.

2) 사상혁신론의 등장과 내용

　　이러한 경험과 준비과정을 거친 후에 정인보가 현실의 문제에 답하는
운동으로서의 조선학을 본격적으로 연구하고 대외적으로 알리는 것은

---

20) 『동아일보』 1932.6.7.
21) 『담원 정인보전집』 2, 307~308쪽.
22) 『동아일보』 1932.5.29.

주지하다시피 1933년『동아일보』에 「양명학연론」을 연재하기 시작하면
서부터이다. 「양명학연론」은 일반인은 물론 지식인들도 이해하기 어려운
난해한 내용과 문장으로 되어 있어 대중 신문에 수록되기는 적합하지
않은 것이었다. 그럼에도 1933년 9월 8일자부터 12월 17일자까지 장장
66회에 걸쳐, 그것도 줄곧 1면에 게재되었다. 이는 정인보의 「양명학연론」
이 송진우가 주도하는 동아일보의 사상혁신 및 민족운동 기획과 밀접하게
관련되고 있다는 것을 의미했다.[23] 이를 당시의 정세 및 동아일보의
주장과 관련하여 살펴보자.

　충무공유적지 보존운동이 시작되는 시점인 1931년 5월 16일, 신간회가
민족주의 세력의 반대에도 불구하고 사회주의 세력의 주도하에 해소되었
다. 그 후 1931년 12월 안재홍이 신간회와 같은 표현단체 재건을 주장하자
사회주의 세력은 즉각 비판에 나섰다.[24] 그리고 안재홍과 천도교 구파의
이종린, 수양동우회 및 서북지역 기독교 세력인 이광수·조만식·김성업,
사회주의 우파인 서정희 등이 '민족단체통제협의회' 결성을 시도하였지
만, 역시 사회주의 세력의 방해로 좌절되었다.[25] 사회주의 세력과의 민족
협동전선 결성은 말할 것도 없고 민족주의 세력의 정치적 단체 결성에
대해서도 일제가 탄압하면서 허가하지 않는 것은 물론, 당시 혁명적

---

23) 정인보와 송진우의 관계는 아주 긴밀하였다. 「양명학연론」 말미에 정인보가
　　그의 스승 이건방 및 가장 존경하는 선배 박은식과 동렬로 송진우를 놓고 언급한
　　것에 대해 기존 연구자들은 잘 이해하지 못했다. 정인보는 1926년 중반 송진우와
　　가까워지기 시작할 때부터 1945년 12월 30일 송진우가 암살당할 때까지 정치
　　사회적 활동을 거의 같이 하였다. 정인보는 송진우를 당대 민족운동가 및 정치인
　　중에서 가장 높이 평가하였으며 그의 활동에 적극 호응하였다. 정인보와 송진우의
　　관계에 대해서는 다음 참조. 윤덕영, 「위당 정인보의 교유관계와 교유의 배경-백
　　낙준·백남운·송진우와의 교유 관계를 중심으로」, 『동방학지』 173, 2016.
24) 安在鴻, 「新幹會 解消 後 諸情勢 展望-表現團體 再建의 必要」, 『삼천리』 3-12, 1931.12 ;
　　朴萬春, 「安在鴻氏의 表現團體再建論을 駁함」, 『혜성』 2-2, 1932.2 ; 陳榮喆, 「表現團
　　體 再樹立의 正體, 安在鴻 코-쓰 批判」, 『삼천리』 4-3, 1932.3.
25) 朝鮮總督府, 『最近における朝鮮治安狀況』, 1936, 93쪽.

농노조운동과 당재건운동을 전개하던 공산주의 세력도 적극적으로 반대하면서 이를 공격하였다. 이런 일제와 공산주의 세력의 양쪽에서의 공격 때문에 민족운동의 조직을 결성하기가 현실적으로 거의 불가능하였다. 이에 따라 민족주의 세력과 공산주의 세력의 갈등과 대립은 돌이킬 수 없는 것이 되어 갔다.

당시 송진우는 강력한 중심단체의 결성이 필요하지만, 민족운동 세력의 분열과 사상 대립, 그리고 국내외적 정세의 변화에 따라 조직 결성은 어렵다고 보았다.26) 그는 민족운동 내의 사상적 대립과 불일치가 민중들의 의식과 자각이 낮은 데서 오는 것으로 보아 '민중의 자각과 문화정도의 향상'이 사상 통일을 위해 가장 중요한 것이라 하면서, 대중에 대한 정치운동의 '기본운동'이자 '준비운동'으로 '문화운동'의 제창과 민족운동의 사상 통일을 위한 '사상혁신론'을 주장하게 된다. 이때 송진우가 생각하는 문화운동의 내용은 '교육기관 육성', '신문·잡지·강습회를 통한 지식의 계몽', '소비조합과 협동조합운동의 전개' 등을 통해, 대중이 문화적이고 경제적으로 '실제적 훈련'하는 것이었다.27) 이는 인구의 다수를 점하는 농민대중의 광범한 문맹퇴치운동을 전개하고, 동시에 생산 및 소비의 각종 협동조합운동을 일으켜 대중 의식의 변화와 사기진작, 단체생활 경험을 갖게 하자는 그의 농민운동 방침과28) 긴밀히 연결되어 있었다.29)

---

26) 송진우, 「농민대중의 훈련부터」, 『동방평론』 1, 1932.4.

27) 송진우, 「無風的인 現下 局面打開策 - 文化運動과 消費運動」, 『삼천리』 4-4, 1932.4.

28) 송진우, 「농민대중의 훈련부터」, 『동방평론』 1, 1932.4.

29) 송진우에 대해서 상당수 연구자들은 동아일보사 사장과 주필을 역임한 언론인, 호남 대지주이자 대부르주아지인 김성수의 입장을 대변하는 대변인, 또는 자치론을 주장한 민족개량주의자, 타협적 민족주의자 정도로만 인식하고 있다. 그렇다보니 철저한 비타협 민족주의자이고, 국학자인 정인보가 어떻게 자치론을 주장한 타협적 민족주의자인 송진우를 높이 평가하고 각별하게 생각하는지 도저히 이해할 수 없었다. 그렇지만 송진우는 자치론을 주장한 타협적 민족주의자가 아니며, 조선총독부와 연결된 자치정책과 관련되어 있지 않고 도리어 대립적

동아일보는 1932년 4월 18일자에 「문화혁신을 제창함」 제하의 사설을
게재하였다. 이 사설은 기존 연구에서는 '문화혁신'론, '문화운동'론의
관점에서 주로 주목되어 왔다.[30] 그렇지만 동아일보의 문화운동 내용이
단순한 문화운동 아닌 농민운동, 대중운동 방침과 밀접하게 연결되어
있었다는 점에서, 본 연구에서는 문화운동 보다는 민족주의 입장에서의
민족운동내의 사상적 대립과 불일치를 극복하기 위한 사상통일로서 '사상

위치에 있었다. 그는 일제시기 잡지 등에서 조선을 대표하는 '政客'으로 자주
묘사될 만큼 대단히 정치적인 인물이면서도, 국내외 정세와 운동현실을 파악하는
데 상당한 주의를 기울여 일가견을 갖고 있었다. 신간회 결성으로 나타난 1920년대
비타협적이지만 합법적 정치운동의 흐름은 송진우의 활동과 상당히 관련되어
있었다. 그러나 1930년대 신간회 해소 후 국내외 정세가 변화하면서부터는 이에서
후퇴하게 된다. 그는 일제말기에도 김성수와 달리 친일하지 않았다. 물론 송진우
는 합법적 운동 영역에만 머물렀고 비합법적 영역까지를 포괄하는 정치적 결사를
결성하거나, 국외 민족운동 단체와의 연계 하에 적극적으로 투쟁을 전개하지
않은 결정적 한계를 가지고는 있었다. 송진우 및 그를 중심으로 한 동아일보·호남
정치 세력의 1920년대 초반부터 해방직후에 이르기까지 활동에 대해서는 윤덕영
의 다음 일련의 연구 참조. 윤덕영, 「1920년대 전반 민족주의 세력의 민족운동
방향 모색과 그 성격」, 『사학연구』 98, 2010 ; 「1920년대 전반 동아일보 계열의
정치운동 구상과 '민족적 중심세력론'」, 『역사문제연구』 24, 2010 ; 「1920년대
중반 일본 정계변화와 조선총독부 자치정책의 한계」, 『한국독립운동사연구』
37, 2010 ; 「1920년대 중반 민족주의 세력의 정세인식과 합법적 정치운동의 전망」,
『한국근현대사연구』 53, 2010 ; 「1926년 민족주의세력의 정세 인식과 '민족적
중심단체' 결성 모색－소위 '연정회' 부활 계획에 대한 재해석－」, 『동방학지』
152, 2010 ; 「신간회 창립과 합법적 정치운동론」, 『한국민족운동사연구』 65, 2010
 ; 「신간회 창립 주도세력과 민족주의 세력의 정치 지형」, 『한국민족운동사연구』
68, 2011 ; 「신간회 초기 민족주의세력의 정세인식과 '민족적 총역량 집중'론의
제기」, 『한국근현대사연구』 56, 2011 ; 「1930년 전후 조선총독부 자치정책의
한계와 동아일보 계열의 비판」, 『대동문화연구』 73, 2011 ; 「송진우·한국민주당
의 과도정부 구상과 대한민국임시정부 지지론」, 『한국사학보』 42, 2011 ; 「1945년
한국민주당 초기 조직의 성격과 주한미군정 활용」, 『역사와현실』 80, 2011 ; 「1930
년대 동아일보 계열의 정세인식 변화와 배경－체제비판에서 체제굴종으로－」,
『사학연구』 108, 2012 ; 「미군정 초기 정치 대립과 갈등 구조의 중층성－1945년
말 한국민주당 주도세력의 정계 개편 운동을 중심으로－」, 『한국사연구』 165,
2014.
30) 이지원, 앞의 책, 306~316쪽.

혁신'론의 관점에서 살펴보고자 한다.

사설에서는 "신문화의 특점(特點)은 과학적"에 있다면서 "신문화의 수입 또는 발전을 완전히 하려면 과학적 사색의 결과인 그 이기(利器)만을 수입함에 끝이지 말고 한걸음 더 나가 과학적 사상 그것을 체득하고 소화하지 않으면 아니 될 것이다"라고 하면서 과학에 기초한 신문화의 발전을 주장한다. 그런데 절대 다수인 대중이 "소극적이고 비과학적인 구사상의 미궁에서 헤어나지를 못하고 방황하고" 있을 뿐만 아니라, "소위 신사상운동을 한다는 지식분자들 중에도 그 대다수는 그 운동의 형태만 신사조를 표방했을 따름으로 그 근본적 사상 급(及) 행동에 있어서는 이백년 전의 색당쟁(色黨爭)을 그대로 인계하였다는 사실을 우리는 너무나 많이 경험하였다"라고 하면서, 1920년대 급속히 확산된 사회주의 운동이 형태만 과학적인 신사조를 표방했지 근본 사상 및 행동은 여전히 과거 봉건시대의 당파투쟁을 그대로 반복하고 있다고 평가하였다. 때문에 "민족운동, 정치운동, 경제운동 기타 온갖 운동이 새로운 기초 위에 서는 때에라야 비로서 그 진전을 볼 수 있고 활약을 볼 수" 있다고 하면서 그를 위해 '문화의 혁신', '사상의 혁신'을 '주창'한다고 하였다.[31] 사설은 신간회의 해소에서 단적으로 드러난 기존 민족운동, 정치운동의 문제점은 운동의 형태만 과학적 신문화, 신사조를 표방했지, 실제 근본 사상과 행동은 여전히 과거에서 벗어나지 못한 낙후된 것이라는 점이다. 특히 '소위 신사상운동'이라고 명시하면서 사회주의 세력의 운동 양상을 명시적으로 비판하고 있다. 때문에 운동이 통일되고 단결되기 위해서는 사상의 혁신, 운동 문화의 혁신이 절대적으로 필요하고, 이를 위해 깃발을 들었다는 것이다.

그러면 어떻게 사상혁신을 할 것인가? 동아일보는 "중국을 보는 자는

---

31) 「文化革新을 提唱함」, 『동아일보』 1932.4.18.

삼민주의를 칭하고, 인도를 보는 자 깐디주의를 찬(贊)하며, 노국을 보는자 공산주의를 예(禮)하"고 있다고 하면서, "조선이 조선을 표시할 위대한 사상을 가지지 못하고, 설사 있다 할지라도 신념과 행동이 박약하여 그 실(實)을 이루지 못했다"고 인식했다. 그러면서 이의 원인에 대해 "민족 성이 그러함 이뇨, 지리가 그러함 이뇨, 또는 경제가 그러함 이뇨. 오인은 이것들이 전연 관계없는 바가 아니나, 그러나 중대한 원인은 조선인이 조선 자체를 구명(究明)하기 전에 타의 존재를 먼저 구명하기 때문인가 한다"고 파악하면서, "조선은 조선이 행동할 수 있는 사상을 충분히 저작(詛 嚼)하여 수입한 후 확호(確乎)한 신념하에 용왕매진할 것"을 주장하였다.[32] 곧 사상혁신을 위해서는 조선만의 사상을 마련해야 하며, 그를 위해서는 타의 존재를 연구하기 보다는 먼저 조선 자체를 연구하는 것이 필요하다는 것이다.

동아일보는 조선 자체를 연구하기 위해서는 우선 "우리의 언어를 알고 우리의 문자를 알고 우리의 역사, 우리의 문학, 우리의 철학을" 알아야 하며, "우리에게는 좀 더 우리 것에 대한 이해와 연구가 필요하다는 것"을 깨닫게 된다고 주장하였다.[33] 그리고 조선을 표시할 사상은 조선민 족의 지도 원리로, 이제 조선은 "백년의 주의와 대계(大計) 없는 민족운동 이것을 청산할 때가 이미 지나"갔기 때문에 "청년문제, 농촌문제, 도덕문 제, 경제문제 등 모든 문제가 조선 민족의 지도원리, 조선의 철학의 확립으 로서만 체계가 서고 목차가 서고 해결의 단서가 생길 것"이라고 주장하였 다.[34]

그러면 그 지도 원리는 어떠한 것인가? 동아일보는 주자학의 유교가

---

32) 「사상과 행동 - 우선 행동하라」, 『동아일보』 1932.1.25.

33) 「다시 우리 것을 알자」, 『동아일보』 1932.7.12.

34) 「생활의 지도원리 - 조선 민족의 지도원리를 찾아라 세워라」, 『동아일보』 1932.12.26.

"민족의 역사보다는 보학(譜學)을 숭상하며, 민족적 사업보다는 일가일족
(一家一族)의 사업을 힘쓰고 민족적 위인의 기념물은 없으되, 무명한 조선
(祖先)의 분묘와 묘우(廟宇)를 장식"하게 하였다고 비판하였다. 그러므로
조선 민족의 지도 원리는 "개인주의도 아니오, 가족주의도 아니오, 또
세계주의도 아니오, 민족을 '큰 나'로, '우리'라는 단일체로 인식하는
주의", 곧 민족주의에 있다고 주장하였다.35) 곧 민족주의가 조선 민족의
지도원리이자, 사상혁신의 기준이라는 것이다. 이는 그들이 생각하는
사상혁신과 민족통일이 어떠한 내용인지를 여실히 드러내는 것이라
하겠다.

1930년대 전반 동아일보의 사상혁신, 문화혁신 주장에 대해 당면이익
획득을 위한 개량적 주장이라고 평가하는 것은 적절하지 않다. 인구의
다수를 점하는 농민대중에 대해 광범한 문맹퇴치운동을 전개하고, 동시에
생산 및 소비의 각종 협동조합운동을 일으켜 대중 의식의 변화와 사기진작,
단체생활 경험을 갖게 하자는 송진우와 동아일보의 주장을 일제와 타협하
는 개량적인 것으로 평가할 수 있을까? 이런 주장은 1920년대 사회주의
운동 내부에서도 지속적으로 주장되어 왔던 대중운동 방침이며, 심지어
1930년대 혁명적 농노조 운동을 전개하던 공산주의 세력들 중에서도
실제 운동과정에서는 당면이익 획득을 위한 투쟁과 전술이 필요하다는
사람들도 적지 않았다. 당면이익 획득을 위한 투쟁 또는 합법적 투쟁을
타협적이고 개량적이라 보면서 과소평가하는 것은 민족운동 및 사회주의
운동의 역사적 전개과정에 대한 피상적 이해이며, 적절한 평가가 아니다.
체제의 근본적 변화인 혁명은 수많은 개량(개혁)적 운동과 투쟁의 축적된
결과물이라는 측면도 있다는 것을 역사는 보여주고 있다.

동아일보의 사상혁신, 문화혁신 주장의 특징은 개량성보다는 그것이

---

35) 「조선 민족의 지도원리 − 가족주의로서 민족주의에」, 『동아일보』 1932.12.27.

민족운동에 있어 민족주의 세력의 배타적이고 강한 헤게모니적 성격을 갖고 있었다는 점이다. 곧 민족주의가 조선 민족의 지도원리이자, 사상혁신의 기준이라는 것을 제기하면서 민족운동이 민족주의에 입각해서 전개되고 통일되어야 한다는 점을 강조하는 것이었다.

그런데 이런 동아일보의 주장은 사실 당시 공산주의 세력의 주장과 활동에 대한 대응이기도 했다. 1920년대 후반에서 1930년대 전반에 이르는 시기의 사회주의 운동은 코민테른 제6회 대회 이후 일반화되기 시작한 '계급 대 계급' 전술이 주도하던 시기였다. 소련과 코민테른을 추종하던 세력들은 공산주의 세력이 협력해야 할 대상인 사회민주주의 세력을 파시즘의 쌍생아인 '사회파시즘'으로 규정하고 공격하면서, 통일전선전술을 사실상 부정하였다. 또한 식민지 및 반식민지 민족운동에서도 민족주의 세력 전체를 제국주의에 협조하는 '민족개량주의'로 규정하여 공격하면서, 민족통일전선 결성을 사실상 부정하였다. 이는 동아시아에서 한국의 신간회 해소, 일본의 노동농민당의 해소 등으로 나타났다. 이들은 민족문제 인식에서 철저한 계급주의적 입장을 견지하면서 민족주의를 파시즘 이데올로기의 일면인 국수주의로 규정하고, 정도의 차이가 있지만 민족을 드러내거나 내세우는 모든 주장과 행동을 국수주의적인 것으로 매도하였다. 심지어 조선 역사와 문화, 사상에 대해 전면 부정하는 경우도 종종 있었다.36) 동아일보의 주장은 이런 공산주의 세력의 주장과 활동에 대한 강한 거부이면서, 이와 반대의 입장에서 민족운동에서 민족주의 세력의 이념과 헤게모니를 강조하는 것이었다. '계급 대 계급' 전술이 민족운동에서 좌우 세력의 민족통일전선 결성을 사실상 부정하는 것이라면, 민족주의 이념에 대한 일방적 강조는 반대의 측면에서 좌우 협력과 민족통일에 또 다른 장애 요인이 될 가능성이 없는 것은 아니었다. 다른

---

36) 방기중, 『한국근현대사상사연구』, 역사비평사, 1992, 119~122쪽.

한편 이런 양상은 당시 조선 사회의 계급적 분열과 대립 양상을 일정하게
보여주는 것이기도 하였다.

그러면 동아일보가 주장한 사상혁신의 기준과 내용이 될 민족주의는
어떠한 내용을 갖고, 어디서부터 출발한 것인가? 동아일보는 조선의 민족
주의가 단순히 "왕고(往古)의 유적을 탐색하고 선인의 기록을 수집하는"
박물관 사업이나 학자적 관심 수준에 있는 것이 아니고, 삼국시대의
정신과 물질 문화의 찬란함을 자랑하거나, '활자와 인쇄의 창시', '비차(飛
車)와 구선(龜船)의 발명', 인물과 제도 등에 대해 자랑을 나열하는 것이
있지 않다고 하면서 이런 "감상적 회고주의는 이 시대의 우리에게는
절대로 금물이다. 과거를 팔아서 현재의 자위(自慰)를 삼으려 함과 같음은
우매의 극(極)"에 지나지 않다고 평가하였다. 곧 사상혁신의 기준이자
내용인 조선의 민족주의는 단순한 과거의 영화를 자랑하거나 회고하는
회고주의가 아니라는 것이다.

사상혁신을 위해 '조선을 알자!' '조선 문화를 알아보자!'는 주장은
"조선이 세계적으로 성대(成大)하고 조선 문화가 세계적으로 우월함"을
자랑하는 "자존적 배타주의가 아니다"면서, 이의 요체는 "우선 저를 알자"
는 것에 있다고 주장하였다. 곧 "'자(自)'가 있고, '타(他)'가 있는 이상
우선 '自'가 되어서 '自'로부터 알자는 것"이라 하면서 이렇게 '自'를 인식하
는 것, "제 문화를 연구하고 제 문화를 진흥"하는 것은 결국 "자주적
정신을 기조로 한 '자기의 발견'에 기연(機緣)을" 주는 것이라고 주장하였
다.37) 곧 사상혁신을 위해서는 민족주의를 발양시켜야 하고, 이를 위해서
조선을 연구해야 하는데, 이는 단순히 과거의 문화를 연구하여 진흥시키는
것이 아니라, 자주적 정신을 기반으로 한 자기 발견을 하는 것에 있다는
것이다.

---

37) 「조선을 알자-자기발견의 기연」, 『동아일보』 1933.1.14.

그러면 어떻게 자기를 인식하고 자기를 발견할 수 있을까? 그리고
이렇게 자기를 인식하는 사상적 바탕은 무엇인가? 이점에서 동아일보의
주장은 정인보가 「양명학연론」에서 주장하는 요체와 일정하게 연결되어
있었다.

3) '사상혁신'의 사상적 기반으로서 양명학과 조선역사 연구

정인보는 「양명학연론」에서 지난 수백 년간 조선에서는 "일부 학자가
학풍을 세우매, 농촌 궁민까지도 이를 흠모하였었고, 오래 두고 내려와
파쟁 살육까지 모두 '실심(實心)' 이외의 고구(考究)를 뿌리 삼아 확대한
것이라 그 원(源)은 보이지 아니하되 유파(流波)는 우리 속에 남아"있게
되면서, "열정보다 냉박(冷薄)함이 많으며 어찌하여 자심(自心)보다 남
흉내만이 성(盛)하며, 이러면서도 열정이 있는 것처럼, 실득(實得)이 있는
것처럼 외면으로 나타내는 것이 있는가 없는가. 당연히 느껴야 할 것이
어찌하여 마비되었으며, 당연히 나아가야 할 걸음이 어찌하여 정돈(停頓)
한가"하는 상황을 만들어, "나중에는 자심(自心)조차도 자구(自口)로써
부인하게 된즉 자심(自心)은 아주 멸절하여도 저 학설을 살려야 내 명예도
나고, 내 당류(黨類)도 생길 것이매 자심 멸절은 조금도 고염(顧念)하지"
않았다고 파악하였다.[38] 곧 지난 시기 조선에서는 자기 마음을 찾는
것보다 당파에 들어가 명예를 얻기 위해 남의 학설을 흉내 내기에 급급함으
로써 결국 자기의 마음을 마비시키고 멸절시키고 있다는 것이다.

때문에 그는 "우리 지금 양명의 학설을 연론함에 있어서도 양명의
학설을 표준하여 우리 민중에 호소하려 함이 아니라, 우리의 본심의
밝음에 이 학설을 비추어 그의 그렇고 그렇지 아니함을 스스로 증득(證得)

---

38) 정인보, 「양명학연론」, 『담원 정인보전집』 2, 123쪽.

하도록 하자는 것이라"39)하여 「양명학연론」을 쓰는 이유가 단순히 양명학 학설을 소개하거나, 그에 기초한 학문적 사상적 기초를 세워 민중을 계도하려는 것이 아니라, 양명학 연구를 계기로 우리의 본심을 찾고, 본심에 비추어 양명학의 받아들일 점과 그렇지 않을 점을 스스로 깨닫도록 하는 것임을 주장했다. 이는 그가 볼 때 양명학은 '심학(心學)'이고, 그 심학은 "우리의 마음이 타고난 그 본밑대로 조그만 협사(挾詐)가 없이 살아가려는 공부"40)로 "양지(良知)의 일점직혈(一點直血)로써 거의 멸절하게 된 심혼(心魂)을 환회(喚回)"하는 학문이기 때문이다.41)

정인보는 조선시대는 물론 서양의 학문이 들어온 현재에도 "남을 부끄러워 할 줄만 아는 것은 전이나 지금이나, 모양만을 보기는 전이나 지금이나, 체면만을 알기는 전이나 지금이나, 꼴을 좋게 하려기는 전이나 지금이나 꼭 일반"이라면서, "그것이 어찌하여 옳습니까" 질문하면 "응, 누가 옳다고 하였으니까" 하고 대답하는 것은 "그 '누가'가 주자만이 아닐 뿐이지" 지금도 마찬가지라고 보았다.42) 곧 조선시대에는 주자의 언설이 모든 판단의 기준이었다면, 지금은 "영국의 어느 학자, 프랑스의 어느 대가, 독일의 어느 박사, 러시아의 어느 동무의 말과 학설"이43) 기준이 되어 판단하고 받아들이면서, "자심(自心)으로 실조(實照)하여 가지고 진시(眞是)를 구하지 아니하기는 전이나 지금이나 꼭 일반"44)이라는 것이다.

그러므로 "백기천경(百歧千經)이 출발은 다 자심에 비롯"된 것이기 때문에 "가만히 자심에 조검(照檢)"하는 것이45) 필요하다고 하였다. 곧 우리의

---

39) 정인보, 「양명학연론」, 『담원 정인보전집』 2, 125쪽.
40) 정인보, 「양명학연론」, 『담원 정인보전집』 2, 124쪽.
41) 정인보, 「양명학연론」, 『담원 정인보전집』 2, 125쪽.
42) 정인보, 「양명학연론」, 『담원 정인보전집』 2, 240~241쪽.
43) 정인보 지음, 홍원식 해설, 『양명학론』, 계명대 출판부, 2004, 12쪽.
44) 정인보, 「양명학연론」, 『담원 정인보전집』 2, 241쪽.
45) 정인보, 「양명학연론」, 『담원 정인보전집』 2, 242쪽.

마음이 기준이 되어 판단해야 하고, 이를 위해 '심학'을 통해 우리의 마음을 비추어보는 것이 필요하다는 것이다. 이러한 정인보의 「양명학연론」에서의 주장은 '양지'를 통해 '자심'을 찾고 '심혼(心魂)'을 회복하는 것을 통해 자기를 인식하고 자기를 발견할 수 있는 사상적 바탕을 만들자는 것이었다.

　사상혁신을 위해서 민족주의를 발양시켜야 하고, 이를 위해서 자주적 정신을 기반으로 조선을 연구해야 한다는 주장에 정인보가 전면적으로 대응한 것은 1935년 1월 1일부터 1936년 8월 27일까지 무려 1년 8개월간 283회에 걸쳐서 연재한 「오천년간 조선의 얼」이다. 이 논설은 192회까지는 1면에서 연재되다가, 1936년 3월 17일 193회부터는 3면으로 옮겨서 연재되었다. 정인보는 이 논설의 연재 계기에 대해 앞서 언급한 식민지배 이데올로기를 양산하는 총독부의 식민지배 통치정책을 '깡그리 부셔버리'기 위해서였다고 밝힌데 뒤이어, 다음과 같이 언급하고 있다.

　　"갈수록 世故 점점 다단한지라 민족적 정신이 여러 가지로 흐려지는데다가 전으로는 오래 내려오던 先民의 芳香이 끊인지 오래요, 후로는 자기를 너무 모르는 분들이 적의 춤에 마주 장고를 쳐서 마음속 영토나마 나날이 말려들어가는 때다. 비리비리한 恨人의 孤憤을 무엇으로 해칠 길이 없었다. 마침 동아일보의 부탁을 받아 우리 정신 방면에 도움이 될 만한 往蹟을 연재하기로 하였는데, 나는 부탁받은 범위를 넘어 한번 오천년을 내려꿰는 大著를 내어 볼 작정을 하고 '오천년간 조선의 얼'이라는 제목을 걸었었다."[46)]

　여기서는 두 가지 점이 주목된다. 첫째는 그의 저술이 우리 정신 방면에

---

46) 정인보, 「朝鮮史硏究」 「附言」, 『담원 정인보전집』 4, 270~271쪽.

도움이 될 만한 논설을 동아일보의 부탁으로 연재하게 되었다고 하고 있는 점이다. 이는 그의 논설이 동아일보의 민족정신 함양을 위한 '사상기획'의 일환으로 시작되었는데, 이를 넘어 대저를 쓰게 되었다는 것이다. 앞서 살펴본 동아일보의 사상혁신 주장과 이 논설이 무관하지 않음을 보여 주는 대목이다.

둘째는 민족적 정신이 흐려지고 대중들이 자기의 역사를 몰라서 일제의 역사 왜곡에 그대로 끌려 들어가 조선 민족에 대한 자각을 점차 잃어가고 있는 현실을 타개하기 위해 글을 쓰게 되었다는 것을 표명하는 점이다. 정인보는 "민족적 정신이 여러 가지로 흐려지는데다가", "마음속 영토나마 나날이 말려들어가는" 상황을 심각한 문제로 보았다. 양명학은 '심학'이고, 심학적 경향에서는 원래 부여받은 그대로의 마음인 '본심(本心)'이 발현되는 것을 최고의 이상으로 삼는다. 때문에 본심인 민족적 정신이 흐려지고, 마음속 영토가 나날이 사라져가는 것은 국권을 잃은 것보다 더 큰 문제였다. 이러한 입장에서 민족의 정신과 마음속 영토를 다시 찾을 방법을 강구하기 위해 이 논설을 쓰게 된 것이고, 이는 곧 본심이자 민족정신인 '얼'에 대한 강조로 이어졌다.[47]

정인보의 논설이 학문적 관심사나 역사연구에서 출발한 것이 아니라는 것은 「오천년간 조선의 얼」이라는 제목에서부터 명확히 드러나고 있다. 서론의 내용도 역사연구 방법론이나 기존의 연구 성과를 정리하여 비평하고 앞으로의 연구 방향을 언급하는 식의 일반 연구서들의 관행을 전혀 무시하고, 인간의 본심이자 정신인 '얼'과 이를 민족과 역사로 확장시킨 얼사관에 대한 긴 설명으로만 채워져 있다.[48] 정인보의 연구가 민족정신을 고취하고, 민족운동의 사상 정립과 관련하여 제기된 것이기 때문에, 이를

---

47) 이상호, 「정인보의 얼사관」, 『동양철학』 12, 2000, 28~29쪽.
48) 동아일보 연재에서 얼사관을 다룬 서론은 1회부터 12회까지 상당한 분량을 차지하는데, 이 자체로도 일반적 연재논설을 뛰어넘는 분량이다.

학문적 역사서로 검토하는 것에는 많은 문제가 따를 수밖에 없다.

사상혁신의 측면에서 정인보의 논의를 살펴볼 때 그가 극복하고자 했던 것은 일제의 식민지배 이데올로기만이 아니었다. 문명개화론, 서화론 등으로 상징되는 서구 근대 사상을 무비판적으로 수입하는 경향에 대한 비판도 내포되어 있었다. 뿐만 아니라 '프롤레타리아 국제주의'와 '계급 대 계급' 전술에 입각하여 민족주의 사상과 이념을 전면 부정하고, 조선역사와 문화, 사상에 대해 부정하면서 소련과 코민테른을 추종하던 일부 공산주의자들에 대한 비판까지 내포하는 것이었다. 여기서 주의할 것은 정인보의 사회주의, 공산주의 비판이 그 이념 자체에 있는 것이 아니라, 이를 수용하고 받아들여 행동하는 사람들의 태도에 있었다는 점이다. 정인보의 주장은 이러한 편향적 인식과 주장에 대한 경계와 이를 극복하기 위한 사상혁신의 의미를 갖는 것이었다.

4. 주체적 민족론으로서의 '근세 조선학', 실학 이해

1) '의실구독지학(依實求獨之學)'으로서의 실학의 제기

1934년부터 정인보와 안재홍 등에 의해 본격적으로 추진된 조선학운동의 최대 성과중 하나는 주지하다시피 조선후기 특정의 학문경향이었던 실학의 재발견이고, 허학이 되어버린 기존 유교, 주자학에 대신하여 새로운 사상경향으로서 실학을 근대적으로 복원한 점이다. 우리 역사상 실학이란 용어는 여말선초기 불교를 비판하는 가운데 유학·주자학을 실학이라 하는 데서 처음 사용되었고, 19세기 말에 이르러서는 개화파의 실사구시의 새로운 학문방법으로 사용되었다가, 대한제국기에는 이기, 장지연, 박은식 등에 의해 유형원, 이익, 정약용, 박지원 등의 조선후기 인물들에 대한 재발견, 재해석으로 나타났다. 그렇지만 실학이란 용어로 개념화시킨 것은 아니었다. 실학이란 용어가 일반 명사로 개념화되고, 학계는 물론 사회 속으로 확산되어 정착된 것은 1930년대 조선학운동에 이르러서였다.[49]

해방 이후 실학은 한국사 분야의 핵심 연구 주제로 정착했다.[50] 특히 '실학연구의 황금기'라 일컬어지던 1970년대에는 근대화론의 확산 및 자본주의 맹아론의 연구에 힘입어 근대지향의 학문으로 실학이 크게 관심을 받았다. 이렇게 실학의 근대성에 연구의 초점이 맞추어지면서 1980년대 이후에는 새로운 실학 이해들이 나오기 시작했다. 실학을 서구 문물의 수용과 산업을 중시하는 북학파의 사상으로 한정하거나,[51] 경화사족의 새로운 학풍으로 이해하는[52] 연구가 제기되기도 했다. 그리고 이런

---

49) 정호훈, 「한국 근·현대 실학 연구의 추이와 그 문제의식」, 『다산과 현대』 2, 2009, 342~346쪽.

50) 실학의 개념과 범주, 성격과 인식에 대한 연구는 해방 이후 시기별로 일정한 변화를 겪어 왔다. 이에 대해서는 다음의 연구사 검토 참조. 김항수, 「朝鮮後期 儒學思想 研究現況」, 『韓國中世社會 解體期의 諸問題(上)』, 한울, 1987 ; 池斗煥, 「조선후기 실학연구의 문제점과 방향」, 『泰東古典研究』 3, 1987 ; 金容燮, 「朝鮮後期의 社會變動과 實學」, 『東方學志』 58, 1988 ; 조성을, 「실학과 민중사상」, 『한국역사입문』, 풀빛, 1995, 趙珖, 「朝鮮後期 實學思想의 研究動向과 展望」, 『何石 金昌洙敎授 華甲紀念 史學論叢』, 범우사, 1992 ; 한국역사연구회 17세기 유학사상사반, 「조선시기 유학사상 연구-쟁점과 과제」, 『역사와 현실』 7, 1992 ; 金駿錫, 「實學의 胎動」, 『한국사 31』, 국사편찬위원회, 1998 ; 원유한, 「實學 및 그 展開에 관한 諸說의 整理」, 『國史館論叢』 81, 1998 ; 정병련, 「실학연구의 문제점과 그 전개과정」, 『동양철학연구』 19, 1999 ; 조광, 「실학과 개화사상」, 『조선후기사 연구의 현황과 과제』, 창작과 비평사, 2000 ; 조성을, 「'조선후기 실학' 연구의 현황과 과제」, 『한국사상사입문』, 서문문화사, 2006 ; 이봉규, 「21세기 실학연구의 문법」, 『한국실학사상연구 1』, 혜안, 2006 ; 한영우, 「실학연구의 어제와 오늘」, 『다시, 실학이란 무엇인가?』, 푸른역사, 2007 ; 정호훈, 「한국 근현대 실학연구의 추이와 그 문제의식」, 『다산과 현대』 2, 2009 ; 정호훈, 「한국의 실학연구와 동방학지」, 『동방학지』 151, 2010.

51) 池斗煥, 「조선후기 실학연구의 문제점과 방향」, 『泰東古典研究』 3, 1987.

52) 유봉학, 「조선후기 경화사족의 대두와 '실학'」, 『다시, 실학이란 무엇인가?』,

214

근대적 학문으로 파악하는 것에 문제를 제기하면서 조선후기 소농사회론
에 따라 실학과 근대성과의 관계를 부정하는 연구,[53] 유형원에 대한
연구를 통해 실학의 근대성을 부정하는 연구도[54] 제기되었다. 그렇지만
이들 연구는 논점의 차이에도 불구하고 '실사구시', '실용', '공리', '이용후
생' 등으로 근대를 이해하고, 그와 관련하여 실학을 파악하려는 점에는
인식을 같이하는 것이었다.

이러한 연구들과 관점을 달리하여 실학을 계급·국가(개혁)론에 맞추어
거시적 안목에서 살펴본 연구,[55] 정약용을 통해 농민적 이해와 연결된
정치경제 사상으로 해명한 연구[56] 등도 제기되었다. 다른 한편 실학을
조선후기만의 특별한 현상이 아닌 허학의 대개념으로서 쓰인 것으로
본디 삼대의 학이나 정주학(程朱學)을 가리키는 것이라는 주장의[57] 발전
선상에서 조선후기의 실학도 성리학과 대립되는 것이 아닌 성리학의
단점을 보완하는 정도이거나,[58] 성리학의 현실화 과정의 문맥으로 보아
야 한다거나,[59] 더 나아가 성리학과 근대의 대립을 부정하는 주장까지도
제기되었다.[60]

푸른역사, 2007.

53) 이영훈, 「茶山의 井田制 改革論과 王土主義」, 『民族文化』 19, 1996 ; 이영훈, 「朝鮮後期
社會變動과 實學」, 『韓國 實學의 새로운 摸索』, 경인문화사, 2001 ; 이영훈, 「다산의
인간관계 범주 구분과 사회 인식」, 『다산학』 4, 2003.
54) James Palais, *Confucian Statecraft and Korean Institutions, Yu Hyongwon and the
Late Choson Dynasty*, 1997(김범 역, 『유교적 경세론과 조선의 제도들-유형원과
조선후기』, 산처럼, 2009).
55) 김준석, 『朝鮮後期 政治思想史 硏究』, 지식산업사, 2003.
56) 조성을, 「丁若鏞의 政治經濟 改革思想 硏究」, 연세대학교 사학과 박사학위논문,
2001.
57) 韓㳓劤, 「李朝 實學의 개념에 대하여」, 『震檀學報』 15, 1958.
58) 이상은, 「실학사상의 형성과 전개-체계적 철학화를 위하여」, 『창조』 26-1, 1972.
59) 유인희, 「星湖僿說의 철학사상-程朱性理學과의 비교 연구」, 『진단학보』 59, 1985.
60) 이동환, 「실학의 철학적 기반」, 『한국실학연구』 8, 2004.

　그런데 이렇게 실학에 대한 연구 초점이 주로 실학과 근대성의 관계 해명에 두어지게 되고, 다른 한편으로는 성리학과의 관련성이 제기되면서, 실학에 대한 이해가 1930년대 조선학운동 과정에서 정인보에 의해 제기된 실학의 이해와는 상당한 간극이 발생하는 양상이 나타나게 된다. 이를 정인보의 실학 논의를 통해 이를 살펴보도록 하자.

　정인보의 실학 인식이 구체적으로 표명되기 시작한 것은 잘 알려져 있다시피 이익의『성호사설(星湖僿說)』, 정확히는 안정복이 펴낸『성호사설유선(星湖僿說類選)』을 1929년 교열하여 간행할 때이다. 정인보는 그 서문에서 다음과 같이 언급하였다.

　　"대저 학술에서 귀한 바는 작고 은밀한 일을 밝히고 소통하게 함으로써 본말과 시종을 드러내고, 이로써 그 민들을 보좌하는 것이다. 이러한 경지에 도달할 수 있는 것은 진실로 그 이치를 터득하는 것에 달렸다. 이치는 허위로 만들어질 수 없고, 반드시 실질(實)에 의거해야 하며, 실질은 온갖 것에 뒤섞일 수 없는 것이기 때문에 반드시 독자성(獨)을 구해야 한다. 독자성을 갖추면 실질이 되고, 실질을 갖추면 이치를 터득하게 되어서, 소통하고 밝힌 효과가 민과 만물에게 드러나서 감출 수 없다."[61]

　정인보는 학술의 역할은 민을 보좌하는 것인데, 이를 위해서는 이치를 터득해야 하고, 이치는 허위로 만들어지는 것이 아닌 실질로 나오는 것으로, 이를 위해서는 반드시 독자성을 구해야한다고 주장했다. 독자성을 갖추면 실질이 되고, 실질을 갖추면 이치를 터득하게 되어 민을 보좌하는 역할을 담당할 수 있게 된다는 것이다. 그러면 그 독자성은 무엇이고

---

61) 鄭寅普,「序」,『星湖僿說』, 5쪽. "夫所貴乎學術者, 以疏明微密, 縣本末終始, 以左右斯民. 而其能以致此, 則置在於得其理. 理不可以虛造, 故必依於實, 實不可以凡類, 故必求其獨, 獨則實, 實則理得, 而疏明之效, 著於民物, 而不可掩已."

어떻게 갖추어지게 되는 것일까? 정인보는 독자성에 대해서 자세히 설명하지 않고[62] 김부식의 『삼국사기』 서술을 비판하면서 다음과 같이 주장하였다.

"조상의 강역을 멸시하고 오랑캐 무리로 비하하여, 오류를 물려받고 허물을 계승한 것이 오래되었다. 그런고로 공자를 당연히 흠모할 줄만 알고, 공자의 尊華가 실은 공자의 독자성에 있음을 알지 못했다. 그러므로 우리의 독자성이 비록 비루할지라도 이것을 떠나서는 우리는 더불어 존재할 수가 없는 것이다."[63]

정인보는 공자의 존화는 공자의 독자성에서 나오는 것이라면서, 공자를 흠모할 줄만 알았지 공자 학문의 요체인 독자성, 주체성을 제대로 이해하지 못했기 때문에 조상의 강역을 멸시하고 스스로 오랑캐 무리로 비하하는 잘못을 범했다고 비판했다. 그는 우리의 독자성이 비록 비루할지라도 이것을 떠나서는 우리는 더불어 존재할 수가 없는 것이기 때문에 우리 민족의 독자성을 반드시 지키고 계승해야 할 것으로 파악했다. 이는 정인보가 생각하는 독자성의 궁극적 내용이 민족의 자존, 민족성에 있음을 보여주는 것이다. 그는 고구려와 신라의 영토와 문화 등 민족 전통을 서문 곳곳에서 언급함으로써 우리 민족이 오래전부터 실질로서 존재하고 오래전부터 독자성이 있었다는 것을 말하고 있다.[64]

---

62) 정인보는 독자성에 대해서는 다음과 같이 추상적으로 말하고 있다. "독자성이라는 말은 정해진 것이 아니어서 곳곳에 있는 것이다. 작게는 벌레나 먼지에서부터 크게는 나라에 이르기까지, 가깝게는 心性의 체험에서부터 멀리는 별자리의 움직임까지 모두 각기 그 실질이 있기 때문에 독자성은 이로부터 생겨나는 것이다(鄭寅普,「序」,『星湖僿說』, 5쪽. "獨之爲言, 不定, 隨處而有者也. 小之虫豸塵芥, 大之邦國, 近之心性之驗, 遠之星曆之推, 皆各有其實, 而獨以之生.)."

63) 鄭寅普,「序」,『星湖僿說』, 6쪽. "蔑其祖域, 鄙夷族類, 襲謬承戾久矣, 故知仲尼之當慕, 而不知仲尼之尊華, 實仲尼之獨. 而吾之獨雖陋, 而去是則吾無所與存也."

이렇게 민족적 독자성, 주체적 민족인식에 초점이 맞추어져 있기 때문에 정인보의 이전 학자들에 대한 평가도 이에 기초하고 있다. 정인보는 서문에서 반계 유형원과 성호 이익을 다음과 같이 비교하였다.

"이보다 앞서 經濟를 말한 시조는 柳磻溪이었는데, 그 樸厚敦慤함을 따져보면 주나라 한나라에 가까웠지만, 다만 시대풍조에 영향을 받아 주나라를 존중하는 뜻이 강했고, 더러 그에 근본을 두고 우리 것에 의거하지 않았다. 선생(이익)은 우리나라에 뿌리를 두고 백성들이 보고 듣는 실제를 구하고, 가여워하는 측은한 맘으로 백성이 의지하는 바를 자세히 통찰하였고, 옛 성인의 제도에 합치하기를 의도하지 않았다."[65]

정인보는 경세제민(經世濟民)의 학문을 말한 시조는 유형원이지만, 유형원이 아직 중국 중심적 사고에서 벗어나지 못해 더러 그에 근본을 두고 우리의 것에 의거하지 않은데 반해, 이익은 우리나라에 기준을 두고, 우리 백성들이 보고 듣는 실제와 의지하는 바를 자세히 살펴나갔다면서 그 주체적 태도를 높이 평가하였다. 곧 독자성을 가지고 현실에 기반을 두고 연구했다는 것이다. 이런 평가는 다음의 서술에서 이어진다.

"세상에서 선생을 논할 때 대개 그 광범한 학문영역을 추켜세운다. 옛 학문을 아는 자들은 또 그 핵심이 정미하면서도 넓게 통하는 것으로 귀결시킨다. 그런데 선생이 평생 고심한 바는 오로지 우리 민족에

---

64) 김진균, 「성호 이익을 바라보는 한문학 근대의 두 시선-1929년 문광서림판 『성호사설』에 게재된 변영만과 정인보의 서문 비교 연구」, 『반교어문연구』 28, 2010, 239쪽.

65) 鄭寅普, 「序」, 『星湖僿說』, 7쪽. "先是言經濟, 祖柳磻溪, 原其樸厚敦慤近周漢矣. 獨以風尙所掩, 尊周之意勝, 往往本於彼, 不依於此. 先生揭橥宗國, 徵百姓耳目之實, 故側怛之哀, 曲通民依. 不蘄合乎古聖之制度."

있었으니, 이 또한 오직 선생의 저서를 깊이 탐구한 자들만이 알 수 있는 것이었다. 그 근본에 들어갈 때까지 홀로 나아가며, 천부의 충심으로 중심을 잡은 것에 이르러서는 선생을 아는 자가 대개 드물다."66)

"학문을 계승하는 선비들로 하여금 선생의 학문이 조선에 있어 혼란를 바로잡고 질서를 회복하려는 것이었으며, 모름지기 백세 때까지 모셔야 할 만 것임을 알게 하고자 한다."67)

곧 이익의 학문이 광범한 학문 분야를 포괄하는 『성호사설』에서 보이는 바와 같이 폭 넓은 학문 영역으로 높이 평가받지만, 정인보가 볼 때에는 그보다는 이익이 평생 고심하던 학문의 핵심이 우리 민족, 민족의 독자성 발휘에 있다는 것이다. 그는 이익의 학문을 민족의 독자성을 위해, 현재의 혼란을 바로잡고 질서를 회복하기 위해 이룩된 것으로 평가하였고, 때문에 후대에 계속 계승되고 모셔야 할 내용이라고 주장했다. 정인보는 우리 민족에 대한 성호의 고심이 조선의 역사에 대한 관심과 고찰로 이어졌다고 판단했다. 그는 성호가 "역사의 전도(顚倒)를 일제히 중정(重整)하여 조선 민족의 사(史)를 조선을 중심으로 하여야 할 대전훈(大典訓)을 세웠다. 조선사는 조선사라야 된다는 그 실의 고찰이 실로 성호 일생 학문의 골자이니"라고68) 평가하였다.

정인보는 성호사설 서문을 통해 이익의 학문을, 더 나아가 조선후기

66) 鄭寅普, 「序」, 『星湖僿說』, 8쪽. "世之論先生, 多推其博學. 識古者, 又歸其精核閎通. 而先生生平苦心, 顯在邦族, 則又惟深究先生書者知之. 至其本原獨造, 率以天衷, 知先生者蓋鮮."
67) 鄭寅普, 「序」, 『星湖僿說』, 8쪽. "俾承學之士, 知先生之學, 其在朝鮮撥亂反正, 雖百世祀可也."
68) 정인보, 「星湖僿說을 校刊하면서」, 『동아일보』 1929.12.24~26/『담원 정인보전집』 2, 107쪽.

새로운 학문 경향을 '의실구독지학(依實求獨之學)'으로 규정하였다.[69] 이는 그가 민족이라는 실질과 민족의 독자성의 견지에서 실학을 바라보고 있으며, 조선 역사 전체를 민족 주체성의 실현과 상실 과정으로 인식하면서, 제국주의 침략을 민족을 주체로 하여, 민족적 주체성(獨)을 통해 민족적 실체(實)를 확보하는 것을 통해 극복하려 했다는 것을 알 수 있다.[70] 이런 점에서 실학에 대한 정인보의 기본 인식은 그것이 근대적 학문, 실사구시의 학문이라는 것을 밝히는 데 있기보다는, 우리 민족의 독자성과 민족 주체성을 세우는 학문이었다는 것을 밝히는데 우선적인 관심이 두어지고 있었다고 하겠다.

2) 민국(民國)의 학문으로서 실학

정인보의 실학에 대한 인식은 「양명학연론」을 집필하는 단계에서는 "이 '외오소'의 곳은 일절 허(虛), 가(假) | 부접하지 못하므로 이에서 삼감이 곧 실학(實學)의 핵심이다"[71]고 하여, '혼자 있을 때 마음을 삼감(愼其獨)'이 지극 정일하여 마음이 지선·천리임을 깨닫고 거기서 학문을 출발하는 것이 실학의 핵심이라는 것으로 나타났다. 곧 실학은 실심(본밑 마음, 본심)을 갖고 하는 학문이라는 것이다.[72]

---

69) 종래 정인보의 실학 규정에 대해 '依實求獨之學'이 아닌 '依獨求實之學'으로 규정하는 경우도 있었는데, 이는 정인보의 성호사설 서문에 대한 오독이라 수정하여야 한다. 서문에는 이 부분이 분명히 명시되어 있다(鄭寅普, 「序」, 『星湖僿說』, 文光書林, 1929, 6쪽). 이를 제기했던 김진균도 후속 논문에서 '依實求獨之學'으로 용어를 수정하였다. 김진균, 「정인보 조선학의 한학적 기반」, 『한국실학연구』 25, 2013, 483쪽, 각주 37).

70) 김진균, 앞의 논문, 2010, 241~242쪽 ; 김진균, 「實學 연구의 맥락과 鄭寅普의 依獨求實」, 『민족문화논총』 50, 2012, 314~315쪽.

71) 정인보, 「양명학연론」, 『담원 정인보전집』 2, 158쪽.

72) 남궁효, 「정인보의 조선학 이론에 관한 연구」, 『실학사상연구』 8, 1996, 173쪽.

실학이 '의실구독지학', 또한 '신기독'과 '실심'의 학문이라는 정인보의
생각은 다산 정약용 서세사업을 통해 보다 구체화 된다. 1934년 9월
8일 신조선사가 주최한 강연회에서 「다산선생과 조선학」이란 제목으로
강연한 정인보는 9월 10일부터 「유일한 정법가 정다산선생 서론(叙論)」
제하의 논설을 6회에 걸쳐 연재하였다. 정인보는 여기서 다산의 학문을
다음과 같이 규정했다.

> "총괄하여 말하면 선생의 학은 실학이요, 실학의 歸要는 '新我舊邦'이
> 그 골자이라."73)

> "선생 저술의 종지는 '新我舊邦'의 사자가 그 두뇌이라, 舊邦의 日腐月爛
> 함이 그 原由가 어디에 있는가 하면 여러 가지를 거론할 수 있으나,
> 요약하고 보면 오직 '不實'에 由함인 즉 舊를 新함의 大肯綮은 다른 것이
> 아니요, '實'로써 不實을 대함에 있을 뿐이다. 그러므로 학이면 實學,
> 행이면 實行, 정이면 實政, 事면 實事, 심지어 일서의 일언일구, 일물의
> 일방일원에 이르기 모두 그 實을 구하였다."74)

정인보는 다산 학문이 실학인데, 그 요체는 '新我舊邦', 곧 썩어 문드러진
우리나라를 새롭게 하는 것에 있다고 하였다. 이는 실심으로서 구래의
부실한 것을 대치한 것으로, 학문으로 나타나면 실학이 되고, 행동으로
나타나면 실행이 되며, 정치로 나타나면 실정(實政)이 되고, 일로 나타나면
실사(實事)가 되어, 모두 실(實)을 추구하기 때문에 우리나라가 새롭게
될 수 있다는 것이다.75) 이렇게 볼 때 실학은 우리나라 민족과 국가를

---

73) 『담원 정인보전집』 2, 76쪽.
74) 『담원 정인보전집』 2, 74쪽.
75) 『성호사설』 서문에서 성호의 학문을 '撥亂反正'의 학문으로 큰 의미를 부여했던

새롭게 하는 학문이자 정치와 행동으로 규정될 수 있다. 그러면 이렇게 새롭게 하는 기준은 무엇일까? 정인보는 이에 대해 다음과 같이 말했다.

"선생은 성리설의 운운함을 부당타하는 동시에 훈고 考徵만으로 治經을 자임하는 것도 배척하지 아니하였는가. 대개 선생의 일단 정신은 民國에 有補와 無補를 취사하는데 있으므로 우선 백성 일용의 實에 照驗하여 이로써 득실을 決하였나니 선생의 經學은 민중적 경학이라 어떠한 특수 門戶의 考據하던 학문이 아니요, 경학이면서 政法이라, 이로써 民國의 실익을 資할 만큼 實究 實解하려는 공부이다."76)

"선생의 經學은 첫째 驗察을 백성 일용에서 하고, 둘째 究極을 民國 실익에로 총집케 하여 往昔의 沿承하던 학문을 일변하였다."77)

정인보는 실학이 나라를 새롭게 하는 것이 되기 위해서는 우선 백성의 일용에 도움이 되고 쓸모가 있는 경학이자 정법이 되어야 한다면서 실학의 민중 지향적 성격을 강조하였다. 다음으로는 민족과 나라에 실익을 가져다 주기 위해 실구 실해하는 공부가 되어야 한다는 것이다. 이는 실용학으로서의 실학을 강조하는 것이면서, 동시에 실학이 결국 나라와 민족의 실익을 위해 복무하는 민족과 국가의 학문이라는 것을 주장하는 것이었다. 이런 측면에서 정인보는 다산의 위대함이 재주와 능력의 뛰어남보다는 민족과

정인보는 다산의 '撥亂反正'의 종지는 '實'에 있다고 주장하였다. "그런즉 선생으로서 주장하는 성학은 高遠에 있지 아니하고 卑近에 있는 것이요, 空蕩的 양심에 있지 아니하고 실제적 행사에 있는 것이요, 太康 太瀾함에 있지 아니하고 至要 至約함에 있는 것이라. 이 몇 가지의 總滙되는 곳은 오직 '實'일 뿐이니, 實로서 不實을 代하자 함이 이 곧 선생의 '撥亂反正'의 종지이다." 『담원 정인보전집』 2, 83쪽.

76) 『담원 정인보전집』 2, 80~81쪽.
77) 『담원 정인보전집』 2, 81쪽.

나라에 대한 애국애족의 사상에 있다고 보았다.

> "선생의 독특한 위대는 오직 民國과 일신을 갈라 보지 아니함에 있으니, 그 才具의 精絶함은 오히려 제2요, 다시 생각하여 보면 선생 일생이 일단 정신이 오로지 民國에 있으므로, 남 모르는 것을 알고, 남 못 미치는 것을 홀로 造到함이 才보다 그 誠에 本함이라 할 것이다."[78]

정인보의 실학에 대한 인식은 "조선 수백년래 허가소실(虛假少實)한 학문의 폐가 점점 그 극에 달함에서 전체적으로 혹 유식, 혹 무식을 가릴 것 없이 '이러하고는 망하겠다' 하는 으스름한 내각(內覺)의 신광(晨光)이 비치게 된"[79] 조선후기의 위기적 상황에서, 보편적 철학 원리인 '실'에서 출발한 '실심(본 마음)'에 기반하여 잃어버린 민족의 독자성과 주체성을 회복하고, 백성의 일용과 민족과 나라의 실익을 가져다주는 민족 단위의 학문으로 규정될 수 있었다. 이렇게 볼 때 정인보에 있어서 실학은 실용학으로서 근대성을 갖는, 근대를 지향하는 학문으로도 논할 수 있지만, 그보다는 앞서도 지적하였지만 실학이 민족의 독자성과 주체성을 회복하는 민국의 학문으로서의 의미가 더 중요하게 인식되고 있었다. 곧 그에 있어서 '근세 조선학'으로서 실학은 주체적 민족론으로서의 의미를 크게 갖고 있었다.

이런 점에서 해방 후 이용후생, 실사구시의 측면을 강조하면서 서구사상의 수용과 서화론의 관점, 또는 근대화와 관련해서 실학을 이해하고 파악하려고 했던 연구들, 그리고 다른 한편에서는 실학과 성리학과의 내적 연결 관계를 부각시키면서 실학을 파악하려고 했던 연구들은 1930년대 조선학운동에서 정인보가 '근세 조선학'으로 확립하려고 했던 실학의

---

78) 『담원 정인보전집』 2, 73쪽.
79) 정인보, 「다산선생의 일생」, 『동아일보』 1935.6.16./ 『담원 정인보전집』 2, 62쪽.

이해와는 커다란 간극이 있는 것이라 하겠다.

5. 맺음말

이상에서 정인보가 조선학에 대해서 어떠한 입장에서 어떻게 이해하고
연구하고 있었는지를 조선학 연구 경향에 대한 정인보의 입장과 태도,
'사상혁신'론으로서의 제기된 조선학, '근세 조선학'인 실학에 대해 주체
적 민족론으로 규정한 정인보의 인식과 주장을 살펴봄으로써 정리하였다.

1930년대 조선 또는 조선학을 연구하는 경향은 크게 세 경향이 있었다.
그중에서도 정인보는 식민지 조선의 현실과 현실 문제에 깊이 관심을
가지면서 운동으로서 조선학을 연구하는, 곧 '조선학운동'으로서 조선학
을 연구하는 경향에 서 있었다. 정인보는 식민지 조선의 현실, 조선의
사상적, 이념적, 문화적 현실 문제를 앞에 놓고, 조선의 자주적이고 독자적
인 사상적 문화적 역사적 전통을 근대적 현실에 맞게 새롭게 재정립함으로
써 이를 해결하겠다는 시대적 소명의식을 갖고 조선학을 연구하였다.
그는 순수한 학문적 입장에서 조선학을 연구하는 것에 대해서 대단히
비판적이었다.

정인보는 1931년 동아일보의 「조선고전해제」라는 칼럼을 거의 독점적
으로 수행하면서 조선학을 본격적으로 연구하기 시작한다. 건가학의
학문적 배경을 갖고 있는 사람들에게 있어서 고전의 정리와 고증은 전통의
재해석과 재구성을 통해 근대 문명에 대응할 새로운 동양적 근대사상을
만드는 토대였다. 또한 광범한 대중적 참여하에 진행된 이충무공 유적지
보존운동은 정인보에게 조선학운동의 실천성과 대중적 가능성을 확인하
게 하는 계기였다.

신간회 해소 후 1932년 동아일보는 민족운동내의 사상적 대립과 불일치

를 극복하기 위한 사상통일로서 '사상혁신'을 주장한다. 1930년대 전반 동아일보의 사상혁신, 문화혁신 주장에 대해 당면이익 획득을 위한 개량적 주장이라고 평가하는 것은 적절하지 않다. 그들 주장의 특징은 그것이 민족운동에 있어 민족주의 세력의 배타적이고 강한 헤게모니적 성격을 갖고 있었다는 점이다. 곧 민족주의가 조선 민족의 지도원리이자, 사상혁신의 기준이라는 것을 제기하면서 민족운동이 민족주의에 입각해서 전개되고 통일되어야 한다는 점을 강조하는 것이었다. 이는 당시 '계급 대 계급' 전술에 기반한 공산주의 세력의 주장과 활동에 대한 대응이기도 했다.

그들은 사상혁신을 위해서는 조선만의 사상을 마련해야 하며, 그를 위해서는 타의 존재를 연구하기 보다는 먼저 조선 자체를 연구하는 것이 필요하고, 이는 단순히 과거의 문화를 연구하여 진흥시키는 것이 아니라, 자주적 정신을 기반으로 한 자기를 발견하는 것에 있다고 주장했다. 이런 주장은 정인보가 「양명학연론」에서 주장하는 요체와 일정하게 연결되어 있었다. 정인보의 「양명학연론」에서의 주장은 '양지(良知)'를 통해 '자심(自心)'을 찾고 '심혼(心魂)'을 회복하는 것을 통해 자기를 인식하고 자기를 발견할 수 있는 사상적 바탕을 만들자는 것이었다. 자주적 정신을 기반으로 조선을 연구해야 한다는 주장에 정인보가 전면적으로 대응한 것이 「오천년간 조선의 얼」 논설이었다.

사상혁신의 측면에서 정인보의 논의를 살펴볼 때 그가 극복하고자 했던 것은 일제의 식민지배 이데올로기만이 아니었다. 문명개화론, 서화론 등으로 상징되는 서구 근대 사상을 무비판적으로 수입하는 경향에 대한 비판뿐만 아니라 '프롤레타리아 국제주의'와 '계급 대 계급' 전술에 입각하여 민족주의 사상과 이념을 전면 부정하고, 소련과 코민테른을 추종하던 공산주의자들에 대한 비판까지 내포하는 것이었다.

1934년부터 정인보와 안재홍 등에 의해 본격적으로 추진된 조선학운동

의 최대 성과중 하나는 조선후기 특정의 학문경향이었던 실학의 재발견이
고, 허학이 되어버린 기존 유교, 주자학에 대신하여 새로운 사상경향으로
서 실학을 근대적으로 복원한 점이다. 정인보는 1929년 간행한 『성호사설』
서문에서 이익의 학문을, 더 나아가 조선후기 새로운 학문 경향을 '의실구
독지학(依實求獨之學)'으로 규정하였다. 그는 민족이라는 실질과 민족의
독자성의 견지에서 실학을 바라보고 있었다. 이후 「양명학연론」을 집필하
는 단계에서는 실학을 실심(實心, 본마음)을 갖고 하는 학문으로 바라보았
다. 다산 정약용 서세사업을 통해서는 조선후기의 위기적 상황에서, 보편
적 철학 원리인 '實'에서 출발한 '실심(본 마음)'에 기반하여 잃어버린
민족의 독자성과 주체성을 회복하고, 백성의 일용과 민족과 나라의 실익을
가져다주는 민족 단위의 학문으로 규정되었다. 정인보에 있어서 '근세
조선학'인 실학은 실용학으로서 근대를 지향하는 학문이기도 했지만,
그보다는 민족의 독자성과 주체성을 회복하는 민국(民國)의 학문으로서,
곧 주체적 민족론으로서의 의미를 더 크게 갖고 있는 것이었다.

　해방 이후 실학은 한국사 분야의 핵심 연구 주제로 정착했고, 지금까지
수많은 연구가 생산되고 있는 분야가 되었다. 그리고 실학에 대한 이해는
시대적 흐름과 과제에 따라 다르게 이해되어 왔다. 1960~70년대 근대화가
시대의 대세이었을 때는 실학의 이용후생, 실사구시의 측면이 강조되면서
서구 사상의 수용 및 근대화와 관련해서 실학을 파악하려는 연구들이
주를 이루었다. 1980년대 이후 다양한 입론과 주장들이 나오면서 많이
완화되기는 했지만, 아직도 논점의 차이에도 불구하고 '실사구시', '실용',
'공리', '이용후생' 등으로 근대를 이해하고, 그와 관련하여 실학의 의미를
긍정적이든 부정적이든 파악하려는 연구 경향이 상당수 있다.

　한편 1990년대 이후 유학 전반의 가치와 시대적 의미가 재평가를 넘어
새로운 대안으로 부상되고, 더 나아가 성리학에 대한 재평가가 이루어지는
현재에서는 실학을 성리학과 대립시키기 보다는 상호 내적 연결 관계를

부각시키면서 실학을 파악하려고 했던 연구들도 일정하게 제기되었다. 이러한 연구는 당연한 것이면서 각각 의미 있는 것이다. 그렇지만 이러한 연구 논의들을 검토하고 연구사적 의미를 제대로 규정하기 위해서는, 조선후기 특정의 학문경향이었던 실학을 재발견하였던 1930년대 조선학운동에서 정인보가 '근세 조선학'으로 확립하려고 했던 실학의 이해, 곧 주체적 민족론으로서의 제기된 최초 실학의 의미가 분명하게 인식될 때만이 이후 연구사에 대한 객관적 평가가 가능해질 것이다.

한편 정인보의 주장이 서화론 및 공산주의 이념에 대한 경계를 내포하는 것이라는 점에서, 그의 논의는 1930년대 들어 급진적 서구화와 공산주의 이념의 확산에 대응하여 중국 장제스(蔣介石)와 국민당내 전통 우파들에 의해 본격화되기 시작하는 중국 민족전통의 복원과 민족정신의 강조, 유교 이념에 대한 재해석과 복권 정책, 그리고 1935년 1월 타오시성(陶希聖) 등 10교수의 「중국본위적 문화건설선언」으로 공론화된 중국본위문화파 및 신유가들의 주장 및 연구들과 비교해서 검토해 볼 필요가 있다. 이는 이런 중국에서의 움직임과 정인보가 중심된 조선학운동이 조선과 중국에서 서로 무관하게 별개로 전개된 흐름이 아니기 때문이다. 1910년대 후반 이후 자본주의와 사회주의, 서구 민주주의와 공산주의의 전망이 서로 경쟁하는 가운데, 유구한 역사적 전통을 갖고 있는 동아시아의 문화와 사상이 동아시아 근대사회로의 이행 및 근대 민족국가 건설에 어떠한 역할을 하고 어떻게 작용할지, 더 나아가 현실의 사회이행과 근대 민족국가 건설을 어떠한 이념과 노선을 가지고 추진하는 것이 필요한지에 대한 동아시아 지식인, 엘리트들의 공통된 고민과 과제를 반영하는 상호 일정하게 관련된 시대적 흐름과 운동 양상의 측면을 갖고 있었다. 이에 대해서는 추후 별고의 연구에서 다루도록 하겠다.

참고문헌

『동아일보』, 『조선일보』, 『동방평론』, 『삼천리』

정인보, 「序」, 『星湖僿說』, 문광서림, 1929.

정인보, 『담원 정인보 전집』 1~5, 연세대학교 출판부, 1983.

정인보 지음, 정양완 옮김, 『담원문록』(상)~(하), 태학사, 2006.

강석화, 「담원 정인보선생에 대한 연구사 정리」, 『애산학보』 39, 2013.

김인식, 「1920년대와 1930년대 초 '조선학' 개념의 형성 과정 – 최남선·정인보·문
　　　일평·김태준·신남철의 예」, 『숭실사학』 33, 2014.

김진균, 「실학 연구의 맥락과 정인보의 依獨求實」, 『민족문화논총』 50, 2012.

김진균, 「정인보 조선학의 한학적 기반」, 『한국실학연구』 25, 2013.

남궁효, 「정인보의 조선학 이론에 관한 연구」, 『실학사상연구』 8, 1996.

류승완, 「1920~1930년대 조선학의 분화에 대한 일 고찰」, 『숭실사학』 31, 2013.

방기중, 『한국근현대사상사연구』, 역사비평사, 1992.

백승철, 「1930년대 '朝鮮學運動'의 전개와 민족인식·근대관」, 『역사와 실학』 36,
　　　2008.

백일, 「1930년대 조선학운동의 전개와 그 성격」, 국민대 국사학과 석사학위논문,
　　　1997.

신주백, 「1930년대 초중반 朝鮮學 學術場의 재구성과 관련한 시론적 탐색」, 『역사문
　　　제연구』 26, 2011.

신주백, 「조선학운동에 관한 연구동향과 새로운 시론적 탐색」, 『한국민족운동사연
　　　구』 67, 2011.

윤덕영, 「1930년 전후 조선총독부 자치정책의 한계와 동아일보 계열의 비판」,
　　　『대동문화연구』 73, 2011.

윤덕영, 「1930년대 동아일보 계열의 정세인식 변화와 배경 – 체제비판에서 체제굴
　　　종으로」, 『사학연구』 108, 2012.

이상호, 「정인보의 얼사관」, 『동양철학』 12, 2000.

이지원, 『한국 근대 문화사상사 연구』, 혜안, 2007.

전윤선, 「1930년대 '조선학' 진흥운동 연구」, 연세대 사학과 석사학위논문, 1999.

정호훈, 「한국 근·현대 실학 연구의 추이와 그 문제의식」, 『다산과 현대』 2, 2009.

채관식,「1930년대 '조선학'의 심화와 전통의 재발견」, 연세대 사학과 석사학위논
　　　문, 2006.
최선웅,「정인보와 동아일보」.『한국인물사연구』23, 2015.

해방정국기 유석(維石) 조병옥(趙炳玉)의 현실인식과 정치활동

이 수 일

1. 머리말

8·15 해방은 미군과 소련군의 배타적인 분할점령이라는 매우 불완전하고 유동적인 상황으로 찾아왔다.[1] 일제가 패망하면 즉시 독립할 것이라 기대했던 한국인들의 생각과는 달리 해방 초기 새로운 민주주의 국가건설은 미국과 소련이라는 20세기 두 중심국가(中心國家)의 강력한 정치적 사상적 자장(磁場) 속에서 제한받지 않을 수 없었다. 제2차 세계대전은 파시즘 국가군에 대한 미국과 소련으로 대별되는 좌우 민주주의 연합국의 승리였다. 그렇지만 미국과 소련의 전시동맹·전시협조체제는 전쟁 말기 및 전후 질서의 재편과정을 둘러싸고 세계 곳곳에서 충돌하면서 점차 적대적 대결 양상을 드러내기 시작하였다. 이태리 점령을 계기로 시작된 미소 전시협조체제의 균열은 소련의 동구점령 과정에서 노골화되었고, 미소의 한반도 분할점령은 새로운 시험대였다. 동구에서 이미 미소의 협조체제는 불편한 동거임이 드러났고, 한반도에서 두 국가의 이데올로기

---

1) 해방직후 정치적 흐름과 맥락에 대해서는 서중석, 『한국현대민족운동사』, 역사비평사, 1991 참조.

230

적 힘이 전면적으로 충돌하게 되었다.

2차 대전 종전과 그 이후에 곳곳에서 진행된 인민혁명은 종전과정에서 소련군의 진주나 내전의 승리 속에서 이루어졌다. 동유럽의 경우는 소련군의 진주라는 역사적 조건이 인민민주주의혁명의 '원형권력' 형성에 중요한 역할을 하였다. 이는 북한의 경우도 마찬가지였다. 일제 패망으로 동북아시아에서 소련은 그 어느 때보다 자신의 영향력을 팽창 확대시킬 수 있는 자유로운 공간을 가지게 되었다. 미국은 동북아시아에서 소련의 팽창을 저지한다는 정치군사적 고려 속에서 점령선 38선을 그었고, 소련도 이를 흔쾌히 받아들였다.[2] "이 전쟁(2차 대전 : 인용자)은 과거와는 다르다. 누구든 영토를 점령하는 자가 그의 사회체제를 강요할 수 있다. 달리는 될 수 없다"[3]는 스탈린의 언질처럼, '20세기 근대'를 주도해가는 두 중심국가인 미국과 소련은 여타 점령지역에서도 그러했듯이 해방자·점령자로서 이 땅의 새로운 질서의 주조자로서 절대적인 힘을 발휘하였다.

미국과 소련은 38도선 이남과 이북의 각자 점령지역에서 자신들에게 우호적인 정치질서와 협조세력을 재빨리 부식 구축해갔으며, 이 과정에서 일제하 이래 우리 사상 운동계 안에 잠재되어 있던 좌우의 정치적 이념적 대립이 전면적으로 표면화되었다. 그에 따라 한반도는 분할점령 초기부터 '조기냉전의 전장터'로 곧장 변모해갔고, 일제 강점기이래 자주독립 국가를 전취하고 '민주주의'와 '풍요'를 실현하려는 이 땅 '20세기 근대'의 열망과 그를 둘러싼 '사상전'은 불행히도 분단의 신속한 제도화와 남북한 전쟁으로 귀결되고 말았다.

그와 같은 비극적 질서주조의 한 가운데에 서 있던 인물이 유석 조병옥(趙

---

2) 이완범, 『삼팔선 획정의 진실』, 지식산업사, 2001 참조.

3) 1945년 5월 스탈린이 유고의 공산주의자 밀로반 질라스에게 설명한 말이다('스탈린'과의 대화─문제작 '지라스' 저서의 내용」, 『동아일보』 1962.5.20). 재스퍼 리들리 지음, 유경찬 옮김, 『티토─위대한 지도자의 초상화』, 을유문화사, 2003 참조.

炳玉, 1895~1960)이었다. 일제강점 해방기 역사적 변동의 중심부에서 '보수적 자유주의의 신봉자·실천자'로서 "반일·반공·반독재의 노정"[4]을 걸어갔던 인물로 알려져 있다. 조병옥의 근대적 자의식은 한말 국권침탈의 위기 속에서 서구근대의 통로였던 기독교를 통해 계발되었다. 그의 집안은 유교적 규범성이나 전통의 압력이 그리 강한 편은 아니었으며, 자립적 중산층의 경제적 기반을 가진 그의 부친은 시세의 급격한 변동 속에서 기독교를 주자학을 대체하는 새로운 세계관으로 수용하였다. 그런 분위기 속에서 조병옥은 기독교와 서구문명을 자연스럽게 접촉할 수 있었고, 특히 자립 분투하는 근대적 주체 양성을 목표로 한 미션스쿨 공주 영명학교와 평양 숭실학교에서 구미문화에 대한 동경심을 키워갔다. 특히 숭실 시절 평양을 감싸고 있던 도산 안창호의 생활원리와 실력양성의 민족주의적 분위기도 그와 같은 자의식 계발에 적지 않은 영향을 미쳤다. 일제강점의 민족적 질곡 속에서 서양지식을 배우면 배울수록 항일의식은 물론이고 구미문화에 대한 숭배감도 점차 커져갔다. 강점 초기 YMCA나 미션스쿨에 다니던 학생들 사이에 '미국을 알자'라는 일종의 '미국 붐'이 일고 있었으며, 조병옥의 미국유학은 그러한 자의식의 귀결이었다.

도미 후 그는 사회복음주의에 입각한 기독교 교리에서, 고학을 통한 학업증진과 흥사단 활동 그리고 몸으로 체험하는 일상생활 속에서 미국적 가치를 토대로 하는 보편적 근대성을 내면화시켜 갔다. 청교도나 서부 개척자의 자유·자립의 의지와 진취적인 행동력은 고학의 어려움을 극복하는 정신적 지주였다. 미국의 독립과 눈부신 발전이 그러한 자력 분투하는 개인들의 힘과 노력에 의해 성취되었다는 점에서 청교도 이념이나 서부 개척정신은 조국광복의 독립정신과 일맥상통한다고 보았다. 자유 자립적인 개인의 존재야말로 근대적 발전의 기초였으며 자유나 민주주의는

---

4)「젊었을 時節의 趙博士(上)」,『동아일보』1960.2.17.

단순한 제도의 차원을 넘어선 일종의 생활양식 규범으로 인식되었다. 그러한 자유 자립적인 개인의 육성과 사회규범의 함양이 바로 미국적 사회규범과 가치에 친화력을 가지고 있던 흥사단 운동의 본령이었으며 그 외연적 확대가 민족적 실력양성이었다. 그 출발점은 당연히 근대적 규범과 지식을 끊임없이 연마 실천해가는 일상 생활공간에서의 개인의 인격개조였다.

이러한 민족적 실력양성론과 그 정치적 표현인 자유민주주의론은 V. G. 씸코비치의 공산주의 비판론, J. B. 클라크의 한계혁명론, 존 듀이의 개량주의적 사회철학 등 컬럼비아 대학의 지적 풍토 속에서 이론적 체계를 갖추어 갔다.

기독교 신자로서 미국적 가치에 대한 강한 믿음이나 민족적 실력양성론 이라는 독립방략에 비추어 볼 때, 반공의식이 내면화될 가능성은 충분히 있었지만, 이를 자극 촉발시킨 계기는 1차 대전 종전 직후 미국 사회를 뒤덮은 적색공포(赤色恐怖, Red Scare)라는 특이한 사회적 분위기였다. 1차 대전 중 등장한 소연방은 전후 유럽의 지성계에서는 세계사의 새로운 희망으로 간주되었지만, 1차 대전을 계기로 세계자본주의의 기관차로 부상한 미국 땅은 오히려 가장 강력한 반공 반소비에트의 진원지였다. 그와 같은 이데올로기적 공세가 바로 적색공포라는 사회적 대소동으로 나타났다. 조병옥이 컬럼비아 대학에 입학하던 1919~1920년 무렵 이 공포는 절정에 달했고, 그는 세계 최대의 도시 뉴욕 한가운데에서 그러한 폭력적 정치 히스테리를 직접 목격하였다. 적색공포의 소동 속에서 소연방 은 미국적 규범과 질서를 근저에서 파괴하는 문명의 절대악이었다. 그러한 악의 상징인 소비에트 러시아와 강 하나를 사이에 두고 있는 식민지 조선의 청년 조병옥의 눈에도 적색공포는 결코 남의 일이 아니었으며 더욱이 사회주의 사상이 유행병처럼 퍼져가고 있다는 고국에서 들려오는 소식은 이러한 위기감을 더욱 고조시켰던 것이다.

개인의 가치를 부정하고 폭력을 통해 일거에 사회모순을 해결하려는
근본적인 발상을 가진 마르크스주의는 자유민주주의의 가장 무서운 적으
로 인식되었다. 조병옥의 반공이념에 큰 영향을 미친 V. G. 씸코비치의
주장처럼 마르크스주의는 현실 자본주의의 실제적 모습을 제대로 반영하
지 못한 파괴적인 폭력논리였으며, 자본주의의 붕괴와 사회주의의 필연적
도래라는 유물변증법의 역사적 합법칙성은 단순한 가설 망상에 불과한
것이었다. 이와 아울러 사유재산제도와 자유경쟁의 원리에 기초한 J.
B. 클라크의 한계효용론이나 사회진화론에 입각한 점진적 사회개조를
강조한 듀이의 개량주의적 사회철학은 조병옥의 자유민주주의의 골격을
이루었다. '유한한 자연력/경제적 재화'와 '무한한 인간의 욕성'이라는
인간생존의 환경적 제약성이나 사회진화의 법칙상, 공산주의와 같은
절대평등의 사회는 실현불가능하며 점진적 사회개조를 통한 상대적 평등
사회의 구현이 역사발전의 방향이라고 보았다.

점진적 사회개조는 폭력이 아닌 사회여론과 같은 평화적 수단에 의해
추진되며 폭력혁명은 기독교의 평화주의에도 위배되는 것이었다. 점진적
사회개조의 주체는 자립 분투하는 자유로운 개인이며, 이러한 개인이
사회와의 긴밀한 교섭을 통해 이루어진다는 것이다. 인간은 유물론적
존재인 동시에 유심적인 존재이고 사회와 개인은 유기체적 관계에 있기
때문에 점진적 사회개조는 정신적 물질적 양 방면에서 즉 개인의 개조와
사회조건의 개조가 동시에 이루어져야 한다는 것이다. 그런 측면에서
그의 논리는 이광수(李光洙) 같은 단순한 인격수양이나 민족성 개조의
소극적 정신적 차원에만 머물지 않았다.

조병옥도 전형적인 실력양성의 개량노선을 주장했지만, 그 정치적
조건·정치운동의 중요성을 결코 무시하지는 않았다. 일제라는 현실적
힘이 작용하고 있는 이상, 그러한 정치적 사회조건의 혁파 없는 경제운동
이나 문화운동의 본령인 민족경제의 생존권 확립이나 개인의 수양 개조는

어려운 일이었다. 일제와 직접 대결하면서 민족적 실력양성을 추구한다는
비타협적 의지를 깔고 있었으며, 그것이 불의에 항거하는 '십자가의 무사'
이자 청교도의 모습이었을 것이다.

1925년 긴 미국 유학생활을 정리하고 귀국한 조병옥은 "젊음의 요람처"
연희전문학교 상과 교수로 "민족적 울분을 학리로 술회"⁵⁾하면서 1920년
대 중반 국내 민족주의 운동의 중심부에 다가갔다. 수양동우회의 정치적
개조나 기독교의 혁신운동, 그리고 신간회운동 참여 속에서 비타협적
실력양성운동을 전개하였다. 1929년 신간회 민중대회사건으로 인해 홍명
희 등과 함께 옥고를 치렀다.⁶⁾

이하에서는 해방정국기 권력의 중심부에서 남한국가건설을 주도했던
조병옥의 해방초기 실감과 주체적 대응을 검토하고자 하며, 이를 통해서
해방과 더불어 분단질서가 어떻게 진행 구축되어갔는가를 거칠게 살펴보
고자 한다.

2. 8·15 해방의 실감 : 공아론·적색공포의 확산

1) 우익 민족진영의 공아론·적색공포 와 임정봉대론

8·15 해방의 억제할 수 없는 기쁨과 흥분에도 불구하고 조병옥이 실감한
해방의 현실은 '미소에 의한 분할점령'과 '건국준비위원회'(이하 '건준')
'조선인민공화국'(이하 '인공')의 수립으로 표출된 '좌익의 발호'라는 모

---

5) 『연세춘추』 1959.7.6.
6) 일제하 조병옥의 현실인식과 민족운동에 대해서는 이수일, 「1920년대 중후반
   維石 趙炳玉의 民族運動과 現實認識」, 『實學思想研究』 15·16, 2000 ; 「美國 유학시절
   維石 趙炳玉의 활동과 '近代'의 수용」, 『典農史論』 7, 2001 참조.

호하고 위험스러운 것이었다. 38선의 존재와 38이북의 소련군 진주 그리고 왜 미국이 단독으로 이 땅에 들어오지 않는가 하는 점은 조병옥을 위시한 민족 우익진영의 인사들에게 도무지 이해할 수 없는 8·15 해방의 수수께끼 였다.[7] "왜경의 총검이 어색하게 느껴지고 힘없이 걸어가는 왜놈들 게다소리가 유난히 시끄러운"[8] 해방 그날부터 소련군이 서울에 입성할 것이라는 이야기가 끊임없이 유포되었고,[9] 8월말부터 38이북으로부터 소련군의 '폭력적인' 점령소식과 갖가지 소문들이 나돌았다.

　미군이나 소련군은 한국진주와 동시에 이미 작동하고 있던 한국인의 자치조직체를 자신들의 점령목적에 부합하는 조직으로 개조 해체시켜 갔다. 38이북 소련군의 경우 사회주의자들이 주도하는 인민정치위원회로 재빨리 재편해갔으며, 이 과정에서 배제된 우익인사들이 8월 말 9월 초에 서울로 내려왔다. "공산주의자들이 일본이 40여 년간 약탈하고 남겨놓고 간 것을 해체하고 있으며, 북쪽에서 상처 입은 사람들은 피난처와 보호를 제공하는 미군 점령지로 계속 흘러들어"[10] 왔다. 이는 소련의 북한점령의 정치군사적 의도를 의심케 하는 사건으로 간주되었고, 좌익으로부터 "북위 38도 이북에 주둔해 있는 소련군을 원망하며 쫓겨 온 자"[11]로 간주된 월남서북인들 속에는 조병옥이 익히 알고 지내던 흥사단 단우나

7) 건준을 대표하여 인천 앞바다에서 24군단을 처음 접촉한, 미국에서 경제학을 전공했던 백상규는 38선으로 인한 국토분단의 우려와 왜 미국이 단독 점령하지 않고 소련과 양분하게 되었는가 하는 의문을 제기하였다(G-2 Periodic Report No.1, 1945.9.9).

8) 조병옥, 「방랑생활 종막-동지규합에 골몰린 14일밤」, 『조선일보』 1954.8.14.

9) 조선공산당재건준비위원회 경성지부, 「붉은 군대의 조선지주에 당하야 노동자 농민 급 일반근로대중에게 격함(1945.8.30.)」, 『美國·國立公文館所藏 北韓解放直後 極秘資料(1945年 8月~1951年 6月) 朝鮮共産黨과 金日成에 關한 文獻』, 高麗書林, 1998, 1쪽.

10) 김동성, 「북위38도선」(G-2 Periodic Report No.11, 1945.9.21).

11) 「연합군을 중상하는 악질 떼마를 분쇄해라(1945.9.30.)」, 『'삐라'로 듣는 해방직후의 목소리』, 김현식·정선태 편저, 소명출판, 2011, 76쪽.

기독교 인사도 끼여 있었다.[12] 이들은 소련군의 38이북 점령에 대해 격렬한 반소·반공의 공아론과 적색공포를 쏟아내었다.

특히 신의주 건준에서 활동했던 한경직 목사의 맥아더에게 보내는 탄원서는 8·15 해방의 기쁨이 적색공포·공아론으로 일순간 전변하는 극적인 과정을 잘 보여주고 있다.

해방의 감사와 흥분의 시간에 당신(맥아더 : 인용자)에게 다음과 같은 사실을 제시하게 되어 매우 유감스럽다. … 우리 도시 신의주에서 일본이 항복한 다음날 자체적인 치안위원회를 조직하였다. 8월 25일 도 수준의 위원회를 조직하여 도 전체의 질서를 평화롭게 유지하였다. 그러나 소련군 이 8월 30일 신의주에 도착하면서 사태는 급변하였다. 소련군이 우리 조직체를 강제로 해산시키고 소규모 공산주의자 그룹을 축으로 인민정치 위원회를 조직하였다. … 몇몇 우리 지도자가 체포되고 … 그들의 약탈행 위는 이루 말할 수 없다. … 우리는 '붉은 한국'을 원하지 않는다. 이런

12) 최능진(평남 건준 치안대 대장)과 김동원(평남 건준 부위원장, 실업가)을 손꼽을 수 있다. 최능진은 소련군의 진주와 더불어 무장 해제되었고, 김동원은 친일 혐의로 일찍 내려왔다. 최능진의 증언에 따르면, 소련군이 38선을 따라 엄격하게 순찰 경비하고 있으며, 38이남으로 통행도 제한하고 있고, 공산주의를 반대하는 말을 하는 사람들은 곧 체포 구금된다고 했다(G-2 Periodic Report No.4, 1945.9.14). 여러 가지 이유로 이 시기 월남한 서북인들은 남한 사회의 일상에서 반공 반소의 관념을 선도에 서서 확산시키는 반공보루의 중핵으로 활동하였다. 한국전쟁이 끝날 때까지 격증하는 이들 서북 월남인들은 일상에서 그리고 사회저변으로 공아론과 적색공포를 확산시키는 전파자였으며, 이후 남한 사회에서 반공을 선도하는 사회계층-반공의 방파제 역할을 수행하였다. 이들은 남한 사회에서 "온몸으로 반공을 했고 반공을 하지 않으면 살아남을 수 없었던 것"이다(석정길, 『새벽을 달린 동지들』, 갑인출판사, 1983, 24쪽).
특히 일제하 이래 '서북면로주의'라 불릴 정도로 지역적 일체성을 보였던 홍사단 출신들은 월남 후 반공-자유민주주의 이데올로그로서 38이남에서 깊게 자리 잡아갔다(미군정하 홍사단 계열 지식인의 사상적 움직임에 대해서는 장규식, 「미군정하 홍사단계열 지식인의 냉전의식과 국가건설 구상」, 『한국사상사학』 38, 2011.8 참조).

것이 연합국의 계획이 아님을 확신한다. 만일 어떤 신속하고 강력한
조치가 이루어지지 않는다면 한국의 미래는 잘못될 수도 있을 것이다.
우리는 당신에게 즉시 이곳에 위원회를 보내어 이곳 상황을 조사하기를
요청하는 바이다.13)

붉은 한국은 결단코 생각도 할 수 없는 일이었다.14) 서울에 미군이
들어오기 전 20여 일 동안 38이북으로부터 들려온 소문과 서울로 내려온
서북인의 증언은 예민한 자본주의·자유주의적 정치자의식을 가진 조병옥
에게 분명 소련군에 의한 '붉은 한국' '인민권력' 구축의 시작으로 간주되
었고, 더 나아가서 남북한 좌익의 발호로 한반도 전체가 붉게 물들어가는
듯한 정치적 위협을 느끼게 되었다.

"약탈 강간하던 소련군에 비해 미군은 그런 일이 없었기에 호감"15)을
가졌다는 강원룡의 술회처럼, 소련군의 초기 폭력적 행동으로 인한 반감과
그 영향력은 적지 않았다. 소련군의 폭력적 점령과 초기 약탈행위는
우익 인사들에게는 반소 반공의 좋은 선전꺼리였지만, 좌익 진영에게는
가장 곤욕스러운 사안이었다. 조선공산당은 소련군 진주 후 쫓겨난 친일파
반동분자들이 서울로 유입되어 퍼뜨린 악선전이며,16) 소련은 결코 영토적

---

13) 「Ha Young Youn & Kyug Chik Han to the General of the Army Douglas MacArthur,
at Tokyo(1945.9.26)」, 『대한민국사자료집 18 : 주한미군 정치고문 문서 1』, 국사편
찬위원회편, 28~30쪽. 미군정 당국은 윤하영과 한경직의 증언을 매우 신빙성
있게 취급했으며, "두 제보자는 소련군이 북한 전역에서 이와 유사한 전술을
사용하고 있으며 가능한 한 최대한도로 한국을 공산화하기로 결정하였다는
데 의견의 일치를 보이고 있습니다"고 결론지었다[「재한국 정치고문 베닝호프가
국무장관에게(1945.10.1)」(미국무성 비밀외교문서/김국태 옮김, 앞의 책, 75~76
쪽)].

14) 미군정 당국은 한경직의 붉은 한국에 대한 우려를 10월 중순 서울로 내려온,
수양동우회 출신으로 해방직후 평양시장을 역임한 한근조의 증언을 통해 더욱
뒷받침하는 것으로 보았다.

15) 강원룡, 『빈들에서 — 나의 삶, 한국현대사의 소용돌이』, 열린 문화, 1993, 156쪽.

야심이 없다고 강력하게 주장했지만,[17] 적색공포·공아론은 그리 쉽게 진정되지 않았다. 우익의 공세 속에서 38이남에서 소련과 소련군은 점차 '고마운 해방자'에서 '무서운 약탈자'로 표상되기 시작했다.

서북지방에서 들려오는 각인(各人)의 신빙할 수 있는 목격담 체험담을 들으면 결코 공산당 기관지 해방일보가 무근의 '떼마'라고 부인한 정도의 것은 아닌 듯하다. 그리하여 공산주의를 ××(이해 : 인용자)하지 못하는 일반 민중은 과거에 일본인으로부터 공산주의의 죄악을 포문(飽聞)하였으나 반신반의하던 사람까지도 이제는 공산주의가 참으로 나쁘다는 인상을 가지게 되었다.[18]

물론 조병옥은 38선의 제안자가 미국이라는 사실을 꿈에도 생각하지 못했다. 강토가 협소한 일본이나 부동항 확보에 혈안이 된 짜르 러시아-소연방의 정치적 야심과 달리 민주주의 신사나라 미국은 생래적으로 타국을 침략할 하등의 제국주의 야심을 가질 필요가 없는 나라일 뿐 아니라 자유 독립의 절대적 후원자라는 점에서 미국의 민주적 우호와 선의는 추호도 의심할 수 없었다.[19]

폭력적 점령소문으로 얼룩진 소련군의 38이북 진주는 한말 제정 러시아의 남하정책을 연상시켰다. 우익인사들은 반세기 전 '동양의 나폴리'로 불린 청진항에 대한 차르의 욕망을 본능적으로 기억해 내었다.[20] 조선공산

---

16) 『해방일보』 1945.9.25. 1945년 9월 7일 전국인민대표자대회에서도 소련군에 대한 약탈선전 악선전은 '친일파'와 '노농세력의 수탈자들'의 중상이라고 했다.

17) 조선공산당재건준비위원회 경성지부, 앞의 글, 2쪽.

18) 金鍾範·金東雲 공저, 『解放 前後의 朝鮮眞相(돌베개 복각본)』, 삼중당, 1945, 70~71쪽.

19) 조병옥, 『나의 回顧錄』, 民敎社, 1957, 153쪽.

20) 안재홍은 웨드마이어에게 보내는 편지에서 공아론을 다음과 같이 언급하고

당은 '위대한 소련 해방군' '붉은 군대'의 38이북 진주에 대한 역사적 의미를 높이 평가하고 대대적으로 선전했지만, 우익진영은 소련군의 북한 점령을 차르러시아-소연방으로 이어진 슬라브 민족의 숙원=영토욕의 실현과정으로 간주하였다. 이들은 군정 당국자들에게 러일전쟁 직전 일본과 한국분할을 논의한 니시-로젠 협정을 거론하면서 '공아론'의 역사적 기원을 일러주었다.[21]

> 약 40년 전 일본과 러시아는 당시 독립국인 조선을 분할시킬 것을 협의하였다. 북위 38도선에서 두 쪽으로 전리품을 나누어, 러시아는 북쪽을, 일본은 남쪽을 차지할 계획이었던 것으로 알려져 있다. 그 당시 조선은 북위 38도선에서 질식사할 운명에 처해 있었다. 영국이 그 현장을 방해했고 러시아와 전쟁하도록 일본을 자극함으로써 그들의 악명 높은 계획을 중단시켰다.[22]

50여 년 전 독립협회의 친미·친일 근대주의자·개화파인사들이 견지했던 대외인식-공아론은 해방공간에서 변형된 형태로 재생되었다. 독립협회 당시의 청년 이승만이, 백발 노구를 이끌고 다시 마주친 해방정세도 20세기 국제정치의 무자비한 힘의 소용돌이 속으로 빨려 들어갔던 한말상

있다. "러시아 짜르 제국에서 기원하는 소연방의 침략적인 야심은 우리들에게 소연방에 대한 극도의 공포감을 야기시켜 왔다. 소연방은 강하고 한국과 이웃하기 때문에, 우리는 한국독립을 확보할 수 있는 최상의 정책이 미국 소연방 영국 그리고 중국의 상호 협력에 의한 한국독립이 공동적으로 보장하는 것이라는 점을 희망하고 있다"(「민정장관 안재홍이 웨드마이에게 보내는 편지(1947.9.2.)」, 『解放直後 美國의 大韓政策史 資料集 10』, 정용욱·이길상 편, 다락방, 1995, 152쪽).

21) 미 정보당국자는 38선 분할이 오랜 소련의 정책이었으며 그것은 분할을 위한 일본과의 협상이 진행 중이었던 1898~1900년으로 거슬러 올라간다고 보고하고 있다(G-2 Periodic Report No.12, 1945.9.22.).

22) 김동성, 앞의 글.

황과 크게 달라진 바 없었다. 굳이 차이가 있다면, 차르 러시아가 더 용납할 수 없는 소연방으로 바뀌었고, 그렇게 믿었던 미국은 1882년 조미수호통상조약에서 짊어진 거중조정의 '신성한 의무'를 성의 있게 수행하지 않았다는 점이었다.[23] 이승만을 비롯한 우익인사들에게 주변 열강들에 의한 비밀외교의 희생, 배신의 경험은 깊은 상처로 남아 있었고, 8·15 해방의 모호함은 그와 같은 악몽을 다시금 불러일으켰다.

분명 "인간의 지도원리가 다르고 사회조직의 체계를 달리"[24]하는 20세기 근대의 두 중심국가(中心國家) 미국과 소연방에 의한 38선 분할점령은 또다시 "국제적 전선의 단순한 도구나 실험장소"[25]로 전락될 새로운 민족적 위기상황으로 실감되지 않을 수 없었다. 특히 공아론에 사로잡힌 민족 보수진영 인사들에게는 더욱 그러하였다.[26]

모든 조선인들은 마치 40년 전의 욕구를 만족이라도 하듯이 소련군이 조선의 북쪽절반을 점령하게 된 것을 알고 놀랐다. … 북쪽의 공산주의와 남쪽의 민주주의라는 2개의 다른 통치체제가 있는 한 고(故) 루즈벨트가

23) 이승만에 대해서는 정병준, 『우남 이승만 연구』, 역사비평사, 2005 참조.

24) 나진형, 「소련의 국제연맹 가입과 세계」, 『중앙』 2-11, 1934.11, 25쪽.

25) 변영태는 동양의 발칸으로 알려진 한국의 독립을 보장하고 동양평화의 확보하기 위한 방책으로 '한국의 중립화'를 주장하였다[변영태, 「조선과 주변 국가들」(G-2 Periodic Report No.97, 1945.12.16)].

26) 서상일은 후일 해방의 실감-공아론을 다음과 같이 회술하였다. "나는 러시아가 남하정책으로 한반도를 침략하려던 사례를 알고 있었고 강대국이 주의와 주장을 달리하더라도 무력정략과 강식약육의 국제관계를 조속히 지양할 수 없으리라고 믿었기 때문에 쏘련에 맹종하려는 공산당노선을 찬동할 수 없었다. 합병전후에 겪은 나의 체험이 너무나 생생하게 살아 있었으므로 우리의 일은 우리가 해야 한다고 확신하고 있었다. 원래 국제관계란 관념이나 사상에 의해서 결정되는 것보다는 국력에 의해서 결정되는 것이 원칙임을 뼈저리게 느꼈기 때문에 쏘련이나 미국에 무조건 추종한다는 일은 나라를 망치는 우거라고 생각했었다. 이런 견해에서 나는 공산당을 반대했었고 인민위원회를 배척했다"(서상일, 「險難할망정 榮光스런 먼길」, 『내가 걸어온 길 내가 걸어갈 갈』, 신태양사, 1957, 55쪽).

꿈꾸었던 국가, 즉 가까운 시일에 자유국가로서 일어설 기회는 매우
희박해 질 것이다. 조선 인민들은 38도선의 다른 한쪽을 짓누르고 있는
엄중한 사태에 슬퍼하고 있다.[27]

이들 우익인사들은 상륙한 미군에게 "미소군의 점령에 따른 영구분단
의 우려와 남북이 하나의 정부로 통합될 수 있을지 강한 의문을 표명"[28]하
였고, "카이로선언에서 언명된 한국독립 약속에도 불구하고 현금 2개의
민주주의 국가가 분할점령으로 말미암아 가까운 시일 내 자유국으로
일어설 기회가 희박하다"[29]는 영구분단의 위기감을 드러내었다. 하지의
첫 인터뷰 석상에서 한국인 기자는 "조선은 남북으로 양단되고 미소의
정책이 다르기 때문에 조선통일에 지장이 있다고 생각한다"[30]는 비관적
전망을 피력했으며, 우익인사들이 생각하는 미소분할 점령사태의 가장
원만한 해결책은 "38이북에서 붉은 군대의 철수"[31]뿐이었다.

그런데 공아론-적색공포는 중국 땅에서 환국을 애타게 기다리던 대한민
국 임시정부의 외교적 언술에서도 나타났다. 1945년 8월 24일 임정 외교부
장은 미국 국무장관에게 보낸 서한에서 한반도에서 닥쳐올 이념대결
양상과 적색공포를 언급하면서 중경 대한민국임시정부의 공식적 지지를
강력하게 호소하였다.

---

27) 김동성, 앞의 글.
28) G-2 Periodic Report No.12, 1945.9.22.
29) 김동성, 앞의 글.
30) 『매일신보』 1945.9.12.
31) 이는 1945년 12월 중순 한국민주당 인사 3명을 대동하고 정동 서울주재 소련영사관
    을 방문한 송진우가 소련에 대한 한국인의 신뢰를 회복시킬 수 있는 방안을
    물어온 소련 영사 폴리얀스키에게 한 말이다[「재한국 정치고문 대리 랭던이
    재일본 정치고문 대리 앨치슨에게(1945.12.17)」(미국무성 비밀외교문서/김국태
    옮김, 『해방 3년과 미국 — 미국의 대한정책 1945~1948』, 돌베개, 1984, 173쪽).

러시아의 한국인들 및 연안의 한국공산주의자들이 대거 한국으로 입국하고 있다. 만주를 경유하여 한국에 입국 차 연안을 떠나기 전에 연안의 조선인민대학 총장 김두봉은 한국에 공산주의이념에 따라 정부를 수립하는 것이 그들의 목표라고 천명하였다. 미국식 입헌주의를 신봉하며 지난 40여 년간 한국의 자유를 위하여 싸워 온 한국의 민주주의자들은 점차 희망을 잃어가고 있고, 한국 내에서 그들의 기회는 점점 감소해 가고 있다. 한국의 혁명적 지도자들은 한국 내에서 미 점령군과 협조 협력하길 희망하고 있으며 안녕질서를 수호하기 위하여 친미 여론을 불러일으키고자 한다. 이들 인사들은 공산주의 지도자들보다 한국인들에게 더 잘 알려져 있으며 더욱 존경받고 있다. 그들은 대한민국 임시정부의 지도적 요인들이 점령군의 보좌역이나 통역원의 자격으로서 혹은 미국 측에 적합한 기타 다른 어떤 방식으로든 한국에 환국하는 것을 미국이 허용해 주길 희망한다. 그들은 한국이 민주주의 국가로 발전해 갈 것인가 아니면 공산주의 국가로 발전할 것인가의 문제는 미국이 지금 당장 무엇을 하는가에 달려있다고 믿는다. 그러한 결정을 내리지 못하는 것도 결국은 공산주의자들을 유리하게 해주는 일이 될 것이다. 임시정부의 많은 인사들은 기독교 신자들이다. 대한민국 임시정부는 모든 한국인 그룹들을 동등하게 대우하려는 국무성의 정책을 잘 알고 있지만, 한국 공산주의자들이 외부의 원조를 등에 업고 지금을 무엇을 하고 있는가 하는 점에 주의를 요청한다.[32]

한 달 뒤 장개석을 통해 또다시 국무성에 환국협조 요청을 타진하면서,

---

[32] 「주중대사 헐리가 국무장관에게(1945.8.31)」(미국무성 비밀외교문서/김국태 옮김, 위의 책, 46쪽). 1945년 8월 14일 주중미대사관을 방문한 대한민국 임시정부 대표가 국무성으로 전송해줄 것을 요청한 비망록이다. 동 비망록에서 임정 요인의 많은 수가 기독교 신자이며, 한말이래 선교의 중심지였던 북한 지역에 미국 선교사를 파견해 줄 것을 요청하고 있다.

"소련군이 한국의 소련군 점령지역내에서 공산주의적 행정그룹을 조직 후원하고 있다"[33]고 주장하였다.

결국 "제국주의를 자주력(自主力)으로 쫓은 것이 아니기에 16일 이후 해방되자 정치문제가 생겼"[34]으며, 조병옥을 위시한 우익진영은 새로운 위기를 소련군의 진주와 그에 편승한 건준-인공 같은 좌익의 준동으로 몰아갔다. 8월 15일이 가져다준 환희와 격정은 여운형이 주도한 건준으로 자연스럽게 조직화되었지만, "이 땅을 참으로 이상적인 낙원으로 건설해야 한다"[35]는 여운형의 희망찬 다짐과 달리 보수진영은 건준의 출범을 처음부터 잘못된 정치과정 "정치혼란·민족분열의 씨앗"[36]으로 보았다.

자력해방은 고사하고 견고한 민족적 전선통일마저 이끌어내지 못하고 갑자기 맞이한 해방이었기에, 새로운 민주국가건설을 둘러싼 제 정치세력의 경쟁적 대립은 충분히 예상되는 바였다. 그런 조짐의 단초는 건준의 출범과 동시에 표출되었다. "오래 기를 못피고 눌려있던 대중인지라"[37] 해방의 소식과 함께 "벌떼처럼 일어나는 정치열"[38]을 누구나 예상할 수 있는 일이었고, 건준의 치안유지운동은 대중의 자연발생적인 정치열을 민주국가건설의 동력으로 전환시키는 첫 작업이었다. 여운형은 '대자본·언론·대학교'라는 3위1체적 지배 권력을 장악하고 있던 동아일보 세력의 존재가치를 충분히 파악하고 있었고, 새로운 민주국가를 건설하는 혁명적 상황이 도래할 때 그들의 능력을 견인해낼 필요가 있다고 보았다.

33) 「주중 대리대사 로버트슨이 국무장관에게(1945.9.25)」(미국무성 비밀외교문서/김국태 옮김, 위의 책, 65쪽) 중경의 대한민국임시정부 임원들을 가능하다면 정부내 행정직 위원격으로 입국시키는 것이 바람직할 것이라고 생각한다
34) 「新朝鮮 建設의 大道―民族統一戰線을 念願 各 政黨 首腦 懇談會」, 『朝鮮週報』 1-1, 1945.10.15, 11쪽.
35) 『매일신보』 1945.9.8.
36) 설의식, 「8·15 해방직후」, 『동아일보』 1946.8.31.
37) 『매일신보』 1945.8.18.
38) 李萬珪, 『呂運亨先生鬪爭史』, 民主文化社, 1946, 190쪽.

244

현금 조선 안에 표면에 드러난 세력으로는 야소교·천도교 종교단을 들 수 있고 그 외에는 김성수의 그룹이다. 동아일보 보성전문 중앙학교 방직회사가 모두 김의 계통이다. 그 사업이 모두 민족적으로 훌륭하다. 이 다음 무슨 일이 있을 때에도 그 그룹이 상당한 세력을 가질 것으로 경시할 수가 없을 것이다. 일을 하려면 상당한 능률도 낼 수 있을 것이다. 그런데 한 가지 염려는 자본주의에 편경(偏傾)하기 쉽다는 것이다.[39]

그렇지만 송진우는 은인자중-중경 임시정부 봉대를 내세우면서 조선총 독부의 교섭이나 여운형-건준의 합작제의도 단호하게 일축했다.[40] 건준 결성을 둘러싼 여운형과 송진우 사이의 불협화음은 해방 그날부터 터져 나온 민주주의 국가건설을 둘러싼 "자본주의 보수사상과 사회주의 개조 사상의 사상전"[41]의 재현이었다.

재동·계동을 축으로 하는 북촌의 심장부는 '건준과 반건준' '인공과 임정' '좌익과 우익'이 대립하는 해방 초기 격한 정치활동의 중심무대로 떠올랐다. 8월초 신병치료차 고향 천안에서 서울로 올라온 조병옥이 찾은 곳이 건준 본부와 여운형의 집을 에워싸고 있던 민족 보수진영 인사들의 사랑채였다. 재력이 있거나 정치적 지명도가 있던 이들의 사랑방 은 갈 곳 없는 "우익진영의 연락처 정보의 교환획득 장소"[42]로서 반건준

---

39) 이만규, 위의 책, 206쪽. 김성수, 송진우 등 일제하 해방직후 동아일보 계열의 움직임에 대해서는 윤덕영, 「일제하 해방직후 동아일보 계열의 민족운동과 국가 건설노선」, 연세대학교 박사학위논문, 2010 참조.

40) 김준연을 통해 여운형과 송진우의 합작을 시도했던 정백에 따르면, 송진우 측은 일본정권이 완전 붕괴되기 전에 그의 치하에서 준비되는 정권은 폐탄 정권의 위험이 있음으로 임시정부가 오기를 기다리겠다고 주장하면서 협력을 거부하였 다고 한다(정백, 「8월 15일 조선공산당 조직경과 보고서(1945.11)」,『朝鮮共産黨文 件資料集(1945-46)』, 한림대학교 아시아문화연구소, 1993, 7쪽).

41) 송진우, 「공산당 공판에 대한 감상−사상단체가 아닌가?」,『조선지광』1927.11, 19쪽.

42) 우사연구회 엮음, 심지연 지음,『송남헌 회고록』, 한울, 2000, 66~67쪽.

세력의 본거지였다. 이들 사랑방 시국담의 주조는 격한 '반공의 기치'[43]하
에 "민족진영의 단결로 건준의 지나친 독주를 견제"하면서 건국의 주체로
서 "임정을 맞이할 준비를 해야 한다"[44]는 반건준-중경 임시정부 봉대였
다. 조병옥은 일제하 신간회 경성지회활동을 같이 했던 인사들과 함께
이인의 사랑방에 얼굴을 내비쳤다.

　미군의 진주소식은 건준-좌익주도의 정국형세를 일거에 제압할 수
있는 복음이었다. 8월 24일을 전후하여 38도선 이남에 미군이 곧 진주할
것이라는 소식이 동경발로 전해지자,[45] 그동안 건준에 눌려 기를 펴지
못했던 민족 우익진영은 "비로소 안도의 숨을 쉴 수 있게"[46] 되었다.
이에 북촌 사랑방을 중심으로 반건준-임정봉대의 기치 하에 몇 개의
우익정당들이 급조되기 시작했는데, "남한에 진주한 미군이 협의대상을
필요로 할 때 공산계열 외에는 그 상대가 전무하다는 인상을 주어서는
안 된다"[47]는 것이었다.

　이인의 사랑방에 출입했던 조병옥을 위시한 제 인사들이 '임시정부급연
합군 환영준비회'[48]를, 한규설 손자 한학수의 사랑방에서 좌장노릇을
하던 원세훈이 '고려민주당'을, 윤보선의 사랑방에 모인 윤치영·허정·장
덕수·김도연 등 구미유학생 출신들이 '한국국민당'을, 그리고 송진우의
사랑방에서는 동아일보 그룹이 '국민대회준비회'를 조직하였다. 이들은
"평소 자주 만나 잘 알고 지내던 사이"이며 일제하 대표적인 부르주아

43) 李哲承, 『全國學聯』, 中央日報·東洋放送, 1976, 102~103쪽.
44) 許政, 『來日을 위한 證言』, 샘터, 1979, 96쪽.
45) 『매일신보』 1945.8.24.
46) 愼道晟, 「한국민주당 창당」, 『조선일보』 1981.2.25.
47) 徐相日, 「險難할망정 영광스런 먼 길」, 『내가 걸어온 길 내가 걸어갈 길』, 신태양사, 1956, 56쪽.
48) 처음에 본부를 YMCA회관에 두었다가 8월 25일 반도호텔로 이관하였다. 조병옥이 사무장으로 취임하고 사무일체를 담당하였다.

사회운동가·지식인들이었기에, 그리고 고조된 적색공포-공아론 속에서 "건준을 견제하고 중경의 임시정부를 추대한다는 공동의 목표"49)가 있었기에, 합동은 당연의 세였다.

'정당결성 불가'의 입장을 고수했던 송진우 등 '국민대회준비회'세력이 불참한 가운데 이들 북촌사랑방 정당들이 9월 6일 통합하여 '한국민주당' (이하 '한민당'으로 표기)으로 재출발하였다. 같은 날 북촌 경기여고 강당에서는 건준과 조선공산당의 합력으로 전국인민대표자대회에서 조선인민공화국이 선포되었다. 한민당의 조직으로 우익진영의 미군환영 준비작업은 어느 정도 모양새를 갖추어갔지만, 정당의 생명인 조직력과 자금력은 전무한 상태였다. 조직력 확보와 자금동원이라는 현실적 측면에서 그리고 반건준을 위한 우익세력의 총결집이라는 정치통합의 차원에서도 '국민대회준비회'를 이끌고 있던 김성수·송진우 등 동아일보 세력과 통합이 절실했다. 송진우 등 '국민대회준비회'세력도 건준 측의 인공선포를 계기로 전격 합류하게 되자, 한민당은 "과거 조선 실사회의 지배력을 가진 최유력 분자를 총망라한", 건준-인공의 "인민위원회운동에 반대하는 통일전선형태"50)로 재출발하였다. 이로써 미군진주를 전후하여 서울의 정치 사상운동계는 '임정이냐 인공이냐'하는 수권-주권회복을 둘러싼 격한 "이데올로기적 대립"51) 속으로 들어갔다. "악질의 떼마"52)와 "중상의 유언"이 난무하는 해방의 모호한 정국은 누가 대중의 마음을 사로잡고 그들의 정치 사회적 에너지를 조직화하느냐 하는 대중정치의 극한적 선전선동 속으로 빨려 들어갔다.

---

49) 許政, 앞의 책, 97쪽.

50) 白愚生, 「韓國民主黨과 民衆同盟」, 『新朝鮮』 1947.5, 31쪽.

51) 1945년 10월 5일 양근환의 집에서 열린 각 정당 사회단체 영수회합에서 한 송진우의 발언이다(주 34)의 글, 12쪽).

52) 조선인민공화국 지지동맹, 「연합군을 중상하는 악질 데마를 분쇄하자(1945.9.30)」 (김현식 정선태 편저, 앞의 책, 76쪽).

1945년 12월말 신탁정국이 전개될 때까지 대체로 인공 측이나 한민당 측이나 모두 유사한 수권의 정세론을 견지했다. "이제 해방되었으니 점령군의 지도하에 정부조직에 자유롭게 착수할 것"[53]이라는 즉시 독립의 욕구는 당연한 것이었다. '연합군의 뒤를 따라 중경 임시정부가 들어오면 그 임정을 유일정부 혹은 임정을 중심으로 국가건설에 매진한다'는 것이 반건준-한민당 측의 기본생각이었다면,[54] "당초에 연합군이 진주만 하면 즉각에서 국권을 받아들일 수 있도록 준비한 것이 조선인민공화국의 내각"[55]이라는 것이 건준-인공 측을 비롯한 사회주의자들의 그것이었다. '민족적 총의'를 내세운 임정봉대의 반소 반공이냐 아니면 '인민의 혁명적 계급적 의지'를 내세운 '평화적 인민혁명'이냐 하는 양자택일의 적대적 선택뿐이었다.

그런데 38이북이 소련군의 후원 속에 인민적 사회개조의 길로 나서고 있기에, 미소분할 점령 사태에 대한 우려감은 민족 보수진영보다 인공-좌익진영이 덜했다. 인공이 미군으로부터 수권만 받으면 38선 이남과 이북 모두 인민혁명의 길로 나서게 되는 '평화적 인민혁명'이 가능하다고 보았다.

> 38도 이남도 38도 이북과 같이 모든 주권이 조선인 수중에 드러오면 이 38도 문제는 자연이 소멸될 것이며, 이곳에 38도 남북에 통일된 진정한 정부가 산출될 것을 확신하야 그 의견이 통일될 것이다. 1년 내 국내를

---

53) G-2 Periodic Report No 2, 1945.9.12.
54) 임정유일정부-봉대론에 대해서 조선공산당측은 "일종 소수의 자기 계급의 붕괴하려는 이익적 지반을 옹호하기 위하여 해외정권에게 무원칙적으로 영합 납미(迎合納媚)하려는 반동적 발작"이라고 비판하였다[조선공산당 경성지구 위원회 선전부, 「한국민주당 발기인 성명서에 대한 성토문(1945.9.11)」(김현식 정선태 편저, 앞의 책, 64쪽)].
55) 『매일신보』 1945.10.2.

안둔하여 민주주의적 제 우방의 모든 원조 하에 비교적 단시일 내에 전 국민은 평화로운 생활을 회복할 수 있다. 국내 국외의 제 혁명 세력을 민주주의적 토의위에서 정당히 평가하야 임시정부를 조직하고 이 정부의 임시약법에 의하야 1년 이내에 국민총선거를 단행하야 더욱 완전한 국민 총의에 의한 참된 정권을 수립할 것이다.[56]

"완전한 자주독립"의 "유일한 방식은 서북선(西北鮮)에서 증명되고"[57] 있기에, 수권과 동시에 '서북선 식'으로 따라 하기만 하면 되는 것이었다.[58] '서북선 식'이란 우익과 미군정 당국에게는 극히 우려스러운 '동유럽의 재현' '공산화'의 징후였지만, 인공 및 조공에게는 참된 민주주의-역사적 필연으로 간주되었다. 그런 민주주의 실천은 친일파 숙청에서부터 시작되는 것이었고, 그렇기에 조선공산당측은 연합군의 승리가 파시즘에 대한 민주주의 승리라는 관점에 입각함으로써 '주어진 해방'이라는 8·15 해방의 역사적 제한성을 탈각시켰다. 8·15 해방은 독일 이태리 일본의 파쇼체제에 대한 소련과 미국으로 대별되는 좌우 민주주의의 승리의 일환이기에, 국내외 파시즘 세력의 철저한 소탕 척결을 통해서 해방의 참된 본의를 달성할 수 있다고 보았다. 국내 파쇼세력은 민주주의의 적인 친일민족반역자와 그를 지지하는 제 세력이며, 인민의 총의는 친일파 민족반역자청산을 위시한 일련의 사회개혁 속에 자연스레 결집 발현된다는 것이다. 38선을

---

56) 조선공산당중앙위원회, 「미국·소련·중국·영국련합국에 보내는 멧세-지(1945년 11월 6일)」(한림대학교 아시아문화연구소, 앞의 책, 3쪽).

57) 「신탁관리란 만부당, 미 극동부장 언명에 대하야」, 『해방일보』 1945.10.31.

58) 조선공산당은 이승만이 주도한 독립촉성중앙협의회의 성명에 대하여 비판적 수정을 촉구하면서 '서북선 식의 민주적 개혁내용'(친일파 숙청과 토지개혁)을 적극적으로 강조하였다. 즉 "조선에 주둔 중인 연합군은 자기 약속과 자기의 임무를 하루 속히 옮기고 즉 남조선에서는 북조선에서와 같이 일본제국주의 세력을 완전히 몰아내고 그들의 토지와 일체의 기업을 몰수하여 앞으로 조직될 조선인민정부에 넘겨줄 것이다"(『매일신보』 1945.11.4.).

경계로 하는 양단상태가 해소되지 못하는 이유를 국내 파시스트인 민족반
역자 친일파의 책동 때문이라고 꾸준히 주장하였다.

그에 반해 "지하운동만 전개하는 … 명단 없는 전단을 뿌려 민심을
현혹시키는"[59] 실체도 확인할 수 없는 '조선공산당과 그와 연계된 세력이
조직한 인민공화국'이 신국가의 정통정부로 자처한다는 것은 절대로
용납할 수 없는 일이었다. "임정의 투쟁사가 곧 민족투쟁의 역사"[60]이며
민족운동의 정통성은 오직 중경 임시정부에만 있기에, 인공은 아무 근거
없는 '정부참칭'일 뿐이었다.

> 8·15 이전에 민중은 임시정부 하나만을 믿고 그것을 지지하고 있었다.
> 실제로 정부로서 활약하는 것은 임시정부 하나뿐이었다. 그런데 인민공화
> 국이 생기어 임시정부에 대한 역선전을 하였기 때문에 민중은 혼란에
> 빠졌다. 앞으로 임시정부에 대한 인식이 깊어 감에 따라 전 국민이 따라
> 올 것이다. 한 사람에 두 머리가 있을 수 없듯이 한 나라에 두 정부가
> 있을 수 없다. 27년 동안이나 피를 흘리며 싸운 우리의 정부가 엄존하는데
> 도 불구하고 또 하나의 정부를 만드는 것은 잘못이다. 그들이 과오를
> 청산하고 임시정부를 지지하게 되면 협력할 수 있다. 인민공화국은 일본세
> 력 밑에서 그의 후원으로 생긴 것이므로 정부가 될 수 없다.[61]

김성수·송진우·현상윤 등 동아일보 그룹은 상해 임시정부를 태동시킨
3·1운동의 기획주체자라는 크나큰 자부심을 가지고 있었다. "1945년 8월
15일의 해방을 사다리의 최종계단이라 하면 이 1919년 3월 1일의 운동은

---

59) 양근환 집에서 열린 정당 수뇌부간담회에서 행한 송진우의 발언이다(주 34)의
   글, 6쪽).
60) 송진우, 「임시정부 환영사」, 『동아일보』 1945.12.19.
61) 『서울신문』 1945.12.9.

확실히 그 제일 계단이 되는 것이니, 8·15의 해방을 결과라 하면 이 3·1운동은 그 원인이 되는 것"[62]으로, "전민족인 총의적(總意的) 결정체 정치력의 근원"[63]인 중경정부가 신국가의 수권체가 되는 것은 부정할 수 없는 역사적 필연의 세였다.[64] 이에 중경정부를 신국가의 절대 유일의 수권체로 인정하지 않는 어떠한 정치세력과도 타협하지 않는다는 것이 송진우나 조병옥, 한민당의 확고부동한 원칙이었다. "중경정부 이외의 모든 건국운동은 반역적 행동"[65]일 뿐이었다.

이에 대해 인공-조공은 "국내외 모든 진보적 민주주의세력을 수합하여 민족통일정권을 세워야 한다는 것은 보편화된 정치상식"[66]임을 강조하면서 인공을 축으로 하는 민족통일전선의 결성을 촉구하였다. 민족반역자·친일파를 제외한 광범위한 계급적 통일전선을 결성하여 안팎의 파쇼세력을 제거해야 하며, 민족반역자·친일파의 정치적 실체는 "적(敵)에게서 욕 한번 듣지 않고 뺨 한번 때리지 못한 왜정치하의 유지자와 신사들 사이비 민주주의자들"[67] "지주·자본가 당"[68]으로 규정된 한민당이었다. 친일파 숙청을 내걸고 민족통일전선 결성을 주장했던 좌익의 주장에 대해 한민당 측은 "유일 그리고 최고"[69]인 중경 임시정부를 중심으로 하는 국가건설로 대응할 뿐이었다. 송진우의 말처럼 독립은 결단코 좌익정

---

62) 현상윤, 「3·1운동 발발의 개요(구고)」, 『사상계』, 1963년 3월호.

63) 송진우, 「전생명을 걸고 배격」, 『동아일보』 1945.12.28.

64) 한민당의 김병로는 중경정부는 이미 한국정부로서 국제승인을 받았으며, 미군과 함께 서울에 곧 들어온다고 선전했다(『매일신보』 1945.9.24)가, 후일 이에 대해 사과 정정하였다.

65) 「고려청년당의 임시정부 지지격문」(김현식 정선태 편저, 앞의 책, 68쪽).

66) 『자유신문』 1945.11.19.

67) 民主主義民族戰線, 『解放一年史』, 文友印書館, 1946, 84쪽.

68) 「한국민주당의 정체」, 『해방일보』 1945.10.3. 송진우는 이같은 조선공산당측 주장을 '비방'이라고 일축했으며, 김병로는 한민당은 지주 자본가만을 옹호하지 않고 조선 백성을 위한 조선주의로 나아갈 것이라고 했다(『매일신보』 1945.9.24).

69) 「국민대회준비회의 취지서(1945.9.7)」(김현식 정선태 편저, 앞의 책, 42쪽).

권으로 시작할 수 없는 일이기에,70) 인공-조공을 위시한 좌익은 민주주의 국가건설을 위해 함께 가야 할 존재가 아니라 제압되어야 할 대상이었다.

이로써 8·15 해방의 역사적 제한성으로 말미암아 일제 강점기이래 "안에서 서로 피를 흘리고 싸우고 하던 과거를 또 다시 재현시킬 위험성"71)은 해방 그날부터 격하게 드러났으며, '20세기 근대'가 강제한 생사를 건 이데올로기 대립, 이 땅의 냉전은 8·15 해방과 동시에 작열하였다.

2) 하지·미군정의 공아론과 경무과장 조병옥의 등장

해방과 함께 엄습한 적색공포는 조병옥을 위시한 보수진영의 인사들만 실감한 것은 아니었다. 1945년 8월초 오키나와에서 일본 큐슈공격을 준비하고 있던 하지(John R. Hodge)도 마찬가지였다. 하지는 8월 15일 남한상륙 명령을 통보받았다.72) 원래 스틸웰의 제10군이 예정되어 있었지만, 맥아더와 니미츠의 대립, 맥아더에 대한 스틸웰의 불만이 남한 점령부대의 갑작스런 교체를 불러왔다.73) '군인중의 군인'으로 불린 하지는 전장터에서 잔뼈가 굵은 단순 솔직한 성격의 전형적인 야전 군인으로, 노련한 정치군인과는 다소 거리가 멀었다. 그렇기에 "미군정의 최고 책임자로서의 직책은 내가 지금까지 맡았던 직책들 중에서 최악의 직무였으며 … 내가 만약 정부의 명령을 받지 않은 민간인 신분이었다면 1년에 100만 달러를 준다 해도 그 직책을 결코 맡지 않았을 것"74)이라는 만년의 회술처럼, 2차 대전 종전 직후 '한국'이라는 복잡 미묘한 국제정치의

---

70) 『서울신문』 1945.12.9.

71) 양근환 집 회합에서 허헌(許憲)이 한 발언(주 34)의 글, 7쪽).

72) 「Historical Journal of Korea」 1945.8.16.

73) 「Historical Journal of Korea」 1945.8.11·15·16.

74) 차상철, 『해방전후 미국의 한반도정책』, 지식산업사, 1991, 117~118쪽.

또 다른 '전쟁터'에서 그는 '명령대로 움직이는 일개 군인'으로서 말할 수 없는 중압감과 좌절감을 맛보았다.

하지는 주둔지 오키나와와 마닐라 미육군 태평양사령부를 오갔지만, 한국 점령의 세부지침은 고사하고 병력의 체계적인 지원도 기대할 수 없는 형편이었다. 하지는 마닐라와 오키나와에서 눈에 띄는 "잡다한 것을 주워 모을"75) 수밖에 없었다. 점령준비과정에서 가장 궁금한 사정은 소련군의 동향과 남한의 상황이었다. 일본군 포로 속에 섞여 있던 한국인들을 심문해 보았지만, 흡족한 정보를 얻을 수 없었다.76) 8월 말 일본군과 무선교신을 통해 남한 현지소식을 겨우 들을 수 있었지만, 교신의 주된 내용은 좌익선동가에 의한 혼란과 무질서, 폭동 소요의 가능성, 38이북에서 소련군의 약탈 같은 '적색공포'의 위협이었다.77) 일본군은 의도적으로 남한의 혼란을 왜곡 강조하였다. 38선을 경계로 소련군과 함께 점령해야 하는 부담감, 무선교신으로 접한 남한의 혼란스런 상황, 민사행정을 담당할 훈련받은 군정요원은 물론이고 지정된 전술군마저 부족한 상태로 점령 작전에 나설 수밖에 없는 병력상황 등은 '조숙한 냉전의 전사' 하지의 정치의식을 예민하게 자극하였다.

일본의 일부로 간주된 한국에 대한 정치군사적 고려는 국무성이든 전쟁성이든 간에 중국이나 일본에 비할 수 없을 정도로 미미한 마지막 순위였다.78) 일본점령이 최우선적인 사안이었고, 모든 요원과 일체의

---

75) 「Historical Journal of Korea」 1945.8.14.

76) 대부분 포로들은 한국의 지도자로 여운형 엄항섭 윤치호 이광수 김성수 최린 송진우 장덕수 조만식 등을 거론하였다(국사편찬위원회편, 『한국독립운동사 자료 28 임정편 XⅢ』, 1995, 313~339쪽).

77) 「Historical Journal of Korea」 1945.8.28·30 ; 일본군과 무선교신 내용에 대해서는 李泰圭, 『米ソの朝鮮占領政策と南北分斷體制の形成過程』, 信山社, 1997, 114~119쪽.

78) 「Orientation for House and Armed Service Commmettee, by Hodge 4 October 1947」, 『미군정정보자료집 : 하지(John R. Hodge) 문서집 3』, 한림대학교 아시아 문화연구소, 1995, 482쪽.

장비가 일본 상륙과 중국지역 일본군 무장해제를 위한 상해(上海)상륙에 우선적으로 배당되었다.[79] 하지는 인천으로 가는 병력수송선마저 구하기 어려울 정도였다. 스탈린이 만주에서 승리를 선언하자, 트루먼은 남한 상륙을 독촉하는 성명을 발하면서 가능한 빨리 남한을 점령하기를 원했다.[80] 소련팽창을 막는 일본의 완충지대로서 적어도 한반도의 일부를 최소한 확보하는 것이 필수적이었기에, 경무장상태로 제7사단 일부 병력과 제24군단 사령부 일부 병력만 먼저 급히 인천으로 들어왔다.[81]

그런데 대서양헌장에 나타난 루즈벨트-미국의 전후 세계질서 구상은 자유로운 세계시장질서의 확립이었다. 이를 방해하는 사회주의체제나 배타적 민족주의는 반드시 제압 견제해야 할 대상이었다. 그에 따라 전후 식민지 반식민지의 해체=독립도 급격한 사회혁명이나 사회주의 확산을 방지하면서 자본-상품-원료의 접근에 장애가 없는 자유로운 시장체제 속으로 안착시키는 차원에서 다루어졌다. 그것이 미국이 말하는 '민주주의 국제질서'의 구축이기도 했다. 그런 맥락에서 서구인의 문명적 우월성을 전제로 한 '신탁통치'는 그와 같은 정치경제적 목적을 손쉽게 관철시키면서 동시에 신생국가에 대한 '비공식 제국'의 역할을 수월하게 해주는 것이었다. 루즈벨트는 공개적으로 미국이 신탁통치를 통해 필리핀을 '문명국가'로 만들었다고 자부하였다.

　나는 지난 40년간의 필리핀의 역사는 매우 실제적인 측면에서 세계의 다른 작은 국가들과 인민들의 미래를 위한 모형을 제공하고 있다고 생각한다. 그것은 호의를 가진 사람들이 미래에 기대하는 모형 이를테면 종교나

---

79) 「transcript of Meeting」(위의 책, 250쪽).

80) 「Historical Journal of Korea」 1945.8.25.

81) 「Verbatim Transcript of Gen. Hodge's Discussion with Wedemeyer Mission 1947.8.27」(신복룡 편, 『한국분단사자료집 Ⅲ-3』, 원주문화사, 1994, 620쪽).

신조나 인종의 제한을 인정하지 않는 세계적인 문명국민의 모형이다. 우리는 그와 같은 모형이 두 가지 중요한 요인들에 기초하고 있다는 사실을 잊지 말아야 한다. 첫째는 교육의 보급과 물질적 사회적 경제적 필요의 안정과 충족을 위한 준비기간이 있어야 한다는 것이다. 둘째는 지방자치를 시작으로 완전한 국가의 지위에 이르는 다양한 단계들을 통과함으로써 궁극적으로 독립주권국가에 도달하는 자치훈련기간이 필요하다는 것이다.[82]

　　미 국무성의 계획은 미소 분할점령과 군정→ 4국 신탁통치→ 한국독립의 수순이었고,[83] 군정은 다자간 신탁통치의 기반을 가능한 한 빨리 준비해가는 과정이었다. "제2차 대전 전에 한국에 대하여 아시아의 동쪽 맨 끝에 위치한 이상한 나라라는 정도이상의 지식이나 관심을 가졌던 미국인은 거의 없었을 것이다. 극소수의 선교사를 제외하고는 1945년 늦여름 미국 점령군이 상륙할 때까지 미국인들에게 이 조용한 아침의 나라를 알 수 있는 기회가 드물었다"[84]는 트루먼의 회고같이, 한국은 1945년 9월 8일 인천에 상륙한 미군병사들에게 분명 무관심한 낯선 나라였으며, 특히 점령군 사령관 하지에게는 서울의 일본군으로부터 전해들은 불안한 남한 정국과 소련군의 약탈적 점령 소식으로 적색공포의 정치적 안개로 뒤덮여 있는 그야말로 불안한 미지의 나라였다.

　　1945년 9월 9일 일본군의 항복을 받아낸 제24군단은 태평양미국육군총사령부 포고 제1호에 의거하여 38이남의 유일 정부임을 공포하고 조선총

---

82) Samuel Rosenman(ed.), 『The Public Papers and Addresses of Franklin D. Roosevelt 1942』, New York & Brothers, 1942, pp.473~476 ; Carl Berger, 『The Korea Kont : A Military-Political History』, Unversity of Pennsylvania Press, 1957, p.36 ; 이동현, 『한국 신탁통치연구』, 평민사, 1990, 29쪽.

83) 신복룡 편, 『한국분단사자료집 Ⅳ』, 원주문화사, 1994, 215~218쪽.

84) 해리 S. 트루먼, 『트루만회고록』, 한림출판사, 1971, 379쪽.

독부 접수를 시작으로 본격적인 군정수립에 들어갔다. 점령임무는 안으로 '질병과 소요를 방지'하는 지배질서를 신속히 확립하고 밖으로 38이북의 소련군과 효율적인 소통체계를 구축하는 것이었다. 전자의 과정에서 한국인의 긴밀한 협조가 필수적이라면, 후자의 경우 소련 점령군의 협조가 절대적으로 요구되는 바였다. 그렇지만 한 번의 명령으로 아무런 장애 없이 손쉽게 할 수 있었던 일은 일본군 무장해제뿐이었다. 나머지는 하지의 권한으로 현지에서 능동적으로 해결할 수 없는, 한국을 떠날 때까지 하지를 항상 좌절시킨 문제들이었다.[85]

점령과 동시에 하지가 대면한 것은 38이북의 소련군, 38이남의 조직화된 좌익 그리고 즉시독립에 대한 한국인들의 제어할 수 없는 갈망이었다. 가장 궁금한 점은 38이북의 소련군 동향이었다. 소련군의 협조 없는 38선의 지속은 군정은 물론 미국의 한국 계획 자체를 근본적으로 위태롭게 만드는 사태였다. 서울 입성 다음날 하지는 평양에 연락파견대를 보냈지만, 성대한 환대만 받고 특별한 실무적 교섭을 이루어 내지 못했다. 점령 1개월 동안 이루어진 상호접촉의 성과란 연합군포로 송환이나 전화가설과 같은 낮은 수준의 군사적 사안일 뿐, 양 점령군 사이에는 더 이상 의사소통의 만족할만한 진전이 없었다.[86] 평양은 "어떠한 상호협력에도 관심이 없는 듯"[87] 오직 새 질서 건설에 일로매진할 뿐이었다.

한편 수집된 정보와 들려온 소련군의 폭력적 점령소식[88]은 소련군에

---

85) 하지는, 미소협조의 국제노선을 "진실로 소련인들과 잘 처리할 수 있다고 믿었던 사람들에 의해 이루어진 소련에 퍼주기만 하고 받은 것 하나 없는 일방적인 정책"이라고 단정지었다.

86) 미국무성 비밀외교문서/김국태 옮김, 앞의 책, 82~83쪽.

87) 「Orientation for Undersecretary of the Dept. of War Draper and Party, by Lt. Gen. Hodge, 1947.9.23」(정용욱·이길상 편, 주 20)의 책, 578쪽).

88) 1달 동안 접한 가장 신뢰도 높은 소련군 목격담은 함흥 연합군포로수용소에서 포로송환협상팀을 인솔했던 스트루스(Struther) 대령과 호주군 송환 취재를 위해 종군했던 호주 신문기자 바스델(Barsdell)의 보고이다. 바스델 기자의 북한 취재기

대한 깊은 의구심만 자아내게 했을 뿐 아니라 소련군이 진주하는 곳이면 유사하게 진행되는 "동유럽식 점령"[89)의 전조로 보지 않을 수 없었다.

동구를 소비에트화한 것과 마찬가지로 소련이 북한을 소비에트화하리라는 것은 가능성 이상의 것입니다. 미국은 조만간에 루마니아 헝가리 불가리아에서 부딪쳤던 문제들과 유사한 문제에 당면하게 될 것입니다. 상황이 정리되고 나면, 남한이 미군점령 하에서 이미 실질적으로 공산주의를 지지하는 상태로 되어버리는 한편 북한은 이미 공산치하에 들어가 있는 사태가 되어 버릴지도 모르겠습니다.[90)

소련군에 의한 38이북의 동구식 점령과 더불어 가장 우려되는 바는 "한국인들로 하여금 미국에 반대하고 소비에트식 자유와 통제를 지지하게 하려고 시도하는"[91) 남한 좌익과의 연계였다. "소련에 의해 철저하게 지도되고 있던 강력하고 원초적인 공산주의자들의 활동"[92)으로 그대로 방임해두면, 남한마저 위험하다고 관측했다.

에 따르면, 약탈 강간 강도의 소문은 거짓이 아니며, 함흥일대 극소수의 공산주의자들이 소련을 등에 업고 날뛰고 있고, 소련군을 지지하는 극소수를 제외한 대부분의 사람들은 친미적이고 미국이 한반도 전체를 접수해주기를 바란다고 했다. 그리고 스트루스 대령은 소련군에 대한 인상을 '철저한 비협조'라고 표현했고, 소련인들은 자신이 본 가장 거칠고 공격적인 민족이며 매우 의심이 많고 안전의식에 사로잡혀있었다고 했다(신복룡 편, 『한국분단사자료집Ⅴ』, 원주문화사, 1994, 2~3쪽) 이후 이와 유사한 증언들이 월남한 한국인들에 의해 보고되었다.

89) 「Condition in Korea(1945.9.13)」(주 78)의 책, 6쪽).

90) 「재한국 정치고문 베닝호프가 국무장관에게(1945.9.29)」(미국무성 비밀외교문서/ 김국태 옮김, 위의 책, 74쪽).

91) 주 89)의 글, 6쪽.

92) 「Verbatim Transcript of Gen.hodge's Discussion with Wedemeyer Mission,(1947.8.27)」(신복룡 편, 주 81)의 책, 290쪽).

현재로서는 남한에서 최종적으로 공산당이 다른 집단보다 강력하게
될 것으로 보인다. 북한의 전 영토가 공산화되고 남한에서는 강력한
공산주의자가 존재하는 상황에서 남북이 통일되는 날이 온다면 공산주의
정부가 중앙의 전권을 잡게 되는 것은 의심의 여지가 없다.[93]

이처럼 조병옥을 위시한 민족 보수진영의 인사와 마찬가지로 하지와
군정당국의 남한점령도 '동구재현'이라는 '공아론' '적색공포' 속에서
시작되었다. 하지에게 38선은 이제껏 경험하지 않은 새로운 '전선(戰線)'이
었으며, "반공 친민주주의적 보수세력"[94]과 함께 '공산주의 방파제'를
구축하면서 이 전선에 맞서고자 했다.

한편 민족 우익진영의 인사들은 공아론과 적색공포를 최대한 조장
활용하면서 군정부에 접근하였다. 이들은 한 목소리로 여운형을 친일파로
그리고 건준과 인공을 조선총독부의 자금으로 수립된 친일정권으로 몰아
세우면서 중경 임시정부에 대한 지지를 표명하였다. 그 누구보다도 조병옥
은 우익의 극한적 정치공세 선동의 중심에 섰다.

9월 10일 조선 언론노동조합에서 마련한 24군단 수뇌부와 명월관 회합
에서 조병옥과 연희전문학교 교수 이묘묵은 격렬한 어조로 인공의 부당성
을 강조하고 여운형을 친일파라고 비난하였다.[95] 그 자리에서 연희전문학
교 교수 하경덕은 공산주의자들의 활동자금이 소련으로부터 공급된다고
주장하였다.[96] 9월 12일 윤치영·윤보선과 함께 한민당 대표로 군정부를
방문한 조병옥은 "인공은 조선총독부와 결탁하여 만들어진 일본에 협력
한 공산주의자들의 조직이며 그 지도자 여운형은 친일파 민족반역자로서

---

93) G-2 Periodic Report No.4, 1945.9.14.
94) 미국무성 비밀외교문서/김국태 옮김, 위의 책, 74쪽.
95) HUSAFIK 『駐韓美軍政史 Ⅰ』, 119쪽.
96) HUSAFIK, 위의 책, 220쪽.

악명이 높다"[97])고 비난하였다. 같은 날 부민관에서 열린 정당대표간담회에서도 그는 카이로선언과 대서양헌장의 약속=민족자결 독립이 실현되기를 바라며, 한국인은 미국인의 도움으로 곧 강력정부를 수립할 수 있으며, 중경 임시정부가 모든 방면에서 하지와 함께 일할 수 있을 것으로 확신한다고 주장하였다.[98]

또한 9월 14일자 중경 임시정부의 김구·김규식·신익희 앞으로 보낸 편지에서 조병옥은 일제 항복 후 국내 상황은 수습할 수 없을 정도로 엄청난 혼란에 빠져있으며, 주된 이유는 조선총독부가 여운형을 통해 친일정권을 만들고자 했기 때문이라 했다. 나아가서 여운형이 대중을 기만하여 '건준'과 '인공'을 조직하여 공산주의 쪽으로 선동하고 있으며, 이를 수습하기 위해서는 무엇보다 임정의 조속한 귀국뿐이며 임정을 열망하고 환영한다는 강렬한 의지를 표명하였다.[99]

해방 다음날 해방의 감격을 이기지 못한 흰 옷 입은 남녀노소의 수많은 사람들이 정동언덕에 위치한 소연방 영사관에 고마움을 표하기 위해 몰려들었다.[100] 소연방에 대한 감사와 친애의 열기가 넘쳐나고 있던 상황이었지만, 조병옥은 가는 곳마다 강렬한 반소 반공의 정치적 주장을 퍼부었다. 9월 16일 한국민주당 결당식에서 국내외 정세를 보고한 조병옥은 정치적 경제적 안정의 필요성뿐 아니라 소련과 공산주의 위험에 조심할 것을 참석한 한민당 당원들과 대중에게 공개적으로 경고하였다. 이날 조병옥은 소련에 대한 과도한 이념적 공격과 비난으로 운집한 청중으로부

---

97) G-2 Periodic Report, No.5, 1945.9.15.

98) HUSAFIK, 『駐韓美軍政史 II』, 5쪽 ; G-2 Periodic Report No.3, 1945.9.13.

99) 「Translation of letter to the Cabinet Members of The Korean Provisional Government at Chung King」, 14 Semptember 1945, XXIV Corps Historical File, Box76, N.A ; 하라야마 타쯔미, 이성환 역, 『한반도 냉전의 기원 - 미국의 대한국 정책 : 1942~1946년』, 중문, 1999, 175쪽.

100) 파냐 이사악꼬브나 샤브쉬나 지음, 김명호 옮김, 『1945년 남한에서』, 한울, 1996 참조.

터 몇 차례 제지를 받기도 했다.[101] 소련의 음모로 인해 한국이 독립의
기회를 상실하지 않도록 모두 세심하게 경계해야 하며, 자신의 경고가
무시되지 않기를 간곡히 바란다고 첨언하였다.[102] 조병옥이 제기한 소련
의 음모란 이후 그가 항상 언급하는 소연방이 '한국을 제2의 몽고화·폴란드
화한다'는 것, 즉 한반도 전체를 공산화시킨다는 것이었다. 38이북은
남한마저 공산화시키는 발판이며, 남한의 조직화된 좌익은 그 별동대·앞
잡이일 뿐이었다. 이같이 위험한 현 정세를 타개하기 위해서는 먼저
'강력정부' 수립이 시급한 과제라고 주장하였다. 한민당 결당식에 앞서
9월 12일 부민관에서 열린 정당대표간담회에서도 조병옥은 민족주권을
보위할 수 있는 강력한 힘과 자위력을 가진 국가를 만들어야 한다고
주장했다. 이는 주권과 나라를 빼앗긴 일제 강점의 뼈아픈 경험에서
나오는 당연한 희원이자 동시에 남북으로 좌익이 준동하는 위험한 현실에
대한 적극적인 처방이었다.

이처럼 해방 그날이래 조병옥은 정치일선에 나선 그 누구보다 공산주의
를 일제를 대신하는 민족의 새로운 적으로 공언했고, 반소 반공을 새로운
위기에 처한 민족의 유일한 생존논리로 절규했다. 조병옥의 해방 실감은
'민족분단의 위기와 좌익에 의한 사회주의화의 위협'으로 가득 차 있었
고, 분명한 사실은 '독립을 좌익권력으로 시작'해서는 절대로 아니 될
일이었다.

---

101) 비록 소련군에 대한 좋지 않은 소문이 나돌았지만, 미군·소군 가릴 것 없이
연합군=해방군으로 모두 환대받던 그런 때였다. 공개적인 정치집회에서 노골적
인 반소 반공연설로 말미암아 비난과 항의를 받았다는 것은 극히 이례적인
일이었다. 미 군사관은 조병옥이 호위를 받으며 연단을 빠져나갔다고 당시 정황을
기록하였다(HUSAFIK, 『駐韓美軍政史 Ⅱ』, 5쪽). 이보다 앞서 9월 12일 9월 12일
미군정 사령부가 소집한 정치지도자 회의에서 조병옥은 공산주의와 인공을
비난하여 다른 참석자들로부터 격한 항의를 받았다(「Historical Journal of Korea」
1945.9.12).

102) 「Historical Journal of Korea」 1945.9.16.

그런데 '미군정이 38이남의 유일한 합법권력'이라는 점령군의 선언은 "청천벽력 같은 소식"[103]이었다. 민족자결=즉시독립과 배치되는 군정을 결단코 용납할 수 없다는 주장이 한민당 내부에서 제기되었지만, 조병옥은 질서주조자로서의 미국-미군정을 전폭적으로 인정하였다. 적색공포의 위기감이 고조되고 국제적으로 한국의 지위가 대단히 모호하고, 김구-임정도 이승만도 귀국하지 않은 상태이기에, 미군정에 대한 협조와 참여는 필수 사안이었다. 사실 일제 강점기 이래 '조선의 소연방화'가 아닌 '조선의 미국화'를 일제를 타도하고 전취해야할 조선의 '현재화된 미래'로 생각해 온 조병옥에게 친미 반공노선의 추구는 공산주의의 '압도적인 위협' 속에서 이것이냐 저것이냐 하는 한가한 선택사안이 아니었다. 생존의 유일한 길이었다. 남한마저 공산화되면 모든 것이 끝나는 것이기 때문에, 미군정은 '한반도 전체의 공산화'를 막을 수 있는 유일한 힘으로 간주되었다.

38이남의 배타적 유일정권=미군정의 실시로 즉시독립의 자동적인 임정수권이 좌절된 이상, 차선책은 군정 참여 속에서 임정수권이 가능하도록 제반 조건을 만들어내는 일이었다. 이에 한민당 수석총무 송진우는 '군정'을 '훈정기'라 불렀고, 조병옥도 그 의미에 찬성했다. 훈정이라는 이름으로 포장된 실제적 내용은 인공과 좌익세력을 제압하면서 군정부로부터 가능한 빨리 실질적 행정권-주권을 넘겨받는 것이었다.

한민당이 미군정에 협력하느냐 그렇지 않으면 반대하느냐 하는 문제로 딜레마에 빠지지 않을 수 없었다. 당시 국제정세에 비추어 보아 한국은 군정단계의 훈정기를 거치지 않고서는 치안유지가 할 수 없고 또 전체반도의 적화를 면치 못할 것이라는 결론을 내려 한국민주당 수뇌부에서 와신상담의 격으로 군정에 협력하기로 결정하였다.[104]

---

103) 조병옥, 「민주정치 밑의 행복의 날을」, 『내가 걸어온 길 내가 걸어갈 길』, 신태양사, 1957, 186쪽.

　송진우에 따르면, "군정기는 정치훈련기이기에 군정 하 정당은 정치훈
련기관에 불과하고 임정이 귀국하여 이들이 혼자만 무엇을 할 것은 아닐
것이니 군정 하에 있는 우리들은 정치훈련과 훈련계책을 꾸미는 것이
선결문제"이며, "훈정이란 민족주권의 침탈 없이 한국인이 행정권은 물론
이고 국방 외교대권을 장악하여 국제사회의 일원으로 활동하자"는 것이
라고 했다.105) 즉 군정=훈정기란 미군정으로부터 중경 대한민국 임시정
부가 수권을 가능하도록 준비하는 과정으로, 미군정과 협력 속에서 강력한
반공의 물리력을 구축하면서 중경 대한민국 임시정부를 중심으로 과도정
부를 만드는 것이었다.106)

　그와 같이 군정 하 임정수권의 정치적 실천은 두 방면에서 이루어진다.
하나는 중경 임정지지의 일치된 민족의지를 국내외 보여주는 국민 대중운
동을 대대적으로 전개하는 일이었다. '민족이 일치단결하여 임정을 절대
지지하여 완전한 독립국가의 승인을 받는다'는 국민운동이야말로 민족자
결을 제한하는 제 장애를 해소할 수 있는 가장 분명한 실제적 수단으로
간주되었다. 앞으로 중경 임시정부를 우리의 정식정부로 국제적 승인을
받는 외교운동을 전개해야 하는데, 그런 외교운동에 원천적 힘을 실어줄
수 있는 것이 임정절대지지의 일치된 대중운동인 것이다. 동시에 이는
인공과 좌익에 비해 열세에 놓여 있던 우익의 조직력과 대중적 지지기반을
만회하는 좋은 전술이기도 했다. 그렇게 이승만과 김구 임정세력이 환국하

---

104) 조병옥, 주 19)의 책, 146쪽.

105) 주 34)의 글, 12쪽.

106) 중경 임정은 환국 후 전국적 보선(普選)에 의해 정식정부가 수립될 때까지 과도정부
　　를 구성하고, 과도정부가 구성될 때까지 중경임정이 국내 일체 질서와 대외
　　일체관계를 부책(負責) 유지할 것이라고 선언하였다. 과도정부는 국내외 각 계층
　　각 혁명당과 각 종교집단 각 지방대표와 저명 각 민주영수회의를 소집하여
　　구성하고, 임정을 해산하여 일체 직능과 기능을 과도정부에 위임한다고 했다(「대
　　한민국임시정부 국무원 주석 김구, 「국내외 동포에게 고함(1945.9.3)」(김현식
　　정선태 편저, 앞의 책, 22쪽).

게 되면 중경 임정을 축으로 손쉬운 정치통합을 보게 될 것으로 관측되었지만, 1945년 10월 중순과 11월 말 이승만과 김구 임정 세력의 환국에도 불구하고 그런 정치적 결집은 원만하게 진행되지 않았다.[107] 결국 38이남의 우익진영은 한민당, 이승만과 독립촉성중앙협의회 그리고 김구와 임정세력이라는 3흐름으로 분기된 속에서 12월말 탁치정국을 맞이하게 되었고,[108] 좌익과 우익은 친일파 숙청과 평민적 토지개혁을 골자로 하는 조선공산당의 혁명적 동원이냐 아니면 임정봉대를 내세운 우익의 민족적 대중동원으로 대치되었다.[109]

또 하나는 한민당 세력이 배타적 협력자로서 군정부와 권력을 공유하여 임정의 수권기반을 군정부 안에서 실제적으로 만들어가는 일이었다. 군과 경찰이 권력창출의 전제라는 사실을 누구나 잘 알고 있던 바였다.

---

107) 이승만과 김구 임정의 민족주권을 회복하기 위한 외교운동의 노력은 해방과 동시에 새로운 전환점을 맞이했다. 일제하 임정의 외교교섭이나 이승만의 외교운동은 이역에서 통치할 국민과 영토를 가지지 못한 상황에서 이루어진 치명적 한계를 가지고 있었다면, 이제는 조국 땅에 왔으며, 무엇보다 민족자결의 정치력의 근원인 '3천만 동포의 결집된 힘'이 있었다. 김구와 임정세력이 탁치정국에서 군정부 접수시도나 이승만의 '무조건 단결의 민의정치론'(民意政治論)은 그런 민족자결의 기반위에 서고 있었다.

108) 여운형의 건준운동, 이승만의 독립촉성중앙협의회 결성운동 그리고 국민당조직까지 해방 초기 좌우 정계통합의 중심에 섰던 안재홍은 해방 100일간 정치전선에 대한 평으로 '민족진영은 대립 분열의 경향과 영웅주의적 할거의 구태를 청산해야 하며, 계급주의의 좌익은 대승적으로 통합해야 할 것'이라고 피력했다(『자유신문』 1945.11.25.).

109) 이승만은 독촉 중앙집행위원회의 회의에서 구주 및 중국의 경험과 선례로 보아 대공협동은 심히 어렵다고 강하게 주장하였다(「獨立促成中央協議會 中央執行委員會 第1回會議錄(1945.12.15)」, 『梨花莊所藏雩南李承晩文書 東文編』 13, 雩南李承晩文書編纂委員會編, 국학자료원, 1998, 28쪽). 또한 인터뷰에서 공산당에 대해, 과거 한인 공산당은 두 가지로 나눌 수 있는데, 하나는 공산주의가 경제방향에서 노동대중의 복리를 주자는 것이고 또 하나는 공산주의를 수립하기 위해 무책임하게 각 방면으로 격동하는 것이다. 전자는 용납할 수 있지만 후자는 용납하기 어렵다고 말했다(『매일신보』 1945.10.26.). 초대 내각에 조봉암의 등용은 그러한 발상의 연장이라고 볼 수 있다.

38이남의 치안 행정권을 확보함으로써, 군정부와 함께 강력한 반공의 방파제-과도정부를 구축해간다는 것이다.[110] 후술하는 바와 같이 미군 입성 한 달이 지난 10월 20일 조병옥은 군정청 한국인 경찰책임자(경무국 경무과장)로 발탁되고,[111] 이로써 그가 외친 '강력국가'의 기반을 조성할 수 있는 길이 활짝 열렸다.

3. 조기분단의 정치지형

1) '토공(討共)'과 공산주의 방파제의 구축

일본점령계획=블랙리스트작전의 일환으로 이루어진 제24군단의 38 이남 점령은 일본 군정처럼 현존 지배기구와 인적 자원을 근간으로 시작하였다.[112] 군정수립의 기본 지침은 "대일훈령(對日訓令)을 적당히 손질하여

---

110) 물론 준비되지 않은 남한점령에 당황한 군정부도 점령대책으로 과도정부 수립을 처음부터 추진하려 했다. 남한군정을 원만하게 수행할 주객관적 제 조건을 전혀 가지고 있지 않은 하지의 부담을 덜게 해줄 군사점령 방식은 군정부 자체가 직접적 통치체로서 지배하는 것이 아니라 우호적인 현지 한국인 권력을 재빨리 수립하여 이를 감독하는 것이었다. 그러나 미국의 남한 점령은, 한국사정에 어둡고 훈련받은 민정요원마저 절대적으로 부족한 군정부가 스스로 한국의 실제적 통치체로 전면에 나서는 방식이었다. 하지와 국무성 정치고문들은 국무성의 반대로 실천에 옮길 수는 없었지만, 군정안정화를 위하여 임정간판론(배닝호프)-전조선인민행정위원회(동경의 맥아더사령부 정치고문 앨치슨)-정무위원회(랭던)같은 일련의 과도정부 수립의 정치공작계획을 점령초기부터 제기하였다. 이에 대해서 도진순, 『한국민족주의와 남북관계-이승만·김구 시대의 정치사』, 서울대학교출판부, 1997 ; 정용욱, 『해방전후 미국의 대한정책』, 서울대학교출판문화원, 2013 참조.
111) 『자유신문』 1945.10.27. 재조선미국육군사령부 군정청 임명사령 제22호에 의해 경무국 경무과장으로 임명되었다.
112) 「Historical Journal of Korea」 1945.8.24.

조선총독 및 총독의 참모진을 한국행정에 활용한다는 것"113)이었다. 일제
지배구조의 온존이 한국인들의 반일감정에 배치될 뿐 아니라 "민주적
규율에 적합하지 않다"114)는 사실도 잘 알고 있었고, 조선총독부의 수뇌부
들조차 그런 정책의 효율성과 효과에 의문을 제기하였지만,115) 당장에
대체할 적절한 자원이 없는 상황에서 이것저것 가릴 형편이 아니었다.
법과 질서유지 없이는 어떤 것도 성취될 수 없음은 물론이었다. 지정된
전술군마저 들어오지 않은 상태였기에, 지시받은 대로 기존의 일제 질서와
자원을 최대한 활용할 뿐이었다. 일본인 관리와 기술자들을 일순간에
제거한다는 것은 "혼란의 구렁텅이로 빠지게 할" 뿐 아니라 "완전히
선동의 무대로 변한"116) 남한정세에 스스로 혁명의 불을 지피는 일로
간주되었다.

　24군단 참모회의에서도 38이북의 소련군들은 지역 내 모든 일본인과
다수의 한국인들을 추방시켰다고 보고되었지만,117) 군정수립의 긴급성
에 비추어 볼 때, "일본인을 활용하는 것은 지극히 사소한 문제"118)였다.
일본인들이 용인되지 못한다면, 그들 밑에서 어깨 너머로 배우고 익힌
한국인들을 사용할 수밖에 없었다. 일제하 한국인 협력자들은 그나마
경험과 기술과 능력을 구비된 '효율적인 자원'으로 간주되었으며,119)

---

113) 미국무성 비밀외교문서/김국태 옮김, 앞의 책, 46쪽.

114) 「하지 중장이 동경주재 더글라스 맥아더 대장에게 보내는 비망록(1845.9.15)」,
　　『美軍政情報資料集 : 하지(John R. Hodge) 문서집 3』, 국사편찬위원회, 1995, 6쪽.

115) 森田芳夫·長田かな子 編, 『朝鮮終戰の記錄資料第一卷』, 嚴南堂書店, 1980, 56쪽.

116) 미국무성 비밀외교문서/김국태 옮김, 앞의 책, 54쪽.

117) 「Historical Journal of Korea」 1945.9.14.

118) 「Historical Journal of Korea」 1945.9.26.

119) 미군정 경찰책임자 매글린에 따르면, "우리가 지난해(1945-인용자)에 인계받았던
　　경찰병력 2만명 중 1만 2천명이 일본인이었습니다. 일본인들을 귀국시킨 후에는
　　한국인들을 승진시켜야 했습니다. 따라서 경찰업무를 도와주고 있던 모든 젊은이
　　들을 흡수함으로써 경찰력을 보강했지요. 이런 방법으로 경찰력을 2만에서 2만
　　5천명으로 늘였던 것입니다. 많은 사람들이 일본인이 훈련시킨 사람들을 계속

이들의 활용은 일본인에게서 습득한 지식과 기능을 이제 한국에 반납하는
일쯤으로 여겼다. 굳이 친일파를 구분하자면, '생계형 친일파'(=Pro-Job)와
'악질적인 직업적 친일파'(=Pro-Jap)로 구분되며, 전자는 사실상 친일파라
볼 수 없다는 것이라고 하지는 공언하였다.

> 조선인이라고 해도 두 범주로 나누어야 하는데 생활을 하기 위하여
> 할 수 없이 협조한 친일파가 있고 진정한 의미로 일본의 문물제도를
> 애호하고 이를 믿고 일본제국주의의 앞잡이가 있을 줄 안다. 친일파를
> 일소함에 있어서 이 두 가지를 구별하여야 될 것이다. 조선인 전부는
> 정도의 차이는 있지만 자기 자신과 그 처자를 살리기 위해 살아남기
> 위해 일상생활에 있어서 일본인과 협력하지 않을 수 없었으며 일본인과의
> 협력 협동은 정도의 문제이다.[120]

친일협력자로 지목되는 대부분의 사람들은 생계를 위해 어쩔 수 없었으
며, 현금 법과 질서유지를 위해 그들의 경험과 능력은 절대적으로 필요하다
는 것이다.[121]

그런데 한국인들에게 일제하 전직관리와 경찰이 여전히 자리를 지키고
질서의 대행자로 존재하고 있다는 것이 해방을 맞이한 한국인들에게는
해방을 모독하는 처사였다. 일제가 패망하면 한국은 즉시 독립할 것이며

쓰는 일이 현명한 처사인지 의문을 제기합니다. 그러나 대부분은 경찰로서의
자질을 천성적으로 갖춘 사람들입니다. 그들이 일본인을 위해서 훌륭히 업무를
수행했다면 우리를 위해서도 그럴 수 있으리라고 생각합니다. 그러므로 일본인이
훈련시킨 사람들을 경찰에서 몰아내는 일은 공정하지 못할 것입니다"고 하였다
(마크 게인, 『해방과 미군정』, 까치. 168쪽).

120) 『朝鮮通信』 1945.9.20.
121) 보수우익이나 윤치호 같은 친일인사들도 이와 동일한 논리를 전개하였다(윤치호,
「한 노인의 명상록 1(1945.10.15)」, 『윤치호일기』, 김상태 편역, 역사비평사, 2000.
An Old-Man Ruminations라는 영문서한으로 미군정과 이승만에게 보냈다)

일본인은 물론이고 그들에게 협력했던 크고 작은 친일세력도 당연히
사라질 것으로 생각하였다. 그런 상황이 1세대 이상 투쟁하고 기다려왔던
민족의 해방=주권회복의 자연스런 과정으로 여겨졌으며, 즉시독립과
일제와 일본인, 친일파 제거야말로 해방을 맞이한 한국인들의 열망 중
그 첫째에 해당하는 것이었다. 그렇지만 이와 같은 열망은 다자간 신탁통치
를 경유한다는 미국의 한국독립방안이나 그 과도과정인 점령-군정수립에
서는 처음부터 배제되고 말았다. 미군정은 신속한 '탈일본화'를 위한
어떠한 민주적 사회개혁 프로그램과 실현수단을 가지고 있지 않았고,
기실 그런 것들은 미소협조 속에서 출범하는 신탁정권 단계에서 고려될
사안이었다. 군정은 다만 법과 질서유지이상을 넘지 않았고, 하지와 군정
당국자들이 공식석상에 누차 언급한 '민주주의와 휴머니즘의 고양'[122]은
실제로 정치적 레토릭-사탕발림처럼 들리지 않을 수 없었다.

배타적 협력자인 보수 세력의 친일흠결에도 불구하고 다행스러운 사실
은 좌익을 효과적으로 제압할 수 있는 경찰력의 존재였다. 절대적으로
부족한 전술군의 공백은 파괴된 일제 경찰기구의 재건으로 신속하게
메워 갔다. 헌병대장 쉬크는 일제 경찰이 남긴 예상 밖의 '양호한 통신망과
효과적인 지배망'에 고무되었고,[123] 일본인 경찰관을 한국인으로 대체하
는 형식으로 군정경찰 조직에 들어갔다.[124] 남한만의 군대육성이 당장
불가능한 상황에서 군정 경찰은 처음부터 강력한 힘과 지배력을 발휘할

---

122) 미군정청에서 공식적으로 발표한 조선군정의 일반원칙에 대해서 "일본의 제국주
　　 의적 압박하에 다년 신음한 조선민족은 자유행사의 책임과 자제에 관한 경험과
　　 훈련을 얻을 기회가 없었고 그런 고로 민주주의적 행동과 현명하게 자유를
　　 행사할 모든 남녀의 필연 심각한 개인적 책임에 관한 교육을 받아야 한다. 진실한
　　 민주주의 행사와 책임은 학교에서 또는 경험 있는 미국인의 지도하에 대중에게
　　 가르쳐야 한다. 이렇게 하여 비로소 출판의 자유, 언론의 자유, 정치의 자유와
　　 집회의 자유가 조선에게 정당히 부여될 수 있는 것이다(『중앙신문』 1945.11.17).
123) 「Historical Journal of Korea」 1945.9.13.
124) 『朝鮮通信』 1945.9.14.

수 있는 경찰의 군대화, 군사적 강력주의 기조로 나갔다.125)

군정경찰 수립의 핵심은 거대한 경찰력을 지휘할 한국인 책임자의 선임이었다. 경찰-군대와 같은 합법적 물리력은 일상을 규율하는 지배이념을 만들어내고 사회체제를 유지해가는 원초적인 힘이기에, 해방 초기 점령군으로부터 경찰 치안권의 위임 장악은 권력창출의 초석이라 할 수 있다. "경무국이 가장 큰 정치적 요직-알짜배기"이며, 경찰은 "현금 한국 상황에 대한 핵심이며 우리가 어떻게 하든 정치수단이 될 것이고 향후 신정부의 가장 강력한 포탄이 될 것"126)이라고 하지를 위시한 군정당국자들은 누구나 예상하였다. "경찰력과 군대가 없는 정권은 존재할 수 없으며 … 군대와 경찰이 없는 인공은 정부라고 도저히 볼 수 없다"127)는 송진우와 장덕수의 지적처럼, 임정봉대의 정국장악을 위한 경찰력·물리력의 중요성은 그 누구보다 잘 알고 있었다. 아울러 한국인 경찰책임자의 선임은 합법적 물리력의 공유 위임이기에, 군정부 경무과장 자리는 군정부 조직 과정에서 가장 신중하게 결정될 수밖에 없었다.

하지를 비롯한 군정부 장교들은 낯설기 짝이 없는 한국 땅에 기독교 신자와 미국대학 졸업자가 적지 않다는 사실에 놀라지 않을 수 없었다. 그들에게 한국은 지극히 낯선 곳이었지만, 미국은 이미 한국의 우파 지식인들 사이에 잘 알려진 20세기 근대의 '멋진 신세계'로 인식되어 왔다.128) 군정 당국은 선교사 윌리엄스의 아들인 윌리엄스 소령을 내세워

---

125) 24군단 헌병사령관 쉬크(Schick)는 군단 참모회의에서 현존 경찰력이 최소한의 거리질서마저 확보할 수 없을 정도로 무기력한 상황임을 역설하면서, 질서확보와 치안유지를 위한 가장 효율적인 방법으로 경찰력을 강력한 군사조직으로 만들 것을 주장하였다(『Historical Journal of Korea』 1945.9.13).

126) 『Historical Journal of Korea』 1945.12.7.

127) 주 34)의 글, 9쪽.

128) 일제하 조선 지식인의 미국과 소연방 인식에 대해서는 이수일, 「1920-30년대 산업합리화 운동과 조선 지식인의 현실 인식」, 『歷史와 實學』 38, 2009.4 참조. 1930년대 초반 미국을 방문한 연희전문학교 상과 교수 이순탁은 "금일 미국은

적임자를 물색했다.[129] 한국 정치인중 하지의 신뢰가 높았던 한민당 수석총무 송진우에게 반공의식에 투철한 적임자를 의뢰했고 송진우는 조병옥을 적극 추천하였다. 조병옥은 미군 입성이후 가는 곳마다 적색공포 와 공아론을 퍼부었고, 군정 당국자들의 눈에 열정적 반공주의자의 모습으 로 각인되었다. 신원보증은 군정부 인사고문위원이자 조병옥이 졸업한 공주 영명학교의 선교사 윌리엄스와 연희전문학교의 H. 언더우드 정도면 족했다.[130] 무엇보다 조병옥은 우익에게 지울 수 없는 정치적 얼룩인 특별한 친일흠결이 없었고,[131] 미국적 자유민주주의-반공이념을 내면화 시킨 컬럼비아 대학 졸업자라는 화려한 학적 배경과 1920년대 말 신간회 사건으로 투옥된 항일경력까지 갖추고 있었다. 조병옥의 발탁은 군정부와

근세에 발달한 모든 과학의 실험장이며 근대 물질문명의 최정상이다. … 금일 미국의 문명은 세계의 문명이며 금일의 미국은 세계이다. 꼭 옛날 로마의 문명은 세계의 문명이었으며, 옛날의 로마는 곧 전 세계이었던 것과 같이"라고 소회를 피력하면서, 미국=제국=20세기 세계 그 자체라는 인상기를 전개하였다[李順鐸, 『最近世界一周記』, 한성도서주식회사, 1934『최근 세계 일주기－일제하 한 경제학 자의 제국주의 현장답사』, 학민사, 1997, 261·264쪽)].

129) 군정 당국은 다양한 경로를 통해 경무국장 고문을 물색했으며, 옥스퍼드 대학 출신 일본인 구세군 목사로 미군정과 연락관계를 유지했던 나카무라가 황재경(黃材景) 목사를 경무부장으로 추천했으나, 종교인으로서 도저히 맡을 수 없다고 고사한 황재경은 컬럼비아 대학 출신 조병옥을 추천했다고 한다. 명동성당에서 주교 미사를 집전한 인연으로 미군정의 조언자로서 활동했던 노기남 신부는 한국의 민주주의 실천을 위해 힘써 일할 양심적인 인사로서 이승만·김구·송진우· 김성수·조병옥을 천거하였다(『내가 겪은 20세기』, 경향신문사, 1974, 107· 402~403쪽). 송남헌의 회고에 따르면, 한민당에서 윌리엄스와 조병옥의 인연을 맺어주기 위한 작업을 전개했다고 한다(「비화 미군정3년」, 『동아일보』 1982.4.21).

130) 군정청은 10월 15일 조선과 연고가 깊고 조선 선교사업에 공헌한 H. 언더우드·윌리 엄스·키트 3인의 선교사를 고문으로 선정했으며, 11월 18일에는 H. 언더우드와 윌리엄스는 군정청 인사고문조정위원으로 각각 위촉되었다(『자유신문』 1945.10.15. ; 11.18.).

131) 조병옥은 이인·김준연·송진우 ·김병로·원세훈 등과 함께 일제 협력을 거부한 인물로 당시 간주되었다(민족정경문화연구소편, 『친일파군상』, 삼성문화사, 1948, 14~18쪽).

보수진영의 견고한 정치적 결합이었고, 이로써 인공-좌익은 합법적 수권
경쟁에서 탈락한 것이었다.

그렇기에 군정경찰은 처음부터 정치적 중립성을 기대하기 어려운 일이
었다. 그는 한민당 당적유지와 경찰 인사행정권의 독립을 취임조건으로
내걸면서 단순한 통역관이나 기계적인 역할에만 그치지는 않을 것임을
취임 일성으로 발했다.[132] '반공'과 '군정부에 대한 절대복종'은 조병옥이
천명한 국립경찰의 이념적 정체성의 골자였다. 그는 국립경찰의 임무로
①민족적 독립이 지상명령이며 ②공산주의에 감염되지 말 것이며 ③군정
기관은 독립을 촉성하는 기관이며 ④군정기관에 충실한 경찰관은 결국
장래 수립될 조선정부에 충성을 다할 전통을 함양한다는 것이라고 천명하
였다.[133] "적색정권을 가지고는 우리는 독립할 수 없"[134]기에, 그리고
군정부는 독립을 촉성하는 기관이자 남한마저 공산화를 막아낼 수 있는
유일한 기관이라 보았기에, 남북한 좌익이 준동하고 있는 민족생존의
위기상황에서 군정경찰의 최우선적인 과제는 "공산주의 파괴공작의 방파
제"[135]라는 '반공경찰'[136]에 있음을 거듭 강조하였다.

---

132) 『자유신문』 1945.10.27. 1946년 1월 경기도 경찰부장에 등용된 장택상도 "인사행정
　　에 있어 美人은 간섭할 수 없으며 이는 경찰부장 단독으로 행한다는 조건하에
　　경기도 경찰부장직을 수락했다"고 한다(張澤相, 「내가 出入한 景武臺：組閣前夜와
　　不幸한 印象」, 『新太陽』 1957.3, 46쪽). 한편 윤치영은 조병옥의 입장에 대해 "한민당
　　이란 친정의 이해관계를 위해 봉사하기도 했고 다른 한편으로 미군정의 치안정책
　　에 적극 공헌해야 하는 위치에 있었던 것"이라 회술했다(윤치영, 「나의 이력서」,
　　『조선일보』 1981.9.23.).
133) 「南朝鮮過渡政府 各部長,軍政3年의 回顧」, 『서울신문』 1948.8.15.
134) 『서울신문』 1945.12.9.
135) 주 133)의 글.
136) 趙炳玉의 추천으로 미군정 수사국장(崔能鎭의 후임)에 발탁된 金太善은 미군정기와
　　정부수립후 초기 경찰의 주된 임무를 "한마디로 말해 치안이라고 했지만 공산당
　　잡는 것이 그 전부였다"고 회술하였다(金湧精, 「警察40년의 수뇌들」, 『新東亞』
　　1984년 6월호, 176쪽).

270

이러한 군정경찰의 임무와 목표는 경찰병력의 확충, 중앙집권적 조직편재,137) 군사적 무장화138)를 통해 관철되었다. 그는 반공치안을 확보하기 위해 "거대한 경찰병력"139)을 요구하였다. 경무국 미군관리들은 일제경찰처럼 모든 부문에서 경찰의 밀고자-끄나풀을 가진 거미줄 같은 촘촘한 지배망을 원하고 있는 것 같다고 보았고,140) "가장 효율적인 장치를 만들면 만들수록 우리가 떠난 뒤에 더욱더 억압적으로 될 것"141)이라고 생각했다. 경찰재건의 핵심적 인적기반은 일제경찰에 복무했던 자들이었다. 이들은 군정경찰의 반공기조를 가장 충실하게 실천하는 '선봉대' '토공(討共)'의 전위로서 일제하 이래 습득한 경험과 지식을 유감없이 발휘하였다.

조병옥과 장택상도 일본경찰에 복무했던 한국인 경찰관을 모두 생계형 친일파(Pro-Job)이며 경찰은 기술과 경험이 요구되는 특수기술직이기에, 그들의 등용은 불가피하다고 일관되게 주장하였다.

일제 통치하에서 있던 우리 한국에는 친일을 했다는 데 대하여 두 가지 종류로 구별할 수가 있다고 생각합니다. 하나는 '직업적인 친일파'(pro Jap)였고 또 하나는 자기의 가족과 생명을 보호하기 위한 연명책으

137) 1945년 12월 27일 미군정은 「조선국립경찰의 조직에 관한 건」을 발표하고 경찰행정권을 종래 도지사 권한에서 분리시켜 경무국장의 관할 아래 두게 했다.
138) 조선공산당의 신전술이 채택되는 1946년 9월 무렵에는 일본군의 낡은 무기대신 미군으로부터 건네받은 칼빈과 M1으로 새롭게 무장한 전투경찰체제로 완전히 전환되었다(『조선일보』 1946.10.15.). 1946년 10월 14일자로 수도경찰청에서는 일제 38식 장총 대신에 최신식 10연발 보병총을 지급했으며, 350명으로 구성된 기관총부대를 특설하였다.
139) 『Historical Journal of Korea』 1945.12.7. 당시 미국의 경찰관이 1,000당 1.6명꼴이었는데, 인구 2천만에 불과한 남한인구에서 차지하는 경찰관의 비율을 한민당은 1,000당 8명을 주장했다고 한다. 서북청년단을 위시한 우익청년단체들은 마치 시민적 결합처럼 경찰의 보조군으로 활용하면서 부족한 경찰병력을 보충하였다.
140) 『Historical Journal of Korea』 1945.12.7.
141) 위의 글.

로 일정경찰을 직업적으로 했다(pro JOB)고 생각합니다. 그러므로 많은 동포들은 pro JOB이다. 그 많은 동포들 중에는 가족을 살리고 자기의 생명을 보호하기 위하여 경찰관을 지낸 사람도 있으며 조선총독부관리 또는 고등관도 지낸 사람도 있습니다. 그러나 친일파는 정말로 극소수에 불과합니다. 경무부의 인사방침은 고의로 자기의 영달을 위하여 민족운동을 방해하였거나 민족운동자를 살해한 자 이외에는 일반 경찰에 전직경험이 있는 경찰관 출신자를 pro JOB으로 인정하고 국립경찰관으로 등용하였다.[142]

1946년 3월 5일 조병옥은 지방을 순시하는 자리에서 "경찰 현진용 쇄신에 대하여 여론이 적지 않은 모양이고 소위 민족반역자 친일파라 운운하나 과거 36년 동안 우리들의 눈물겨운 팔자를 생각하건대 거의 오십보로 소백보의 격"[143]이라 하였다. 친일파는 가벼운 피부병이고 공산주의는 치명적 심장병정도로 생각하였다. 장택상도 혁명직후 소련에서도 차르의 경찰을 활용했던 사실을 언급하면서, 성경의 '돌아온 탕자'처럼 일제하 한국인 경찰들을 용서해주어야 한다고 주장했다. 그렇지만 강력한 민주적 권력과 사회적 규율이 엄격하게 작동하지 않는 한, 그런 조치는 치명적 위험성을 내포하는 것이었다.

36년간의 일제 굴레 속에서 해방된 조선은 심지어 "허접쓰레기까지 일본화되다 싶이한 현실"[144]에 처해 있었다. 하지와 군정당국자들은 항상 '민주주의'와 '자유 독립'을 말했지만, 한국인들이 체감하는 정치사회적 일상은 그렇지 않았다. 일제경찰기구와 요원 그리고 사악한 관행이 이제 목표물을 달리하면서 강고하게 작동하였다. 일본경찰의 관행은 이전보다

---

142) 조병옥, 주 19)의 책, 173~174쪽.
143) 『대구시보』 1946.3.6.
144) 韓曉, 「朝鮮文學運動의 現段階」, 『大潮』 2, 1945.11, 11쪽.

더 두껍게 반공의 권위와 결합하였다. 일제경찰에 복무했던 이들의 등용은 일반 민중에게 심리적 실제적 공포를 야기하는 것이었다. '제복 입은 경찰에 대한 두려움'은 일제하 이래 한국인들이 일상적으로 경험하지 않을 수 없었던 피해의식이었고, 일제 강점기 한국인의 일상을 지배해온 일제경찰의 효율성-지배력의 원천이 고문을 비롯한 각종 가혹행위-공포감의 결과물이었다. 조선인이면 누구나 해방은 먼저 혹독한 일제경찰의 탄압과 악형으로부터의 해방을 의미한다고 여겼지만,[145] 경찰업무의 전문성-효율성의 이름아래 일제경찰의 사악한 관행의 유지, 강화로 귀결되었다. 반공질서의 구축을 위해서라면 어느 정도 불법적인 행위나 관행도 불가피하다고 보았고,[146] 그에 따라 '국립경찰은 일제 잔존세력'이라는 비난을 모면하기 어려웠다.[147]

일본인들을 대신한 친일파의 재등장으로 대부분의 한국인들은 일제 때나 해방된 지금이나 변한 것이 거의 없다고 느낄 수밖에 없었다. 그런 상황에서는 민주주의의 보편화, 민족주의의 발현이란 기대하기 어려운 일이었다. 그들이 일제부터 배웠다는 우수한 경험과 효율성 속에는 "왜놈의 식민정책을 공식적으로 수행하는 버릇이 골수에 저져있다"[148]는 사실을 간과하고 있었다.

중간파 인사 입법의원 정이형(鄭伊亨)은 신국가(新國家)의 '정의로운 정치사회적 기초'를 마련하기 위해서는 무엇보다도 '정직한' '양심적인' 애국인사들이 필요하다고 절규하였다.

현재 한국은 애국적이고 정직하고 성실하고 이타적이고 신념에 찬

---

145) 朝鮮通信社, 『朝鮮年鑑(1948年度版)』, 普成社, 1948, 312쪽.
146) Q기자, 「趙警務部長과의 對談傍聽」, 『새한민보』 1-3, 1947.7, 16쪽.
147) G-2 Periodic Report, No.333, 1946.10.11.
148) 「高文은 反族의 登龍門-經驗이란 倭놈의 神道體得뿐」, 『朝鮮日報』 1948.8.20.

인물들을 필요로 한다. 우리는 능력이나 재능보다는 도덕심을 더 선호한
다. 대부분 고위 경찰은 일제 때 경찰에 복무했던 자들이다. 한국인 애국자
들이 박해를 받아왔으며, 일본인들만큼 이들에 대한 적개심과 분노를
가지고 있다. … 경무국에 어떠한 변화가 일어나지 않는다면, 제2, 제3의
대구사건이 미래에 다시 일어날 것이다. 북한에 취해진 모든 조치들을
반대하지만, 모든 한국인들에게 완전한 만족을 주었던 한 가지 일이
있는데, 그것은 친일파와 민족반역자의 숙청과 제거였다. … 우리는 무엇
보다도 정직한 사람들을 원한다. 많은 이들이 일제지배 하에 지난 40년
동안 밑바닥까지 도덕적으로 부패했다는 점을 고백한다. 정직한 기초위에
새로운 국가를 건설해야 한다.[149]

남북한 모두 일제하 이래 조성된 경찰국가-동원체제의 억압적 양상을
여지없이 드러내고 있었다. 38이북의 물리력이 지주-부르주아 구축(驅
逐)=우익사냥에 분망했다면, 38이남의 물리력은 반공과 토공(討共)=좌익
사냥에 몰입하였다. 1946년 10월말 '대구사태'를 처리하기 위해 열린
조미공동회담 당시 한국 측 대표 김규식을 위시한 좌우합작파 인사들은
북한의 경찰은 좌익과 결합되어 있고 남한의 경찰은 우익과 연결되어
있는 남북한의 억압적인 현실을 통렬하게 비판, 자탄하였다.

현 남조선과도정부는 극우의 편을 들고 있는 반면에, 북한의 인민위원
회는 오직 극좌만을 지지하고 있다. 다수의 한국인들은 좌우 극단세력을
싫어한다. 어떠한 평화도 좌우익 정당의 합작 없이는 유지할 수 없다.[150]

좌우합작파 인사들은 친일경관의 등용으로 조병옥에게 남아 있던 애국

---

149) 「정이형(鄭伊衡)(47.9.2)」(정용욱 이길상 편, 주 20)의 책, 371~372쪽).
150) 정용욱 이길상 편, 위의 책, 373쪽.

자의 명성마저 갉아먹었다고 애석하게 생각하였다. 국립경찰의 권력남용, 사악한 관행, 정치적 편향성과 관련하여 경찰수뇌부에 대한 비판과 해임요구는 조미공동회담 이전부터 지속적으로 제기되어왔지만, 그때마다 하지가 이를 묵살하였다.[151] 하지는 "조병옥과 장택상을 대체할 다른 인물이 있다면 아마도 그 사람은 그들보다 더 나빠질 것이며 아울러 현 체제의 지지자들이 소외될 것"으로 보았다.[152]

좌우합작파의 요구와 달리 10월 대구사건의 선후처리는 민주개혁의 출발점이 되지는 못했다. 개혁의 수용은 미군정을 지탱해온 반공 물리력의 훼손을 의미했기에, 국립경찰의 문제점이나 보수인사들의 군정부 권력전횡은 개선 개혁되지 않았다. 오히려 대구사태 이후 38이북의 동향 및 좌익의 무장저항과 관련하여 '경찰의 극우편향성' '경찰력 강화'는 더 촉진되었다.[153]

---

151) 군사가(軍史家)는, 조병옥과 장택상이 해임될 수 없는 이유로 ① 군정부의 실수를 인정하는 것이고 ② 해임요구가 좌익의 요구라는 점 ③ 군정부에 대한 충성심 ④ 이들보다 더 적합하고 나은 인물을 당장 구할 수 없다는 점을 들었다(『Historical Journal of Korea』 1946.3.6). 1946년 11월 3일 미군정 당국 수뇌부의 허가 속에서 수사국장 최능진이 파면되었다. 조병옥은 '국립경찰의 현황을 유지하며 경찰사기를 진작하여 명령계통을 확보함에 유해하므로 사직시켰다'고 성명했다. 최능진 파면조치는 조미공동회담에서 가장 중요하게 지적된 경찰의 민주화를 포기하는 조치였다. 최능진은 조미공동회담에서 친일경찰이라는 비난, 경찰의 잔인성과 불법 부패성, 과도한 정치적 편향성을 시인 고발했을 뿐 아니라 경찰의 민주적 개혁까지 주장하였다. 파면 후 최능진은 공개장에서 조병옥을 친일경관을 옹호하고 탐관·모리에만 전념하는 자로 규정한 후, 현직에서 즉각 사퇴하고 8·15이후 불법적으로 취득한 재산을 헌납한 후 해방 전 애국자 조병옥으로 돌아가라고 충고했다. 아울러 현 경찰간부를 전부 파면하고 중국서 건너온 애국자나 국내에 있는 단체 간부로 경찰수뇌부를 교체할 것을 부언하였다. 이에 대해 경기도 경찰부장 장택상은 최능진을 비난하고 조병옥을 극력 옹호하였다(『서울신문』 1946.12. 5·7·8·12·14일).

152) 『Historical Journal of Korea』 1947.3.31.

153) 하지는 "점령군 및 경찰을 증대시키고 지원할 목적으로 우익청년군(Rightist Youth Army)을 구성할 것을 요청하였다(미국무성 비밀외교문서/김국태 옮김, 앞의 책, 365쪽).

2) 중간파 타도와 남한단독정부 수립론

　미군정하 한민당의 임정수권전략은 1945년 12월말 모스크바 3상회의가
몰고 온 격렬한 신탁정국 속에서 산산조각 나고 말았다. 그 실천자인
송진우가 암살되었고, 김구 임정세력에 의한 군정부 접수기도가 불발로
끝났다. 송진우의 죽음으로 군정부로부터 임정수권의 정치공작을 수행하
고 이승만-김구·임정-한민당을 원만하게 통합시킬 우익의 중심인물이
사라졌으며, 하지와 군정부는 반탁 쿠데타 시도를 계기로 김구와 임정을
더 이상 신뢰하지 않게 되었다. 임정수권의 정치지반이 이미 붕괴되었고,
그 대신 1946년 중반 미소공위의 휴회 속에서 중간파가 한민당-보수세력의
새로운 수권경쟁 상대로 급부상하였다.154)

　기대를 모았던 제1차 미소공위마저 중단상태로 빠지자, 한국인들의
정치적 좌절감은 사회경제적 어려움과 함께 더욱 깊어갔다. 해방이후
한국인들에게 남은 것이라곤 피난민과 공식적으로 "장군들만 오가는"155)
38선의 높은 장벽, 식량부족과 만성적 실업, 좌우의 격심한 정치적 대립과
테러, 법과 치안유지를 내세운 군정의 억압적인 질서와 친일모리배들의
협잡이었다. 특히 점령과 동시에 시장장악에 실패한 미군정의 미곡수집정
책은 "도시의 노동자와 시민들에게도 그리고 농촌의 농민들에게 전연
인기가 없는"156) 큰 불만의 대상이었다. 급기야 '일제 때보다 생활이
더 나빠졌다'는 불만소리가 적지 않았고, 좌익창궐의 더없이 좋은 토양으
로 간주되었다.

　따라서 '질병과 소요의 박멸'이라는 군사점령기조는 제1차 미소공위

---

154) 한민당-보수우익 세력의 중간파에 대한 적대감은 정부수립이후 상당히 오랫동안
　　지속하고 있다.
155) 김광섭, 「山에 오는 봄」, 『中外新報』 1946.4.19.
156) 리차드 로빈슨 지음, 정미옥 옮김, 『미국의 배반』, 과학과 사상사, 1988, 21쪽.

휴회로 재조정되지 않을 수 없었다. 향후 미소공위의 재협상과 군정의 안정화를 위해서 그리고 좌익의 공세를 차단하기 위해서라도 일정 정도의 정치적 사회적 개혁을 필요로 하였다. 미 국무성은 세계 곳곳에서 대치하고 있던 소련과의 관계를 한국문제로 인해 악화시킬 생각은 추호도 없었다. 미소공위는 휴회일 뿐 파탄은 아니었다. 일제 패망이후 더 격심한 내전상태로 빠져들고 있던 중국문제가 극동에서 가장 시급한 외교적 사안이었다. 1차 미소공위가 결렬된 직후인 1946년 5월초 파국을 타개하기 위해 중국으로 건너간 마샬은 장개석에게 국민당정부의 민주적 개조, 국공합작과 연립정부수립을 강력하게 권고하였다. 미 국무성은 한국문제에 대해서도 적절한 조치가 가해지지 않는다면, 중국처럼 내전에 빠지게 될지도 모른다는 위기감 속에 좌우합작의 방향에서 점령정책 조정에 돌입하였다.[157)

미 국무성은 군정부의 권한을 대폭 한국인에게 넘겨주면서 극좌·극우도 아닌 중도파를 자유주의적 사회개혁의 주체로 조직화하려고 했고, 하지와 군정당국은 조선공산당의 불법화 조치와 한민당의 반대 속에서 좌우합작운동의 정계재편작업에 착수하였다. 이에 대해 김규식 등 좌우합작파는 남한 군정체제의 민주적 개조를 통해 중간파의 정치기반을 확보하고 향후 미소공위 재개 속에서 좌우합작-남북합작을 이끌어내려는 것이었다. 중간파 육성이라는 지침과 명령을 하달 받은 하지의 딜레마는 중간파의 개혁요구와 한민당-보수우익과 공고하게 결합되어 있는 군정부의 반공물리력을 어떻게 공존시킬 수 있는가에 있었다.

'10월 대구사건'으로 하지와 군정 당국의 위기감은 적지 않았다. 하지와 경무부장 조병옥은 사태의 원인을 전적으로 좌익의 남한전복의 음모와 선동으로 몰아갔지만, 점령정책의 문제점도 인정하지 않을 수 없었다. 대구사건의 선후책을 모색하는 조미공동회담에서 좌우합작인사들은 사

---

157) 좌우합작운동에 대해서는 도진순, 앞의 책 ; 정용욱 앞의 책, 참조.

건의 원인으로 점령정책의 실정(失政)을 질타했으며, 단연 경찰의 억압성
과 친일파청산 문제가 핵심 사안이었다.[158]

　　미군정이 남조선에 들어오면서 무엇을 생각했든가. 이들이 하는 일을
　　볼 적에 식민지 재편성-일제의 식민지적 모든 정책을 쓰고 있는 … 외부의
　　힘과 국내의 일제잔재의 악질적 요소와 결탁하여 모도 대단히 위험하다
　　하였든 것이 사실입니다. 이것이 근본 원인이 되여 가지고 인민이 자유가
　　못되었고 살래야 살 수가 없고 이러한 위급한 환경에 처해있습니다.[159]

　미군정의 치명적 약점의 하나는 '군정부=한민당'이라는 소리가 당연
할 정도의 극단적인 극우편향이었다. "한국민의 지지를 받지 못하는
극우세력이 중앙과 지방행정, 경찰과 사법 등 군정부의 한인 권력을
모두 장악하여 미군정을 마음대로 하고 있다"[160]는 사실에 있었다. 중간파
들이 가장 우려했던 바는 미소공위-미소협력이 실패하고 극우의 힘이
전일적으로 지배하게 되는 경찰국가체제의 지속이었다.
　1947년 초반 미소공위 재개의 움직임 속에서 중간파는 정치적 전성기를
맞이하게 되었다. 중간파의 지지기반은 우익에 비할 수도 없을 만큼
허약했지만, 국무성의 지시 아래 군정 당국은 남조선과도입법의회의
개원과 더불어 중간파를 중심으로 과도정부수립을 계획하고 있었다.
조병옥은 군정장관 러취를 통해 군정당국이 중도연립정권을 수립하여

---

158) 한성일보 편집장 양재하는 "일본에서는 50만 명의 전쟁협력자들이 공직에서
　　추방되었다. 우리 한국에서만 전직 관리들이 권력을 행사하며 아직도 남아있는
　　이유를 도저히 모르겠다. 이것은 우리를 가장 불행하게 만드는 사안이다."[「한성
　　일보 편집장 양제하의 편지(1947.9.2)」(정용욱 이길상편, 주 19)의 책, 506쪽)]
159) 남조선과도입법회의 비서처, 「남조선과도입법의원속기록」 제27호(『남조선과도
　　입법의원속기록, 여강출판사, 1984), 44~45쪽.
160) 「민정장관 안재홍이 웨드마이에게 보내는 편지(1947.9.2.자)」(정용욱 이길상 편,
　　주 20)의 책, 152쪽).

김규식을 대통령으로 옹립하려는 움직임을 확인했다고 하였다.[161] 과도 정부의 수립은 전폭적으로 지지했지만, 중간파 정부는 결코 용납할 수 없는 일이었다.

조병옥은, 한국독립의 구원자적 존재로서 절대적으로 믿고 있었던 미국-군정부가 38이남의 정치사회적 상황에 부합하지 않는 '좌우합작'의 '용공적인 정책'을 취한다는 사실에 위기감에 사로잡히지 않을 수 없었다. "미국 같은 자주독립국가에서는 사회정책 혹은 경제정책에서 중간노선이 성립 가능하지만 통일독립 국가를 형성치 못하고 좌우 혈투하는 조선의 현실 속에서는 중간노선은 성립할 수 없다"[162]고 보았다. 미국과 소련이 서로 대립되는 자신들의 이념을 한반도에 강요하고 있는 한, 좌우합작은 불가능하다는 것이다.[163] 미소 분할점령 2년 동안 남과 북은 상이한 생활방식-사회체제-이념 속에서 상호 적대적인 존재로 급격하게 이질화 되었다고 보았다.

원래 군사적 목적으로 설정된 38선이라는 치명적인 경계가 어떤 정치적 목적을 위해 철의 장막으로서 잘못되어 교활하게 이용되어져 왔다. 역사적 으로 단일민족인 한국이 두개로 쪼개졌으며, 정치적 마비와 경제적 파산을 야기하고 있다. 북한과 남한은 상호 대립되는 이념에 의해 지지받는 두개의 상이한 정치적 사회적 경제적 생활체제로서 나아가고 있다. 그들은 실제로 상호 적대적인 세력이다. 북한의 수뇌부 즉 소수의 독재는 사회과 학이나 다수의 지배와 표현의 자유의 원리에 기초한 민주주의에서 시인할 수 없는 공상소설 같은 사회적 실험을 하고 있는 속에서 견고한 기반을

---

161) 趙炳玉, 「民主政治밑의 幸福의 날을」, 『내가 걸어온 길 내가 걸어갈 길』, 1957, 신태양사, 189쪽.
162) 趙炳玉, 주 19)의 책, 186쪽.
163) 「한국민주당의 지도자 김성수와 요담」(정용욱 이길상 편, 주 20)의 책, 206쪽).

구축하고 있다. 한국은 현재 민주주의냐 독재주의냐, 자유나 노예냐, 통일이냐 분단이냐 그리고 삶이냐 죽음이냐의 길목에 놓여 있다.[164]

죽음도 아니고 삶도 아닌 중간이 존재하지 않듯이, 좌(=찬탁=친소) 아니면 우(=반탁=친미) 그 중간은 존재할 수 없는 것이다. 그런 대립의 귀결점은 한쪽이 다른 한쪽을 완전하게 정복시키는 것뿐이었다. 한민당의 보수인사들은 과격한 중간파타도론을 소리 높여 외쳤다. "이론상 그럴듯 해 보이는" 중간파의 전도는 "동구 발칸 제 소국의 공산당에게 추수하고 압박받고 있는 제 소당의 운명과 같은"[165] 것이기에, "비우(非右)·비좌(非左)·비반탁(非反託)·비찬탁(非贊託)이라는 극히 모호한 슬로건"[166]을 내거 는 중간파 주도의 연립정부는 광범위한 민주개혁을 통해 공산주의의 침투와 확산을 방지하는 것이 아니라 기실 '공산화'로 들어가는 첫 관문으 로 간주되었다. 중간파란 이념적으로는 "공산당 4촌(寸)"이요, 좌우합작위 원회는 "합작을 가장한 일부 정상배들의 음모" "정권욕에 사로잡힌 기회주 의자들의 음모"라고 원색적으로 몰아갔다.[167] 반공이 모든 정치적 가치를 제압하는, 반공이 곧 민주주의요 민족주의의 전부인 것처럼 작동하였다.

한편 1947년 5월 재개된 제2차 미소공위가 7월 말에 또 다시 교착상태에 빠지자, 한국문제는 미소협상을 통한 해결에서 완전히 멀어지고 말았다. 미국은 한반도에서의 명분 있는 출구전략을 유엔을 통해 처리하려 했고, 이미 38이북에 인민권력을 구축한 소련은 한반도에서 미소 양군의 동시철 병을 내세웠다. 우익진영에게 유엔을 통한 한국문제 처리=남북한 총선거

---

164) 「남조선과도정부의 한국인 각부처장이 웨드마이어에게 제출하는 보고서 (1947.9.2)」(정용욱 이길상 편, 위의 책, 153쪽).
165) 함상훈, 「中間派에 대한 是非」, 『新天地』 1947.10(함상훈, 『한국독립과 국제관계』, 생활사, 1948, 116쪽).
166) 백남훈, 『나의 一生』, 新現實社, 1973, 241쪽.
167) 백남훈, 위의 책, 243쪽.

는 신탁통치 같은 국제압력이나 점령체제가 조성한 남북의 상이한 정치사
회질서를 일거에 일소할 수 있다는 점에서 '탁치 없는 즉시독립'의 가장
합리적 방안, "남북통일의 복음"168)으로 간주되었지만, 문제는 소련의
수용여부였다. 그렇기에 남한만이라도 보선법에 의거하여 자율과도정부
를 수립하여 향후 유엔의 총선거에 대비하자는 논의도 미소공위 파탄이후
지속적으로 제기되었다.

그런데 소련 측의 양군 동시철군 주장은 조병옥의 위기의식을 극도로
고조시켰다. 만일 소련 측 주장을 미국이 수용하여 특별한 준비 없이
남한에서 미군이 철수하면, 한반도 전체의 공산화는 불가피한 일로 여겨졌
다. 이 같은 위중한 상황에도 불구하고 미 군부에서는 군사전략적 가치가
그다지 높지 않은 한반도에서 조기철군을 이미 이야기하고 있었고,169)
또한 좌익은 물론이고 중간파도 동시철병에 적극 찬성하고 있었다. 이에
대해 보수진영은 미소 양군의 동시철병과 좌우합작, 남북대표회의소집을
외치는 중간파의 주장을 공산화를 불러오는 현실의 위기를 무시한 '값싼
민족주의적 감상론'으로 치부하였다.

일부 사회에서는 준비도 없는 즉시 철병을 주장하고 또는 남북대표회의

---

168) 『조선일보』 1947.9.12. 한독당 선전부는 11일 '한국독립의 승인방법으로 미국의
제안인 국제연합 감시하 남북통일 총선거를 실시하여 정부를 수립케 하자 한
것은 매우 合理한 방법인 고로 UN총회에서 채택되어 실천되기 바란다'고 공표하
였다.

169) 미군 철수에 대한 논의는 미 군부에서 이미 검토한 바 있고 군부의 조기철군에
대해 국무성이 여러 모로 달래고 있던 형편이었다. 1946년 말 중국의 합작운동의
실패와 내전의 격화로 돌아가자, 미국은 동아시아정책을 중국에서 일본으로
중심점을 이동시켰다. 1947년 초반 철군론이 본격적으로 논의되기 시작했는데,
미 군부측은 조기 철수론을 굳히고 있었다. 냉전의 세계적 규모의 확산 속에서
미군의 군사인력의 절대적 부족과 군사안보적인 차원에서 남한(주둔 미군)의
전략적 가치가 낮다는 것이나. 미군병력을 다른 지역-일본 독일, 그리스와
터키 등-으로 옮기는 것이 미국의 국익에 더 유용하다는 것이다.

를 소집하여 자율적 정부를 수립하려는 정치적 이론 급(及) 운동이 대두하고 있다. 2년 쓰라린 경험에 의하여 미소공위를 통한 정부수립이 불가능하였고 북방에서는 군사력을 강화하여 남한을 정복하려고 만반의 준비를 하고 있는 차제에 남북대표회의는 절대 불가능일 뿐더러 이는 UN의 결정이 반대 우(又)는 대립하여 민심의 혼란을 유도하며 우리 민족의 운명을 위태케 하는 정치적 행동으로 인정한다.[170]

미소공위의 파탄, 미소양군 철병제안과 요구, 남북한 좌익의 조직적 연계 속에 이루어지는 각종 소요와 체제전복시도 등 일련의 위기사태에 대한 특단의 대책이 요구되었다. 이에 조병옥은 1947년 10월 「남조선시국대책요강」(이하 '요강'으로 표기)을 작성하고 민정장관 안재홍을 포함한 군정청 한국인 부처장의 연명으로 하지에게 제출하였다.[171] 「요강」은 적색공포-공아론의 정세론에 입각한 조병옥의 반공민주국가건설 방안을 매우 압축적으로 표현한 비망록이며, 한민당 장덕수와 긴밀하게 협의하면서 작성하였다.

「요강」의 핵심은 군정부의 육성 강화에 기초한 남한 반공정부수립이며, "공산당 독재의 북조선에 비해 남조선은 진정한 민주주의로 해나가서 통일의 민주적 기지로 만들어 가자"[172]는 것이었다. 공산화(='사회주의 민족국가')는 곧 민족파멸이라고 보았기에, 38이북 인민정권에 대항하는 남한정부 수립(='자본주의 민족국가') 자체가 민족보전-민족자결의 유일책으로 주장되었다. 2차례의 미소공위에서 소련이 조선을 '제2의 폴란드'로 만들려는 의도를 확인했으며, 모호하고 비실제적인 국제주의=좌우합

---

170) 『조선일보』 1947.11.14.
171) 이 문건은 1947년 8월 방문한 웨드마이어 군사사절단에게 제출한 것을 이후 정세변화를 반영하여 재작성한 것이었다.
172) 「南朝鮮過渡立法議院速記錄」 171, 1947.11.7(『南朝鮮過渡立法議院速記錄 4』, 여강출판사, 1984, 231쪽).

작의 성공을 기대한다는 것은 백년하청 같은 일로 치부되었다.

모스코바 결정은 2가지 전제하에서만 작동할 수 있다. 하나는 남한과 북한의 각각의 사회적 사실들이 반드시 동일시 되어야 하며 또 하나는 협정에 동의한 연합국들이 한국의 민족적 독립을 수행한다는 보편적이고 진지한 목적의식을 가져야 한다. 첫 번째 전제는 틀렸다. 즉 남한과 북한은 서로 다른 두개의 세계로 되고 있다. 두 번째 전제도 오류이다. 즉 협의에 대한 힘은 한국을 제2의 폴란드, 제2의 몽골로 만들려는 예정된 계획을 가지고 있다. 그런 관점에서 반탁운동은 애국적이고 반공적 반소운동으로, 더 이상 모스코바 결정에서 어떠한 기대도 하지 않는다. 이러한 국제적 수단은 단지 우리의 민족적 자유와 독립에 대한 실제적인 장애뿐이다.[173]

민족통일의 절대적 당위에도 불구하고 미소공위와 같은 신탁통치를 경유하는 국제협의나 좌우 남북합작 같은 무분별한 통일은 결단코 수용할 수 없는 일이었다. 따라서 현 군정부를 강화 육성하여 그대로 우리정부로 인수하는 형식을 취해서라도 가능한 빨리 남한정부를 수립하여 미국의 지원 속에 강력한 국방방위체제를 갖추어 남북통일의 모체를 확립해야 한다는 것이다.

조병옥은 그런 남한과도정부가 반공통일의 강력한 민주기지가 되기 위해서는 무엇보다 먼저 사회 전 영역에서 철저한 '사상적 정화'를 거쳐야 한다고 보았다. '친소'='반미'='반민족적' 세력들이 철저하게 숙청되지 않는 한, '민족국가의 형성과 민족적 건설'은 기대하기 어려운 일로 간주되었다.

---

173) 「남조선과도정부의 한국인 각부처장이 웨드마이어에게 제출하는 보고서 (1947.9.2)」(정용욱 이길상 편, 주 20)의 책, 154~155쪽).

8·15이래 과거 2년 동안 정치운동은 2대 진영으로 대립된다. 하나는 애국적이며 친미적 건설적인 그룹이고 다른 하나는 반민족적 반미적이며 파괴적인 집단이다. 전자는 미군정이 통일독립 한국을 준비하고 실현하는 존재임을 자각하고 믿고 있으며, 전적으로 이에 충성하고 협력하는 세력이다. 후자는 미군정을 미제국주의와 자본주의의 팽창수단으로서 규정하면서 그들의 주된 목적이 미군정을 불신시키고 한국인의 마음을 미국에서 이반시키는 것이다. 남로당에 의해 지도되는 소위 좌익들이다. 그들은 미군정부가 만들고자 하는 것들을 파괴하는 데 분주하다.174)

파괴적인 좌익의 "정치적 제거과정"과 사상적 정화작업을 거친 후에야 비로소 좌익의 '간판적 사기적 민주주의'가 아닌 참된 '진보적 민주주의'도 구현될 수 있다는 것이다.175)

조병옥은 일찍이 기독교를 통해 그리고 미국유학에서 미국식 민주주의의 보편적 진리성을 절대적으로 확신하였다. 좌익들의 전유물처럼 취급된 진보적 민주주의나 사회주의를 간판적 사기적 민주주의로 몰아붙였다. 참된 '진보적 민주주의'란 앵글로색슨적 전통의 자유민주주의-자본주의 경제체제였다. 경쟁과 사적 소유권으로 지탱되는 시장체제 위에서 자유로운 인격체의 함양과 점진적 사회개량을 합법적 수단과 범위 내에서 추구해 가는 것이다.176)

---

174) 「시국대책요강전문」, 『동아일보』 1947.11.6.

175) 민정장관 안재홍도 진보적 민주주의가 좋지 않은 것은 아니라 진보적 민주주의라고 내세우고 파괴적으로 가는 방향이 문제라고 했다(「南朝鮮過渡立法議院速記錄」 171, 1947.11.7(『南朝鮮過渡立法議院速記錄 4』, 여강출판사, 1984, 231쪽).

176) 조병옥은 일제하 견지하고 있는 민주주의-특히 미국적 민주주의-의 특질을 다음과 같이 피력하고 있다. "민주주의라는 것을 간명히 설명한다면 과거에 있어서는 민주주의라 하면 형식적 법률상 평등이고 성년이 되면 누구든지 다 공민권을 준다는 단순한 것이었고 또 우리들도 그렇게 알아 왔으나 이 민주주의는 맹방(盟邦)중 선진국가가 다 실행해온 것과 마찬가지로 정치상 경제상으로 전민족

284

  진보적 민주주의는 개성의 존중과 의사표시의 자유의 양대 원칙에
입각하고 그 내포로서 사회의 전체 이익을 방해하지 않는 범위에서 그
사권(私權) 및 사유재산권을 인정하면서 인지의 경험과 지식의 시사로써
다수결에 의하여 점진적으로 사회를 개량하는 주의이다.[177]

  시장체제를 부정하고 사적소유와 자유경쟁의 원리, 의사표현의 자유를
거부하는 공산주의 이론은 분명 "사회과학이나 다수의 지배와 표현의
자유에 기초한 민주주의에서는 시인할 수 없는 공상소설과 같은 실험"[178]
에 불과한 것임에도 불구하고 이에 오염된 '인민'과 '사회'를 반공을
기저로 하여 철저하게 정화해야 한다는 것이다.
  「요강」에서는 국가사회의 기반을 구축 강화하는 '제반조치'[179]를 강구

  의 복리를 보증하고 따라서 사회와 시대를 향상 발전시키려면 각 개인의 자유를
  보전하는 동시에 그 욕망을 만족시키는 사유재산을 인정치 않으면 안 된다는
  것인데 이것은 무조건으로 인정한다는 것이 아니고 그 개인의 권익이 국가와
  공중에 해가 되는 때는 언제든지 물론하고 국가는 이를 관리하고 또는 제한도
  할 수 있는 것이다. 이렇게 하는 것이 진보적 민주주의이며 연합국은 이것을
  희망하여 세계에 선포하였고 우리나라도 이러한 진보적 민주주의이외에는 바라
  지 않는다. 이러한 진보적 민주주의에는 혁명적 파괴적 수단을 버리고 발전적
  건설적 점진적 방법으로 사회의 향상발전을 위하여 노력하지 않으면 안 된다.
  하룻밤에 만리장성을 쌓을 수 없고 또 금자탑을 세울 수 없으며 따라서 하루
  동안에 우리나라를 지상낙원을 만들려는 것은 꿈에 지나지 못하는 것이다. 우리는
  항상 일하고 공부하고 각각 자기임무를 실행함으로써 진보적 건설적 사회를
  발전함에 최선을 다하야 모든 파괴행동을 사전에 방지하는 동시에 연합국의
  승리로 말미암아 우리나라 독립이지지 되는 것은 엄연한 사실인 만치 독립완성은
  대부분 국제적 우호와 국제적 신용에 귀의되는 것임으로 독자적 행동을 취하지
  말고 서로 의논하고 서로 동정협력하야 반드시 협조주의로 나아가야 할 것이다"
  (趙炳玉,「朝鮮警察의 使命」,『法政』1-2, 1946.10.). 일제하 조병옥의 자유민주주의
  론에 대한 인식과 실체에 대해서는 이수일, 주 6)의 논문, 참조.
177)「시국대책요강전문」,『동아일보』1947.11.6.
178) 위의 글.
179) 조병옥은 다음과 같은 사회경제적 대책을 제시하였다. ① 석탄·전력의 자족기초상
  위에 경공업을 발흥시켜 자급자족의 남조선 경제의 재검토해간다. ② 금본위제의

하고, 진보적 사회경제입법을 통해 민생문제를 조속히 해결할 것을 내세우고 있다. 정치적 민주주의와 자유는 경제적 민주주의를 동반하지 않으면 공허물로 전락하기에, 독점적 자본과 대지주 계급을 배제하고 대다수 민중의 경제상 복리를 증진하는 사회입법-노동입법을 강구, 정비하여 대중의 행복을 수호해야 한다고 했다. 조병옥은 공산주의이론처럼 실현불가능한 절대적 평등주의가 아닌 상대적 평등주의를 사회경제적 입법으로 점진적으로 구현해 간다는 20세기 현대 민주주의의 지향점을 전제로 하고 있었다. 대체로「요강」은 민주주의 원칙의 대강을 담고 있지만, 적대적 분단으로 치달리고 있던 당시 현실에서 반공이라는 절박한 생존가치로 인해 굴절 왜곡되지 않을 수 없었다. 특히 중간파 인사들이 가장 통렬하게 주장했던 친일파 청산은 빠져 있었다.[180]

안팎의 위협에 대응하기 위한 방위력 증대가 최우선과제였고, 그에 따라 반공을 기치로 하는 강력한 국가동원체제의 구축이 매우 자연스럽게 제기되었다. 조병옥은 그런 군사적 태세를 확립하기 위한 구체적 조치들로

설정에 의한 외국무역을 개시하여 원료자재·비료 등 경제부흥의 요소를 확보한다. ③ 생산의 증가와 소비절약, 화폐개혁과 세제개혁을 통하여 경제안정을 기한다. ④ 교육 문화시설을 확충시켜 인재를 양성한다(위의 글).

180) 반공우익권력 창출을 위해 친일파 청산이나 토지개혁에 대해 소극적 태도나 반대는 보수 우익의 기본입장이었다. 남조선과도입법의회에서 친일파 처벌법과 토지개혁법안 제정논의가 일어나자, 1947년 5월 6일 서울에 거주하는 익명의 우익인사가 이승만에게 보낸 편지에서 강력한 반대의사를 피력하고 있다. "나는 토지개혁이 남조선에서 실행될 것이며 모든 토지가 국유화된다는 것을 들었다. 우리는 이것이 남조선내에 공산주의를 부추기기 때문에 이 제도를 분명히 반대한다. 남조선의 좌익분자들은 그들이 혐오스런 공산주의를 토지국유화제로 선전함으로써 성실한 농부에게 설교하곤 했다. 입법회의에서 그들은 친일파 처벌에 관해 열성적으로 논의를 한다. 당신도 알다시피 친일파로 여겨지는 사람은 대체로 조선의 중산계층이며 그들 모두는 당신을 지지하고 있다. 그들은 가장 강력하게 공산주의를 반대하며 조선의 공산화를 제지하려한다. 이들을 대규모로 처벌하는 것은 우익에게 거의 치명적이 될 것이라는 점을 꼭 기억해야 한다. 그들은 당신을 지지하고 공산주의를 반대하는 계층이기 때문에 총선거 전에 그들을 처벌하는 것은 특히 좋지 않다"(G-2 Periodic Report No.528, 1947.5.12).

①조선경비대와 해안경비대의 확충 ②국립경찰의 군사적 장비 및 훈련 ③중등학교 이상 학도의 군사적 및 근로 훈련 ④청년운동의 통일 조정 및 지도, 준군사적 훈련을 실시할 것을 촉구하였다.[181]

이러한 국방체제의 강화방안은 이미 일제 전시체제에서 경험한 익숙한 바로서, 그 구조와 경험을 반공동원체제로 쉽게 재생 활용할 수 있었다. 여기에 '사상적 정화작업' '국민의식'의 앙양을 도모하는 조치로 강력한 언론통제와 경찰사법권의 강화를 내세웠다. 중앙과 지방의 언론기관을 '합리적'으로 정비하고 철저하게 감독하여 파괴적 선전을 방지하고, 강력한 경찰사법권을 발동하여 폭력행위와 공산계열의 범죄를 차단하며, 정부정책 홍보를 위해 조직적 선전계몽운동을 강력하게 전개해야 한다고 했다.[182] 이것이 그가 외친 강력국가의 실제적 모습이었다.

김규식은「요강」에 대하여 북조선과 마찬가지로 남조선도 무력통일을 공식화했다고 비판하였다. 좌우합작의 평화적인 방법이 있음에도 불구하고 동족상잔의 내전을 통한 정복통일을 하겠다는 것이며, 북조선에서 잘못된 점을 남조선에서도 같은 방향으로 나간다고 보았다. 중간파 입법의원 탁창혁은 "미국에 의존하여 남을 중심으로 북진하야 전 조선을 자기세력 하에 두는 것은 독립의 길이 아니며 안으로는 남통일을 기도하고 밖으로 미소협조를 하는데서만 자주독립이 달성할 수 있다"[183]고 했다. 하지의 정치고문 제이콥스는「요강」에 대해 파시즘체제의 출현을 우려하면서도 UN에서 한국문제 논의가 별다른 성과가 없다면 이 같은 조치중의 일부를 현실적으로 실시할 수밖에 없음을 인정하였다.[184]「요강」에서 제시된 방안들은 대한민국 정부수립 후에도 상당히 오랫동안 활용되었던

---

181)「문제된 시국대책요강과 그 수정문」,『(주간)신태평양』12, 1947.11.15, 8쪽.
182) 위의 글.
183)「南朝鮮過渡立法議院速記錄」171, 1947.11.7(『南朝鮮過渡立法議院速記錄 4』, 여강출판사, 1984, 236쪽).
184) FRUS Ⅵ, 1947, 829~831쪽.

지배수단들이었다. 억압적인 국가동원체제의 구축이라는 비판에 대해 조병옥은 민주주의의 기본권인 의사표현의 자유를 제한하는 것이 아니라 소련과 좌익의 영향력을 배제시키고 자유민주주의의 이념과 올바른 정부 시책을 일반 국민들에게 알리는 것이라고 부언하였다.[185)

결국 국가생존의 절박한 위협 속에서 반공이 건전한 자유민주주의=정치적 민주화와 함께 가지 못했다.[186) 2차 세계대전이후 민주주의 발전의 세계사적 흐름이 대체로 시장 질서를 전제로 '보수파'와 '중도파'의 비판적 공존 속에서 실천되어 갔다는 점을 감안한다면, 해방직후 보수우익은 자신의 비판적 친구 중도파를 배제해버림으로써 이후 이 땅에는 극도의 이념적 사상적 소화불량에 빠져들어 갔다.

단일문화민족이라는 크나큰 자부심에도 불구하고 1948년 8월과 9월 남한과 북한에 상호 적대적 정부가 출범함으로써 분단이 공식적으로 제도화되었다. 1948년 12월 말 조병옥은 대통령특사로 미국을, 그리고 20여 년 전 연희전문학교 상과 동료교수였던 북한 교육상 백남운은 1949년 2월 '조소경제문화협정' 체결 사절단의 일원으로 소련을 방문하였다. 미국과 소연방은 조병옥과 백남운에게는 일제를 타도하고 전취해야 할 조선의 '현재화된 미래상' '현실화된 이상국가(理想國家)'로 각각 간주되어 왔다.

---

185) 趙炳玉, 주 19)의 책, 188~189쪽.
186) 1949년 1월 대통령특사 조병옥은 미국 정부에게 남한의 생존을 위한 군사·경제원조와 도덕적 지원을 강력하게 요청하였다. 가장 급한 사안은 대한민국의 생존을 위협하는 남북한 공산세력의 군사적 침략과 체제전복의 기도에 대한 강력한 자위체제의 구축이며, 이에 대한 즉각적인 조치가 이루어지지 않는다면 남한의 항구적 생존이 불가능하다고 조병옥은 강력하게 주장하였다. 이에 대해 국무부 극동국장 버터워쓰는 국민당 장개석의 교훈을 거론하면서 대한민국정부의 생존은 민주적 사회개혁과 계몽에 달려 있고, 만약 한국정부가 국민들의 소망을 만족시킨다면 생존에 대해서는 걱정할 필요가 없을 것이라고 언급하였다. 이에 대해 조병옥은 그러한 진보적 개혁의 필요성은 십분 인정하지만 생존을 위해 싸우고 있는 한국정부에게 그런 계획은 감당하기 힘든 사치품이 될 것이라고 대응하였다(FRUS 1949, 940~941쪽).

비극적이게도 두 사람의 방문 목적은 동일한 정치적 욕구를 가졌다. 이제 막 출범한 남북 분단정부의 경제적 군사적 기반을 확충 강화하기 위하여 미국과 소련의 원조를 획득하기 위함이었다. 미국의 군사·경제 원조를 통해 조병옥이 북진무력통일의 기반을 만들려 했다면, 백남운은 '민주기지노선'의 실천, 국토완정을 위함이었다. 그 다음해 남북한 전쟁이 터졌다.

4. 맺음말

이상에서 조병옥의 눈을 통해서 그가 실감한 해방정국의 제 양상과 대응을 거칠게 살펴보았다. 일제하 이래 그가 견지했던 근대적 자의식과 세계관, 민족운동의 경험은 미소분할 점령으로 열린 불완전한 해방의 첫날부터 반공에 기저를 둔 보수적 자유주의적 정치행동으로 응축되어 폭발했다. 이하에서 조병옥의 해방실감과 정치활동을 요약함으로써 결론을 대신하고자 한다.

8·15 해방의 기쁨과 흥분에도 불구하고 조병옥은 '해방이 곧 민족분단'으로 화(化)할 새로운 위기감을 해방 몇 주 동안 강렬하게 느끼지 않을 수 없었다. 38이북의 소련군 점령소식들은 '동구화'의 징후였고, 강력한 세를 발휘했던 건준-인공의 출범은 남한마저 적화의 위기로 몰아넣는 긴박한 위기로 간주되었다. 미군 진주의 소식과 더불어 조병옥은 우익인사들과 반건준 반인공의 기치아래 한국민주당을 결성하고 열세에 놓인 우익의 정치적 주도권을 만회하려 했다.

불안전한 해방과 함께 엄습한 적색공포·공아론은 조병옥을 위시한 보수진영의 인사들뿐 아니라 점령군 당국자들도 실감한 바였다. 하지와 군정은 반공 친미 보수세력과 더불어 '공산주의 방파제'를 구축하면서

38선이라는 새로운 '전선'에 맞서고자 했다.

조병옥은 그 누구보다 우익의 극한적 정치선동의 중심에 서있었다. 여운형을 친일파로 그리고 건준과 인공을 조선총독부의 자금으로 수립된 친일정권으로 몰아세우면서 중경 임시정부에 대한 지지를 표명하였다. 공산주의를 일본제국주의를 대신하는 민족의 새로운 적으로 공언하였고, 반소 반공을 새로운 위기에 처한 민족의 생존논리로 절박하게 부각시켰다.

미군 입성 한 달이 지난 1945년 10월 중순 조병옥은 군정청 한국인 경찰책임자로 발탁되었다. 미군 입성 후 가는 곳마다 적색공포와 공아론을 퍼부었으며, 군정 당국자들의 눈에 열정적 반공주의자의 모습으로 각인되었다. 특별한 친일흠결도 없었고, 미국적 자유민주주의-반공이념을 내면화시킨 컬럼비아 대학 졸업자라는 화려한 학적 배경과 1920년대 말 신간회 사건으로 투옥된 항일경력까지 두루 갖추고 있었다. 이로써 들어간 조병옥이 주장했던 강력국가의 물리적 기반을 조성할 수 있는 길이 활짝 열렸다.

조병옥은 군정경찰의 공권력을 반공질서의 기반으로 적극적으로 육성해 갔다. 일제경찰에 복무했던 한국인 경찰관을 주축으로 재빨리 경찰력의 강화에 나섰다. 경찰은 기술과 경험이 요구되는 특수 기술직이기에, 그들의 등용은 불가피하며, 직업적 친일파가 아닌 생계형 친일파로 별 문제되지 않는다고 했다. 친일파는 가벼운 피부병이고 공산주의는 치명적 심장병정도로 생각하였으며, 일제경찰기구와 요원 그리고 사악한 관행이 반공의 보호망 속에서 재생되었다. 그런 상황에서는 민주주의의 보편화, 민족주의의 발현이란 기대하기 어려운 일이었다.

1946년 10월말 '대구사태'를 처리하기 위해 열린 조미공동회담 당시 한국측 대표자들은 북한의 경찰은 좌익과 결합되어 있고 남한의 경찰은 우익과 연결되어 있는 남북한의 억압적인 현실을 통렬하게 비판, 자탄하였다. 조병옥 등 경찰수뇌부에 대한 해임과 친일세력의 청산은 조미공동회담 이전부터 계속 제기되어 왔지만 그때마다 하지가 묵살했다. 그런 개혁의 수용은 미군정을 지탱해온 우익적 물리력의 훼손을 의미하였다.

제1차 미소공위 휴회 후 중간파가 한민당-보수세력의 새로운 수권경쟁 상대로 급부상했고, 조병옥은 이들 좌우합작-중간파를 또 다른 반공의 적으로 몰아갔다. 미군정 당국은 국무성의 지시 아래 중간파를 중심으로 과도정부수립을 계획하고 있었다. 조병옥은 군정장관 러취를 통해 군정당 국이 중도연립정권을 수립하여 김규식을 대통령으로 옹립하려는 움직임 을 확인했다고 하였다. 과도정부의 수립은 전폭적으로 지지했지만, 중간 파 정부는 결코 용납할 수 없는 일이었다.

한국독립의 구원자적 존재로 절대적으로 믿고 있었던 미국-군정부가 38이남의 정치사회적 상황에 전연 부합되지 않는 좌우합작과 중간노선의 '용공적인 정책'을 취한다는 사실에 조병옥은 큰 위기감에 사로잡히지 않을 수 없었다. 그는 미국과 소련이 서로 대립되는 자신들의 이념을 한반도에 강요하고 있는 한, 좌우합작은 불가능하다고 보았다. 우도 좌도 아닌 찬탁도 반탁도 아닌 극히 모호한 슬로건을 내거는 중간파주도의 연립정부는 민주개혁을 통해 공산주의의 침투와 확산을 방지하는 것이 아니라 기실 '공산화'로 들어가는 첫 관문으로 간주되었다.

1947년 5월 재개된 제2차 미소공위가 7월 말 또다시 교착상태에 빠지자, 한국문제는 미소협상을 통한 해결에서 완전히 멀어지고 말았다. 미국은 한반도에서의 명분 있는 출구전략을 유엔을 통해서 처리하려했고, 소련은 한반도에서 미소 양군의 동시철병을 내세웠다. 이에 대해 좌익은 물론이고 중간파도 미소 외국군의 동시철병에 찬성하고 있었다.

미소공위의 결렬, 미소양군 철병 제안과 요구, 남북한 좌익의 조직적 연계 속에 이루어지는 각종 소요와 체제전복 시도 같은 일련의 위기사태에 대한 특단의 대책이 요구되었다. 이에 1947년 10월 조병옥은 「남조선시국 대책요강」을 작성하고 민정장관 안재홍을 포함한 군정청 한국인 부처장 의 연명으로 하지에게 제출하였다. 「요강」의 핵심은 군정부의 육성 강화에 기초한 남한 반공정부수립이었다. 민족통일의 절대적 당위에도 불구하고 미소공위와 같은 신탁통치를 경유하는 국제협의나 좌우·남북합작 같은 무분별한 통일은 결단코 수용할 수 없는 일이었다. 이에 남한 내 일체의 친소=반군정=반미=반애국적 세력과 이념을 소탕 제거하고 가능한 빨리 남한정부를 수립하여 남북통일의 모체-주동력으로서의 역할을 완수해야 한다는 것이다. 물론 강력한 사상적 정화에 의거한 국방체제-반공동원 체제는 당시 한국인들에게 익숙한 일제의 전시지배체제와 동원경험 속에서 쉽게 구축되는 것이었다.

그 과정에서 민주주의의 사회적 권리가 일정하게 유보되었고, 그에 따라 이후 오랫동안 반공이 건전한 자유민주주의=정치적 민주화와 함께 가지 못했다. 2차 세계대전이후 민주주의 발전의 세계사적 흐름이 대체로 시장 질서를 전제로 '보수파'와 '중도파'의 비판적 공존 속에서 실천되어 갔다는 점을 감안한다면, 해방직후 보수우익은 자신의 비판적 친구를 배제해버림으로써 이후 이 땅에는 극도의 이념적 사상적 소화불량에 빠져들어 갔다.

참고문헌

1. 자료

『동아일보』『조선일보』『자유신문』『매일신보』『해방일보』『대구시보』
『중앙신문』『조선통신』『조선주보』『조선경제신보』『신조선』『대조』
『새한민보』『신천지』『중앙』

『美國·國立公文館所藏 北韓解放直後極秘資料(1945年 8月~1951年 6月) 朝鮮共産黨과
        金日成에 關한 文獻』, 高麗書林, 1998.

金鍾範·金東雲 共著, 『解放前後의 朝鮮眞相』, 삼중당, 1945.

李萬珪, 『呂運亨先生鬪爭史』, 民主文化社, 1946.

민족정경문화연구소편, 『친일파군상』, 삼성문화사, 1948.

朝鮮通信社, 『朝鮮年鑑(1948年度版)』, 普成社, 1948.

南朝鮮過渡立法議院, 『南朝鮮過渡立法議院速記錄 4』, 여강출판사, 1984.

HUSAFIK, 『주한미군사』 1~4, 돌베개, 1988.

Headquarter HUSAFIK, G-2 Periodic Report(『주한미군일일정보요약』으로 영인, 한림
        대 아시아문화연구소, 1989).

Headquarter HUSAFIK, G-2 Weekly Summary(『주한미군주간정보요약』으로 영인,
        한림대 아시아문화연구소, 1989).

한림대학교 아시아문화연구소, 『朝鮮共産黨文件資料集(1945-46)』, 한림대학교출판
        부, 1993,

국사편찬위원회편, 『대한민국사자료집 18:주한미군 정치고문 문서 1』, 1994.

신복룡 편, 『한국분단사자료집 Ⅰ-Ⅳ』, 원주문화사, 1994.

鄭容郁·李吉相 編, 『解放直後 美國의 大韓政策史 資料集 10』, 다락방, 1995.

한림대학교 아시아문화연구소, 『미군정정보자료집 : 하지(John R. Hodge) 문서집
        1-3』, 한림대학교 출판부, 1995.

雩南李承晚文書編纂委員會編, 『梨花莊所藏 南李承晚文書 東文編 13』, 국학자료원, 1998.

미국무성 비밀외교문서/김국태 옮김, 『해방 3년과 미국-미국의 대한정책
        1945~1948』, 돌베개, 1984.

森田芳夫·長田かな子 編, 『朝鮮終戰의記錄資料第一卷』, 嚴南堂書店, 1980.

김현식·정선태 편저, 『'삐라로 듣는 해방직후의 목소리』, 소명출판, 2011.

마크 게인, 『해방과 미군정』, 까지, 1986.

강원룡, 『빈들에서－나의 삶, 한국현대사의 소용돌이』, 열린 문화, 1993.
백남훈, 『나의 一生』, 新現實社, 1973.
우사연구회 엮음 심지연 지음, 『송남헌 회고록』, 한울, 2000.
李哲承, 『全國學聯』, 中央日報·東洋放送, 1976.
趙炳玉, 『나의 回顧錄』, 民敎社, 1957.
편집부 편, 『내가 걸어온 길 내가 걸어갈 길』, 신태양사, 1956.
許政, 『來日을 위한 證言』, 샘터, 1979.

2. 논저

도진순, 『한국민족주의와 남북관계－이승만·김구 시대의 정치사』, 서울대학교출
    판부, 1997.
서중석, 『한국현대민족운동사』, 역사비평사, 1991.
이동현, 『한국신탁통치연구』, 평민사, 1990.
이완범, 『삼팔선 획정의 진실』, 지식산업사, 2001.
李泰圭, 『米ソの朝鮮占領政策と南北分斷體制の形成過程』, 信山社, 1997.
정병준, 『우남 이승만 연구』, 역사비평사, 2005.
정용욱, 『해방전후 미국의 대한정책』, 서울대학교출판문화원, 2013.
차상철, 『해방전후 미국의 한반도정책』, 지식산업사, 1991.
재스퍼 리들리 지음, 유경찬 옮김, 『티토－위대한 지도자의 초상화』, 을유문화사, 2003.
리차드 로빈슨 지음, 정미옥 옮김, 『미국의 배반』, 과학과 사상사, 1988.
하라야마 타쯔미, 이성환 역, 『한반도 냉전의 기원-미국의 대한국 정책 : 1942~1946
    년』, 중문, 1999,
윤덕영, 『일제하 해방직후 동아일보 계열의 민족운동과 국가건설노선』, 연세대학
    교 박사학위논문, 2010.
金湧精, 「警察40년의 수뇌들」, 『新東亞』 1984년 6월호.
이수일, 「1920년대 중후반 維石 趙炳玉의 民族運動과 現實認識」, 『實學思想研究』
    15·16, 2000.
이수일, 「美國 유학시절 維石 趙炳玉의 활동과 '近代'의 수용」, 『典農史論』 7, 2001.
이수일, 「1920-30년대 산업합리화 운동과 조선 지식인의 현실 인식」, 『歷史와
    實學』 38, 2009.

설정식 시에 나타난 민족의 형상
─조국건설의 과제 앞에 선 한 해방기 지식인의 특별한 선택과그 시적 투영─

정 명 교

1. 민족에 대한 설정식의 고민

이 논문은 해방기의 대표적 시인 중의 하나인 설정식(1912~1953)이 상상한 민족의 형상에 대해 알아보고자 한다. 설정식의 삼남인 설희관이 편한『설정식 문학전집』(2013)[1]에 의하면 설정식은 유학자 집안에서 태어나 "한문 유교 교육을 받"은 후 청소년 시절을 서울과 중국에서 수학했으며 "1937년 연희전문학교 문과를 최우등으로 졸업"하고, 미국에 유학하여 "뉴욕 컬럼비아 대학교에서 셰익스피어 연구"를 하던 중, "부친이 위독하다는 소식을 듣고 서둘러 귀국"하여 번역과 평론을 발표한다. 그러다가 해방이 되자, 한편으론 "조선 공산당에 입당"하고 다른 한편으론 "미군정청 여론국장으로 일"하면서, 영자신문 "『서울타임즈』 주필 겸 편집국장에 취임"한다. 무엇보다도 주목할 것은 해방기에 왕성한 문학 활동을 전개했다는 것인데, 복수의 "장편소설을 연재"하고 토마스 만과 셰익스피어를 번역하였으며,『종』(1947),『포도』(1948),『제신의 분노』(1948), 세

---

[1] 설희관 편,『설정식 문학전집』, 산처럼, 2013. 앞으로 설정식의 작품 및 진술은 모두 이 책에서 인용하며,『전집』으로 약칭함.

권의 시집을 출간한다. 그리고 "한국전쟁이 발발하자 인민군에 자진입대" 하였고 "월북"하였다가 1951년 "개성 휴전회담 시 인민군 소좌로 조중 대표단 영어 통역관"으로 모습을 드러낸다. 그리고 1953년 "남로당계 숙청과정"에서 함께 "기소"되었고 "사형이 언도되어 임화 등과 함께 처형"되었다.[2]

이러한 이력은 설정식이 해방기를 대표한다고 할 수 있을 만큼[3] 그 시기에 아주 활발히 활동하였다는 것을 보여준다. 해방기에 그의 활동이 타오른 것은 무엇보다도 그가 학업을 마치고 사회에 발을 들여놓은 연령과 시기상으로 겹쳤기 때문이겠지만 동년배의 어느 누구와 비해서도 그의 활동은 압도적이다. 또한 그는 휴전 후 그가 선택한 체제로부터 숙청당함으로써 지식인의 삶을 더 연장하지 못했으니, 오로지 그의 지식인으로서의 존재는 해방기에만 자국을 남기게 되었다. 그리하여 해방기에 점화되었고 해방기에 산화한 아주 희귀한 인물이 되었다. 그래서 그런지 그의 지식인으로서의 면모에서 무엇보다도 눈에 띄는 것은 행동의 밀도이다. 이 밀도는 단순히 정도가 강했다는 뜻이 아니라 생각의 더듬이가 더 깊은 데를 짚고 중층적이고 복합적인 골조를 구축했다는 것을 뜻한다. 해방기의 한반도의 지식인들에게 최우선의 문제였던 '민족'에 대한 설정식의 생각을 살펴봐도 같은 밀도를 확인할 수 있다.

해방기의 지식인들에게 시급하게 닥친 과제가 독립국가의 건설이었다는 것은 굳이 언급할 필요조차 없을 것이다. 설정식에게도 역시 그랬다. 다만 그에게 유별난 점이 있다면 그 과제가 그에게는 민족의 구원이라는 관점에서 지펴졌다는 것이다. 물론 당시의 식자들에게 있어서 그것은

---

2) 「설정식 연보」, 『전집』, 840~843쪽 참조.
3) 김영철은 발표된 시의 수량, 약간의 '시론' 등을 근거로 "설정식은 해방기의 대표적 시인으로 규정돼야 할 것"이라고 단언한 바 있다. 「설정식의 시세계」, 『관악어문연구』 제14집, 1989, 40쪽.

새삼스러운 것은 아니었다. 거기에는 아주 복잡한 정신사가 감추어져 있다. 이것은 말 그대로 너무나 복잡해서, 그 복잡성을 해명하거나, 최소한 한꺼번에 고려하여 '민족' 개념의 발생과 정착을 추적한 문헌은 아직은 보이지 않는다. 여기에는 적어도 다섯 가지 변곡 요인이 개재해 있다. 첫째, 근대문물에 대한 개안과 그것의 토착화의 실패. 갑신정변과 동학이 그 정점에 위치해 있다. 그런데 이를 통해 근대 수용에 있어서 중요한 변형이 발생한다. '인내천' 사상이 대표적이다. 그것은 서양 사상으로부터 영향을 받았으되 서양의 종교관과는 근본적으로 다른 것이다. 둘째, 일제의 한반도 점령에 의한 '민족적 자각'의 이중성. 일제 강점은 조선 왕조와 그 근대적 변형으로서의 대한제국의 소멸을 야기했다. 이 사건은 타자에 의한 굴욕적 피지배라는 사태를 초래했으나 동시에 근대 문물이 빠르게 유입되는 계기가 되기도 했다. 그로 인해 근대적인 의미에서의 민족 관념이 배태되는 길을 열게 된다. 셋째, 3·1운동의 발생과 그 좌절의 여파. 3·1운동은 "조선(朝鮮)의 독립국(獨立國)임과 조선인(朝鮮人)의 자주민(自主民)임을 선언"한 데서 분명히 나타나듯 '근대적 민족' 인식에 대한 최초의 표명이었다. 그러나 3·1운동의 좌절은 '조선심', '조선적인 것'이라는 전근대적 민족 형상에 대한 욕망을 또한 유발하였다. 넷째, 사회주의의 유입으로 인한 민족 개념의 절개. 사회주의가 조선 지식인들의 정신세계를 지배하면서, '계급'이 '민족'을 압도하게 된다. 이로부터 '민족'에는 더욱 전근대적인 의미들이 스며들어간다. 다섯째, 해방으로 인한 '민족' 개념의 재구성. 해방은 여하튼 한반도의 조선인들을 '민족'이라는 이름에 직면케 하였다. 그들이 함께 이뤄야 할 세계는 '민족'을 통해서만 가능할 수 있었던 것이다. 이로부터 '민족'은 1980년대까지의 한국인들에게 제1의 '텅빈 시니피앙'으로 존재하게 된다. 이 복잡한 정신사에서 가장 분명하게 남은 상황이 바로 이것이며, 이 상황으로의 문턱이 바로 1945년 해방이다.

이 정신사의 결과로서 조선 민족의 구원은 해방기의 지식인들에게

'무의식적 차원에서' 당연한 것으로 간주되었다. 그러나 너무 당연하게 여기다 보니 그것은 감각의 자동성 밑으로 은폐되기 일쑤였다. 그래서 '민족'은 그 자체로서 추구되기보다 다른 것의 달성을 통해 자연스럽게 주어질 것으로 여겨졌다. 그것은 가령 몰락한 집안을 살릴 의무에 직면한 장남이 사업가가 될 것인가 상인이 될 것인가를 고민하겠지만, 집안을 되살릴 까닭이 있는가, 집안을 되살린다는 것은 무엇을 의미하는가, 등의 문제를 두고 고민하지는 않는 것과 같은 이치였다.[4]

따라서 민족을 당연하다고 보는 관점에서 보자면 민족의 구원은 국가 건설의 결과로서 주어질 것이었다. 그런데 설정식에게는 바로 민족 그 자체의 올바른 정립이 국가 건설의 조건이었다.

그는 홍명희와의 대담에서 "글러도 내 민족 옳아도 내 민족이라는 따위 감상적 민족주의[5]"를 비웃었는데, 이는 그가 민족의 올바른 파악을 제1의 조건으로 삼았다는 것을 가리키는 증거라 할 수 있다. 또한 그는 한 시에서 "나라 아! 좋소 / 또 사랑이란 / 슬픈 것을 견디는 수고요

---

4) 설정식을 다룬 한 논문은 "해방이란 자연발생적인 민족 감정을 공동체 의식으로 사유하도록 만든 돌연한 사건"이라는 진술을 하고 있다(곽명숙, 「해방 공간 한국시의 미학과 윤리」, 『한국시학연구』 33호, 2012). 아마도 이 진술에서 민족 감정이 "자연발생적"이라는 생각은 많은 사람들이 무의식적으로 공유하고 있는 생각일 터이다. 그러나 곰곰이 생각하면 어떤 한 지역에 울타리를 치는 과정 속에 형성된 민족 감정은 결코 자연발생적인 것이 아니라 역사적 경유를 통해 만들어지는 것이다. 다만 역사의 온축이 너무 두꺼워져서 자연스럽게 느끼게 되었던 것이 해방기에서 1980년대까지의 한국인에게 있었던 일이라고 할 수 있다. 그 자연스럽게 느끼게 된 사정이 연구자들에게도 내재화되는 게 대체적인 경우였다. 그런데 이렇게 민족을 당연한 것으로 미리 전제하고 나면, '민족의 형상'에 대한 질문은 제기될 수가 없다. 오직 민족의 과거나 미래, 즉 하나의 민족으로 살아간 사람들의 '결과'에만 관심을 갖게 되는 것이다. 위의 진술에서의 "공동체 의식"이라고 지시된 것이 바로 그 '결과'에 해당하는 것이리라. 만일 '민족 감정' 자체의 인공성을 전제했다면 "민족감정을 공동체 의식으로 사유하"는 게 아니라 "민족 감정을 공동체 의식으로 사유할 수 있는가의 여부"를 궁리했을 것이다.

5) 「홍명희-설정식 대담기」, 『전집』, 774~775쪽.

/ 그렇기에 나는 / 민족을 아노라 하오"6)라는 꽤 혼란스런 진술을 하고 있는데, 한 가지 분명하게 추정할 수 있는 것은 그가 "민족을 안다"고 말하는 데에는 다른 사람들은 민족을 모른다는 뜻이 함의되어 있다는 것이다. 그리고 그는 토마스 만의 「마(魔)의 민족」이라는 글을 번역했었다. 나치의 국가사회주의를 독일의 실패로 보고 그 내용을 조목조목 따지고 있는 그 글에서 토마스 만은 "그들의 죄악은 착취 과정에서 나온 필연적 소산이라기보다 차라리 민족의[에 대한] 망상─관념을 즐기는 이론적 독단에 침몰한 한 개의 사치에서 생긴 것이다"7)라고 말하는데, 그것은 민족에 대한 정확한 인식이 죄악을 범하지 않을 조건이라는 의미를 포함한다. 번역자인 설정식이 바로 이 주제에 착목했기 때문에 이 글을 번역했다고 추정할 수 있다. 실로 그는 토마스 만의 "[민족이] 내적으로 자유를 갖는 동시에"라고 쓴 대목에 괄호를 치고 "옮긴이 주"를 달아 "또한 그것에 대하여 책임을 질 수 있는 민족이 아니고는 외적 자유를 향유할 수 없다"8)는 말을 덧붙임으로써 토마스 만을 넘어서 민족에 대한 생각을 더욱 전진시키려는 의지가 강했다는 것을 짐작케 한다.

다른 한편 지배적 세계관이라는 차원에서 보자면, 해방기의 상당수 지식인들에게 민족은 중요한 관심사가 아닐 수도 있었다. 곧 다시 언급되겠지만, 그들이 가장 선진적이라고 선택한 이념에 근거하자면 민족은 거쳐야 할 단계에 불과할 뿐 궁극적인 지향점도, 삶의 근본적인 준거점도 아니었기 때문이다. 대담에서 홍명희는 그 점을 적시하고 있다.

　　홍명희 : "나도 동맹[=문학가 동맹]에는 관계도 깊고 또 아는 친구도
　　　　많지만 이제 이야기한 홍익인간이나 민족주의에 대하여 너무 반발하는

---

6) 「그런 뜻이오 사랑이란 둥」, 『전집』, 104쪽.
7) 『전집』, 568쪽.
8) 『전집』, 563쪽.

것 같은 점이 있는 것 아닌가?"

　설정식 : "동맹에서 그런 쓸데없는 반발을 하는 일은 없다고 생각합니다. 우리가 주장하는 것은 그야말로 진정한 민주주의 민족문학인데 이것을 위하여 봉건과 일제 잔재를 소탕하고 파쇼적인 국수주의를 배격하여 민족문학을 건설함으로써 세계문학과 연결을 가지려고 할 따름입니다."9)

　일찍부터 '문학가동맹'에 가입했고 공산주의자로서 자처한 설정식은 사실상 '문학가동맹'의 입장을 대변하고 있다고 간주할 수 있는데, 그러나 박헌영과 임화가 이론적으로 공고히 한 '남로당'의 입장은 위의 설정식의 발언과 비슷하면서도 약간 다른 것이었다. 즉 남로당의 테제는 해방된 조선 사회에는 아직 봉건적 잔재가 남아 있기 때문에 우선 부르주아 혁명을 통해서 봉건 잔재를 청산한 후 다시 사회주의 혁명을 통해 부르주아 단계를 청산하는 두 단계의 혁명을 거쳐야 한다는 것으로서, 이에 의거하면 부르주아 민주주의 단계에 상응하는 '민족' 개념은 일시적인 방편으로 용인될 뿐 궁극적으로 해소되어야 할 것이었기 때문이다.10) 이에 비추어 본다면 "민족문학을 건설함으로써 세계문학과 연결을 가지려고 할 따름"이라는 설정식의 위 발언은 당시의 겉으로 표명된 의례적 수사를 되풀이한 것이거나 아니면 설정식이 '민족'에 관해 이념적 동지들과 다른 생각을 가지고 있었다고 생각해야 할 것이다.11) 그의 시에 되풀이되어 출몰하는

---

　9) 『전집』, 779쪽.
　10) 이에 대해서는 임화의 「조선 민족 문학 건설의 기본 과제에 관한 일반 보고」(『건설기의 조선문학』, 1946)가 가장 명료한 의견을 보여주고 있다.
　11) 신승엽은 「해방 직후의 민족문학론」(『민족문학을 넘어서』, 2000)에서, 민족 개념을 아예 배제하고자 했던 '프로문맹'의 입장과 달리 임화는 '민족문화'를 충실히 구현해내야 근대문학사의 파행성을 극복할 수 있다는 입장을 취했다고 해석하고 있다. 그렇게 본다면 임화에게 민족문학은 자족적 자율성을 확보한다고 볼 수도 있을 것이다. 즉 "식민지 지배로 인해 이식문학사의 경험을 한 민족의 경우

'민족'은 그 반복의 빈도만으로도 그의 가장 중요한 강박관념임을 알려주며, 그것은 후자 쪽의 가능성에 더 큰 무게를 두게끔 한다.

2. 분명한 사회와 모호한 민족

여하튼 국가 건설 혹은 올바른 정체(政體)의 수립은 공통의 선결과제였다. 그런데 그것이 올바르고자 한다면 조건과 방법의 모색이라는 시각에서 접근했어야 했을 것이다. 왜냐하면 해방은 한국인들 스스로의 노력을 통해 쟁취한 것이 아니었기 때문이다. 그러나 상당수의 지식인들에게 국가 건설은 역량의 결집이라는 차원에서 이해되었다. 조건과 방법이 충족되었다고 확신했기 때문이 아니었다. 그들은 36년간의 지적 예속에서 자유로울 수 없었으며, 독립을 스스로 쟁취하기 위한 충분한 역량을 갖추지도 못했다. 해방이 온 직후에 그들이 '속죄'의 문제에 부딪쳤던 것은 불가피한 일이었다. 그런데 곧 이어서 대부분의 지식인들은 '속죄'의 은근한 유보와 더불어 조국 건설에 동참하는 일에 열을 내기 시작하였다. 그러한 사정을 가장 명료하게 보여준 것은 이태준의 「해방전후」이다.

「해방전후」의 최종적 메시지는 국가 건설에 관한 온갖 혼란과 지나침에도 불구하고, 그런 혼란들을 방관자의 자세로 비판할 것이 아니라 적극적으로 참여해야 한다는 것이다. "혐의는커녕 위험이라도 무릅쓰고 일해야 될, 민족의 가장 긴박한 시기"[12]라는 것이다. 바로 이러한 태도에 의해서

이식을 극복하는 길은 그 민족 내부의 전통을 새롭게 창조하는 데 있다고 본 것"(125쪽)이라는 것이다. 그러나 다음 단계의 문학을 상정한 것은 분명하기 때문에 민족문학이 그 자족적 완미함으로 통해서 항구한 전통으로 남을 것이라고 생각했다고 판단하기는 어렵다.

12) 이태준, 「해방전후」, 『이태준 전집 3 : 사상의 월야, 해방 전후』, 소명출판, 2015, 304쪽.

주인공 '현'은 지나친 사태들을 걱정스럽게 보는 마음으로부터 그 안에 들은 신심을 이해하고 안도하는 쪽으로 바뀌게 된다. 그런데 이 최종적 메시지가 또한 최종적으로 감추고 있는 것이 있으니, 그것은 그렇게 모든 지나침들을 허용하는 태도가 암묵적으로 전제하고 있는, 새롭게 건설될 조국의 구체적인 형상과 그것을 실현하기 위한 실제적인 조건과 방법론들이 모색되지 않는다는 것이다. 다시 말해 "어떤 국가를 어떻게 건설할 것인가?"의 문제가 배제되어 있다는 것이다.

이 최종적 메시지와 또한 그 메시지의 최종적 은폐는 작가가 그러한 문제에 대한 모종의 대답을 이미 '기정사실'로 받아들이고 있었고, 또한 이 작품이 당시의 문인들에게 폭넓은 공감을 얻어냈다면, 해방기 지식인들이 전반적으로 이태준과 생각을 공유하고 있었다는 것을 가리킨다. 그리고 그러한 '기정사실'의 보유는 그들이 새로 건설될 조국의 청사진을 거의 전적으로 수락하고 있었다는 것을 암시한다.[13] 그것은 학습을 통해서 형성된 사회주의의 청사진이었는데, 그것이 1989년 베를린 장벽의 붕괴와 1990년 소련의 해체가 일어나기 전까지 거의 한 세기 동안이나 지구의 절반을 점령했었다는 사실은 그 패러다임의 유인력의 범위와 강도를 충분히 짐작하게 해준다.

최인훈이 20세기 말에 일어난 현실사회주의 붕괴라는 세계 대변동을 「해방전후」의 문제로 받아들이고 고심한 것은[14] 그 사정을, 즉 당시에 너무나 당연한 것으로 이해되어 그로부터 50년도 안 되어 붕괴할 것을

---

13) 이 사정에 대해서 필자는 다음의 글에서 이미 논의하였다. 여기에서는 그 최종 결론만 언급한다. 졸고, 「사르트르 실존주의와 앙가주망론의 한국적 반향」, 프랑스학회(주최), 『앙가주망의 역사와 오늘날의 앙가주망 — L'engagemet, d'hier a aujourd'hui』, 한국외국어대학교 미네르바 콤플렉스 : 한국외국어대 프랑스학과, 2015.11.07/ *Comparative Korean Studies*, Vol.23. No.3, 국제비교한국학회, 2015.12에 재수록.

14) 『화두 2』(최인훈전집 제15권), 문학과지성사, 2008/ 초판본 : 민음사, 1994.

전혀 짐작조차 되지 않았던 새로운 사회 패러다임이 한반도의 지식인들에
게도 완벽한 영향을 미쳤던 정황을 작가가 정확하게 간파했기 때문이다.
당시의 사정을 복기하면서 최인훈은 "「해방전후」에서 이상적 자아에서
현실적 자아로 나가는 과정의 설명은 허술하다"고 말하고 있는데, 정확하
게 말한다면, '이상적 자아'(조국 건설의 매진에 적극적으로 나아갈 조건과
능력을 갖춘 자아)를 선택함으로써 '현실적 자아'(해방 전 식민지 체제에
오염된 자아)를 망각하였다고 해야 할 것이니, 그것은 그만큼 이상적
자아에로의 도달에 대한 확신이 컸다는 것을 가리킨다.

설정식 역시 당시 한반도 지식인들의 지배적 선택에서 벗어나지 않았다.
그것을 가장 뚜렷하게 보여주는 것은 '해방'이라는 사건에 대한 그의
해석이다.

> 이리하여 파쇼와 제국이
> 한 대낮 씨름처럼 넘어간 날
> 이리하여 우월(優越)과 야망(野望)이
> 올빼미 눈깔처럼 얼어붙은 날 이리하여
> 말세(末世) 다시 연장되던 날
> 인도(印度) 섬라(暹羅) 비율빈(比律賓)
> 그리고 조선 민족은
> 앞치마를 찢어 당홍 청홍 날리며
> 장할사 승리군 마처 불역으로 달렸다[15]

그는 해방이라는 사건을 광복, 즉 잃었던 빛이 회복된 일로 보지 않았다.
해방과 더불어 사회주의로 급격히 경사한 김기림에게 2차 세계대전이

---

15) 「우화」, 50쪽.

민주주의가 파시즘을 이겨낸 사건이 아니라 근대가 "스스로를 처형16)"한 일로 이해되었듯이, 설정식에게서도 1945년 8월은 "파쇼와 제국이 / 한 대낮 씨름처럼 넘어간 날"로 규정되었다. 그래서 그는 해방의 사건이 "말세가 다시 연장"된 것에 불과하다고 판단한다. 그러면서 그는 그것을 무슨 감격할 일이라고 "앞치마를 찢어 당홍 청홍 날리며" "장할사 승리군"을 '맞이하러'("마처") '모래벌판'("불역")으로 달려나'간 "조선민족"을 안타깝게 여긴다.

이 시구는 주목할 만한 두 가지 의미를 담고 있다. 하나는 그가 대안 패러다임에 거의 절대적인 확신을 가지고 있었다는 것이다. 파시즘 세력이든 그와 전쟁한 연합국이든 그가 보기엔 부정되어야 할 대상이었고, 그 둘의 싸움의 결과는 '말세의 연장'에 지나지 않았다. 그리고 그에 대한 대안은 "우월과 야망"으로 암시되었는데, 그 암시에 대한 우리의 해석이 타당하다면, 대안 세계의 전망이 연합국의 승리라는 결과에 "올빼미 눈알처럼 얼어붙"은 것이 8월의 의미가 된다. 여기에서 "올빼미"가 미네르바의 올빼미임은 거의 자명해 보인다. 즉 연합국의 승리로 말세가 연장되어 대안 세계의 도래는 지연되었으나 그것을 통해 전망은 더욱 확실해졌다는 것이 저 모호한 표현, "올빼미 눈알처럼 얼어붙은 날"의 뜻이 될 것이다. 이것은 세상의 변화와 관계없이 그의 대안 세계의 전망은 더욱 확고부동할 뿐이라고 그가 여겼음을 확실하게 보여준다.

이 태도는 최인훈이 '이상적 자아'라고 지칭한 존재의 태도를 그대로 보여준다. 최인훈은 그러한 이상적 자아에 합당했던 인물이 김사량과 김태준뿐이었다고 덧붙이고 있었는데, 그것은 한반도의 다른 지식인들이 친일의 얼룩을 묻히고 있었던 데 비해, 두 사람은 "중국의 연안으로

---

16) 김기림, 「우리 시의 방향」, '조선문학가동맹'이 개최한 '전국문학자대회'(1946.02.18.)에서의 강연문. 『건설기의 조선문학』, 1946.06, 70쪽/『김기림 전집 2. 시론』, 심설당, 1988, 142쪽.

가서 공산군과 함께 일본군과 싸"웠고, "해방 전후의 시기에는 이 두 사람은 아직 나라 밖에 있었"기 때문이다. 어쩌면 설정식 역시 이 두 사람의 위치 근처에 자신을 두었을 수 있다. 「설정식 연보」에 의하면, 그는 "광주학생운동에 가담했다고 퇴학"당한 전력이 있는 데다 중학생 시절부터 각종 문예현상공모에 당선되고 "연희전문 문과대학 본과를 최우등으로 졸업"하는 등 일찍부터 우수한 지적, 문학적 능력을 발휘하였지만 미국 유학을 떠남으로써 일제 말기에 그의 재능이 '써먹힐 기회'를 차단하였으며, 본격적인 공공 지식인의 역할을 하게 된 것은 해방 이후였기 때문이다.17)

그러나 이러한 짐작은 심중한 의문을 제기한다. 왜냐하면 그런 이상적 자아의 지위에 자신을 놓을 수 있었다 하더라도 그와 같은 운명 속에 놓여 있었던 동시대의 다른 지식인들, 그리고 더 나아가 같은 민족의 살아온 삶의 실상을 무시하거나 일방적으로 매도할 수는 없을 것이기 때문이다. 이러한 문제 앞에서 우리는 설정식의 태도를 두 가지로 가정해 볼 수 있다. 하나는 실제로 그 자신을 소수의 특별한 이상적 자아 군에 포함시킬 수 있다고 확신하는 경우이다. 그럴 때 그는 동시대의 다른 지식인들 및 보통 사람들의 삶과 비교하여 상대적으로 우월한 위치에 놓이게 되고 그러한 위치에 근거해 '계몽'의 역사(役事)를 하려고 했을 것이다. 다른 하나는 그가 사실 동시대의 지식인들이 묻힐 수밖에 없었던 얼룩에서 자신도 자유로울 수 없다고 생각했었을 경우이다. 그럴 경우 그는 '이상사 자아'가 못 되는 대신, 앞의 이태준이나 김기림의 경우와 유사하게, 확고히 신봉한 새로운 사회 패러다임의 완성에 자신을 투신하는 것에서 '자아의 이상'을 찾으려 했을 것이다.

첫 번째 경우는 설정식이 택한 길이 아닌 것으로 보인다. 그는 해방에

---

17) 『전집』, 840~842쪽.

'처한' 자민족의 어리석은 행동에 대해 개탄하였었다. 그러한 개탄은 같은 시에서 "아! 이날 우리는 / 쌀값을 발로 차올리면서까지 / 승리군을 위하여 / 향연을 베풀지 않았더냐"라는 한탄으로까지 확대된다. 그리고 이런 부정적 인식은 다음 시행에서는 거의 운명적인 체념으로까지 나아가는 듯하다.

기라일진(騎羅一陣)
말굽 소리보다 요란해
그사이 그 인민 현란에 눈멸고
요란에 귀 어두워 아만(我慢)은
영웅과 함께 그예 마상(馬上)에 태어나고
폭군 일대기 시작되면서—
우리 생명 권력
한 손아귀에 쥐어졌더라[18]

그러나 우리는 여기에서 시인이 새로운 사회의 플랜을 확실히 자기 손에 쥐고 있었다는 사실을 유념해야 한다. 그러한 확신에 밑받침되는 한 그의 한탄은 단순히 지양되어야 할 단계에 지나지 않게 된다. 과연, 그는

한발(旱魃)이 성홍열보다 심한 때에도
우물이 딱 하나 있는 거 잘 아는데 어찌
우리 생명 권력을
뉘게 함부로 준단 말가[19]

---

18) 「권력은 아무에게도 아니」, 『전집』, 53쪽.
19) 같은 시, 『전집』, 54쪽.

라고 말한다. 인용문의 '우물'을 '조국건설의 플랜'까지는 아니더라도
그 플랜의 에너지의 원천에 대한 은유로 읽을 수는 있으리라. 이미 갈
길을 아는 자는 최악의 순간에도 오연하기만 하다. 문제는 그런 태도
자체가 아니라, 시인이 그런 태도를 자기만의 특권적 태도로 설정하지
않는다는 것이다. 왜 그 확신의 원천을 '우물'에 비유했을까? 앞에 전개된
시행은 이렇다.

> 내 비록
> 대한 삼천리 반만년 무궁화
> 역사는 그리 아지 못게라도
>
> 허울 벗은 부락마다 느티나무 서고
> 게 반드시 동지(同志) 있을 것과
> 동지 뜻 느티나무 같을 것과
> 곬마을 텅 비어 배고픈 것과
> 한발(旱魃)이 성홍열보다 심한 때에도
> 우물이 딱 하나 있는 거 잘 아는데 어찌

이 우물은 "삼천리 반만년 무궁화" 속에 숨겨진 우물이었던 것이다.
그것은 "허울 벗은 부락"에도 서 있는 "느티나무", "반드시" 있을 "동지",
그리고 느티나무처럼 한결 같은 "동지 뜻"과 같은 계열에 놓인다. 그렇다는
것은 그가 도래할 것으로 그린 진정한 세계가 무엇이든 그것의 힘은
그와 고난을 함께 나눈 사람들의 공동체, 즉 그가 상정한 바에 의하면
'민족'으로부터 나온다고 생각했다는 것을 가리킨다. 이러한 생각은 계몽
주의자의 그것과는 양립할 수 없는 것이다. 즉 그는 이상적 자아의 특권적
자리를 자신이 차지하고 있다고 자부하지 않았거나, 혹은 적어도 그렇게

자부하면 안 된다고 생각했다는 것을 가리킨다.

두 번째 태도는 동시대의 다른 지식인들과 처지를 공유하는 태도를 가리킨다. 이들에게는 일제에 협력했다는 문제가 그들의 전망을 차단한다. 그러나 이미 말했던 것처럼 대안 패러다임에 대한 확신이 그들에게 행동의 포기를 강요하기보다는 오히려 행동에 가속의 불을 당기게 한다. 왜냐하면 그게 속죄의 길, 부채 청산의 길이 될 수 있기 때문이다. 실제로 해방기의 대부분의 지식인들이 선택한 길이었다. 그런데 설정식 역시 그 문제를 공유하고 있었을까?

앞선 시에서 우리는 시인이 '동지'의 선한 의지에 대한 믿음을 표한 것을 보았다. 그러나 그것은 그의 잘못된 과거를 공유하는 것과는 다른 일이다. 해방기의 그의 대표작이라고 흔히 거론되는 「제신의 분노」는 그가 동지들의 악을 직시하고 있었음을 보여주고 있다.

> 하늘에
> 소래있어
> 선지자 예레미야로 하여금 써 기록하였으되
> 유대왕 제데키아 십 년
> 데브카드레자 자리에 오르자
> 이방(異邦) 바빌론 군대는 바야흐로
> 예루살렘을 포위하니
> 이는 이스라엘의 기둥이 썩고
> 그 인민이 의롭지 못한 까닭이요
> 그들이 저희의 지도자를 옥에 가둔 소치라[20]

---

20) 「제신의 분노」, 『전집』, 174쪽.

첫 대목이다. 성서의 사건을 통해 시인이 가리키고 있는 것이 한민족의
수난의 곡절임은 쉽게 알아차릴 수 있을 것이다. 그 곡절을 두고 시인은
"그 인민이 의롭지 못한 까닭"이라고 단도직입적으로 말하고 있다. 이는
일제하에서의 식민지성을 민족의 죄로 인해 야기된 징벌로 이해한다는
것을 가리킨다. 그런데 이때 시인을 대리하는 시의 '화자'는 이 '인민'과
행동을 공유하고 있지 않다. 이 시가 성서로부터 인유하고 성서의 어조를
빌리고 있는 것은 바로 그 공유의 부인과 무의식적으로 연결되어 있는
것으로 보인다. 왜냐하면 이 시는 성서의 사건에 의미를 부여하는 예언자를
내세우는 바, 그것을 시 안으로 투영하면, "선지자 예레미야"의 위치는
곧 시의 '화자'에게로 전이되기 때문이다. 시인은 첫 세 행에 굳이 예레미야
의 "기록" 사실을 '기록'함으로써, 시인 자신의 위치는 인민의 잘못을
고발하는 자임을 명시하고 있는 것이다. 게다가 그 차이는 기록이 늘어날수
록 심화된다. 선지자의 목소리는 거의 절대자의 음성으로 수렴되어 마침내

> 옳고 또 쉬운 진리를
> 두려운 사자라 피하여
> 베델의 제단 뒤에 숨어 도리어
> 거기서 애비와 자식이
> 한 처녀의 감초인 살에 손을 대고
> 또 그 처녀를 이방인에게 제물로 공양한다면
>
> 내 하늘에서 다시
> 모래비를 내리게 할 것이요
> 내리게 하지 않아도 나보다 더 큰 진리가
> 모래비가 되리니
> 그때에

네 손바닥과 발바닥에 창미가 끼고

네 포도원은 백사지(白沙地)가 되리니[21]

    화자는 절대자와 거의 동일시된다. 이 목소리가 그저 절대자의 말을 '전음'하는 것이 아니라 화자 자신의 목소리라는 것은 "나보다 더 큰 진리가 / 모래비가 되리니"라는 구절 속에 분명하게 표지되어 있다. 절대자 가 그보다 더 큰 진리가 있다고 말하지는 않을 것이기 때문이다.[22] 그러니 까 저 목소리는 분명 선지자의 형상을 띤 화자 자신의 말을 전하는 목소리이 다. 그 화자가 스스로 절대자의 위치에까지 올라 자기 민족의 죄를 단죄하 고 있는 것이다.

    그렇다면 설정식은 두 번째 경우에도 해당되지 않는다고 해야 할 것이다. 만일 첫 번째 경우였다면, 즉 그는 확고한 전망으로 가지고 있던 새로운 국가 플랜, 즉 사회주의적 패러다임의 가장 특권적인 수행자로서 그 패러다임 자체의 교육자이자 계몽자로서 자처했을 것이다. 그리고 그랬을 경우 그는 민족을 폐기하고 계급론으로 가거나 최소한 두 단계 혁명론에 근거해 민족을 일시적인 방편으로 간주해야만 했을 것이다. 두 번째 경우라면 그는 해방 전의 조선인민의 죄를 융통성 있게 수용하는 입장을 취했을 것이다. 그러나 그의 시는 두 경우 모두 부정한다. 그리고 우리가

---

21) 『전집』, 176~177쪽.

22) 게다가, '모래비'의 비유는 성경의 일반적인 비유와 어긋나 있다. 구약에서 모래는 재앙을 비유하기보다는 대체로 풍요의 상징으로 제시된다. 가령 "셀 수 없는 하늘의 군대와 헤아릴 수 없는 바다의 모래처럼, 나의 종 다윗의 후손과 나의 시종들인 레위인들을 불어나게 하겠다."(「예레미야 서」, 33:22) 같은 구절이 그런 경우다. 한편 신약에서는 '사상누각'과 비슷한 방식으로 허무함의 비유로 쓰이기 도 하고 구약과 마찬가지로 풍요의 상징으로 쓰이기도 한다. 이 점에 비추어 보면 '모래비'의 비유는 오로지 시인의 것이라고 할 수 있다. 시인은 화자가 선지자의 입을 빌려 자기의 말을 하는 것처럼, 성경의 형식을 빌려 시를 쓴 것이다.

주목해야 할 것은 두 경우를 모두 부정케 하는 공통된 원인이다.

첫 번째 경우를 부정케 하는 원인은 바로 '민족'이라고 지칭될 수 있는 사람들의 존재이며, 그들에 대한 신뢰이다. 두 번째 경우를 부정케 하는 원인은 바로 '민족'의 죄악을 직시하고자 하는 데서 온다. 그런데 이 직시가 '민족'을 부정하는 게 아니라는 점을 주목해야 할 것이다. 무엇보다도 「제신의 분노」의 비유가 민족사에 근거한 비유라는 점이다. 바로 '이스라엘 민족의 수난사'에 근거한 것이다. 그렇기 때문에 처녀를 팔아넘기는 인민의 죄는 "이방인에게 제물로 공양하는" 죄에 해당한다. 민족의 잘한 일과 잘못한 일의 구별을 위해 먼저 자민족과 이방인의 구별을 뚜렷이 한 다음, 이방인에게 봉사하는 것을 잘못으로 보았다는 것이다. 그리고 이방인에게 봉사하는 존재는 '인민'이다. 즉 민족 자체가 아니라 솎아내고 쇄신할 수 있는 '민족의 구성분'인 것이다. 이런 방식으로 그는 인민을 고발하되 민족을 보전하고 있는 것이다. 그러니까 두 번째 경우를 부정케 하는 원인은 '민족'의 죄악을 직시하고자 하는 데서가 아니라, '민족'을 배반한 '인민'의 죄악을 직시하고자 하는 데에 있는 것이다. 그러나 그렇다면 '민족'에서 '인민'을 빼고 나면 누가 민족을 대신할 것인가? 이 논리 자체가 허망한 자가당착에 빠지는 게 아닌가?

우리는 여기에 간편한 해결책이 있다는 것을 잘 알고 있다. 대부분의 지식인들이 흔히 취해온 방법이다. '민족'을 '인민', 즉 민족의 구성분으로 대체하면, 그 내부를 여과시킬 수 있다. 민족은 죄를 범한 자와 그렇지 않은 다른 사람들, 좀 더 정확하게 말하면 민족을 배반한 자들과 그 배반자들에 의해서 희생당한 진정한 민족의 구성원들로 나뉘게 된다. 설정식 역시 그와 같은 논리를 따른다. '인민'의 죄는 어느새 소수의 '지도자들', "가난한 사람들의 허리를 밟고 지나가는 다마스커스의 무리들"의 죄로 바뀐다.

그러므로
헛된 수고로 혀를 간사케 하고 또 돈을 모으려 하지 말며
이방인이 주는 꿀을 핥지 말고
원래의 머리와 가슴으로 돌아가
그리로 하여 가난하고 또 의로운 인민의 뒤를 따라
사마리아 산에 올라 울고 또 뉘우치라[23]

이 시구에서의 "인민"은 우리가 앞에서 보았던 인민이 아니다. 앞의
인민이 총칭명사였다면 여기에서의 인민은 한정명사이며, 그 한정에
의해서 존재이유가 보전된다. 이 인민은 인민 중에서 "가난하고 또 의로운
인민", 확대 해석하자면, '부유하고 부정한 인민'에 의해서 핍박받는 인민
이다. 그리고 이 인민에 의해서 민족은 마침내 구원될 수 있을 것이다.

그리하면
비록 허울 벗기운 너희 조국엘지라도
이스라엘의 처녀는 다시 일어나리니
이는 다 생산의 어머니인 소치라

「제신의 분노」의 마지막 연이다. '인민'의 뒤를 따라 뉘우치면 민족("이
스라엘의 처녀")은 헐벗은 상황에서라도("허울 벗기운 너희 조국엘지라
도") 회복되게 되어 있다("다시 일어나리니"). 회복될 뿐만 아니라 더
나아가 자발적 회복력까지 가진 것으로 언급된다. 마지막 행은 이스라엘의
처녀가 다시 일어나는 까닭은 가난하고 의로운 인민의 뒤를 따라 뉘우치고
뉘우친 속죄 행 때문이 아니라 이스라엘 처녀 스스로가 "생산의 어머니인

---

23) 『전집』, 177쪽.

소치[까닭]"라고 말하고 있다. 그렇게 해서 인민과 민족은 순환한다. 인민은 민족을 복원하고 민족은 인민을 낳는다.

3. 민족의 자기 구원을 계시하는 시

사회주의적 전망을 확고한 신념으로 내장한 시인은 그러한 신념이 열어줄 수 있는 두 가지 길을 한꺼번에 거부한 셈이 된다. 그렇다면 그는 어떤 길을 갈 수 있을 것인가? 그것을 묻기 전에 우리는 그러한 거부를 한 원인이 두 경우, 모두 '민족'에 대한 잠재적 신뢰라는 점에 주목해야 할 것이다. 그리고 질문을 던져야 할 것이다. 이러한 민족은 도대체 어떤 민족인가? 사회주의적 전망의 반려자로서 간택된 민족은 누구인가?

우리가 알 수 있는 건 가난하고 핍박받았으며 의로운 사람들이라는 것뿐이다. 아마도 가난하고 핍박을 받았다는 점에 대해서는 많은 사람들이 동의할 수 있을 것이다. 그러나 그들이 "의로운" 사람이라는 판단은 어떻게 할 수 있는가? 더 나아가 의로운 사람들이 모두 구원의 능력을 가진 것은 아닐진대, 그 의로운 사람들이 어떻게 그 자신을 구원할 가능성을 어디에서 찾을 것인가? 그들이 어떤 감화력을 가졌기에 부정한 사람들을 '뉘우치게' 하여 세상을 구원케 할 것인가?

시인은 이미 "조선 민족[이] 앞치마를 찢어 당홍 청홍 날리며 / 장할사 승리군 마처[=맞으러, 인용자] 불열으로 달렸"던 어리석음을 저질렀던 것에 절망했었다. 민족의 실제적인 가능성을 시인이 찾아내기란 쉽지 않을 것이다. 시인은 그렇다면 조금 전에 읽었던 것처럼, 선지자의 외관을 차려 입고 다마스커스의 무리들을 질타하고 신칙하는 게 효과가 있으리라고 판단한 것일가? 그리도 예언자적 어투로 해방기 시들 거의 전부를

채운 걸로 보면? 그러나 그들이 그의 말을 들으리라는 믿음을 어디에서
길어낼 것인가?

아마도 거꾸로 들어가야 할지 모르겠다. 그의 '민족'을 아무리 뒤져도
해답이 구해지지 않으니까 말이다. 다시 되새기자면 설정식은 민족주의자
가 아니라 공산주의자로서 새로운 사회의 패러다임을 민족의 틀에 굴절시
킨 사람이다. 그러나 그렇다고 해서 계급적 개념이 그의 민족에 투영된
것 같지도 않다. 그의 글에는 가령 초기 마르크스주의자들이 항용 거론했던
생산수단을 소유하지 않은 자로서의 노동계급의 순수성에 관한 얘기도
없고, 루카치 이후의 노동자 계급의 "가능한 의식(possible consciousness)"에
대한 인식도 없는 것으로 보인다. 계급적 관점이 투영된 게 있다면 그것은
아주 소박한 것이다. 그는 홍명희가

> 8·15 이전에 내가 공산주의자가 못된 것은 내 양심 문제였고 공산주의가
> 무엇인지도 모르면서야 공산당원이 될 수가 있나요. 그것은 창피해서
> 할 수 없는 일이지. 그런데 8·15 이후에는 또 반감이 생겨서 공산당원이
> 못 돼요. 그래서 우리는 공산당원 되기는 영 틀렸소. … 그러나 요컨대
> 우리의 주의, 주장의 표준은 그가 혁명가적 양심과 민족적 양심을 가졌는
> 가 안 가졌는가 하는 것으로 규정지을 수밖에 없지.

라고 말한 데 대해

> 간단히 말하면 숫자를 따져서 그 양심 소재를 밝혀볼 수도 있지 않을까
> 요? 아닌 말로 칸트가 『실천이성비판』에서 "너의 격률(格律)이 동시에
> 제삼자의 격률이 될 수 있는 것을 가지고 행동을 하라"고 한 그것이
> 오늘날 와서는 민족적 양심에 해당한다면 설혹 내 개인이 간직한 양심이
> 있다고 하더라도 절대 다수의 양심이 숫자적으로 절대일 때에는 조그마한

내 개인의 양심 같은 것은 버리는 것이 옳지 않을까요.[24]

라고 반문한다. 간단히 이해하면 그는 '다수'의 진리성을 말하고 있는 것이다. 그리고 그 다수의 실체를 '민족'에서 찾은 것이다. 그렇다면 설정식이 생각한 공산주의의 이념적 핵자는 '다수'라는 것에 있었던 것인가?[25] 다수가 진리를 가지고 있다는 논리는 홍명희에게 눈치 채일 만큼 소박한 것일 수밖에 없다. 홍명희는 곧바로 "다수자의 양심"이란 것이 "무의식중에 굴종하는 정신적 습관[26]"에 불과할 수도 있음을 지적한 것이다. 그리고 논의는 더 이상 객관적 근거를 파고들지 못하고, 윤리적 자세라는 주관적 태도의 문제로 빠진다. "절대로 문학은 굴종을 하여서는 안 되겠다"는 다짐이랄까, 소망이랄까, 하는 것으로. 그렇다면 설정식의 '민족'은 '다수'라는 개념을 매개로 계급을 엉성하게 형상화하는 비유에 지나지 않는 것일까?

그러나 이 대화의 동체에서 다른 논리적 결을 더듬어 볼 수는 없을까?

---

24) 『전집』, 785~786쪽.

25) 그는 다른 글에서 "시의 최소 공배수는 그 시대 인민 전체의사 최대공약수로 된 진리에 필적한다"고 주장하며, "내가 제작하는 시가 인민 최대 다수의 공유물이 되게 하자"는 다짐을 보인 바 있다(「Fragments」, 『전집』, 198, 204쪽.). 이러한 '다수'에 의지하는 태도는 오장환이나 김동석에게서도 발견되는 논리이다. 가령, 오장환은 이렇게 말한다 : "인간의 의무 ! 즉 자아만을 버린 인간 전체의 복리를 위하여 문학도 존재하는 것이 옳은 일이라고 생각한다. 그러기에 내가 말하는 신문학이란 과거의 잘못된 근성(지말적인)을 버리고 널리 정상한 인생을 위한 문학이 신문학인 줄로 생각된다."(「文壇의 破壞와 참다운 新文學」, 『조선일보』 1937.1.28~29, 최두석편, 『오장환 전집 2. 산문·번역』, 창작과비평사, 1989, 12쪽.) 어쩌면 그 당시 한반도의 사회주의적 전망의 경계가 거기까지였는지도 모르겠다. 다만 김동석은 "다수가 주장하는 것이 진리일 때만 그것이 민주주의라는 또 한가지 요건"을 명시한 바 있다(김동석, 「한자 철폐론」, 『뿌르조아의 인간상』, 탐구당서점, 1949, 265쪽.)는 점은 그의 생각이 좀 더 복합적이었다는 것을 의미할 것이다.

26) 『전집』, 787쪽.

가만히 읽어 보면 설정식이 '절대 다수'라는 말을 쓰긴 했어도 다수의 진리성을 확언한 건 아니다. 다만 그는 그 '절대 다수' 쪽에 개인보다 진리 실현의 가능성이 더 있다고 보고 있을 뿐이다. 가능성을 말하는 것은 현실태를 말하는 것과 아주 다른 것이다. 진리가 이미 있다고 생각하는 것은 더 이상의 논의를 불요하지만, 진리의 가능성이 있다고 말하는 것은 진리가 도래할 길에 대해서 다시 얘기를 해야 하기 때문이다. 설정식은 다수의 진리성을 말하지 않고 "너의 격률이 제 삼자의 격률이 될 수 있는" 행동에 대해서 말한다. 문자 그대로 읽으면 그것은 타자가 수용할 수 있는 격률이 될 행동을 하라는 것이다. 그런데 격률이란 무엇인가? 그것은 '너'도 이끌어주고 타자도 이끌어줄 원칙, 다시 말해 개인의 행위가 곧 자신도 바꾸어주고 타자들도 바꾸어줄 행동의 원칙을 가리킨다. 이때 중요한 것은 두 가지이다. 하나는 여기서의 타자('제3자')는 개인('너')의 대립항이기 때문에 가정적으로 무한이라는 것이다. 즉 단독자 대 만인의 문제인 것이다. 다음 여기서의 행동의 원칙은 부정과 긍정을 한꺼번에 포함한다는 것이다. 왜냐하면 "너의 격률이 동시에 제삼자의 격률이 될 수 있"으려면, '너의 격률'은 '너의 격률' 그 자체를 보존하면서도 '너만의 격률'의 상태에서 벗어나는 자기 긍정과 부정을 동시에 포함할 수밖에 없기 때문이다. '격률'은 그 부정과 긍정의 동시성을 통해서 개인과 만인을 다른 존재로 변신시킬 수 있어야 할 것이다.

그렇다면 여기에서 완전히 새로운 이해가 열릴 수 있다. 이 이해는 네 가지 논리구조로 이루어진다.

첫째, '절대 다수'라고 지칭된 타자가 '만인'이라고 한다면 이 타자는 계급도 아니고, 혈연과 지연으로 묶인 공동체로서의 민족도 아니다. 그것은 인류이다. 그것을 민족이라고 지칭했다면 설정식의 의식에서는 물론 그 자신이 속한 조선민족에 근거한 것이겠으나 그의 무의식에서는 차라리 문자 그대로의 뜻으로서의, 민(民)+족(族), 즉 사람무리, 사람덩어리를 가리키는 것이 아닐까?

둘째, 이 만인의 문제가 개인과의 관계 속에서 해결의 실마리를 얻는다는 걸 무엇을 가리키는가? 우선 다시 문자 그대로 읽으면, 우리는 지금 '문자 그대로'라는 현상학적 환원을 통해서 시인의 무의식을 들여다보고자 하는 것인데, 설정식의 진술은 개인에 대한 만인("절대 다수")의 우위성을 말한 것이 아니다. 그가 말하는 것은 "절대 다수의 양심"을 위해서는 "개인의 양심"은 버리는 게 옳다는 것이다. 이것은 절대 다수의 양심과 개인의 양심은 우열의 관계에 있는 것이 아니라 범주와 차원이 다르다, 라고 읽힐 수도 있다. 다만 이 이질적 차원의 두 문제에게 어떤 관련이 있는데, 그것은 '개인의 양심을 버리는' 일이 '만인의 양심을 구하는' 일이 된다는 것이다. 그런데 여기에서 '양심'이라는 단어가 매우 모호하게 사용된 점을 유의해야 할 것이다. "개인의 양심"에서의 '양심'은 앞에서 양심이라는 단어가 쓰인 관성에 의해 되풀이된 면이 없지 않다. 문맥에 맞게 읽으려면 그것은 '개인의 구원', '욕망'과 동 계열에 속하므로 그것들의 뜻에 맞추어서 해석해야 한다. 과연, 다음의 진술은 개인의 양심이 일차적으로 개인적 욕망과 같은 뜻으로 사용되었다는 것을 보여준다.

유럽소설에서 가장 많이 문제가 되는 것이 구(舊)윤리에 대한 반동(反動)과 구명(究明)을 작가는 그의 제1 의적 임무로 생각한다. 올더스 헉슬리 (Aldous Huxley)가 그의 저서 『가자에서 눈이 멀어!(*Eyeless in Gaza!*)』에서 현대적 성격 파산에 대하여 어떻게 반동했는가를 독자는 잘 알 줄 안다. "자존심은 강간보다 악하다. 하고(何故) 요하면 자존심은 한 사람뿐 아니라 만인을 상(傷)하므로." 헉슬리는 이렇게 말한다. 이러한 종류의 윤리에 대한 성찰은 미국문학에는 거의 없다고 해도 좋다. 미국은 지금 국가 민족 형성에 있어서 그 형식 준비에 바쁘다. 논리의 형식인 '사회'에 대하여 최대 관심을 두는 것은 그 까닭이다. 행동에 대한 태도도 어디까지

든지 형식주의로 규정지으려 한다. 이것은 생물적 조건이 정리 안 된 역사에 있어서 불가피한 것이다. '사회적 약속'과 '사회적 양심'이 '개인적 약속'과 '개인적 양심'에 대치되는 것을 본다. 이러한 점에서 나는 유럽의 보수주의가 미구(未久)에 미국으로 건너가서 그곳에서 한동안 성장하지 않을까 하는 추측을 한다.[27]

꽤 혼란스럽게 기술되어 있는 이 대목을 가만히 들여다보면 그 요지를 다음과 같이 정리할 수 있다.

(1) 오늘의 미국은 국가 민족 형성에 있어서 형식 준비에 바쁘다.
(2) 그 때문에 논리의 형식인 '사회'에 최대 관심을 두고 있다.
(3) 그런데 형식주의가 기승한 탓에, '사회적 약속'과 '사회적 양심'이 '개인적 약속'과 '개인적 양심'으로 대체되고 있다.
(4) 이는 유럽 보수주의의 구-윤리적 태도이다.(미국에서는 이 태도가 오랫동안 성할 것이다.)
(5) 개인적 양심의 예를 들자면, '자존심'이 그렇다.
(6) 이것은 위험한 태도이다. 그래서 헉슬리는 말했다. "자존심은 강간보다 악하다. … 자존심은 한 사람뿐 아니라 만인을 상하게 하기 [때문이다.]"

설정식이 '개인적 양심'이라고 지적한 것은 그러니까 '자존심'과 같이 개인의 자기(만)의 당당함에 대한 요구 혹은 욕망과 같은 것을 가리킨다고 볼 수 있을 것이다. 그런데 해방기의 조선 사회 역시 "국가 민족 형성"에 바쁘기가 마찬가지다. 설정식은 여기에서 일종의 유사성을 찾아내고는 이 긴급한 과제를 해결하는 데 있어서 한반도가 미국의 경우에서처럼

---

27) 「현대미국소설」, 『전집』, 474~475쪽.

개인적 양심이 사회적 양심을 대신할 수도 있을 사태에 우려를 표한다. 본문에 드러나 있지 않지만 그 이유는 비교적 쉽게 추론할 수 있다. 해방기의 조선사회에 보편적으로 수용된 사회 형식은 세계대전에서 승리한 연합국의 사회 형식, 즉 서구적 민주주의이고, 이 민주주의는 개인을 핵자로 하는 민주주의이기 때문이다. 이런 사회에서 개인의 자존심은 아주 중요한 덕목에 속하게 된다. 그렇기 때문에 자존심은 개인의 욕망이자 동시에 요구가 될 것이다. 그것을 '개인적 양심'의 범주에 넣는 논리적인 근거가 이렇게 구축된다고 할 수 있다.

그런데 설정식이 보기에 '자존심'을 내세우는 일은, 국가 건설이라는 보편적 과제 앞에선 적절하지 않았다. 자존심은 여기에서 개인적 신념의 '고수'를 유발하는 태도인데, 국가 건설은 '만인'을 위한, '만인'에 의한, '만인'의 목표로서 개인적 신념과 왕왕 충돌할 수 있어서, 자존심을 드세게 내세우는 것은 결국 국가 건설의 대의를 훼손하는 일이 될 것이기 때문이다. 바로 거기에서 "민족적 양심", 즉 우리가 분석한 대로 보자면 '만인의 양심'은 "개인의 양심을 버리는" 일을 포함하게 된다. 오로지 개인의 양심이 의미가 있다면, 그것은 '개인의 격률이 동시에 타자의 격률로 될 수 있는 것으로 행동을 하는 일', 즉 개인의 행동 지침이 만인의 행동 지침으로 될 수 있는 것이 되어야 한다는 것이다. 그렇게 해서 만인의 양심의 궁극적인 목표는 만인의 구원이 된다.

셋째, 여기에서 '개인의 양심'과 '만인의 양심'을 단순히 우열의 문제나 선택의 문제가 아니라 범주가 다른 개념으로 이해하자는 제안을 상기해보자. 그 제안에 근거하면 앞에서 일괄적으로 말한 '격률'은 완전히 다른 행동 지침으로 가정해 볼 수도 있다. 그러나 그럼에도 불구하고 둘 사이엔 논리적 연결선이 존재해야 한다고 설정식은 가정했다. 다시 말해 "개인의 격률이 동시에 제삼자의 격률로 될 수 있어야" 하는 것이다. 이때 개인의 격률은 '자존심'과 정반대의 격률이 되어야 할 것이다. 자존심은 "만인을 상하게 하"는 것인데 비해, 올바른 개인의 격률은 만인을 구하는 사업이 되어야 하니까 말이다. 그렇게 본다면 개인의 격률은 '개인의 자존심을 버리는 일', 다시 말해 '개인의 욕망을 버리는 일' 혹은 '개인을 버리는 일'로 가정할 수 있다. 반면 '만인의 양심'에 대해서는 만인 스스로 자신들을 구할 행동 원리로 가정해 볼 수 있을 것이다. 이 '만인의 양심'은 그런데 제삼자의 격률이 될 수 있는 개인의 격률에 근거한다. 이어서 얘기하면 개인을 버리는 일이 만인으로 하여금 스스로 자신들을 구할 행동 원리를 찾기 위한 계기로서 작용하도록 하는 것, 즉 만인의 양심을 불지피는 일이 된다. 여기까지 오면 우리는 이러한 진술들이 무의식적으로 예수의 행동을 가리키고 있다는 것을 눈치챌 수 있을 것이다. 자기를 희생하여 인류로 하여금 재생의 길에 눈뜨게 한 사람이 그이니까 말이다. 과연 그는 어느 시에서 이렇게 말했다.

> 저마다
> 오롯한 예수밖에 될 수 없는 순간이요
> 재 되고 무너진 거리일지라도
> 돌아앉아 눈뜨지 못하는 담 모퉁이를 더듬으사
> 뼈 소리 소리 아닌 말 말 아닌 아—
> 보다 나은 복음 있거들랑
> 우리들 구유에 보채는 핏덩이 앞에 오소서[28]

요컨대 "저마다 예수" 되는 일밖에는[29] '말세'를 구할 수가 없는 것이다. 왜냐하면 그가 '민족'이라고 명명하고 집착했던 것에 대해서 실제적인

---

28) 「우일신」, 『전집』, 165쪽.
29) 시인은 "예수가 될 수밖에"를 "예수밖에 될 수 없는"으로 비꾸는 '축약성 전도'를 통해서 그것의 필연성을 강화한다.

전망을 가지지 못했기 때문일 것이다. 그리고 아마도 그는 과학적이라고 주장된 공산주의적 패러다임의 최종적 지점, 즉 '프롤레타리아 독재'라는 것에 대해서도 부지중에 꺼려했기 때문인 것으로 보인다. 그래서 계급적 개념 대신 그는 만인, 즉 인류 전체의 문제를 들고 나온 것인데, 그 속사정이 어떠하든, 공산주의의 역사발전도식과 기독교의 예수의 범례적 사건이 습합되는 일이 일어났고, 그 습합의 매개체로서 '민족'이 동원되었다는 것은 확실해 보인다. 왜냐하면 민족은 앞에서 보았듯, 남로당의 행동방침에 의해서건 아니면 '다수'라는 기준에 의해서건, 계급의 제유가 될 수 있고, 동시에 '이스라엘 민족'이 그러했듯이 예수가 대속할 만인의 제유가 될 수 있기 때문이다. 그리고 우리가 잘 알다시피 모든 습합, 즉 은유는 두 제유의 결합을 통해서(이것이 바로 유사성의 원리이다) 발생하는 것이다.[30]

넷째, 개인과 만인을 동시에 구할 '격률'의 관점은, 만인을 긍정될 존재로서가 아니라 부정될 존재로서 제시한다. 우선 부정되어야 긍정될 수 있으니까 말이다. 그렇다면 개인의 양심을 버리는 일이 사람 덩어리로서의 '민족'(만인)에 균열을 내는 사건이기 위해서는, 민족을 부정함으로써 민족을 갱생시키는 길을 여는 사건이 되어야 할 것이다. 따라서 그 사건은 '부정'의 작업을 잘 이행해야 한다. 예수는 그 작업을 조직적으로 끌고 갔다고 할 수 있는데, 그 방법론은 자신을 사람들의 증오의 대상으로 만드는 것이었다. 다만 사랑을 설파하고 체현하는 조건으로. 그렇게 예수

---

30) 우리는 유사성의 논리 회로의 시작 지점을 바꾸어 볼 수도 있다. 설정식이 공산주의를 택한 이유는 그가 그 이념을 확신했기 때문이 아니라, 인류의 구원이라는 문제에 대한 실제적인 통로로서 공산주의를 발견했다고 '착시'했기 때문이라고. 그것이 착시라는 점은, 물론 50년 후가 지나서야 밝혀질 문제였기 때문에, 당시로서는 대부분의 지식인들이 의식할 수 없었던 것이었다. 지드(Gide)의 환멸, 레이몽 아롱(Rayond Aron)의 통찰, 카뮈(Camus)의 감성주의가 겨우 그것의 균열 지점을 간신히 더듬었을 뿐이다.

는 사랑과 증오라는 모순의 극적인 융합을 통해 희생하고 부활하였다. 우리는 앞에서 설정식 시의 민족을 꾸짖는 어조에 대해서 의아해 했었다. 특권적 지위에 오른 자의 계몽적 자세를 취하지 않으면서도 질타의 목소리를 쏟아내는 것에 대해 물음을 던졌었다. 여기까지 오면 우리는 시인의 어조가 선지자의 어조를 닮은 까닭을 이해하게 된다. 그는 특권적 지위를 통해서가 아니라 민족(만인)의 일원으로서 민족을 부정함으로써 민족에 의해 부정당하는 걸 대가로 민족 스스로 자기부정을 통한 갱신의 길에 들어서도록 하는 방법을 택해야만 했던 것이다. 그 점에서 그의 소설, 『청춘』의 한 대목은 눈여겨볼만하다. 주인공 '김철환'은 일제의 끄나풀인 '현영섭'을 암살하려는 계획을 실행하기에 앞서 약간의 번민에 휩싸인다. 사람을 죽이는 일이 "자기중심, 자기만족에서 나오는 것인지 결코 대의가 될 수 없지 않을까"31) 하는 의구심에 사로잡힌 것이다. 그런데 그 의구심을 그는 바로 '자기부정'의 논리로 떨쳐내게 된다.

나 자신을 시비하고 있을 때는 벌써 지나갔다. 그러나 또다시 생각해보면 나는 벌써 현영섭이를 죽이고 있지 않은가. 원래부터 현영섭이란 것은 내 머릿속에 있던 존재가 아니던가. 그것은 결국 김철환의 속에 들어 있는 '현영섭'을 죽여 없애자는 일종의 자기부정이 아니던가.

현영섭을 죽이는 일은 바로 김철환 안의 현영섭적 요소를 덜어내는 일이 되는 것이다. 앞에서 본 기독교적 비유에 근거해, '현영섭'을 이스라엘 민족 안의 "다마스커스 무리"에 빗댈 수 있다면, 다마스커스 무리를 없애는 일은 바로 민족 스스로의 자기부정을 실행하여, 민족을 쇄신하는 일이 되는 것이다.

---

31) 『전집』, 338쪽.

하지만 여기까지는 자기 내부의 암적 요소를 제거하는 것으로 이해될 수 있다. 이것이 '민족 전체'를 질타하는 선지자적 어조를 다 설명하지는 못한다. 그러나 여기에서 주목할 것은 '현영섭적 요소'='김철환'의 동일시라는 알고리즘이다. 이는 암적 요소를 전체로 확대하는 논리적 근거가 된다. 즉 암적 요소를 볼록거울로 확대해 민족 전체로 동일시하면 민족 전체가 질타의 대상이 된다. 그 질타는 필경 수직적 신칙(申飭)의 어조를 부르지 않을 수 없다. 민족 전체가 암적 요소로 치환되었기 때문이다. 이 치환을 통해서 민족 자체에 대한 부정이 행해지는 것이다. 다만 목소리는 민족 위로 솟아오르지만 몸은 민족 내부에, 수평적 위도에 남아 있어야만 한다. 그래야만 자기 부정이 될 수 있는 것이고, 자기 부정을 통한 희생이 가능해지는 것이다. 목소리를 통한 몸의 뒤바꿈. 목소리가 몸을 죽이면 목소리가 죽은 몸과 결합하여 새로운 몸이 태어나게 되는 것이다.

결국 시인이 하는 일은, 스스로의 희생을 대가로 민족에게 '돌연변이'를 주는 작업을 하고자 하는 것인데, 이 돌연변이가 일어나는 지점을 '특이점(singularity)'이라고 명명하는 진화론의 명명을 받아들여, 시를 특이점의 발생으로서의 민족의 사건이라고 말할 수 있을 것이다. 그런데 이를 위해서 자기를 부정하는 자는 자기 위로의 솟아오름과 내부로의 하강을 쉼없이 반복할 수밖에 없을 것이다. 이 상승과 하강의 쉼없음, 부정과 긍정의 끝없는 교번(交番)은 교범적 행동수칙이나 형식논리로는 감당할 수 없다. 오직 '시'만이 그것을 할 수 있을 것이다. 그가 "내 시가 난삽하다는 말을 듣는 것은 지당한 일이다. 내 상처가 아직 다 낫지 못하였기 때문이다"[32]라고 말한 것은 그 때문일 것이다. '자기 부정'의 작업이 필경 끼어야 하기 때문에 언어가 스스로의 문법을 파괴하는 언어를 동시에 내장할 수밖에 없다. 난삽하지 않을 수가 없는 것이다. 이어서 그는 말했다.

---

32) 「Fragments」, 『전집』, 199쪽.

시에 있어서 백합(百合)이 길쌈을 하지 않는 것으로 오인하지 마라.
참새가 떨어질 때 우주가 협력한다고 하지 않았는가.

자세한 풀이는 없지만, 시인은 꽃 백합을 한자로 써서, 문자 그대로의
의미를 유도하고 있다. '百'은 만인의 숫자다. 아름다운 꽃 '백합'은 만인이
합하는 행위 그 자체다. 꽃을 시에 비유한다면 한자 '백합'의 뜻은 만인의
세계, 설정식의 의식 세계 속에서 '민족'으로 표상된 전체의 세계이다.
즉 시의 창조는 만인의 은밀한 협력을 통해서 나타난다. 그런데 그것이
바로 창조이기 때문에 만인의 협력은 만인 자신에 의한, 만인 자신의
재창조인 것이다. 그 만인 자신에 의한 만인 자신의 재창조란 말을 개념으
로 바꾸면 만인 전체의 자기 부정과 자기 긍정의 동시적 실행을 통한
자기 쇄신이라고 할 수 있을 것이다. 그것이 시가 하는 일이다. 그가
시를 두고 "한 개의 인간이 창궁(蒼穹) 밑에서 / 얻을 수 있는 최대의
발견이 시인 것이다"33)라고 말한 것에는 바로 그러한 근본적 변화의
계기로서 시가 작동한다는 것을 감지했기 때문일 것이다.

4. 모순어법으로서의 시

개인의 행동이 만인의 행동을 촉발하는 행위, 그것이 시라면 그 시가
쉽게 씌어질 수는 없을 것이다. 설정식의 해방기 시에 대한 기왕의 미학적
평가는 곽효환의 논문34)이 잘 갈무리하고 있는데, 대체적으로 "미숙하다",
"투박하다", 심지어 "치졸하다"는 부정적인 평가가 우세한 편이다.35)

---

33) 「거리에서 들려주는 노래」, 『전집』, 35쪽.
34) 곽효환, 「설정식의 초기 시 연구」, 『한국문예비평연구』 37권, 2012.
35) 김동석, 정지용, 김기림 등에 의한 긍정적 평가도 있지만 단편성을 벗어나지

그러나 지금까지의 논리를 충실히 따라온 결과로 보자면, 그의 시의 난삽함은 미숙성의 결과가 아니라 오히려 사유의 복잡성을 가리키는 증거이자 그의 시어 자체가 그러한 복잡성의 실존태가 되려고 노력한 데서 오는 필연적인 현상이다. 무엇보다도 시인이 자신의 시를 단순히 자기 철학의 명제를 제시하는 도구로서 쓰려고 하지 않는 한, 언어 스스로 그러한 행위 자체가 되어야 할 것이다. 그러기 위해서는 무엇보다도 부정과 긍정이 한 언어 안에서 수행되어야 할 것이고, 부정과 긍정의 충돌을 통해서 새로운 어법과 이미지가 창출되어야 할 것이다. 다음과 같은 진술은 부정과 긍정의 복잡한 작업을 시인 스스로 의식하고 있었음을 보여준다. 그는 "시인의 머리는 한 기관(機關)이다"[36]라고 선언하고는,

기관은 또한 비단을 짜는 베틀과도 같다. 소재는 올과 날로 부정하고 또 긍정하는 것으로 차위(次位)가 발견되어야 하며 조직되어야 한다. 좋은 술을 담을 수 있는 그릇은 좋은 것이어야 하며, 시에 있어서 그것은 항상 비어 있어야 한다.[37]

고 규정하고, 이어서, 그 기관이 행하는 작업을 두고

이율배반의 괴리에서 일어나는 모순의 부정과 부정의 부정이 시인의 유일한 논리학이요, 방법론[38]

이라고 주장했던 것이다. 필자가 보기에 설정식 시에 대한 '미숙성' 등의

못한다. 이 글에서 특별히 참조하지 않는 소이이다.
36)「Fragments」,『전집』, 195쪽.
37) 같은 글,『전집』, 196쪽.
38) 같은 글,『전집』, 197쪽.

부정적인 평가는 바로 이러한 복합성을 느껴 체감하지 못한 데에 기인한다. 요컨대 감식안이 더 심각하다고 할 수 있다.

실로 그의 시를 어렵게 하는 가장 중요한 원인은 그가 모순어법을 사방에서 실천하고 있기 때문이다. 가령 다음 시구를 보자.

> 흑풍(黑風)이 불어와
> 소리개 자유는
> 비닭이 해방은 그림자마저
> 땅 위에서 걷어차고 날아가련다
> 호열자 엄습이란들
> 호외 호외 활자마다 눈알에
> 못을 박듯 하랴 뼈가 흰 한 애비
> 애비 손자새끼 모두 손 손
> 아! 깊이 잠겼어도 진주는
> 먼 바다 밑에 구을렀다
> 인경은 울려 무얼 하느냐
> 차라리 입을 다물자
>
> 그러나 나는 또 보았다
> 골목에서 거리로
> 거리에서 세계로
> 꾸역꾸역 터져나가는 시커먼 시위를
> 팔월에 해바라기 만발한대도
> 다시 곧이 안 듣는
> 민족은 조수(潮水)같이 밀려 나왔다39)

이 시구에서 두 연은 한반도의 사람들에 대한 명백히 상반되는 두 개의 판단을 연이어 보여주고 있다. 앞 연에서 사람들은 "소리개"가 "비닭이[비둘기]"를 낚아채듯 '자유'를 선전하는 우화에 현혹되어 허공으로 끌려가고 있다. 반면 뒷 연에서는 "민족[이] 조수같이 밀려 나"오고 있다. 이 모순적 현상이 이렇게 연이어 배치되어 있는 것만이 아니다. "소리개 자유"의 정확한 뜻은 '자유를 선전 해대는 음험한 자본주의'이다. 그것을 최소하도로나마 알아차리게 하기 위해서 "자유인 듯 비상하는 소리개"로 늘려 쓸 수도 있었을 것이다. 그러나 시인은 그렇게 하지 않았다. 왜냐하면 그가 보기에 실제 자본주의는 결코 자신의 위장을 들키려 하지 않을 것이기 때문이다. 문자 그대로 자본주의라는 소리개는 자유로 자신을 현시할 것이다. 따라서 "소리개 자유"라고 그냥 쓸 수밖에 없는데 그때 씌어진 것과 침묵하는 것 사이의 모순을 알아차리는 것은 순수한 독자의 몫이 된다. 그러나 아마도 시인은 나름으로는 모순의 표지를 남겨놓으려고 애쓴 것일지도 모른다. "소리개"를 '자유를 방송하는 개'로 읽을 수도 있기 때문이다. 우리는 "땅위에서 걷어차고 날아가련다", "꾸역꾸역 터져 나가는 시커먼 시위를", "팔월에 해바라기 만발한대도" 같은 알쏭달쏭한 시구들도 마찬가지의 방식으로 충분히 이해하고 느낄 수 있다. 이러한 설정식 특유의 모순어법은 앞에서 한 번 본 시구, 즉

이리하여 우월(優越)과 야망(野望)이
올빼미 눈깔처럼 얼어붙은 날 이리하여
말세(末世) 다시 연장되던 날

에서의 "올빼미 눈깔"처럼 경악과 통찰을 동시에 의미하는 데에 와서는

---

39) 「우화」, 『전집』, 51~52쪽.

그 모호성을 꿰뚫어 볼 수 있는 독자에게는 고압전류의 충격을 줄 수도 있을 것이다. 또한

> 아름다우리라하던
> 붉은 둥은 도리어
> 독한 부나비
> 가슴가슴 달려드는구나 (「단조」)

의 "가슴가슴"은 가슴으로 달려드는 '부나비'의 형상을 그 목표물로 비유하고 있는데, 왜냐하면 그가 가슴으로 달려드는 그 도중에 부나비의 가슴이 그만큼 뛸 것이기 때문이다. 그래서 주체와 목표가 하나로 진동하여 말이 온전히 동작으로 전화한 의태어로서 시 전체가 화하게 되는 것이다.

이러한 모순어법의 실제적인 목표는 앞 절에서 누누이 얘기했던 것처럼 시의 행동이 만인의 행동에 충격을 주는 계시로서 작용하는 것이다. 이때 시의 행동은 '개인의 격률'의 역할을 하는데, 그 개인의 격률은 일단 만인을 부정함으로써 만인을 충격하여 만인의 격률을 발동시킨다. 시의 행동은 만인의 격률을 대신하지 않고 오로지 부정의 방법을 통해 충격을 줄 뿐이다. 그리고 만인의 격률을 실행하기 위한 만인의 모든 깨달음과 변신의 움직임은 만인 그 자신의 몫으로 주어져야 한다. 그래서 시인은 말하는 것이다.

> 그러나 무거이 드리운 인종(忍從)이어
> 동혈(洞穴)보다 깊은 네 의지 속에
> 민족의 감내(堪耐)를 살게 하라
> 그리고 모든 요란한 법을 거부하라

내 간 뒤에도 민족은 있으리니
스스로 울리는 자유를 기다리라
그러나 내 간 뒤에도 신음은 들리리니
네 파루(罷漏)를 소리 없이 치라(「종」)

"깊은 네 의지 속에 / 민족의 감내를 살게 하"는 것. 거기에 바로 개인의 격률로서의 '시'의 근본적 작동원리가 있다. 그건 개인의 의지와 행동을 통해 민족을 구원하는 것도 아니고 개인의 의지를 거부하고 민족의 의지를 선택하는 것도 아니다. 거기에 바로 개인의 격률이 제삼자의 격률을 거쳐 만인의 격률을 촉발하는 계시로서 작용하는 근본 원리가 있다. 민족의 구원이 아니라 '감내'라고 표현된 것은 바로 그 '촉발'의 기능을 가리킨다. 민족의 구원은 민족 스스로 '감내'해내어야만 할 것이다.

5. 결어

이상의 고찰을 통해 다음과 같이 결론을 내릴 수 있다.

첫째, 해방기 지식인의 긴급한 과제로서 주어진 독립국가 건설의 목표를 설정식은 민족의 구원이라는 방향에서 받아들였다.

둘째, 민족의 구원이라는 과제는 해방된 민족이 진정한 형상을 아직 갖추지 못하고 있는 데서 비롯한다.

셋째, 설정식에게 있어서 진정한 민족의 형상은 특정 종족의 형상이라기 보다 보편적 인류의 형상으로 나타나는 듯하다. 그러나 그 구체적인 모습은 미정으로 있다.

넷째, 민족이 진정한 형상을 획득하기 위해서 민족은 전면적으로 부정당하고 동시에 전면적으로 긍정되어야 했다.

다섯째, 그러한 전면적 긍정과 부정을 수행할 가정 적절한 행동 양식을 그는 '시'라고 생각하였다.

여섯째, 시는 한편으로 민족의 현재를 부정하되, 민족 스스로 자기 갱신의 과업에 뛰어들 수 있을 수 있도록 계시하는 방식으로 부정한다.

일곱째, 그러한 시의 과업을 이행하기 위해, 시는 '모순어법'의 기교를 가장 근본적인 형식으로 삼았다. 그의 시가 해독하기 어려운 것은 바로 언술과 언술파괴가 동시에 발화하는 그 모순어법에서 기인한다. 이에 대해서는 훗날 더 정밀하게 살펴 중요한 시적 원리로서 해명해야 할 것이다.

여덟째, 설정식은 예수의 행위에 빗대어 시의 과업이 시(인)의 자기희생을 전제로 하며, 그 희생 자체가 만인의 격률을 불지피는 항구적 계시가 되기를 바랐다. 다음의 단장은 그러한 설정식의 희망을 선명하게 요약한다고 할 수 있다. "내 머리는 한 개 기관에 불과한 것을 잊지 말자. 그리하여 내가 제작하는 시가 인민 최대다수의 공유물이 되게 하자."[40]

---

40) 「Fragments」, 『전집』, 204쪽.

참고문헌

『건설기의 조선문학』, 제1회 전국문학자대회, 보고연설及회의록, 조선문학가동
    맹, 1946.6.

곽명숙, 「해방 공간 한국시의 미학과 윤리」, 『한국시학연구』 33호, 2012.

곽효환, 「설정식의 초기 시 연구」, 『한국문예비평연구』 37권, 2012.

김기림, 「우리 시의 방향」, '조선문학가동맹'이 개최한 '전국문학자대회'(1946.2.18.)
    에서의 강연문, 『건설기의 조선문학』, 1946.6.

김기림, 『전집 2. 시론』, 심설당, 1988.

김동석, 『뿌르조아의 인간상』, 탐구당서점, 1949.

김영철, 「설정식의 시세계」, 『관악어문연구』 제14집, 1989.

설희관 편, 『설정식 문학전집』, 산처럼, 2013.

신승엽, 「해방 직후의 민족문학론」, 『민족문학을 넘어서』, 2000.

이태준, 「해방전후」, 『이태준 전집 3 : 사상의 월야, 해방 전후』, 소명출판, 2015.

임화, 「조선 민족 문학 건설의 기본 과제에 관한 일반 보고」, 『건설기의 조선문학』,
    제1회 전국문학자대회, 보고연설及회의록, 조선문학가동맹, 1946.6.

정명교, 「사르트르 실존주의와 앙가주망론의 한국적 반향」, Comparative Korean
    Studies, Vol.23, No.3, 국제비교한국학회, 2015.12.

최두석 편, 『오장환 전집 2. 산문·번역』, 창작과비평사, 1989.

최인훈, 『화두』(1·2), 최인훈 전집 제14, 15권, 문학과지성사, 2008(초판본 : 민음사,
    1994).

한국천주교주교회의, 『성경』, 한국천주교중앙협의회, 2005.

정태진의 한글운동론과 조선어학회 활동
―연희전문학교 학풍과의 관련을 중심으로―

이 준 식

1. 머리말

반공에 높이 솟은 저 백두산은
삼천리 배달나라 우리의 기상
만고에 흘러가는 동해바다는
무궁화 이 동산의 우리의 생명
영원히 아름다운 이 강산 위에
오천년 옛 문화를 새로 일으켜
진리의 큰 횃불을 높이 들고서
고려의 밝은 빛을 멀리 비춰세[1]

위에 인용한 시는 정태진[2]이 1946년에 '조선 향토 예찬'이란 부제를
붙여 펴낸 『아름다운 강산』이라는 시가집에 서시로 실은 자작시이다.

---

1) 정태진, 「아름다운 강산」, 『아름다운 강산』, 신흥국어연구소, 1946.
2) 정태진의 호는 석인(石人)으로 많이 알려져 있다. 그러나 본격적으로 한글 운동에
   투신한 뒤인 1948년 이후에는 '쇠돌', '흰메'라는 순 우리말 호를 쓰기도 했다.

정태진은 정식으로 등단한 시인이 아니었다. 그러니 시 자체는 어찌 보면 유치할 수도 있다. 그러나 이 시에는 해방공간에서 한 지식인이 품고 있던 우리 겨레의 앞날에 대한 굳은 믿음과 우리 문화 발전에 대한 간절한 염원이 잘 담겨 있다.

내가 정태진을 처음 알게 된 것은 일제강점 말기에 일어난 조선어학회 사건3)을 통해서였다. 이 사건이 마지막까지 남아 있던 합법영역의 민족운동을 탄압하기 위해 일제가 만들어낸 것이었다. 일제가 조선어학회 사건을 조작하는 데 빌미를 제공한 것이 당시 조선어학회 사전편찬 일을 맡고 있던 정태진이었다. 정태진에 대한 첫 인상은 고문에 굴복한 나약한 지식인이라는 것이었다.

그러나 나중에 한글운동의 다른 동지들이 해방 이후 미군정과 대한민국의 관료가 되거나 대학교수가 되어 세속적으로 성공의 길을 걸을 때 정태진만은 한눈을 팔지 않고 뒤늦게 뛰어든 한글운동에 전력하다가 불의의 사고로 일찍 세상을 떠났다는 사실을 알게 되었다.4) 그러면서 정태진에 대한 생각이 바뀌었고 정태진이 연희전문학교 졸업생이었다는 점에서 연희전문학교의 학풍과 정태진의 삶을 이어보아야 한다는 관심도 생겼다. 이 글은 연희전문학교를 거쳐 간 지식인 가운데 정태진을 한글운동이라는 맥락에서 조망하려는 것이다.

연희전문학교는 일제강점기 한글운동에서 중요한 위상을 차지한다. 연희전문학교에서 가르치던 최현배, 이윤재, 정인섭 등, 그리고 연희전문

---

3) 이 사건에 대해서는 이준식, 「외솔과 조선어학회의 한글운동」, 『현상과 인식』 18권 3호, 1994 ; 이준식, 「일제침략기 한글운동 연구」, 『한국사회사연구회논문집』 49집, 1996 ; 박용규, 『조선어학회 항일투쟁사』, 한글학회, 2012, 특히 4장과 5장 등을 볼 것.

4) 정태진의 해적이를 보면 같은 세대의 한글운동가에 비해 이력이 간단하다. 1949년 한글학회 이사를 맡은 것 말고는 이렇다 할 자리에 오른 적도 없고 대학교수도 아니었으며 한글의 역사에 길이 남을 뛰어난 저작을 남기지도 못했다.

학교에서 배운 김윤경, 이희승, 정인승, 정태진, 김선기, 허웅5) 등이 모두 한글운동에서 큰 발자취를 남겼다. 조선어학회 사건 당시 옥고를 치른 이른바 '33인' 가운데 이윤재, 최현배, 이희승, 정인승, 정태진, 김윤경, 김선기, 이은상, 정인섭이 연희전문학교 관계자였다. 특히 실형을 언도받은 5명(이극로, 최현배, 이희승, 정인승, 정태진) 가운데 이극로를 제외하고는 모두 연희전문학교 관계자라는 사실6)이야말로 일제강점기에 연희전문학교가 한글운동에서 차지하고 있던 위상을 생생하게 보여준다.

정태진은 1962년 건국훈장 국민장(지금의 독립장)을 받은 데 이어 1997년 11월에는 이 달의 독립운동가로, 다시 1998년 10월에는 이 달의 문화인물로 선정되었다. 그러면서 대대적인 기념사업이 벌어졌다. 고향인 파주시 금촌동에는 정태진기념관이 건립되었고 정태진기념사업회도 꾸려졌다. 국어학계에서도 1990년대 후반 이후 정태진의 업적을 다룬 글이 활발하게 나왔다. 예컨대 1998년 국립국어연구원이 낸『새 국어생활』8권 3호에는 '석인 정태진 선생의 학문과 인간'이라는 제목 아래 장세경의「석인 정태진 선생의 생애와 학문」, 이남순의「석인 선생과 문법」, 이병근의「석인 정태진과 방언연구」, 서상규의「석인 선생의 옛말 연구」, 이응호의「석인 선생과 조선어학회 사건」, 이강로의「석인 선생과 사전편찬」, 정해동의「나의 아버지 석인 정태진」을 비롯해 영생여고 제자들의 좌담회인「석인 선생을 추모하며」가 실렸다.7) 한글학회에서 낸『한힌샘 주시경 연구』, 10・11집에도 '정태진 선생 특집'이라는 제목 아래 이응호의「정태

---

5) 이희승과 허웅은 연희전문학교를 중퇴했다. 이밖에 조선어학회에서 활동한 김병제도 연희전문학교 출신이라는 기록이 있지만 사실 여부는 확인되지 않는다. 이상혁,「해방 초기 북쪽 국어학 연구의 경향―1945~1950년 초기 국어학 연구자들 중심으로」,『어문논집』56, 2007, 26쪽.

6) 최현배는 연희전문학교 교수였고, 정인승과 정태진은 졸업생이었다. 그리고 이희승은 연희전문학교를 1년 다니다가 중퇴하고 경성제국대학에 입학했다.

7) 이 글들은『석인 정태진 선생의 학문과 인간』, 국립국어연구원, 1998에도 실렸다.

진과 조선어학회 사건」, 리의도의 「석인 정태진의 말글 정책론에 대한
고찰」, 이현복의 「석인 정태진 선생의 말소리에 관한 연구」, 권재일의
「정태진 선생의『국어문법론』연구」, 김영배의 「정태진 선생의 방언연구」,
임용기의 「석인 정태진 선생의 옛말 연구」가 실렸다. 정태진의 미간행
강의록과 수고본을 포괄한 전집도 두 책으로 엮어 나왔고[8] 정태진을
다룬 연구논문의 모음집[9]도 나왔다.

그 동안의 연구는 정태진이 발표한 글이 많지 않기 때문에 전집에
실린 강의안과 미발표 수고본을 중심으로 주로 국어학분야에서 정태진의
문법론, 국어사상 등에 대해 조망하는 정도에 머물렀다. 그러다 보니
정작 정태진의 삶에서 중요한 부분이 제대로 밝혀지지 않았다.

따라서 이 글에서는 기존의 연구에서는 제대로 밝혀지지 않은 몇 가지
문제에 대해 살펴보려고 한다. 실천운동으로서의 한글운동에 삶의 마지막
10여 년을 바친 정태진의 생각과 활동이 연희전문학교에서의 배움과
어떤 관련이 있는가 하는 문제[10]를 비롯해 정태진이 조선어학회의 한글운
동에 투신하게 되기까지의 과정, 그리고 조선어학회 사건으로 옥고를
치룬 이후 정태진이 한글운동에 전력하게 되는 이유와 활동내용 등을
중점적으로 살펴볼 것이다.

---

8) 『석인 정태진 전집 (상)·(하)』, 나주정씨월헌공파종회, 1995. 이 책은 아래에서
   『전집』으로 쓴다.
9) 정태진선생기념사업회, 『석인 정태진 선생에 대한 연구 논문 모음 (상)·(하)』,
   민지사, 2009. 이 책은 아래에서 『모음』으로 쓴다.
10) 얼마 전에 정태진의 '옛말, 이두, 방언' 연구를 연희전문학교의 학풍과 관련해
   이해할 필요가 있다는 점을 지적한 글이 발표되었다. 김석득, 「연희전문의 국어
   연구와 조선어학회」, 연세대학교 국학연구원 엮음, 『근대 학문의 형성과 연희전
   문』, 연세대학교 출판부, 2005, 228~230쪽.

2. 연희전문학교에서의 배움

정태진은 1903년 경기도 파주군 금촌에서 태어났다. 이른 나이인 열네 살 때 당시 관습에 따라 결혼했지만 일찍이 개화한 아버지의 영향으로 1917년 당시 수재들만 들어간다고 알려진 경성제일고등보통학교에 입학했다. 경성제일고보 4학년을 마치고 전문학교 입학 검정고시에 합격하자[11] 바로 연희전문학교 문과로 진학했다. 1921년의 일이다.

연희전문학교 입학은 정태진의 삶의 방향을 결정하는 데 첫 번째 전환점이 되었다. 연희전문학교에서 배움을 통해 정태진은 민족의 역사와 문화에 대해 고민하는 지식인의 모습을 갖추게 되었다.

정태진이 입학할 당시 연희전문학교는 "오로지 조선민중의 문화적 향상과 정신적 도야를 그 사명으로"[12] 지향하고 있었다. 식민지지배 아래 놓여 있던 조선사회를 혁신하는 실무에 종사할 인재를 기른다는 것이 연희전문학교의 중요한 교육목표 가운데 하나였다. 부교장을 지내다가 나중에 교장이 되는 언더우드(원한경)가 연희전문학교가 기르고자 한 인재를 "조선동포의 사는 집이면 양옥이거나 초가를 막론하고 내 집으로 여길 줄 아는 인물"[13]이라고 규정한 것도 연희전문학교가 무엇을 지향하고 있었는지를 잘 보여준다.

특히 초기만 해도 학교 안에서 절대적인 영향력을 행사하던 선교사출신의 교수들은 주로 미국대학에서 근대학문을 배웠기 때문에 상당히 높은 지적 수준을 갖추고 있었다. 이들은 "교육을 종교의 예속으로만 생각하지 아니하고 교육 그 자체의 성격을 고수한 근대식 교육자들"[14]이었다.

---

11) 일반적으로는 경성제일고보를 졸업했다고 알려져 있지만 연희전문학교 학적부에는 경성제일고보 4년을 수료한 뒤 검정고시를 본 것으로 적혀 있다.

12) 한양학인, 「신진학자 총평(일), 연희전문학교 교수층」, 『삼천리』 10호, 1930, 42쪽.

13) 원한경, 「대학을 목표로」, 『연희동문회보』 3, 1935, 1쪽.

14) 백낙준, 「1930년대의 연전 교수진」, 『백낙준 전집 3권』, 연세대학교 출판부,

그렇기 때문에 열린 학문의 공간으로서의 연희전문학교를 운영한다는 원칙을 비교적 일관되게 지켜 나갔다. 조선의 전통에 대해서는 이해나 애정의 정도가 깊었다는 사실이 무엇보다 중요하다.

실제로 언더우드(원두우)를 비롯해 연희전문학교에 관여한 여러 선교사들은 조선의 언어와 풍습, 역사와 문화 등에 깊은 관심을 갖고 있었다. 이들에 의해 조선을 영어로 소개하는 책이 여럿 나왔고 많은 논문이 발표되었다.[15] 특히 한글의 중요성을 일찍부터 인정하고 있었다는 사실이 중요하다. 교장인 언더우드(원두우)는 1880년에 이미『한영문법』과『한영자전』을 펴낸 적이 있었다. 교수인 게일도 문법책인『사과지남』(1894)과 『한영자전』(1896)을 펴낼 정도로 한글에 밝았다. 언더우드(원두우)의 아들 언더우드(원한경)도 연희전문학교에서 가르칠 때 아버지가 낸 사전을 다시 편집할 정도로 한글에 능통했다. 외국인이면서도 한글의 중요성을 깨닫고 있던 이들을 통해 민족언어인 한글의 가치를 학생들이 깨우칠 수 있는 기회가 마련되었을 것이다. 특히 선교사들이 사전을 편찬하면서 보인 비교언어에 대한 관심은 연희전문학교 출신들이 언어학 가운데서도 역사비교언어학 분야에서 탁월한 능력을 보이게 되는 밑바탕이 되었다.[16]

그런가 하면 1922년부터는 당시 손꼽히던 민족주의 지식인이자 한학의 대가이던 정인보가 연희전문학교 강단에 서기 시작했다.[17] 그러면서

1995, 116쪽.

15) 자세한 것은 류대영,「연희전문, 세브란스의전 관련 선교사들의 한국 연구」, 연세대학교 국학연구원 엮음, 앞의 책 볼 것.

16) 연희전문학교로 학교 이름이 바뀌기 전에 잠깐 가르친 적이 있던 김규식이 역사비교언어학을 바탕으로 최초의 문법서인『대한문법』을 1908년에 발간한 것도 이와 무관하지 않을 것이다. 여기에 대해서는 최경봉,「김규식『대한문법』의 국어학사적 의의」,『우리어문연구』22, 2004 볼 것.

17) 연희전문학교 초기 졸업생들에 대한 정인보의 영향력은 대단했다고 한다. 많은 졸업생이 정인보의 강의를 통해 우리 역사와 문화에 관심을 갖게 되었다고 회고했다.

연희전문학교 안에는 우리 역사와 문화의 연구를 중시하는 학풍이 확고해
졌다. 이와 관련해 주목되는 것이 1927년 문과 교수로 부임하면서 과장을
맡게 된 백낙준의 회고이다. 백낙준은 "문과 과장으로 있으면서 나는
국학분야 과목을 새로 만드는 데 주력했다. … 조선어에 대해서도 일본의
정책이 조선어 사용을 금했으므로 학과목으로 가르치지 못했던 때였다.
정규 수업시간에 가르칠 수 없었으므로 이 방면에 관심이 있는 학생을
모아 수업이 끝난 뒤 과외로 조선어를 가르쳤는데 일찍이 이 방면에
연구를 많이 한 최현배 선생이 이를 맡아 오랫동안 계속되었다"[18]고
회고했다. 백낙준의 회고에 따르면 자신이 문과 과장이 되면서 우리
언어와 역사를 다른 교과목을 이용하거나 과외로 가르쳤다는 것인데
실제로는 그 이전부터 그런 관행이 연희전문학교 안에서 자리잡고 있었던
것으로 보인다. 1910년대 후반과 1920년대 초반에 연희전문학교에 입학한
학생들 가운데 졸업 이후 한글운동의 길을 걷게 되는 사람이 적지 않았다는
사실이 이를 반증한다.

　정태진은 연희전문학교에서 '수신, 한문, 국어(일본어), 국문학(일본문
학), 영어, 영문학, 본방 역사(일본사), 서양사, 본방지리(일본지리), 서양
지리, 철학, 교육사, 윤리학, 논리학, 동물학, 식물학, 지질학, 물리학,
부기원리, 경제, 회계학, 음악, 체조, 성서기도회' 등의 과목을 수강했다.[19]
그리고 정태진은 모든 과목에서 90점 이상의 높은 점수를 받았다. 그런
가운데서도 한글 관련 과목을 하나도 이수하지 않았다는 사실이 눈길을
끈다. 그럴 수밖에 없는 것이 당시 연희전문학교에는 한글을 가르치는
과목이 정식으로 개설되어 있지 않았던 것이다.[20]

---

18) 백낙준, 「연세와 더불어 한평생」, 연세대학교 출판위원회 엮음, 『진리와 자유의
　　기수들』, 연세대학교 출판부, 1982, 252~253쪽.
19) 정태진의 연희전문학교 학적부 학업성적에 나온 내용이다.
20) 조선어가 정식으로 개설된 것은 1929년의 학사개정 이후의 일이다. 1929년 2월
　　학칙을 개정할 때 문과 1·2·3학년에 각각 2시간씩 배정하면서 정식으로 조선어가

뒤에서 언급하겠지만 정태진은 연희전문학교를 졸업한 뒤 함흥의 영생
여학교(1929년 영생여자고등보통학교로, 그리고 1938년에는 다시 영생고
등여학교로 이름이 바뀌었다. 아래에서는 특별한 경우가 아니면 모두
영생여고보로 쓴다) 교사가 되어 한글도 가르쳤다. 연희전문학교에서
한글을 배우지 않았다면 불가능한 일이다. 그렇다면 정태진이 '과외'
수업을 통해 한글을 배웠다고 추론하는 것이 가능하다.

흔히 초기 입학생들에게 큰 영향을 미친 것이 정인보였다고 한다.
정태진의 입학동기인 정인승도 정인보의 강의에서 감명을 받았다고 회고
한 적이 있다. "위당 정인보 선생님한테서 수사학을 배웠는데 '새벽 소리
찬바람에'를 예로 들면서 '한문으로 된 국문보다 우리말이 더 재미있다'는
말을 듣고 우리말의 우수성을 깨달았다"[21]는 것이다. 그런데 정태진이
정인보의 수업을 들었다고 단정할 수는 없다. 더욱이 정인보가 한글을
가르칠 정도로 한글에 밝았다고 보기도 어렵다. 따라서 달리 정태진에게
한글을 가르친 사람을 찾을 필요가 있다.

정태진에게 큰 영향을 준 사람은 누구일까? 입학동기이자 나중에 우리
말 큰사전 편찬 일을 같이 하게 되는 정인승을 먼저 꼽을 수 있을 것이다.
나이로는 여섯 살 위였지만 둘은 입학동기로서 친밀하게 지냈다.[22] 이후
정태진의 삶에서 빼놓을 수 없는 존재가 정인승이었다. 그런데 정인승이
연희전문학교에 재학하고 있을 때 자신에게 큰 영향을 준 사람으로 교수이
던 정인보, 피셔, 원한경, 백남석 외에 3년 선배인 김윤경을 꼽고 있는
것이 흥미롭다. "김윤경님은 그의 옛 스승 주시경 선생의 창의적인 국어문
법 학설을 체계적으로 습득하여 나에게 우리말을 연구하게 영향을 준

교과목에 들어가게 되었다.
21) 정인승이 건국대 대학원에서의 마지막 수업에서 한 발언이다. 조오현, 「건재
   정인승 선생의 생애와 사상」, 『한말연구』 3, 1997, 297~298쪽.
22) 연희전문학교 학생 시절에 정태진과 정인승이 나란히 찍은 사진이 남아 있다.

바가 적지 않"23)았다는 것이다.

김윤경은 연희전문학교에 입학하기 전에 한글운동의 선구자이던 주시경으로부터 직접 가르침을 받은 제자였다. 연희전문학교에 입학할 때는 이미 한글운동에 투신하기로 마음먹은 상태였다. 그랬기 때문에 연희전문학교 재학 중에 한글의 역사에 관한 논문을 이미 탈고하기도 했다.24) 한글운동에 대한 굳은 믿음이 있었기에 연희전문학교 재학 중이던 1921년에 주시경의 한글운동을 계승하는 조선어연구회(나중에 조선어학회로 개칭)에 창립회원으로 참여하는 등 이미 어엿한 한글운동가로 활동하고 있었다.

당시 연희전문학교 문과 재학생은 다 합해야 백 명이 되지 않는 숫자였다. 정인승의 회고에서 알 수 있듯이 연희전문학교 안에서 김윤경은 한글에 관심을 갖는 후배들에게 한글을 가르치는 역할을 맡고 있었을 것이다. 실제로 김윤경도 1917년 입학한 뒤 한 학년 위이던 이원철로부터 수학을 배웠다고 한다.25) 우수한 학생들에게는 아래 학년의 학생들을 가르치는 기회를 주는 것이 당시 연희전문학교의 관행이었던 것으로 보인다.

나중에 정인승과 함께 한글운동의 길을 걸어가게 되는 정태진도 이 무렵 김윤경으로부터 주시경의 언어민족주의를 같이 배웠다고 보는 것이 자연스럽다. 김윤경이 정태진에게 영향을 끼쳤음을 짐작할 수 있는 사례를 몇 가지만 들어보자. 정태진은 해방 후 쓴 글에서 주시경의 제자 가운데

---

23) 정인승, 「내 나이 여든 일곱에」, 『건대학보』 36, 1983.
24) 1922년에 쓴 「우리글의 예와 이제를 보아 바로 잡을 것을 말함」(미간행)을 가리킨다. 이 논문은 1928년에 릿쿄대학 사학과 졸업논문으로 제출한 석사 학위 논문 「조선문자의 역사적 고찰(朝鮮文字の歷史的考察)」, 그리고 1938년에 단행본으로 펴낸 『조선문자 급 어학사』의 밑바탕이 되었다.
25) 허웅, 「김윤경 선생의 일생」, 『한결 김윤경 선생의 학문과 인간』, 국립국어연구원, 1995, 70쪽.

특별히 '김두봉, 김윤경, 최현배, 이윤재'[26]의 네 사람을 거론했다. 또한 정태진은 해방 후 낸 『중등국어독본』에서 한글의 역사를 표로 정리하는 가운데 개항 이후 성서의 발간과 선교사에 의한 사전편찬을 중시하는 모습을 보였는데[27] 김윤경이 『조선문자 급 어학사』에서 '한글의 보급과 발전에 대한 기독교의 공헌'을 별도의 항목으로 처리한 것을 연상시키는 대목이다. 기독교가 한글운동에 끼친 영향을 긍정적으로 평가한다는 점에서 김윤경과 정태진은 거의 같은 생각을 갖고 있었던 것이다.

한편 조선어학회 사건 '예심종결결정'에는 연희전문학교에 재학하고 있을 때 정태진이 정인보와 이관용으로부터 큰 영향을 받았다고 적시되어 있다. 이는 취조과정에서 두 사람의 이름이 거론되었음을 시사한다. 국학자 정인보는 그렇다 치고 이관용의 이름이 거론되었다는 사실이 흥미롭다. 조선귀족의 아들이던 이관용[28]의 경우 일본유학 경험을 갖고 있는데다가 영국 옥스퍼드 대학에서 정치학을 공부하고 프랑스를 거쳐 스위스 쥬리히 대학에서 철학을 전공해 박사 학위까지 받았다. 일본어, 영어, 프랑스어, 독일어에 모두 능한, 당시로서는 유례를 찾아보기 힘든 재자였던 셈이다. 그럼에도 불구하고 이관용은 연희전문학교에서 잠깐 가르친 것 외에는 이렇다 할 학문적 활동을 벌이지 못했다. 오히려 민족운동에 전력을 기울여 1919년 파리에서 열린 강화회의의 한국 대표단으로 활동했고, 귀국 후에도 신간회 등에서 활동하다가 불의의 사고로 짧은 삶을 마감했다. 이관용은 1923년 5월부터 1년 동안 강사로 출강하면서 학생들을 가르쳤는

---

26) 정태진, 「주시경 선생 (2)」, 『한글』 12권 3호, 1947, 19~20쪽.

27) 개항 이후 첫 번째 중요 사항으로 프랑스인 지욜지에 의한 『한불자전』(1880) 편찬을 꼽았으며 그 뒤에도 『누가복음』·『요한복음』(1882), 언더우드의 『회중한 어사전』(1890), 게일의 『한영자전』(1897), 『신약전서』(1900), 『법한자전』(1901), 『구약전서』(1910) 등을 주요 사항으로 꼽았다. 정태진·김원표 엮음, 『중등 국어 독본』, 한글사, 1946, 115~116쪽.

28) 이관용에 대해서는 윤선자, 「이관용의 생애와 민족운동」, 『한국근현대사연구』 30, 2004 볼 것.

데 학문의 길이 아니라 민족운동의 길을 택한 실천적 지성인 이관용의
삶이 정태진에게도 어느 정도 각인되었을 것으로 보인다.

3. 함흥에서의 교사 생활과 미국유학

정태진은 4년의 공부 끝에 연희전문학교를 졸업했다. 이제 연희전문학
교 문학사가 된 정태진에는 진로선택이라는 문제가 남았다. 스승인 빌링스
는 미국유학을 권했다. 당시 연희전문학교 졸업생 가운데 상당수가 미국유
학의 길을 떠나던 상황에서 성적이 우수한 정태진에게 유학을 권한 것은
자연스러운 일이었다. 그런데 정태진은 유학권유를 거절했다. 그리고
서울에서 멀리 떨어진 함경남도 함흥의 영생여학교 교사가 되는 길을
선택했다.

영생여학교는 1903년 영국인 여자선교사에 의해 설립되었다. 애초에는
보통교육을 담당하는 학교였지만 1904년 고등과를 두어 고등보통학교
수준의 학교가 되었다. 1913년에는 정식 학교로 인가를 받았다. 다시
영생여학교가 영생여고보로 인가를 받은 것은 1929년의 일이다.[29]

당시 연희전문학교 문과 졸업생에게는 사립보통학교 교원과 사립 실업
학교 교원(이상은 학과목의 제한이 없음), 그리고 사립 고등보통학교와
여자고등보통학교의 교원(애초에는 영어와 한문이다가 나중에 조선어가
추가되었음) 자격이 주어졌다. 1929년 학사개정 이전에는 조선어 과목이
개설되지 않았기 교원자격에 조선어는 포함되지 않았다.

그런데 중등학교 교사의 길을 선택한 것은 정태진만이 아니었다. 선배인
김윤경은 서울의 배화여자고등보통학교 교사가 되었고, 동기인 정인승은

---

29) 『조선일보』 1936년 4월 26일, 1937년 10월 14일 ; 『매일신보』 1930년 5월 27일.

전라북도 고창의 고창고등보통학교 교사가 되었다. 정인승의 경우 서울과 가까운 개성의 송도고등보통학교에서 영어교사로 초빙한다는 제의가 있었지만 '민족혼'을 일깨우기 위해 지방에서 사립 중등학교를 새로 만들었다는 이야기를 듣고 고창에 내려갈 것을 결심했다고 한다.[30] 정태진도 마찬가지 각오였을 것이다.

이미 결혼해서 자식도 있던 정태진이 왜 가족과 멀리 떨어져 살 수밖에 없는 함흥의 여학교를 선택했는지는 현재 알 수 없다. 방학이면 서울에 와서 가족들과 함께 지냈다는 증언이 있는 것을 보면 가족문제가 있던 것도 아니었다.[31] 정태진이 연희전문학교에 재학 중 기독교신자가 되었다는 사실과 기독교계통 학교인 영생여고보 교사가 되었다는 사실이 무관하지는 않을 것으로 보인다.

정태진은 애초에 영생여고보 영어교사로 채용되었다. 그러나 역사와 조선어도 가르쳤다.[32] 교원자격증은 영어로 땄지만 실제로는 조선어 과목을 담당하고 있었던 것이다.

정태진은 영생여고보에서 2년 동안 가르치다가 뒤늦게 미국유학의 길에 올랐다. 은사인 빌링스의 권유가 크게 작용했다고 한다. 우스터 대학에서는 당시 취업의 전망이 거의 보이지 않던 철학을 전공했고 컬럼비아 대학 대학원에서는 교육학을 전공했다.

미국유학 시절의 정태진이 어떤 공부를 했으며 생활은 어떠했는지를 보여주는 자료는 거의 남아 있지 않다. 다만 컬럼비아 대학에 다닐 때는 연희전문학교 동창인 영미철학자 박희성, 나중에 한글운동의 동지가

---

30) 조오현, 앞의 글, 299쪽 등 여러 글을 볼 것.
31) 실제로 정태진은 해방 이후 먼저 세상을 떠난 부인을 생각해 주위의 재혼 권유도 마다했다고 한다.
32) 영생여고보에서 처음 가르친 학생 가운데 한 사람인 소설가 임옥인도 "국어(조선어 -인용자), 영어, 역사 담당 교사로 부임"했다고 회고한 바 있다. 최호연, 「석인 정태진 스승님 영전에」, 『전집(상)』, 554쪽.

되는 김도연, 그리고 역시 연희전문학교 동창인 정일형 등과 가깝게 지냈다.[33] 컬럼비아 대학에 재학 중이던 1931년 2월에는 연희전문학교 동창인 노재명 등과 함께 조선의 "무수 무진장한 문화적 보고"와 "휘황찬란한 예술의 역사를" 전 세계에 알린다는 목표 아래 출범한 재미조선문화회에 이사로 참여하기도 했다.[34]

정태진은 석사학위를 마친 뒤 박사과정에 진학하라는 지도교수의 권유를 뿌리치고 귀국했다. 1931년 9월의 일이다. 당시 정태진의 귀국은 일간지에 보도될 정도로 세상의 주목을 받았다.[35] 이미 교육열이 불고 있던 당시 미국의 명문대학 석사학위 소지자라는 명함은 마음만 먹으면 좋은 일자리를 구하는 방편이 될 수 있었다. 그러나 정태진은 다시 영생여고보로 돌아가는 길을 선택했다. 이는 3년 선배인 김윤경이 일본유학을 마치고 돌아와 다시 배화여고보로 복직한 것을 연상하게 한다.

미국유학을 떠나기 전도 그렇지만 1931년 9월 복직한 뒤에도 영생여고보에서의 행적은 많이 알려져 있지 않다. 가르치는 일 이외에는 다른데 관심을 기울이지 않아 '돌부처'라는 별명까지 생겼다.

영생여학교 시절의 제자로 나중에 영생여고보의 동료교사가 된 소설가 임옥인에 따르면 "기회 있을 때마다 국내외의 문학작품, 그 중에서도 주로 우리나라 명시를 풍성하게 소개해 주고 민족의 문화의식을 심는데 애쓰셨다. … 우리는 정 선생님을 통해 모국어의 아름다움과 국문학의 정수에 접할 수 있었다. 이것은 참으로 소중한 교육이었다"[36]고 한다. 임옥인은 또 "영생여고보 저학년 때의 일이다. 영어와 국어(그때는 조선어라고 일컬었다)를 담당하셨던 정 선생님은 그 과목들을 통해서 종교,

---

33) 정해동, 「아버님을 생각하며」, 『전집(하)』, 617쪽.
34) 「재미조선문화회 발기 취지서」.
35) 『동아일보』 1933년 4월 1일.
36) 최호연, 앞의 글, 554쪽.

철학, 문학예술에 걸쳐 인생에 눈을 뜨려는 우리에게 풍부한 영양을 공급해 주셨다. 칸트, 헤겔, 페스탈로찌, 톨스토이, 타고르, 한용운, 단테, 지이드, 로망 롤랑 등의 사상과 예술을 소개해 주셨다. … 간디의 무저항주의, 톨스토이의 인도주의, 그리스도의 사랑과 사상을 고취 받은 것도 이때의 일이다. 상호간의 증오를 무엇보다도 배격하고 이 땅 위에 이상건설을 희구하시던 정 선생님 자신의 사상은 역시 무저항으로 사랑의 세계를 펴 보자는 것이었다"[37]라는 회고를 남기기도 했다.

그런데 1930년대 말, 그러니까 정태진이 영생여고보를 떠나기 직전에 가르친 제자들의 회고는 이와는 다르다. 이때의 제자들은 수업과 직접 관련된 내용이 아니면 속내를 잘 드러내지 않으면서 "말이 별로 없"던 스승으로 기억했다.[38] 그런 가운데서도 "은연중에 우리나라 애국적인 것을 우리한테 직접적으로는 말씀을 안 하시고 옛 역사를 통해서라든지 간접적으로 코치를 한" 것만은 분명하게 기억했다. 제자들에 따르면 1930년대 말 이미 정태진은 일제의 감시대상이었다고 한다. 그러다 보니 아무래도 한 마디 한 마디에 신경을 쓰지 않을 수 없었을 것이다. 늘 감시의 눈을 의식하지 않을 수 없는 상황에서도 일본말 하는 것을 "한 번도 못 들어 봤"고 "꼭 한국말 쓰신" 것으로 기억할 정도로 우리말만을 고집한 것이 정태진이 일제에게 보일 수 있는 최후의 저항이었는지도 모를 일이다.

함흥을 떠나기 직전 정태진의 수업방식은 독특했다. 학생들과 이야기를 나누는 방식의 수업을 선호했던 것이다. 수업시간마다 학생들이 정태진에게 "'해주세요'도 아니고. '얘기', '얘기'" 하는 식으로 이야기를 해달라고

---

37) 임옥인, 「스승 고 정태진 선생님 – 이상의 등불을 켜 주시던」, 『전집(상)』, 547~548 쪽.

38) 최금옥 외, 「석인 선생을 추모하며 – 영생여고 제자 좌담회」, 『새 국어생활』 8권 3호, 1998. 아래 인용한 제자들의 회고는 모두 이 좌담회 기록에 의한 것이다.

조르고는 했다. 그러면 정태진은 우리 역사의 여러 일화를 학생들에게 이야기하고는 했다는 것이다.

함흥에서 지내는 동안 정태진이 한글운동에 관여한 흔적은 보이지 않는다. 서울을 중심으로 벌어지던 조선어학회의 한글운동에는 거리를 두고 있었다. 이는 상대적으로 함흥에서의 교사생활에 집중하고 있었고 또 가르치는 데 만족하고 있었음을 시사한다.

실제로 시기는 정확히 알 수 없지만 함경도 출신으로 경신학교 교사이던 이시웅과 경기도 출신으로 영생여고보 교사이던 정태진의 자리를 맞바꾸자는 이야기가 있었지만 정태진이 이를 거절했다고 한다.39) 영생여고보에서 여학생들에게 우리말과 우리 역사·문화를 가르치는 데 큰 보람을 느끼고 있었음을 짐작할 수 있다. 실제로 조선어학회 사건 당시의 예심종결 결정에 따르면 정태진은 1936년 8월부터 1939년 5월 사이에 임진왜란 당시 전라북도 남원의 여장 종군 김홍도, 나라(奈良) 법륭사 벽화를 그린 솔거, 임진왜란 당시 왜장과 함께 대동강에 뛰어든 평양 기생 계월향, 신라 마의태자 등의 이야기를 통해 학생들의 민족의식을 고취했다고 한다.40) 그런데 1930년대 말이 되면서 상황이 크게 바뀌었다. 일제의 침략전쟁이 확대되는 과정에서 조선어 교육이 금지되는 사태가 벌어진 것이다.

1911년에 제정된 1차 조선교육령에 따르면 중등학교에서 조선어는 한문과 묶여서 모두 14시간까지 가르칠 수 있도록 되어 있었다. 이것이 1922년의 2차 조선교육령에서는 학년이 1년 늘어났음에도 불구하고 12시간으로 줄어들었다. 그것도 수의과목 곧 선택과목이었다. 조선어를 일종의 외국어처럼 가르치라는 것이었다. 정태진이 영생여고보에서 처음

---

39) 정해동, 「선친과 그 주변 사람들을 생각하며」, 『모음(하)』, 323쪽.
40) 함흥지방법원, 「소화18년예제11호 예심종결결정」, 『전집(상)』, 602~603쪽, 620~621쪽.

348

가르칠 때는 필수과목도 아니고 많은 시간이 배정된 것은 아니지만 조선어 과목은 개설되었다. 그랬기 때문에 주시경의 언어민족주의를 바탕으로 한글의 아름다움에 대해 가르치는 것이 그래도 가능했다.

그런데 전시체제기에 들어선 1938년 3차 조선교육령에서는 아예 조선어 과목을 없애버렸다. 이제 중등학교에서 조선어를 공식적으로 가르치는 것이 불가능해진 것이다. 정태진은 조선어도 영어도 가르치지 못하고 성경, 수학, 수신 과목을 담당했다. 학교 이름도 1938년 4월 1일부터 당시 조선총독이던 미나미(南次郎)가 내세운 '내선일체'의 구호에 따라 일본인 중등학교 이름과 같이 한다고 영생고등여학교로 바뀌었다.[41]

그런 가운데서도 정태진은 자신이 맡은 수업 시간에서 주로 "우리나라 역사"를 가르치고 "세계문학전집"을 소개했다. 한 제자는 정태진의 영향으로 읽어보지 않은 역사 소설이 하나도 없다고 할 정도로 학생들의 독서능력을 개발하는 데 힘을 기울였다. 문학작품을 많이 읽어주는 방식의 수업은 우회적으로라도 일제가 강요한 조선어 교육 금지의 틀을 깨겠다는 각오가 있었기에 가능했을 것이다. 그러나 이미 일제의 감시와 통제가 노골화하고 있던 시기에 이런 방식으로 우리 민족의 역사와 문화에 자부심을 갖는 교육자로서의 양심을 계속 이어나가는 것은 점점 어려워졌다. 이에 결국 정태진은 학교를 떠날 결심을 하게 된 것으로 보인다. 우리말로 역사와 문화를 가르칠 수 없는 상황에서 교단에 남아 있다는 것은 아무 의미가 없다고 판단했을 것이다.

이 무렵 정인승도 고창고보 교사로 재직하고 있던 중 학교를 공립학교로 전환하려는 움직임에 반대하다가 일제경찰의 감시를 받게 되자 고창을 떠나 서울에 머물고 있었다.[42] 때마침 최현배로부터 조선어학회가 추진하고 있던 우리말 큰사전 편찬 일을 맡아달라는 권유를 받고 이를 승낙함으로

41) 『매일신보』 1938년 4월 1일.
42) 조오현, 앞의 글, 302쪽.

써 사전편찬의 주무를 맡게 되었다. 그렇지만 사전편찬은 정인승 혼자의 힘으로 할 수 있는 것이 아니었다. 워낙 방대한 작업이었기 때문에 일손이 더 필요했다. 이에 정인승은 연희전문학교 동기생인 정태진에게 같이 일을 하자고 권유했다고 한다.[43]

그런데 정인승의 권유로 영생여고보 교사를 그만두고 사전편찬원이 되었다는 이야기는 좀 더 따져볼 여지가 있다. 다른 증언이 있기 때문이다. 1937년 1월에 영생여고보 교목으로 부임한 뒤 정태진과 가까운 사이였던 김춘배[44]는 "총독정치는 우리의 말과 우리의 글을 없애버리고 일본말만 쓰기 위하여 1939년에 이 학교에서의 조선어 교과를 폐지하고 … 이때 영생여고에서 오랫동안 가르치던 정태진은 학교를 떠나서 그의 고향인 경기도 파주에 가 있게 되었다. … 나는 조선어학회에서 한글 사전(조선어학회가 편집한 우리말 큰사전) 편집에 힘을 쓰고 있던 이윤재에게 그를 소개하여 그 사전 편집에 참여케 하였던 것이다"[45]라고 회고했다. 김춘배는 정태진이 함흥을 떠날 때 같은 학교에 근무하고 있었으니 정태진의 사정을 누구보다 잘 알고 있었을 것이다. 그런 김춘배가 일제의 한글 말살정책 때문에 학교를 떠난 뒤 자신의 권유로 편찬작업에 참여하게 되었다고 증언한 것이다.

이는 조선어학회 사건에 대한 예심종결결정의 내용과도 부합한다. 이 결정에 따르면 정태진은 1940년 5월까지 영생여고보 교원으로 근무했고 1941년 4월에 조선어학회의 사무원이 되었다고 한다.[46] 말하자면

---

43) 자신이 정태진을 사전편찬 작업에 참여하도록 권유했다는 정인승의 증언은 「남기고 싶은 이야기들 : 조선어학회 사건(24)」,『중앙일보』1970년 12월 19일을 비롯해 여러 곳에서 되풀이되었다.
44) 「김춘배」, 기독교대백과사전편찬위원회,『기독교대백과사전』, 기독교문사, 1985.
45) 김춘배, 「정태진과 조선어학회 사건」,『전집(상)』, 552쪽.
46) 함흥지방법원, 「소화18년예제11호 예심종결결정」,『전집(상)』, 602~603쪽, 620~621쪽.

1년 동안의 공백이 있는 셈이다. 그렇다면 영생여고보를 그만 둔 뒤 파주에서 가 있던 정태진이 1년 뒤에 조선어학회에서 사전편찬에 종사하기 시작했다고 보는 것이 자연스럽다. 다만 이윤재가 1933년부터 단독으로 사전편찬을 시작한 뒤 조선어학회의 사전편찬과 거리를 두고 있었다는 사실과 1941년 무렵부터는 『기독신문』 주필로 근무하고 있었다는 사실 등에 비추어볼 때 이윤재를 통해 사전편찬에 참여하게 되었다는 증언은 좀 더 면밀히 따져볼 여지가 있다.

4. 정태진과 조선어학회 사건

큰사전 편찬작업은 대체로 어휘 수집—한글 맞춤법 제정—표준말 사정—외래어 표기법 제정—어휘 풀이—교열 및 편집의 차례로 진행되었다. 정인승이 사전편찬의 주무를 맡았을 때는 어휘 수집과 맞춤법 제정은 어느 정도 마무리 단계였다. 그리하여 표준말 사정과 외래어 표기법 제정이 조선어학회 차원에서 진행되고 있었다. 1939년 말에는 작성이 끝난 원고(전체 원고의 1/3 가량)를 조선총독부에 제출해 많은 삭제와 정정을 조건으로 간신히 출판 허가를 얻어 냈다. 이제 출판이 눈앞에 다가온 상황에서 남은 어휘 풀이와 교정 작업을 맡을 인력의 보강이 절실하게 필요했다. 이때 정태진이 사전 편찬 작업에 결합하게 된 것이다.

정태진은 1941년 4월에 사전편찬을 위해 조선어학회 사무원이 되었다. 당시만 해도 한글 관련 글을 쓴 적도 없고 조선어학회와 아무런 관계도 없던 정태진으로서는 이례적인 선택이었다. 그러나 일단 사전편찬 작업에 참여한 이후 정태진은 한글운동에 모든 것을 쏟아 부었다.

그런데 1942년 여름이 다 끝나갈 무렵 조선어학회 사건이 일어났다. 조선어학회의 존재를 껄끄러워 하던 일제가 조작한 사건이었다. 정태진이 영생여고보에서 가르친 학생이 함경남도 홍원 경찰의 취체를 받은 것이 사건의 발단이었다. 실제로는 정태진과 아무런 관련이 없는 일이었지만 경찰은 조선어학회를 탄압하기 위해 정태진을 억지로 끌어들였다. 1942년 9월 정태진에게 소환장이 날라 왔다. 정태진 본인은 참고인이라고 생각했지만 실제로는 참고인이 아니라 피의자로 소환한 것이었다. 정태진을 통해 사상사건을 만들겠다는 것이 처음부터 일제가 의도한 바였다.

정태진은 홍원경찰서에서 모진 고문을 받았다. 그 결과 두 가지를 '자백'했다. 하나는 학생들에게 민족의식을 고취하는 교육을 실시했다는 것이었다. 다른 하나는 조선어학회가 민족운동단체라는 것이었다. 정태진의 자백 아닌 자백을 근거로 조선어학회 사건이 일사천리로 진행되었다.

조선어학회 사건의 실체는 아직 분명하지 않다. 예심종결결정서 외에는 1심재판 판결문과 복심재판 판결문이 남아 있지 않기 때문이다. 어쨌거나 대부분의 관계자가 기소유예 또는 무죄 등으로 석방되었다. 실제로 실형이 언도된 것은 이극로, 최현배, 이희승, 정인승, 정태진의 다섯 명뿐이었다. 사전편찬 실무를 담당한 정인승과 정태진에게 실형을 언도한 것은 일제가 사전편찬 작업을 독립을 목표로 한 조선어학회 한글운동의 핵심으로 간주했음을 의미한다.

조선어학회 사건은 정태진의 삶에 큰 영향을 미쳤다. 자신의 '자백'이 계기가 되어 체포된 동지 2명(이윤재, 한징)이 옥중에서 사망했다. 이극로 등은 실형을 언도받았다. 석방된 다른 동지들도 경찰의 고문으로 몸이 만신창이가 되었다.

더욱이 자신이 옥중에 있는 동안에 부친이 사망했다. 1943년 1월의 일이다. 부친의 임종을 지켜보지 못했다는 죄책감까지 더해졌다. 함흥에서 서울로 올라오면서 수입이 크게 줄었는데[47] 그나마 옥에 갇혀 있으니

---

47) 영생여고보에서의 월급은 115원이었는데 조선어학회에서 받은 월급은 50원이었다고 한다. 정해동, 「선친과 그 주변 사람들을 생각하며」, 323쪽.

남은 가족의 생계를 걱정해야 하는 지경이었다. 정태진은 이때의 회한을
다음과 같은 옥중 시로 남겼다.[48]

해 두고 헛 읽으나 이룬 일 무어런고!	積年虛構事何成
이룬 일 전혀 없고 죄만 가볍잖네	事意不成罪不輕
이팔의 배달 남아 원한이 크고 큰데	二八男兒舍怨大
무심한 저 하늘은 소리조차 없구나	蒼天在上自無聲
망국한 섧다커늘 아비 또한 돌아가니	國破父亡事事非
망망한 하늘 아래 내 어디로 가잔 말고!	天涯無際我何歸
한 조각 외론 혼이 죽잖고 남아 있어	一片孤魂今猶在
밤마다 꿈에 들어 남쪽으로 날아가네	夢裡向南夜夜飛

이 시에는 아무 것도 이루지 못한 채 옥중에 갇혀 동지를 먼저 보내고
아버지의 임종마저 지키지 못한 자신을 자책하는 마음이 담겨 있다.
스스로 죄인이 되었다는 생각은 이후 정태진의 삶을 규정하는 결정적인
요인이 되었다. 그리고 자책감과 속죄의식은 오로지 한글운동을 완수하고
말겠다는 결의로 이어졌다. 조선어학회 사건의 발단이 된 큰사전 편찬을
마무리하는 것이 자신에 남겨진 사명이라고 생각한 것이다. 이후 정태진의
삶은 오로지 사전편찬, 그리고 한글운동에 집중되었다.

---

48) 정태진, 「홍원에서」, 『한글』 11권 1호, 1946, 63~64쪽.

5. 해방 이후의 한글운동

정태진은 해방 직전 징역 2년의 실형을 모두 채우고 만기출옥했다. 서울로 돌아오자마자 해방의 소식이 들렸다. 정태진은 함흥에서 돌아온 동지들, 그리고 서울에 남아 있던 동지들과 함께 조선어학회의 재건을 기도했다. 조선어학회에 정식으로 가입한 것도 이 무렵이었다.

정태진에게 1945년 8월 15일 민족의 해방은 동시에 민족언어로서의 한글의 해방이었다. "우리말은 다시 살았다. 우리의 글자로 다시 살았다. 다시는 말하는 벙어리노릇이나 눈 뜬 소경노릇을 할 필요가 없는 때가 오고야 말았다"[49]는 것이다. 그러면서 정태진은 스스로 문화인이자 국어국문학도라는 정체성을 분명히 드러내기 시작했다. "우리말을 힘 있게 살리고 우리의 글을 크게 밝혀서 대한민국의 자주적 문화를 널리 세계만방에 선포하고, 만대자손으로 하여금 배달민족의 올바른 정신을 꾸준히 북돋아 기르도록 노력하는 것은 특별히 해방 대한의 문화인, 그 중에도 국어국문학도에게 부과된 위대한 책임"이라는 것이었다.[50]

해방 이후 조선어학회의 활동에서 처음 정태진의 이름이 등장하는 것은 1945년 8월 25일 열린 조선어학회 임시총회이다. 이 날 총회에서는 간사장 이극로를 비롯해 간사 최현배, 김병제, 이희승, 정인승, 김윤경이 재건된 조선어학회의 간부로 선출되었다. 그리고 사전편찬원으로 이중화 한갑수, 권승욱 등과 함께 정태진의 이름이 보인다.[51]

정태진은 1949년 6월 12일 한글 전용을 촉진하기 위해 출범한 한글전용 촉진회 (위원장 최현배)에서 총무부장을 맡았으며[52] 같은 해 10월 2일

---

49) 정태진, 「재건 도상의 우리 국어」, 『한글』 11권 2호, 1946, 25쪽.
50) 정태진, 『우리말 연구』, 『전집(하)』, 243쪽. 이 글은 논문 또는 책으로 발표하기 위해 써 놓은 미완의 초고이다.
51) 『한글』 11권 1호, 1946, 67쪽.
52) 『자유신문』 1949년 7월 26일.

조선어학회가 한글학회(이사장 최현배)로 이름을 바꿀 때는 이희승, 정인 승, 정열모, 방종현, 김원표와 함께 이사로 선출되었다.[53]

해방 이후 조선어학회 안에서의 정태진의 활동에 대해 같이 사전편찬 작업을 벌이던 한글운동 후배 이강로는 "석인 선생께서는 교원들을 연수 시키는 강사로 출강하여야 하고 각 지방의 국어 강의 요청에 응하여야 하며 문교부에서 위촉한 교재편찬에 협조하는 한편 사전편찬을 서둘러야 하는 이중삼중의 고역을 치러야 했다. 그러나 석인 선생께서는 국어에 관한 일은 어떠한 일도 사양하지 않으시었으니 이것은 곧 국어를 연구하고 사전을 편찬하는 일은 입으로 나라사랑을 외치고 겨레사랑을 호소하는 정치가나 독립운동가보다도 몇 십 배 나라사랑, 겨레사랑, 문화사랑과 통하는 길이라고 믿었기 때문이었다. 이러한 바쁜 중에 점심시간까지도 쪼개어 가며 사전편찬에 열중하시었다"[54]고 증언했다.

실제로 정태진은 매일 조선어학회에 나와 사전편찬에 전념했다. 한글강 습회의 강사로도 활약했다. 1948년 가을 세종중등교사양성소가 생긴 뒤에는 양성소의 강사로도 2년 동안 근무했다. 당시 수업을 들은 제자는 정태진이 하루도 수업을 빠진 적이 없었다고 회고했다.[55] 정태진은 학회 안에서 여러 가지 일을 담당했다. 그러면서도 정태진의 점심은 언제나 집에서 싸온 찰떡이었다. "초라한 편찬실에서 인절미 몇 덩어리로 점심을 때우면서 한 손에 인절미를 들고 한 손으로는 사전원고를 응시"[56]할 정도로 정태진은 사전편찬에 몰두했다.

그 결과 1947년 10월 9일 『조선말 큰사전』이라는 이름으로 첫 번째

---

53) 『서울신문』 1949년 10월 6일.

54) 이강로, 「정태진 선생과 『큰사전』 편찬」, 『나라사랑』 99, 1999, 61~62쪽.

55) 정재환이 유동삼으로부터 2012년 7월 15일에 받은 구술을 정재환, 『한글의 시대를 열다』, 경인문화사, 2013, 47쪽에서 재인용.

56) 이강로, 「석인 선생과 사전 편찬」, 『석인 정태진 선생의 학문과 인간』, 국립국어연구 원, 1998, 122쪽.

권이 나왔고, 1948년 5월 5일에는 두 번째 권이 나왔다. 그리고 1950년
6월 1일에는 세 번째 권의 인쇄와 네 번째 권의 조판을 마쳤다. 이제
연말까지 예정된 여섯 권을 모두 마무리하기 위해 눈코 뜰 새 없이 일을
서둘러 하는 중에 6·25전쟁이 일어났다.

사전편찬원들은 뿔뿔이 흩어졌다. 정태진도 부산으로 피난을 갔다.
아직 전쟁이 끝나지 않은 상황에서 최현배로부터 사전편찬 작업을 재개해
달라는 부탁을 받고 서울로 돌아온 것은 1952년 5월 무렵이었다. 그때부터
다섯 달 동안 정태진은 동료인 류제한과 함께 사전의 인쇄·교정작업을
벌였다. 그리하여 10월 28일에는 네 번째 권의 지형작업까지 끝낼 수
있었다. 큰 일 하나를 끝낸 뒤 11월 2일 고향인 파주로 잠깐 들리러
가던 도중에 불의의 교통사고를 당해 정태진은 세상을 떠났다.

세상을 떠날 때까지 정태진은 자신이 가진 모든 것을 한글운동에 바쳤다.
이런 정태진에게 모범이 된 인물이 있었다. 바로 주시경이었다. 정태진은
1946년에 주시경의 한글운동의 의미와 성격을 개관한 글을 두 차례에
걸쳐『한글』에 발표했다.[57] 한말에 주시경이 겨레의 앞길을 밝히기 위해
한글운동의 깃발을 높이 든 것처럼 해방 이후 찾아온 한글의 해방이라는
절호의 기회를 살리기 위해 자신도 주시경과 같은 길을 걸어가겠다는
의지의 표현이었다.

실제로 정태진은 주시경의 언어민족주의로부터 큰 영향을 받았다.
정태진은 언어를 문화와 역사의 원동력이며 국가와 민족의 존립과 관련되
는 중요한 조건으로 인식했다. 주시경으로부터 비롯된 언어민족주의의
특징이 정태진의 언어관에도 그대로 담겨 있었다. 정태진에 따르면 "말에
는 겨레의 얼이 들어 있으니, 겨레의 말을 사랑하는 마음은 곧 겨레의
얼을 사랑하는 마음이다"[58] 또는 "말과 글은 한 민족의 피요, 생명이요,

---

57) 정태진, 「주시경 선생」,『한글』 12권 1호·3호, 1947.
58) 정태진, 「말을 사랑하는 마음」,『홍대신문』 1952년 1월 15일.

혼이다"59)라는 것이었다. 주시경을 연상시킨다. 주시경에게서 비롯된
조선어학회의 정신이 정태진에게서도 오롯이 나타나고 있었던 것이다.
다음의 두 인용문도 정태진이 국가와 민족의 존립, 그리고 문화의 발전을
언어와 연결시키고 있음을 잘 보여준다.

이 세상에서 가장 위대한 대발명을 한 것이 있으니 그것이 곧 말이라는
것이다. … 다시 제2의 위대한 대발명을 하였으니 그것이 곧 글자라는
것이다. 이것이야말로 오늘날 전세계 인류의 이목을 놀라게 한 저 원자폭
탄보다 몇 백 배, 몇 천 배 이상으로 가치있는 위대한 발명이오 신성한
발명이었다. … 위대한 말과 글을 가진 세계의 모든 문화 민족들은 세계
문화 사상에 여러 가지의 아름다운 문화를 건설하였으니 … 모든 문화는
말과 글을 뿌리와 줄기로 하고 출산된 잎이오, 꽃이오, 열매인 것이다.60)

우리 인류의 모든 문화는 언어와 함께 시작되어, 언어와 함께 발전하여
온 것이다. 아득히 먼 원시시대로부터 오늘날까지, 우리 인류는 오직
이 언어를 의지하여 우리의 문화를 창조하고 전승하고 보급하여 온 것이
다. … 언어가 없는 곳에 국가가 어디 있으며, 언어가 없는 곳에 역사가
어디 있으며, 언어가 없는 곳에 교육이 어디 있으랴! 우리의 국가, 우리의
역사, 우리의 교육은 오직 우리의 언어를 통하여 처음으로 그 존재를
나타내고 그 가치를 드러내게 되는 것이다.61)

정태진은 주시경에게 배운 적이 없다. 주시경의 제자들을 통해 간접적으

---

59) 정태진, 「말과 글을 피로써 지키자」, 『조선중앙일보』 1948년 8월 10일.
60) 정태진, 「세계 문화사상으로 본 우리 어문의 지위」, 『신세대』, 1946, 『전집 (상)』,
    502쪽.
61) 정태진, 「재건 도상의 우리 국어」, 23쪽.

로 주시경의 언어사상에 접하게 되었을 것이다. 그럼에도 정태진은 주시경을 "우리 어문학계의 위대한 개척자"로 평가했다. 주시경에 관한 글을 쓰게 된 동기도 "스승님을 사모하고, 스승님의 거룩한 정신을 찾아보고, 스승님의 걸어가신 그 길을 따르려는 적은 정성"에서 비롯되었다고 밝혔다. 주시경이 언어민족주의가 "선생의 뒤를 따르는 무리에게 무형한 가운데 전수"되었다고 쓴 것은 정태진 스스로 주시경의 가르침을 따라 한글운동에 나서게 되었음을 밝힌 셈이다. 자신을 주시경의 뒤를 따르는 무리로 규정한 것이다.

자신을 비롯해 후학들이 주시경을 따르는 이유로 여럿을 들었는데 특히 "국어정화운동의 선구자", "한자 안 쓰기 운동의 선구자", "한글 풀어쓰기를 처음으로 주장하시고 이것을 실제로 사용한 어른" 등으로 규정한 것이 눈길을 끈다. 단지 한글을 연구한 선구자가 아니라 한글운동에 모든 것을 바친 "혁명가"로서 높게 평가한 것이다. 이는 다시 자신도 주시경의 뒤를 따르겠다는 다짐으로 이어졌다. "생은 오직 우리 어문을 중심으로 하고, 이 어문을 위하여 다른 생활을 부속시키고 희생시키고 마신 것이나, 선생 일생을 가난하게 지내신 것도 선생이 다른 방면에 기술이나 능력이 없어서가 아니라 오직 우리 어문을 위하셔 그 기술과 능력을 희생하신 까닭이다. … 선생의 앞에는 오직 조선이 있었고 조선의 말과 조선의 글이 있을 뿐이었으니, 이 말 이 글을 연구하는 후인들이 선생의 그 크신 공적을 잊으려 한들 어찌 잠시인들 잊을 수 있으랴"라는 구절은 자신도 주시경처럼 한글을 위해 삶을 모두 바치겠다는 결의를 담은 것이었다.

사실 정태진에게는 해방 이후 세속적으로 성공할 수 있는 기회가 찾아왔다. 미군정의 실시가 바로 그것이다. 미군정은 영어에 능통한 지식인을 대거 등용했다. 대표적인 보기가 사실상 미군정 교육정책을 총괄한 미국유학생 출신 오천석이었다. 백낙준, 김활란 등의 미국유학생 출신도 미군정에 중용되었다.

당연히 컬럼비아 대학 석사학위 소지자인 정태진에게도 마음만 먹으면 출세의 길이 열려 있었다. 조선어학회 인사들 가운데 미국과 가장 인연이 깊은 것은 정태진이었다. 실제로 관계자들의 증언에 따르면 미군정으로부터 제의가 있었다고 한다. 정태진의 영어실력을 이야기하는 증언도 많이 남아 있다. 그러나 정태진이 미군정의 제안을 단호하게 거절했다는 것은 유명한 일화이다.62) 1948년 8월 15일 대한민국 정부수립 이후에도 정부로부터 공직을 맡아달라는 제안을 받았고 고향인 파주 사람들로부터 국회의원 출마를 권유받았지만 역시 거절했다.63) 주변 사람들의 증언에 따르면 정태진은 조선어학회 회원들이 자신 때문에 옥고를 치른 데 대해 늘 죄스런 마음을 안고 생활했다고 하는데 속죄의 길은 정치가 아니라 한글운동에 있다고 믿었기 때문에 모든 유혹을 뿌리칠 수 있었을 것이다. 이와 관련해 이극로와의 사이에서 있었던 일화가 흥미롭다. 정태진은 이극로를 한글운동의 1인자로 여겼다고 한다. 그런 이극로가 늘 정치지향적인 모습을 보이고 실제로 해방정국에서 활발한 정치활동을 벌이자 이극로에게 정치운동보다는 한글운동이 더 중요한 것이 아니냐고 충고를 했다는 것이다.64)

그뿐만이 아니었다. 정태진은 해방 이후 모교 교수로 오라는 권유를 받기도 했다. 실제로 연희전문학교의 선배이자 한글운동의 동지이던 김윤경은 연희대학교 총장 대리를 맡고 있었는데 1950년 봄에 자신과 같은 대우로 교수 자리를 맡아달라는 부탁을 했지만 정태진이 이를 거절했다고 한다.65)

---

62) 이강로, 앞의 글, 1998, 108~109쪽 등을 볼 것.
63) 정해동, 「선친과 그 주변 사람들을 생각하며」, 326~328쪽.
64) 위의 글, 327쪽.
65) 위의 글, 328~329쪽.

정태진은 해방 공간에서 겨레의 말글살이를 올바로 다듬어야 한다는 사명감으로 한글운동에 헌신했다. 정태진에게 연구보다 중요한 것은 실천이었다. 연구도 단지 연구를 위한 연구가 아니라 실천의 전제가 되는 연구라야 의미가 있었다.

정태진은 국어와 언어학 연구를 순수분야와 응용분야로 나누고는 다시 응용분야에서 정책론을 한 갈래로 설정했다. 그 가운데 정태진이 가장 관심을 기울인 것은 정책론이었다.66) 일제강점, 미군정 등으로 겨레의 말글살이가 혼란스러웠던 상황 때문이었다. 정태진은 해방 직후의 말글살이와 그에 대한 공동체의 의식을 부정적으로 진단했다. 가장 중요한 것은 한글이 아직도 대중에게 널리 보급되지 않았다는 사실이었다. "소중화(小中華) 가명인(假明人)의 사대사상"으로 인해 대중의 말글살이에 한자, 일본어, 영어 등이 뒤섞여 아름다운 우리 말글이 심각한 위기를 겪고 있는 현실67)을 발전적으로 극복하기 위해 국어(언어)정책론을 가장 중요한 분야로 설정했던 것이다. 정태진의 말을 직접 인용해보자.

지금 우리 주위에는 수많은 사대주의자가 있습니다. 한문을 가르쳐야 공부이지 그까짓 언문을 가르치는 것이 무슨 공부냐고 잠꼬대를 하고

---

66) 정태진이 남긴 저작을 살펴보면 생전에 활자화된 것과 수고본으로 남아 있는 것이 있다. 앞의 것 가운데서도 단행본으로는 『한자 안 쓰기 문제』(1946), 『중등 국어독본』(1946), 『고어독본』(1947), 『아름다운 강산』(1947), 『조선 고어 방언 사전』(1948)이 있다. 첫 번째과 네 번째 책은 한글운동과 관련된 것이고, 두 번째 책과 세 번째 책은 한글교육과 관련된 것이다. 마지막 책만이 순수분야의 것이었다. 이것만 놓고 보아도 정태진이 순수연구보다는 정책론에 기울어져 있었음을 알 수 있다.

67) 특히 거리 곳곳에서 김 상(さん), 이 상(さん)과 같은 호칭은 물론 학교에서 출석을 부를 때 '하이'라고 대답하다가 '네'라고 고쳐 대답하는 학생들이 적지 않아 출석을 부른 선생님이 하이네는 시인 이름이라고 충고했다는 웃지 못할 광경이 빚어질 정도로 일본어에 의한 오염의 심각함을 정태진은 개탄했다. 정태진, 「재건 도상의 우리 국어」, 23~28쪽.

있는 구식 사대주의자는 얼마나 많으며 국어와 국문은 몰라도 괜찮다,
영어와 독일어를 가르쳐 달라고 이 골목 저 골목으로 찾아다니는 신식
사대주의자들은 또한 얼마나 많습니까?[68]

정태진은 겨레의 말글살이에 저해요인인 구식 사대주의자와 신식 사대
주의자를 모두 배격했다. 그 가운데서도 특히 지식인사회에서 아직도
큰 영향력을 행사하는 구식 사대주의자들 곧 한자폐지 반대론자들이
비판의 과녁이 되었다.

정태진은 한글을 매우 이상적인 글자로 인식했다. 근거는 문자의 체계와
조직이 과학적이어서 쉽고 아름다우며, 만든 동기가 민주적이라는 것이었
다. 그러나 현실적으로는 많은 문제가 있었다. 맞춤법이 보급되어 있지
않고, 한자를 섞어 쓰고 있으며, 가로쓰기와 풀어쓰기를 하지 않고 있다는
것이다. 결국 주시경 이래 한글운동이 언어혁명에서 꿈꾼 한자폐지=한글
전용, 그리고 가로 풀어쓰기야말로 국어의 혼란을 바로잡을 수 있는
방법이라는 결론에 이르게 되었다. 1946년 한자폐지를 다룬 단행본[69]을
출간한 것도 바로 이러한 이유 때문이었다.

해방 이후 조선어학회의 최현배 등이 미군정의 교육정책을 주도하면서
1945년 12월 8일 열린 조선교육심의회에서 초·중등 교과서에서 한자를
폐지할 것을 결정했다. 그러자 지식인 가운데 상당수가 한자 폐지에
반대하고 나섰다. 한자폐지 반대에 앞장선 것은 경성제국대학 출신의
조윤제, 이숭녕 등이었다.[70] 한자폐지를 밀어붙이는 것은 조선어학회의
독단이라는 것이었다. 한자폐지 반대론자들은 말글살이의 규범을 의도적

---

68) 정태진, 「한글날을 맞이하여」, 『한글』 14권 2호, 1949, 70쪽.
69) 정태진, 『한자 안 쓰기 문제』, 어문각, 1946. 이 책은 한글전용에 관한 첫 단행본이었
다.
70) 여기에 대해서는 이준식, 「언어 민족주의와 '과학적' 언어학 : 불안한 동거에서
대립으로」, 『한국근현대사연구』 67, 2013 볼 것.

으로 바꾸려는 것 자체를 인정하지 않았다. 심지어는 일본어를 우리말로
바꾸려고 한 우리말 되찾기 운동에 대해서도 비판적이었다. 조윤제는
한글운동이란 일제강점기에나 필요한 것이었지 해방이 이루어진 상황에
서는 더 이상 필요하지 않으므로 조선어학회를 해산하라고 요구하기도
했다.71)

이처럼 한글전용을 둘러싸고 지식인사회가 찬반으로 나뉘어 치열하게
다투는 상황에서 정태진은 조선어학회의 입장에서 한자폐지야말로 "민족
생활의 전체 문제와 관련되는 가장 중대한 문제"라고 주장했다.72) 정태진
이 한자폐지와 관련해 판단의 기준으로 삼은 것은 "귀하고 아름다운
우리 어린이들에게 어떠한 글자를 가르쳐 주어야 할 것이냐?, 우리 민족의
새로운 문화는 어떠한 글자를 매개로 하여 일으킬 것이냐?" 하는 두
가지였다. 선택의 기준은 과거도 현재도 아닌 미래. 미래를 짊어지고
나갈 어린이, 그리고 이들이 미래에 일으킬 새로운 민족문화에 걸맞은
글자가 무엇인가 하는 데 있었다. 그러면서 한자폐지 반대론을 열네
항목으로, 그리고 한자폐지론을 스무 항목으로 요약한 뒤73) 한자폐지가
올바른 방향이라는 결론을 내렸다. 한자는 비능률적이라는 것이 한자를
폐지해야 한다는 결론의 가장 핵심적인 근거였다. 정태진은 한자가 비능률
적인 이유로 '자수가 많다, 자획이 너무 많다, 동음이의어가 많다, 이자동의
어가 많다, 자음이 똑똑하지 않다, 일자다음인 것이 많다, 일자다의인
것이 많다, 일자다의어가 많다'74)는 여덟 가지를 꼽았다. 요는 한자나
한자어휘는 배우기와 기억하기와 쓰기가 어렵고 인쇄하기에도 불편하다
는 것이었다. 그것은 한자의 수효가 많고 자획이 복잡하고 음과 뜻이

---

71) 조윤제,『국어교육의 당면과제』, 문화당, 1947, 121쪽.
72) 정태진,『한자 안 쓰기 문제』, 1쪽.
73) 위의 책, 20~36쪽.
74) 위의 책, 36~41쪽.

한결같지 않은 데서 비롯되는 문제였다.

결국 한자를 폐지해야 하는데 그 방법에는 방임주의, 한자박멸주의, 점진적 폐지론의 세 가지가 있다고 보았다. 방임주의를 한자폐지의 한 방법으로 제시한 데서 정태진이 한자는 어차피 없어질 수밖에 없다고 본 것을 알 수 있다. 그러나 방임에는 너무 많은 시간이 낭비된다는 것이었다. 따라서 그냥 놓아두기보다는 의식적으로 없애는 것이 바람직한 데 여기에도 두 가지 방법이 있었다. 박멸주의가 즉시 한자를 없애버리는 방법이라면 점진론은 시간을 두고 단계적으로 한자를 없애는 방법이었다. 정태진은 점진적 폐지론을 "가장 지혜로운 해결책"으로 보았다. 한자를 즉시 폐지하기에는 아직 준비가 덜 되어 있고 한자를 폐지하기 전에 먼저 한자를 배워야 한다는 두 가지 이유에서였다.[75]

정태진이 제안한 한자 점진적 폐지론(임시제한론)의 구체적인 방안은 '시기적 제한, 사용범위의 제한, 이중어의 폐지, 자수의 제한, 자획의 제한, 어휘의 제한, 일본식 한자어의 폐지'의 일곱 가지이다.[76] 시기적 제한이란 한자 사용을 5년이나 10년 동안으로 제한하되 그 사이에 한글의 보급·정리 등을 진행하자는 것이다. 사용 범위의 제한이란 한자의 사용범위를 점차 줄여 나가자는 것이다. 토박이 낱말을 쓸데없이 한자로 표기하는 등 한자의 남용을 금지하고 도시의 상점 간판이나 정거장 이름 등은 한글로 쓰며, 지명과 인명도 한글로 쓰는 것을 원칙으로 해야 한다는 것이다. 이중어의 폐지는 한자로 인해 생겨난 이중어휘[77]를 아예 폐지하자는 것이다. 자수의 제한은 한자의 사용 빈도를 조사해 빈도가 낮은 글자부터 폐지하자는 것이다. 처음에는 2,000자 내지는 1,500자 정도로 제한하되 점차 수효를 줄여서 나중에는 아주 없애는 방법을 제안했다. 자획의

---

75) 위의 책, 42쪽.

76) 위의 책, 43~54쪽.

77) 약수물, 매화꽃, 처갓집, 강변 가 등이 대표적인 보기이다.

제한은 획이 복잡한 한자의 경우 약자 사용을 장려하자는 것이다.78) 어휘의 제한이란 순 우리말 어휘와 동의어인 한자어휘의 사용을 제한하자는 것이다. 예컨대 대두는 콩으로, 대맥은 보리로, 마령서는 감자로 쓰자는 것이다. 마지막으로 일본식 한자어의 폐지에서는 즉시 폐지할 것과 우리 어휘로 고칠 것을 나누어 곧 시행하자고 제안했다.

이상과 같은 점진적 한자폐지론은 해방공간의 시대상황을 반영한, 매우 냉정하고도 합리적인 제안이었다. 그러나 바로 최현배 등이 한자를 전면적으로 폐지할 것을 주장하고 이 주장이 조선어학회의 공식 견해로 정리됨으로써 정태진의 점진적 한자폐지론은 사실상 폐기되었다. 그러나 전면 폐지론이 지식인 사이에 큰 반발을 불러 일으켰고 그 후유증이 지금까지도 계속되고 있다는 사실을 감안할 때 정태진의 점진적 방법론은 재평가의 여지가 있다고 여겨진다.

사전편찬이나 저술 외에 정태진이 많은 시간을 보낸 것은 강의였다. 연희전문학교·연희대학교 외에도 국학대학교, 홍익대학교 등에서 국어와 언어학을 가르쳤다. 1948년에 중등학교 국어교사 양성기관으로 문을 연 세종중등국어교사양성소에서도 언어학개론을 가르쳤다.79) 그리고 한글운동 차원에서 열린 각종 강연과 강습에도 강사로 자주 참여했다.80)

강의의 내용은 『전집(하)』에 실린 『언어학 개론』, 『국어학 개론』 『방언학

---

78) 중국어의 간자나 일본어의 약자와 같다고 보면 될 것이다.

79) 한글학회 50돌 기념사업회, 『한글학회 50년사』, 1971, 286쪽.

80) 보기를 들어 1945년 10월 24일부터 11월 13일까지 조선어학회가 국어교원을 양성하기 위해 연 한글강습회에서 문화사 강의를 담당했고, 1946년 1월 9일부터 18일까지 조선어학회가 국어교원을 양성하기 위해 연 한글강습회에서 국어개론을 담당했다. 정확한 시기는 알 수 없지만 1946년 4월 이전 신흥국어연구회 주최 강습회에 강사로 참석하기도 했다. 1946년 7월 28일부터 8월 6일까지 인천에서 한글사 인천지사 주최로 열린 한글강습회에서는 초·중등학교 교원과 공무원을 대상으로 한글 강습을 했다. 1949년 1월 14일부터 2월 23일까지 조선어학회, 진단학회, 한글문화보급회가 공동으로 연 사범부 지도자 양성 강습회에도 강사로 나섰다.

개론』등의 여러 강의안을 통해 확인할 수 있다. 완성된 것은 아니지만 매우 꼼꼼하게 강의를 준비했음을 알 수 있다. 이론적인 것보다는 실제 말글살이와 관련된 구체적인 보기를 드는 경우가 많았다.

평소에는 과묵하기 짝이 없어 돌부처라는 별명까지 들었지만 적어도 해방 이후 대학 등에서의 강의는 학생들의 관심을 끌기에 충분할 정도로 흥미로웠다고 한다. 실제로 연희전문학교에서 강의는 학생들에게 깊은 인상을 남겼다. 직접 정태진으로부터 배운 전상진[81]은 "해방 후 연전에 들어갔을 때 정 선생님의 국어강의는 우리들의 가장 재미롭던 시간의 하나였으며 선생의 유머러스한 비유를 구수하게 말씀하시던 인자스런 모습"을 잊을 수 없다고 했다.[82] 세종중등국어교사양성소에 배운 한 제자도 "(정태진 선생님의─인용자) 언어학개론 수업방식이 특이해요. 들어오시자마자 칠판에 1, 2, 3, 4, 5, 6, 7 문제를 써놓고 하나하나 풀어나가세요. 그러니까 귀에 쏙쏙 들어와요. … 선생님은 몇 해 동안 미국에서 대학을 다니셨는데 미국말을 한마디도 섞지 않았어요. 미국 가서 공부한 티를 안 냈어요. 우리말을 재미있게 가르치신 분이에요"라고 회고했다.[83]

한글을 위한 실천활동에 온힘을 기울이는 가운데서도 정태진은 방언과 옛말 연구에 관심을 갖고 자료를 수집하는 한편 여러 편의 글을 발표했다. 대표적인 것이 『한글』12권 1호, 3호(1947), 13권 1호(1948)에 연재한 「시골말을 캐어 모으자」[84]와 김병제와 함께 1948년 일성당에서 펴낸 『조선고어 방언 사전』이다. 정태진은 함흥에 있을 때부터 방언에 관심을 갖고 있었던 것으로 알려졌다. 꾸준히 방언을 수집하고 있었을 것이다. 사전편

---

81) 연희전문학교를 거쳐 연희대학 정치외교학과를 1회로 졸업한 뒤 외교관으로 활동했다.

82) 「전상진이 정해동에게 쓴 편지」, 『전집(하)』, 526쪽.

83) 정재환이 유동삼으로부터 2012년 7월 15일에 받은 구술을 정재환, 앞의 책, 159~160쪽에서 재인용.

84) 2회부터는 「시골말 캐기」로 제목이 바뀌었다.

찬 작업을 통해 방언과 옛말에 대한 관심은 더욱 높아졌다. 사전편찬 등으로 바쁜 와중에도 짬짬이 방언과 옛말을 수집하는 데 힘을 기울인 것도 이 때문이었다.

그렇다면 수많은 분야 가운데 왜 방언을 연구했을까? 정태진의 언어연구는 역사비교언어학을 바탕으로 한 것이었다. 정태진에 따르면 언어학은 과학이었다. 과학으로서의 언어학의 가장 기본적인 출발점이 비교방법이라는 것이 정태진의 확고한 생각이었다. 비교하지 않고서는 언어과학의 법칙을 만들 수 없다는 것이었다.[85] 정태진이 남겨 놓은 글 가운데는 비교가 연구의 출발점임을 강조하는 것이 적지 않다. 방언과 옛말에 대한 관심도 현재의 우리말을 위한 비교연구에 유용한 소재이기 때문이었다. "우리 언어과학에 있어서, 만일 우리가 고대어와 현대어를 비교하여 연구하지 아니하고, 우리말과 자매어를 비교하여 연구하지 아니하고, 표준말과 시골말을 비교하여 연구하지 아니한다면, 도저히 객관적 타당성을 가진 언어과학의 법칙은 성립될 수 없을 것이나, 이 점으로 보아 우리의 시골말을 될 수 있는 대로 많이 모아서, 우리 국어를 재건하는 데 큰 도움이 되도록 하기를 간절히 바"란다는 것이었다.[86]

일제강점기 한글연구가 본격화되었지만 그 가운데서도 방언은 거의 관심 밖이었다.[87] 일본인 학자인 오구라(小倉進平) 등이 오히려 조선의 방언에 관심을 갖고 있었다. 방언연구는 해방 이후에도 부진했다. 이러한 의미에서 오구라를 제외하면 사실상 방언연구의 개척자가 정태진이라고 할 수 있다. 그런데도 정태진은 한동안 방언학분야에서 잊혀졌다. 정태진의 방언연구에 대한 재평가가 이루어지기 시작한 것은 최근의 일이다.[88]

---

85) 정태진, 「시골말을 캐어 모으자」, 『한글』 11권 3호, 1946, 18쪽.
86) 위의 글.
87) 김민수에 따르면 1930년부터 1944년 사이에 발표된 조선인 학자의 한글 연구 논저는 모두 463편인데 그 가운데서도 방언과 은어에 대한 연구 논저는 기껏해야 7편에 지나지 않는다. 김민수, 『신국어학사』, 일조각, 1990.

특히 방언수집의 대상을 "천문, 지리, 동물, 식물, 의식주, 인체, 생리, 연중행사, 풍속습관, 관혼상제" 등의 어휘로 확대한 것은 오구라가 방언을 분류하면서 "연중행사, 풍속 습관, 관혼상제"는 제외했다는 것[89]과 비교해 볼 때 탁견이라고 할 수 있다. 정태진이 일본인 연구자들은 간과한 일상생활이라는 측면에 주목했음을 알 수 있다.[90]

6. 맺음말

한국의 지식인사회를 들여다보면 놀라운 사실을 발견할 수 있다. 지식인들이 온갖 사회적 현안에 대해 집단적으로 의사를 표시하는 경우가 많다는 사실이 바로 그것이다. 4월혁명 당시의 대학교수 시위에서 상징적으로 드러났듯이 한국의 지식인들은 집단행동을 통해 한국사회가 나아가는 방향을 바꾸는 데 결정적인 역할을 하기도 했다. 오늘날에도 지식인들의 선언이나 연대서명은 한국사회에서 일상적인 모습이다. 한국의 지식인들이 다른 나라의 지식인들에 비해 사회적 실천에 더 적극적이라는 것은 부정할 수 없는 사실이다.

이러한 의미에서 학문연구와 실천이 불가분의 관계를 맺어 왔다는 사실을 한국 근·현대 지성사의 중요한 특징 가운데 하나로 꼽을 수 있다. 일제강점기도 마찬가지였다. 일제강점기에 지식인을 배출하는 통로는

---

88) 1970~80년대까지만 해도 방언학 연구 흐름을 정리하는 글에서 정태진의 이름은 아예 거론조차 되지 않았다. 이를테면 최범훈, 「해방 이후 새로운 자료발굴, 편찬, 주석, 간행 - 국어사·국어학사·방언학을 중심으로」, 『국어국문학』 88, 1982 등을 볼 것.

89) 小倉進平, 『朝鮮語方言の研究 上』, 岩波書店, 1944.

90) 정태진이 시도한 방언 분류법은 한글운동의 동지이자 『조선 고어 방언 사전』의 공저자이기도 했던 김병제에 의해 더 구체화되었다. 김병제, 『방언 연구』, 평양: 과학백과사전출판사, 1980.

매우 제한적이었다. 일제의 우민화 교육정책에 따라 조선 안에서는 고등교육기관의 설립 자체가 극도로 통제되었다. 유일한 4년제 대학으로 관립대학인 경성제국대학이 출범한 것이 강제병합으로부터 14년이 지난 1924년의 일이었다. 해방이 될 때까지 일제는 단 하나의 사립대학도 설립을 허가하지 않았다.

경성제국대학에는 식민지지배의 일익을 담당할 중견 관료층을 육성하고 식민지지배 이데올로기를 생산하는 역할이 부여되었는데 특히 후자의 측면이 중요하다. 경성제국대학은 식민지조선의 민중에게 근대로서의 일본제국의 위력을 각인시킴으로써 식민지지배에 대한 동의를 획득할 수 있도록 하는 유력한 장의 하나였다. 물론 경성제국대학을 거쳐 간 교수나 학생이 모두 일제의 의도대로 식민지지배의 도구가 된 것은 아니었다. 민족의 해방을 위한 활동에 뛰어든 사람들도 분명히 있었다. 그러나 이는 어디까지나 이례적인 것이었다. 경성제국대학 자체는 1945년 해방이 될 때까지 분명히 식민지지배를 안정화하는 기구로서의 역할을 충실하게 수행했다.

경성제국대학 외에 몇 안 되는 관립전문학교와 사립전문학교가 '사실상의 대학'으로 대학을 대신했지만 고등교육에 대한 열망을 채우기에는 턱없이 부족한 상태였다. 일부의 젊은이들이 구미나 일본으로 유학을 떠나기도 했지만 전체 인구에 비추어보면 극히 일부에 지나지 않았다. 이러한 상황에서 대학이나 전문학교를 졸업한 사람들 가운데 상당수는 선택받은 지식인으로서 우리 민족의 앞날을 이끌어야 한다는 강한 사명감을 갖게 되었다. 그리고 이러한 사명감은 직·간접적인 형태로 민족운동에 관여하는 것으로 이어졌다.

이러한 경향이 가장 강하게 나타난 것이 바로 연희전문학교였다. 비록 대학으로 인정을 받지 못한 전문학교였지만 일제의 관학아카데미즘에 맞서 민족의 현실을 개혁하고 궁극적으로 민족의 해방에 기여할 수 있는 학문의 토대를 만들고 나아가 실제로 그러한 학문을 바탕으로 사회적 실천에 나선 인물을 여럿 배출한 것이다. 연희전문학교는 민족을 위한 사회적 실천의 장이라는 역할을 충실하게 수행했다. 사회를 개혁하거나 변혁하려는 움직임의 힘이 연희전문학교에서 나왔다. 학문연구와 실천의 결합이라는, 한국 지성사의 중요한 특징은 연희전문학교에서도 나타나고 있었던 것이다. 아니 그러한 특징을 가장 두드러지게 드러낸 것이 바로 연희전문학교를 거쳐 간 지식인들이었다.

　나는 이 글에서 실천운동을 포괄하는 방향으로 지성사의 범위를 확대할 필요가 있다는 주장을 하려고 했다. 한글 연구자로서는 크게 주목을 받지 못했지만 한글운동에서는 누구 못지않은 활동을 벌이던 정태진에 대해 내가 주목한 이유도 바로 여기에 있다.

　정태진은 연희전문학교에서 스승이나 동료학생들과 몇 년 동안 같이 공부하면서 민족의 현실과 미래에 대해 일정한 공감대를 형성할 수 있었다. 연희라는 이름의 지식인 공동체는 우리 문화와 역사에 대한 깊은 관심을 공유하고 있었다. 또한 근대학문을 단순히 지적 유희나 입신출세의 수단으로 여기지 않고 민족의 미래를 밝히는 틀로 인식하고 있었다. 초창기부터 학문과 실천을 함께 엮어 생각하는 것이 연희전문학교의 고유한 학풍91)이 되었는데 정태진도 이러한 학풍으로부터 큰 영향을 받아 한글운동가로서의 삶을 살 수 있었던 것이다.

　정태진은 조선어학회 사건 이후 죽을 때까지 조선어학회 사건의 빌미를 제공했다는 죄의식에서 벗어나기 위해 한글운동에 진력하는 삶을 살았다. 감옥에서 나온 이후 한글운동은 정태진에게 삶의 모든 것이었다. 정태진은 조선어학회의 정식 회원이 되었고 국어학자로서의 정체성을 확고하게 갖기 시작했다. 해방 이후 한반도의 남쪽에서 미국의 영향력이 결정적으로

---

91) 여기에 대해 자세히 논의한 이준식, 앞의 글, 2005 볼 것.

된 상황에서 미국 유학생 출신인 정태진은 세상 사람들의 주목을 받았다. 원한다면 얼마든지 출세할 수 있는 길이 열려 있었다. 실제로 미군정과 대한민국정부, 그리고 모교인 연희대학교 등이 관료나 교수 자리를 제안했다. 그러나 정태진은 이를 모두 거절하고 조선어학회에서 사전을 편찬하는 일에 몰두했다. 그러면서도 시간을 내 신문과 잡지에 한글운동과 관련된 글을 발표했고 단행본을 냈다. 필요하다면 대학이나 강습소에서 언어학과 한글을 가르치는 일에도 열심이었다. 그런 가운데 조선어학회의 한글전용론을 체계화한 최초의 단행본을 내고 거기에서 현실적으로 여전히 큰 힘을 발휘하고 있던 한자폐지 반대론을 고려해 점진적 폐지론을 주장한 것은 늘 언어정책의 문제를 중시한 정태진의 생각과 관련해 특기할 만하다. 역사비교언어학의 관점에서 당시로서는 이례적으로 방언 수집과 연구에 주목한 것도 방언연구의 선구자로 높게 평가받아야 할 것이다.

370

참고문헌

국립국어연구원, 『석인 정태진 선생의 학문과 인간』, 국립국어연구원, 1998.

기독교대백과사전편찬위원회, 『기독교대백과사전』, 기독교문사, 1985.

김병제, 『방언 연구』, 평양: 과학백과사전출판사, 1980.

김석득, 「연희전문의 국어 연구와 조선어학회」, 연세대학교 국학연구원 엮음, 『근대 학문의 형성과 연희전문』, 연세대학교 출판부, 2005.

김춘배, 「정태진과 조선어학회 사건」, 『석인 정태진 전집(상)』, 나주정씨월헌공파 종회, 1995.

류대영, 「연희전문, 세브란스의전 관련 선교사들의 한국 연구」, 연세대학교 국학연 구원 엮음, 『근대 학문의 형성과 연희전문』, 연세대학교 출판부, 2005.

박용규, 『조선어학회 항일투쟁사』, 한글학회, 2012.

백낙준, 「1930년대의 연전 교수진」, 『백낙준 전집 3권』, 연세대학교 출판부, 1995.

백낙준, 「연세와 더불어 한평생」, 연세대학교 출판위원회 엮음, 『진리와 자유의 기수들』, 연세대학교 출판부, 1982.

小倉進平, 『朝鮮語方言の研究 上』, 岩波書店, 1944.

윤선자, 「이관용의 생애와 민족운동」, 『한국근현대사연구』 30, 2004.

이강로, 「석인 선생과 사전 편찬」, 『석인 정태진 선생의 학문과 인간』, 국립국어연구 원, 1998.

이강로, 「정태진 선생과 『큰사전』 편찬」, 『나라사랑』 99, 1999.

이상혁, 「해방 초기 북쪽 국어학 연구의 경향―1945~1950년 초기 국어학 연구자들 중심으로」, 『어문논집』 56, 2007.

이준식, 「언어 민족주의와 '과학적' 언어학 : 불안한 동거에서 대립으로」, 『한국근 현대사연구』 67, 2013.

이준식, 「연희전문학교와 근대 학문의 수용 및 발전」, 연세대학교 국학연구원 엮음, 『근대 학문의 형성과 연희전문』, 연세대학교 출판부, 2005.

이준식, 「외솔과 조선어학회의 한글 운동」, 『현상과 인식』 18권 3호, 1994.

이준식, 「일제 침략기 한글 운동 연구」, 『한국사회사연구회논문집』 49집, 1996.

임옥인, 「스승 고 정태진 선생님―이상의 등불을 켜 주시던」, 『석인 정태진 전집(상)』, 나주정씨월헌공파종회, 1995.

정선이, 「연희전문 문과의 교육」, 연세대학교 국학연구원 엮음, 『근대 학문의 형성과 연희전문』, 연세대학교 출판부, 2005.

정인승, 「내 나이 여든 일곱에」, 『건대학보』 36, 1983.

정재환, 『한글의 시대를 열다』, 경인문화사, 2013.

정태진, 「말과 글을 피로써 지키자」, 『조선중앙일보』 1948년 8월 10일.

정태진, 「말을 사랑하는 마음」, 『홍대신문』 1952년 1월 15일.

정태진, 「세계 문화사상으로 본 우리 어문의 지위」, 『신세대』, 1946.

정태진, 「시골말을 캐어 모으자」, 『한글』 11권 3호, 1946.

정태진, 「재건 도상의 우리 국어」, 『한글』 11권 3호, 1946.

정태진, 「주시경 선생」, 『한글』 12권 1호, 1947.

정태진, 「주시경 선생 (2)」, 『한글』 12권 3호, 1947.

정태진, 「홍원에서」, 『한글』 11권 1호, 1946.

정태진, 『아름다운 강산』, 신흥국어연구소, 1946.

정태진, 『우리말 연구』, 『석인 정태진 전집(하)』, 나주정씨월헌공파종회, 1995.

정태진, 『한자 안 쓰기 문제』, 어문각, 1946.

정태진·김원표 엮음, 『중등 국어 독본』, 한글사, 1946.

정태진선생기념사업회, 『석인 정태진 선생에 대한 연구 논문 모음 (상)·(하)』, 민지사, 2009.

정해동, 「선친과 그 주변 사람들을 생각하며」, 『석인 정태진 선생에 대한 연구 논문 모음(하)』, 민지사, 2009.

정해동, 「아버님을 생각하며」, 『석인 정태진 전집(하)』, 나주정씨월헌공파종회, 1995.

조오현, 「건재 정인승 선생의 생애와 사상」, 『한말연구』 3, 1997.

조윤제, 『국어교육의 당면과제』, 문화당, 1947.

최경봉, 「김규식 『대한문법』의 국어학사적 의의」, 『우리어문연구』 22, 2004.

최금옥 외, 「석인 선생을 추모하며-영생여고 제자 좌담회」, 『새 국어생활』 8권 3호, 1998.

최범훈, 「해방 이후 새로운 자료발굴, 편찬, 주석, 간행-국어사·국어학사·방언학을 중심으로」, 『국어국문학』 88, 1982.

최호연, 「석인 정태진 스승님 영전에」, 『석인 정태진 전집 (상)』, 나주정씨월헌공파종회, 1995.

한글학회 50돌 기념사업회, 『한글학회 50년사』, 한글학회, 1971.

함흥지방법원, 「소화18년예제11호 예심종결결정」, 『석인 정태진 전집(상)』, 나주정씨월헌공파종회, 1995.
허웅, 「김윤경 선생의 일생」.『한결 김윤경 선생의 학문과 인간』, 국립국어연구원, 1995.

이춘호-근대수학교육과 활동

장 건 수

1. 이춘호 교수(1893.3.6~1950.10.9)

조선조의 청백리(淸白吏) 가문에서 태어나다

연세대학교 과학관 1층 로비 한 구석에 얼굴이 동안인 흉상이 하나있다.

이 흉상의 주인공은 초창기 연희전문학교 시절의 수물과 교수였던 이춘호(李春昊)이다.

이춘호는 전의(全義) 이씨 27세손으로, 1893년 3월 6일 경기도 개성(開城)에서 5남매 중 4남으로 태어났다. 족보명은 이동순(李東淳)이다. 이춘호는 인삼 삼포와 백상 상점을 운영하던 부친이 일찍 작고하여 어려운 소년시절을 보냈다.

이춘호 교수

조선조 관리 중 당상관(堂上官)으로서 청렴결백하고 투철한 봉사정신으로 직무에 충실한 이도(吏道)의 수범자로 조정에 천거되어 녹선(錄選)된

분에게 청백리라는 칭호가 주어졌다. 청백리는 많은 명문 양반가에서 탄생하였는데, 그 성씨별 인구비례로 보아 제일 많은 수를 차지한 가문이 전의(全義)이씨라고 한다.

새로운 문명에 눈을 뜨다

이춘호는 1912년까지는 서당에서 한문을 배우다가 동리의 교회 주일학교에 다닌 것이 계기가 되어 미국선교사들이 설립한 개성의 한영서원(지금의 송도중고등학교의 전신)에 입학하였다. 2년 과정인 고등과를 1914년 2월에 마치고 이 학교 제1회 졸업생으로 졸업하였는데, 전체 수석이었다고 한다. 이 한영서원의 선생님들은 미국인 선교사가 대부분이었다. 이들은 기독선교와 동시에 신학문을 교수함으로써 우리 민족에게 새 세상을 알게 해 주었다.

이춘호는 이 학교에서 수학하며 영어를 익히게 되었고, 신학문과 외부 세계의 새로운 문명에 눈을 뜨고 동경하게 되었다.

결혼하고 미국유학을 떠나다

졸업과 동시에 이춘호는 부산에 있는 초량여학교 교사가 되어 부산의 형님 댁에 잠깐 가 있었으나, 미국으로 유학을 가기 위하여 윤영선(대한민국 초대 농림부 장관)과 임병직(대한민국 초대 외무부 장관)과 함께 육로를 통해 북경으로 건너갔다. 이때는 일본 경찰의 감시가 심했기 때문에 부산에서 떠나는 미국행 기선을 탈 수 없어서 중국을 거쳐서 가야만 했다. 이춘호는 중국으로 떠나기 전에 호수돈여학교를 졸업하고 호수돈소학교 교사로 있던 한정원과 결혼하였다. 그리고 10년 계획으로 미국 유학을 마치고 돌아와 다시 만나기로 약속하였다.

이춘호는 중국에서 중국인 복장을 하고 상해로 가서 미국행 기선에 승선하여 1914년 7월 미국에 무사히 도착하였다. 한영서원 선교사의 추천서를 가지고 기차로 매사추세츠로 가서 마운트 허몬(Mount Hermon)[1] 고등학교에 입학하였고 식당, 호텔 등에서 접시닦이, 청소부 등 아르바이트를 하면서 공부하여 2년 후인 1916년에 고등학교를 졸업하였다.

한국인 최초의 수학석사

고등학교를 졸업한 이춘호는 곧바로 오하이오주의 웨슬리언(Ohio Wesleyan) 대학에 진학하여 수학을 전공했다. 그에게는 수리에 밝은 핏줄이 있었기 때문인지도 모른다. 이춘호의 장남 이희철[2] 교수의 글[3]에 의하면 전의 이씨 11세손으로 수학자이자 천문학자인 서촌(西村) 이경창(李慶昌)이 이춘호의 16대 조부라고 한다. 당시 이춘호는 이경창의 유품으로 서촌선생이 저술한 붓글씨로 그린 천문도와 붓글씨로 쓴 수학책들을 가지고 있었는데 아깝게도 한국전쟁 때 다 잃어버렸다고 한다.

이춘호는 1920년 6월 웨슬리언 대학 수학과를 졸업하고 그해 9월 오하이오 주립대학 대학원에 진학하여 조교장학금으로 학비와 생활비를 조달하면서 1921년 6월 수학석사학위를 받았다. 장남 이희철 교수가 보관하고

---

1) 현재는 Northfield Mount Hermon 고등학교로 미국의 명문교 중의 하나다. 1881년에 설립한 Mount Hermon 고등학교와 1879년에 설립한 Northfield 여자고등학교가 1972년에 합병하여 Northfield Mount Hermon 고등학교가 되었다.

2) 이춘호 교수의 2남 7녀 중
   장남 이희철 : 1931.12.23생, 연세대 졸업, 인하대학교 공과대학 화학공학과 명예교수
   차남 이희성 : 1937. 8. 6생, 중앙대학교 의과대학 생화학교실 명예교수
   장녀 이혜자 : 덕성여대 명예약학박사, 외솔회 후원사업, 외솔 최현배의 2남 최신해(청량리 뇌병원장)와 결혼.

3) 이희철, 「나의 아버지, 이춘호선생을 기리며」, 『진리 자유』 제35호, 연세대학교 출판부, 1999.

있는 성적표에 의하면 3학기간의 평균은 92점이다. 그는 석사학위논문 「유한체의 대수 및 해석기하(Algebra and Analytical Geometry of Finite Field)」를 제출하여 한국인으로서는 최초로 수학을 전공한 석사가 되었다. 그는 이어서 박사학위과정에 진학하였으나, 1924년 8월에 귀국하여 한국을 떠나기 전에 부인과 10년 후 재회하기로 한 약속을 지켰다. 그리고 그해 9월부터 연희전문학교 교수가 됨으로서 박사학위과정은 중단하고 말았다. 그의 성적표에 의하면 석사학위를 받은 후 박사과정을 1년 동안 다녔으며 연희전문 교수로 재직하면서 한국수학사를 연구해서 박사학위 논문으로 제출할 계획을 가지고 있었다.[4]

한편, 이춘호가 미국유학을 하고 있을 때 3·1운동이 일어났다. 같은 해 그는 이승만이 총재로 있던 '재미 한국 독립운동 동지회' 학생부장으로 독립운동에도 참여했다.

연희전문 교수로 초빙되다

1920년대 초 연희전문학교 교장 언더우드 박사와 연희전문의 선각자인 유억겸 선생이 연희전문 발전계획안을 재단에 제출하였는데, 그 계획안의 핵심은 학교교육의 질을 향상시키는 것이었다. 이를 위해서는 시설의 확충, 보완도 필요하지만 우선 각 분야의 우수한 교수들을 확보하는 것이 시급하였다. 재단에서는 이 안을 채택하여 국내의 학자와, 일본, 미국, 유럽 등지에서 유학한 우수한 인재를 물색하여 초빙하기로 하였다. 국내학자로는 문과의 정인보, 최현배, 정인승 교수를, 일본유학생으로는 이순탁, 백남운 교수를, 구미 유학생 중에는 이춘호, 홍순국, 백낙준, 이원철 교수를 초빙하게 되었다. 구미 유학생 중에서 부임 순으로 보면

---

4) 박성래 외, 『한국 과학기술자의 형성연구2 : 미국 유학편』, 1998.

이춘호 교수의 미분방정식 강의(1928년 졸업앨범)

이춘호 교수가 제일 먼저였으므로 구미 유학생 유치 교섭의 첫 열매였던 것이다.

1915년 연희전문 수물과 개설이래 물리학자인 베커 교수가 현대수학을 강의하였는데, 이춘호 교수가 1924년 9월 1일 부임하면서 현대수학을 비로소 전공자가 강의하게 되었다.

전공을 공학에서 수학으로 바꾸다

그런데 "석사학위를 받은 1921년 6월부터 귀국한 1924년 8월까지의 3년간의 미국에서의 행적이 분명하지 않다. 오하이오 주립대학에서 연구만 하였는지 아니면 다른 대학에서 잠시 강의를 하였는지는 조사할 일이다"라고 나일성 교수는 기술하고 있으나,[5] 서울대학교 2대 총장 이춘호

---

5) 나일성, 『서양과학의 도입과 연희전문학교』, 연세대학교 출판부, 2004.

교수의 경력에는 오하이오 주립대 교수를 역임한 것으로 되어있다. 필자의 생각으로는 석사학위만 가지고 정식교수가 되기는 어렵고, 박사학위과정에 재학하면서 학부과목을 강의하는 재학조교 또는 강사로 재직한 것으로 추측된다.

『동광』1931년 9월호는 「될뻔기(記)–나는 소년시대에 어떤 야심을 가졌었나?」라는 기사를 싣고 있는데, 이 기사에서 이춘호 교수는 미국에서 공학을 배우다가 광산 실습 도중 갱도 벽이 무너져 2명이 즉사하는 것을 보고 전공을 수학으로 전환했다고 회고했다.

학생 장기원과 교수 이춘호의 만남

이춘호 교수는 연희전문에서 수학을 교수하는 첫 해에 우수한 학생을 만나게 된다. 후일 이화여전과 연세대학교에서 많은 인재를 양성한 장기원 교수가 바로 그 사람이다. 장기원이 연희전문 수물과 학생이던 처음 3년간 수학을 교수한 사람은 베커였다. 베커는 전공이 물리학이긴 했지만 수학지식도 조선에서 최고로 여겨질 만큼 탁월했던 교수였다. 그 당시에는 수학을 가르칠 교수가 없어서 베커 교수가 수학도 가르친 것으로 추측된다. 그러나 수학에 남다른 재능을 가지고 수강한 장기원에게는 수학석사학위를 받고 귀국한 이춘호 교수의 수학강의는 감명적이었다. 뿐만 아니라 장기원의 뒤를 따른 다른 수재들인 최규남, 국채표, 박재철 등도 이춘호 교수의 수학강의로 기초를 튼튼히 한 초기의 학생들이었다. 이춘호 교수는 1926년 4월에 수물과 과장, 1935년에는 수물과 과장 겸 학감을 지냈다.

첫 안식년을 미국에서 보내다

이춘호 교수는 첫 안식년(1930.3~1931.2)을 미국에서 보냈다. (장남 이희철 교수의 회고록에 의하면, 안식년으로 미국에 체류한 기간은 1931년 4월~1932년 4월이다.) 이 기회에 그는 연구 활동 보다는 교회와 단체를 방문하여 기부금을 모금하는데 많은 열정을 보였다. 그는 미국 뉴욕에 있는 '기독교 교육재단(Board for Christian Education)'에서 미국 여러 곳에 보낸 4쪽 짜리 호소문 "Scientific Education at Chosen Christian College, Seoul, Korea"를 만들었다. 이 호소문 끝에는 학교에 관한 전반적인 소개와 계획 중에 있는 공과대학에 관하여는 수물과(Science Department)의 과장 (Director)인 자기에게 문의하라고 적고 있다. 「연희전문학교 상황보고서 (1930)」에 이춘호 교수의 안식년에 관한 두 가지 소식이 있다. "도미하셨던 수물과 과장 이춘호 교수는 예정대로 미국 각지에서 교육시찰을 마치고 지난 3월 17일에 무사히 귀국하셨나이다.", "생도보조기금. 도미하셨던 이춘호 교수의 주선으로 재미동포로부터 생도보조기금으로 금 6,000원을 본교에 기부하셨나이다." 그의 노력에 성과가 있었다. 그가 귀국한 후 여러 해 동안 계속해서 기부금이 연희전문에 전달된 사례가 여러 문서에 나타난다(『연희동문회보』 제2호, 1934, 67~68쪽 ; 「연희전문학교 상황 보고서」, 1937 등).

　그 때 그 기부금의 일부는 연희전문학교에 처음으로 전화교환대를 설치하고, 선교사택 등에 전화를 가설하는 데도 쓰였다. 연희전문학교는 저명교수들을 많이 확보하면서 시설도 확장하기 시작했다. 노천극장을 교수, 학생, 일꾼들이 하나가 되어 건설하고 정구장, 농구장, 축구장 등도 건설하였다. 지금의 정문이 있는 곳에는 큰 연못이 있었는데 겨울에는 얼음이 얼어 아이스하키 장으로 쓰였다. 특히 연희전문학교는 유도부와 씨름 팀이 유명하였는데 씨름선수 중에는 김윤근(한국전쟁 당시 방위군 사령관)이 대단한 씨름꾼이었다. 이춘호 교수는 씨름부장을 오래 역임하였다.

애창곡은 민요 박연폭포

매년 학생들과 소풍을 가면 이춘호 교수는 음역은 테너인데 한결같이 즐겨 부른 노래는 민요 「박연폭포」였다. 그리고 미국유학 때 배운 정구가 특기였는데 서브가 매우 날카로워 받아 내기가 힘들 정도였다고 한다. 이춘호 교수는 조선조 청백리 가문에서 태어난 가풍의 영향을 받아 청렴강 직하고 봉사정신이 투철한 분으로 장남 이희철 교수는 회고한다.6) 이 점이 선교사들에게 인정되어 학교 산림의 도벌 방지와 붕괴사고 방지 등 학교재산 관리의 일부도 맡아 하였다. 또한, 졸업생들의 취업을 위해서 는 자비를 들여 전국을 순회하며 적극적으로 활동하였다.

미국에서 안식년을 마치고 돌아온 이춘호 교수의 연희에서의 생활은 계속해서 바쁜 나날이었다. 1931~1932년에는 부교장 원한경 박사가 부재 중인 데다가 학감 유억겸(兪億兼) 교수마저 캐나다와 미국으로 출타하였기 때문에 부교장과 학감을 동시에 대리하게 되었다.

흥업구락부 사건으로 검거되다

이춘호 교수의 사회활동도 다채롭다. 1924년 귀국한 후에는 서울 YMCA 총무(1931)로, 안식년으로 미국에 갔을 때에는 제4회 미국 남감리교 총회에 한국대표로 참가(1929~1930)했다.

그 후, 1938년 5월 18일 흥업구락부7) 사건으로 서대문 경찰서에 검거되 어 옥살이를 하였다. 이 사건으로 구속된 과학자로는 이원철 박사도

---

6) 이희철, 「나의 아버지, 이춘호선생을 기리며」, 『진리 자유』 제35호, 연세대학교 출판부, 1999.
7) 흥업구락부 : 기독교 계열의 사회운동 단체로 항일독립운동을 위한 자금지원 및 기독교 기반 애국계몽운동을 진행한 단체이다.

있었다. 이때의 상황을 장남 이희철 교수는 다음과 같이 기술하고 있다.[8]

"어느 날 갑자기 개똥 모자를 쓰고 당구쓰봉(독일 병정 바지와 같이 생긴 것) 을 입은 사람이 구두를 신은 채 우리가 살던 방으로 들어왔다. 그 때 우리는 밥상을 받고 막 식사를 하려던 참인데 그 자가 일본말로 욕을 하며 밥상을 걷어차는 바람에 상은 뒤집어 지고 음식이 온통 방바닥으로 쏟아져 버렸다. 겁에 질린 우리는 으악 소리를 지르고 방구석에 처박혀서 그 무서운 사람을 바라보았다. 이 자는 서대문 경찰서 고등계 형사로 사상범을 잡아다 취조하는 직분을 가진 조선인 경관이었다. 이 때 이춘호 교수는 이미 검거되어 수감되었고, 가택수색을 하려고 이 형사가 들어와 행패를 부리고 서재와 모든 방을 뒤지고 무엇인지 많이 꺼내어 지게꾼에게 지워서 가져갔다."

연희전문에서 해임되다

『독립유공자 공훈록』 제7권 국내 독립운동의 제2편 국내 독립운동 참여자 명단에 이춘호의 이름이 수록되어 있으며 전과지문 원지상의 기록은 죄명이 치안유지법위반이고 범죄사실의 개요는 "대정(大正) 14년 3월 초에 조선의 독립을 목적으로 비밀결사 흥업구락부를 조직하고 결사의 목적을 수행하기 위하여 활동하였다." 라고 기록되어 있다. 또한, 『독립운동사』 제8권 문화투쟁사 「애국 교원의 축출」 편에 의하면 흥업구락부는 1938년부터 본격적인 탄압을 받았고 신흥우, 윤치호, 유억겸, 최현배, 이춘호, 정광현, 장덕수 등 연희전문, 이화전문, 보성전문 교수들이 검속되고 학교에서 축출되었다고 기록하고 있다.

---

8) 이희철, 앞의 책, 1999.

그 후 미국 선교사들과 학교관계자들이 모두 추방되었고 한국인 교수들도 모두 쫓겨났으며, 연희전문을 일본인들이 강점하고 학교명도 경성공업경리전문학교라 하였다.

이춘호 교수는 기소유예로 풀려나기는 했지만, 이로 인하여 1938~1945년 기간에는 일제의 강압으로 연희전문에서 해임되어 실직자가 되었고, 살던 사택에서도 쫓겨나는 수모를 감내해야 했다. 실직한 동안에는 수입이 없었으므로 금촌의 선영 부근에 있는 토지를 경작하는 소작인에게서 받는 백미 40가마 정도와 봉급을 절약하여 신촌 부근에 사두었던 토지에 온 식구가 밭을 갈고 농사를 지어 살았다. 그리고 때때로 예비검속이 있으면 붙잡혀서 구금되었다가 풀려나는 수모와 고생을 해방될 때까지 계속하였다.

그런데 1940년 2월에 발행된 『연희동문회보』에 의하면, 모교 창립25주년을 기념하여 10년 이상 근속자를 표창할 때, 이춘호 교수는 16년 근속자로 되어있다.

조국의 광복과 서울대 총장 취임

광복 후 연희전문은 그 전의 교수들이 모여들었고 학교의 이름을 다시 찾게 되었으며 곧이어 대학으로 승격되었다. 이춘호 교수도 유억겸 교장을 도와 연희의 재건에 심혈을 기울었으며, 한국전쟁 전에는 재단 이사장으로 활약하였다. 조국의 광복은 이춘호 교수에게 새로운 사명을 안겨주었다. 미군정청 문교부장에 유억겸 연희전문 학감이 임명되면서 이춘호 교수는 문교차장에 임명되었다. 지금까지 이어져오는 우리나라 교육제도의 근간인 6.6.4 학제가 이 시기에 탄생되었다. 이때 이춘호 교수는 다른 몇 사람들과 함께 '국립서울대학교 설립안(국대안)'을 창안하고 그 제정에 공헌하였다. 이로 인해 좌익세력이 포함된 반대자들로부터 테러의 위협을 오랫동안 받기도 했다. 1947년 4월에는 UN한국정치 연락위원이 되었고, 그 해 10월에는 새로 탄생한 서울대학교 제2대 총장에 취임하였다.

반민족 특위 위원으로 활동

이렇게 교육과 관련된 분야에서 바쁘게 지내던 이춘호 교수에게 요청하는 다른 일들도 많아졌다. 그 중에서 먼저 1948년 9월에 서울YMCA 이사장에 취임하여 전국의 YMCA지부를 통해 선교와 계몽운동을 활성화 하는데 많은 노력을 하였다. 그리고 이 시기에 그는 반민족행위 특별조사위원회 위원으로도 활약하였다. 세상은 그에게 국가를 도모하는 일에 더 나설 것을 요구하였다. 그리고 그는 그 요구에 응했다. 1950년 5·10총선거에 출마한 것이다. 제2대 국회의원이 되려고 했으나 결과는 낙선이었다. 이 일이 있은 후 그는 극도로 심신의 피로를 느껴 몸을 보양하기로 했다.

평양감옥에서 사망

그러나 한 달도 채 안되어 1950년 6월 25일 6·25전쟁이 일어났다. 이춘호 교수는 불행하게도 이 때 북한공산군에 납치를 당했고, 몸을 보양하던 중에 당한 이 고통을 이기지 못하고 작고했다. 이와 관련하여 "평양감옥에서 수감 중 악성 이질로 1950년 10월 9일 작고했다"는 국회조사반의 정보자료가 남아있다.[9] 불과 58세의 젊

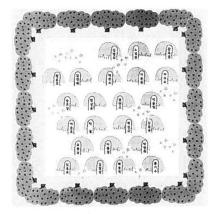

이춘호 교수 묘역

은 나이에 이 세상을 떠난 그의 유해는 현재 평양 신미리 재북평화통일촉진 협의회 특설묘지에 안치되어 있다. 그의 모교인 오하이오 주립대학은 그 해 8월에 그에게 명예박사학위를 수여할 예정이었다.

이춘호 교수와 국대안

해방 후 조선을 다스린 미군정은 기존의 사립 전문대학을 대학교로 승격시키고 관공립대학을 통합해 하나의 종합대학교를 설립하는 정책을 채택하였다. 1946년 7월 문교부는 경성대학과 9개 관립전문학교 및 사립 경성치과의학전문학교를 일괄 통합해 종합대학교를 설립한다는 '국립서 울대학교 설립안'을 발표하였다. 그해 8월 22일에는 '국립서울대학교에 관한 법령'(군정법령 제102호)이 공포되어 법적효력이 발생되었다. 경성 제국대학의 후신인 경성대학의 3개 학부와 일제 때 만들어진 9개 관립 전문학교를 통폐합하여 종합대학을 설립한다는 안이다.

이때 이춘호 교수는 다른 사람들과 함께 국대안(國大案)을 창안하고 그 제정에 공헌하였다. 그러나 친일 교수를 배제해야 한다는 것이 큰 쟁점 중 하나였다. 이로 인해 좌익세력이 포함된 반대자들로부터 테러의 위협을 오랫동안 받았다. 국대안 발표 후에 일부 교직원과 학생들은 맹렬한 반대운동을 펴기 시작했고, 7월 31일 조선교육자협회와 전문대학 교수단 연합회가 공동으로 전국교육자대회를 열고 국대안 철회를 요청하 였다.

반대운동 대표자들은 러치(Archer L. Lerch) 군정장관을 면담하고 국대안 철회를 요구하였다. 그런 와중에 미군정청이 미 육군성 해군대위로, 구 경성대학 총장을 역임한 해리 앤스테드(Harry B. Ansted, 1893~1955)[10]를

---

9) 나일성은 이춘호 교수가 7월 26일 사망한 것으로 기술하고 있다. 나일성, 『서양과학 의 도입과 연희전문학교』, 연세대학교 출판부, 2004.

추천하여 앤스테드가 미군정의 서울대 초대총장으로 취임하였다.

국대안 반대의 집단행동이 본격화된 것은 1946년 9월 해당 대학교들의 학생들이 등록을 거부하고 제1차 동맹휴학에 들어가면서 부터이다. 이들은 친일교수 배격, 경찰의 학원 간섭 정지, 집회허가제 폐지, 국립대 행정권 일체를 조선인에게 이양할 것, 미국인 총장을 한국인으로 대체할 것을 요구하였다. 국대안 반대운동은 학원문제를 넘어 정치적 성격의 문제로 진화하였고, 이에 따라 좌우익 학생들이 국대안 문제에 대해 동맹휴학 유지와 중지로 갈라지게 되었다. 미국시민권자인 이춘호 교수는 1947년 4월 UN 한국정치 연락위원이 되었다.

정치투쟁으로 변질되어 1년 동안 계속되었던 국대안 파동은 1947년 10월 학교 측이 제적학생 전원의 무조건 복교를 결정하고 초대총장인 앤스테드에 이어 미국에서 대학을 나온 한국인 이춘호 교수를 서울대 제2대 총장에 임명함으로써 일단락되었다.

이춘호 교수는 이해 10월에 새로 탄생한 서울대학교 제2대 총장에 취임하였다(재임기간 : 1947.10.25~1948.5.12). 초대 서울대 총장이 외국인이기 때문에, 서울대학교 총장에 오른 최초의 한국인으로 불린다.

이춘호 총장은 취임사를 통해, "학술연구의 자유를 존중하고 학원의 자유를 확립하겠다."고 언명하였다. 그리고 그는 이어서 사상의 자유는 인정하지만, 학원 내에서 정치적 언행은 용인할 수 없다고 밝혔다. 이것은 당시 학원 내에서 좌익 계열의 학생들과 우익계열의 학생들 간의 대립이 계속되고 있었기 때문이었다.

이춘호 총장은 동맹휴학사건과 등록거부파동을 마무리 짓는 한편 서울

---

10) 서울대 초대총장 Harry Bidwell Ansteed(재임기간 : 1946.8.22~1947.10.25)
    1922 : Greenville College 졸업
    1924 : 서던 캘리포니아대 법학석사
    1944 : 워싱턴 스프링스 대학교 법학박사
    시애틀 퍼시픽 대학교 상대학장, 목사, 미국 해군 대위

이춘호 교수 흉상. 왼쪽 위는 베커 교수(물리학), 오른쪽 위는 밀러 교수(화학)

대학교의 진정한 종합화를 위하여 애썼지만 문리과대학과 법과대학 사이의 교수연구실 분쟁 등의 난제를 남긴 채 1948년 4월 16일 사임하고 말았다.

이춘호 교수 흉상

연세대학교 과학관 1층 로비 한 구석에 얼굴이 동안인 흉상이 하나 있다. 이 흉상의 주인공은 초창기 연희전문학교 시절의 수물과 교수였던 이춘호 교수이다. 2001년 3월 9일 로비에서 흉상 제막식을 거행하였다. 다음은 『연세춘추』에 게재된 제막식 기사 내용이다.

고(故) 이춘호 교수 흉상 제막식 열려

자랑스런 연세이학인상 및 연세과학원 신축 강연회도 이어져

/우보경 기자 greentea@│chunchu@yonsei.ac.kr

연세춘추[1410호] 승인 2001.03.12 00:00:00

지난 9일 아침 10시 이과대 과학관 로비에서 고 이춘호 교수 흉상 제막식(아래 제막식)이 열렸다. 김우식 총장과 이교수의 유가족 등이 참석한 가운데 진행된 이번 제막식은 연희전문학교 수학물리학과 최초의 한국인 교수이자 서울대 2대 총장을 역임하고 YMCA이사장까지 지낸 고 이춘호 교수를 기념하기 위한 자리였다. 제막식이 끝나고 과학관 111호에서는 자랑스런 연세이학인상 시상 및 연세과학원 신축 기념 강연회가 열렸다.

흉상 건립을 위한 이춘호 교수의 공적 조서

우리나라 근대수학 100년사에서 처음 반세기는 바로 연희전문학교의 수학교육에 관한 수학사로 채워져 있다. 한국수학사에서는 이춘호 교수를 한국 현대수학의 선구자로 기록하고 있다. 당시 경성제국대학에는 수학과가 없었으며, 해방될 때까지 연희전문학교의 수물과는 우리나라 과학교육의 요람으로 자리 잡고 있었다.

우리나라는 삼국시대와 고려를 거쳐 조선시대 말에 이르기 까지 중국에서 도입된 구장산술 등 전통적인 동양수학을 중인 계층의 수학자들이 연구하였다. 1869년(고종 6)에 계사(計士) 합격자를 마지막으로 동양수학은 쇠락하였고, 1915년 연희전문학교 수물과의 개설과 함께 현대수학이 우리나라에 도입되었다. 천문학자인 베커(Becker) 교수가 현대수학을 처음 강의하였으며, 그 뒤를 이어받아 1924년 9월 이춘호 교수가 연희전문학교에 부임하여 한국인으로서는 처음으로 현대수학을 강의하였다. 이 교수가

1922년 6월에 받은 이학석사학위(MS) 역시 한국인이 받은 최초의 수학석사 학위이다. 한국에 부임한 이래 이 교수는 학과장, 학감 등을 역임하였으며, 1931년 4월 남감리교회 한국대표로 도미하여 전기와 전화 설비를 기증받아 귀국하여 연희전문학교에 설치하는 등 학교발전에 크게 이바지하였다.

이춘호 교수는 미국 유학중인 1915년 4월 독립운동 단체인 재미 한국유학생연맹에 가입하였으며, 1919년에는 재미 한국독립운동동지회 학생부장을 맡아서 미국에서 적극적인 독립운동을 하였다. 귀국 후, 연희전문학교 교수로 봉직하면서도, 독립을 목적으로 한 흥업구락부의 조직에 가담하여 활동한 혐의로 1938년 5월 치안유지법 위반으로 서대문경찰서에 검속되었으며, 같은 해 9월 경성지방법원에서 기소유예를 받았다. 이와 같은 활동이 인정되어 이춘호 교수는 대한민국 독립유공자 공훈록에 그 이름이 올라있다.

1945년 해방 후에는 미군정청 고문 겸 교육부 차장을 역임하였고, 1946년에는 경기도 도의원 및 배화여자중학교, 연희대학, 이화여자대학, 송도중고등학교의 재단이사 및 이사장으로 활동하였다. 1947년 UN한국정치연락위원에 임명되었고, 1947년 10월에는 한국인으로서는 최초로 서울대학교 제2대 총장에 임명되었다. 1948년 5월 동대학 총장직을 사퇴한 후, 같은 해 9월 기독교청년회 이사장, 같은 해 12월에는 반민족행위처벌특별위원회 재판부 재판관으로 해방 후 혼란기에 국가 발전을 위해서 헌신하였다.

한국동란 중 북한군에 납치되어 1950년 7월 26일 평양감옥에서 병사하였다.

2. 근대수학의 도입과 연희전문 수물과

근대수학의 태동

2015년은 연희전문 수물과가 연희전문학교에 설치된 지 100주년이 되는 해이다.

우리나라에서 서구 근대학문으로서의 수학을 처음으로 받아들이고, 현대식 강의를 개설한 것은 연희전문학교 수물과에서였다. 이는 실로 우리나라 현대학문으로서의 수학의 태동이라 하겠다. 이 학과는 연희전문학교가 개교한 1915년부터 설치되었고, 우리나라 근대과학 형성기에 지대한 역할을 수행하였다.[11]

일제 강점기 초 새로운 교육과정에 따른 우리나라 수학교육은 관학과 사학을 막론하고 고등교육기관이 전무한 상태에서 초등 및 중등 수학교육만 이루어졌다. 중등학교 이상의 수학교육은 1915년에 이르러서야 연희전문학교에 수물과가 생긴 후, 이 학과를 통하여 처음으로 이루어졌다.

정규대학을 목표로 한 연희전문학교는 조직, 구성을 기존의 전문학교들과 달리 단과나 직업학교 형식이 아니라 문과, 신과, 수학 및 물리학과, 농과, 응용화학과를 보유한 대학 형태로 갖추었다. 수학 및 물리학과는 간단히 줄여서 수물과라고 불렀다. 연희전문학교에 초창기부터 수물과가 생기게 된 것은 미국에서 물리학 석사학위를 받고 평양 숭실대학에서 근무하다 1915년에 연희전문에 초빙된 베커(A. L. Becker) 교수의 강력한 주장으로 이루어졌다고 한다.

그는 연희전문학교 설립 당시 크게 공헌하였을 뿐만 아니라 설립 후에도 학교 전체의 학사관리를 하면서 초대 수물과 과장으로 일했다.

---

11) 1915년 연희전문학교의 전신인 경신학교 전문부가 개교했고, 1917년 4월 "사립연희전문학교"의 설립인가를 받았다.

우리나라 최초의 수학전공 교과목

우리나라에서 처음으로 연희전문 수물과에 개설된 수학과목들을 살펴보면 1학년에 삼각법, 대수, 입체기하, 2학년에는 해석기하, 3학년에는 미적분, 4학년에는 미분방정식 등으로 편성되어 있어 그 당시의 학문수준을 짐작할 수 있게 해준다. 당시 우리나라 사람으로 서양수학을 강의할 교수가 없어서 처음에는 미국인 선교사 겸 물리학교수 베커 교수가 수학과목을 강의했다.

〈표〉 1924년 연희전문학교 수물과 수학전공과목

구 분	교과목
1학년	고등대수학, 기하학
2학년	고등 삼각법, 해석기하
3학년	미분적분학, 역학
4학년	미분방정식

1930년대에 들어와서는 수물과의 강좌내용은 그 학문수준이 초창기의 그것에 비해 많이 개선되었음을 알 수 있다. 수학과목만 살펴보면, 1학년에서 삼각법, 해석기하학, 고등대수 등이 개설되었고, 2학년에 삼각법, 미적분학, 3학년에 미적분학, 4학년에서는 근세기하학, 응용함수론까지 확대되었다. 이를 다시 학점수로 보면 1924년에는 총 29학점이었던 수학전공 학점수가 1940년에 학칙개정에 따라 24학점으로 줄었다가 다시 1942년 2차 세계대전의 전시체제에 상응하여 실용수학과 측량학, 수학교수연구 등의 과목이 추가되어 수학과목만도 총 49학점으로 대폭 증가되었다. 그러나 이때까지는 양적인 증가에 지나지 않았으며 질적인 향상은 아직 미흡하였다. 이는 전시체제하에서 모든 학문의 경향이 추상적인 이론보다 실용적인 면을 강조하는 당시의 교육목표 때문이었다.

연희전문학교 교정(1930년대).
(사진 왼쪽부터) 스팀슨관(사적 제275호), 언더우드관(사적 제276호), 아펜젤러관(사적 제277호)

4년제 연희전문학교

연희전문학교는 전문학교였으나 그 조직 구성은 종합대학의 체재로 이루어졌다. 다른 전문학교와 같이 어떤 특정한 분야에 한한 것이 아니라 수물과를 포함한 여러 분야가 포함되어 있었고, 당시 전문학교는 일반적으로 3년제였으나 연희전문학교는 4년제로 되어있었다.

또한, 연희전문학교는 일제가 세운 경성공전이나 경성광전, 대동공전과 교육환경에서 차이가 있었다. 연희전문은 재학생이 거의 전부가 한국 사람이라는 점과 베커, 밀러(E. H. Miller), 언더우드(H. G. Underwood) 등 미국인 교수들에 의해 미국식 교육방법이 채택되었다는 점이다. 그러나 1923년 3월에 조선총독부가 「개정조선교육령」을 공포하면서 문과, 상과, 신과만 남기고 수물과를 비롯한 나머지 학과는 폐쇄되고 말았다. 그러나 베커의 노력으로 학칙을 개정하고 다음해인 1924년 4월에 수물과는 존속하게 되었다. 그리고 1940년 조선총독부에 의하여 수물과는 이과(理科)로 명칭이 변경되었다.

1924년 이춘호 교수는 미국에서 수학석사학위를 받고 귀국하여 최규동 교수(중동학교 교장, 서울대 총장, 6.25때 납북, 옥사)와 함께 한국인 최초의 수학교수가 되었다. 또한, 미국유학을 한 이원철 교수(천문학), 일본 유학을 한 장기원 교수, 박정기 교수 등이 귀국하여 수학을 강의하였으며, 그 외에 김지정 교수, 미국인 선교사 등도 수학강의를 하였다.

연희전문이 배출한 한국인 최초의 수학박사 장세운

1919년에 제1회 수물과 졸업생 4명(김술근, 이원철, 임용필, 장세운)이 배출되고,[12] 김술근은 하버드 대학, 이원철은 미시간 대학, 임용필은 맬크 대학, 장세운은 시카고 대학으로 유학을 갔다. 특히, 장세운은 시카고 대학에서 학사와 석사학위를 받고, 1938년 미국 노스웨스턴 대학에서 「윌진스키의 관점에서 본 곡면의 아핀 미분기하학(Affine Differential Geometry of Ruled Surfaces from the Point of View of Wilczynski)」이라는 논문으로 한국인 최초로 수학박사학위를 취득하였다. 그동안 한국인 최초의 수학박사는 1955년 캐나다 브리티시컬럼비아 대학에서 박사학위를 받은 이임학 교수로 알려졌으나, 최근 성균관대학교 이상구 교수가 미국 수학회 논문목록과 한국인 이름 등을 검색하여 장세운이 한국인 최초의 수학박사라는 사실을 찾아냈다.[13] 그러나 그보다 먼저 박성래 등이 저술한 「한국 과학기술자의 형성연구」(1998)에서 한국 최초의 수학박사는 장세운이란 사실을 밝혔다. 한편 이임학 교수는 1939년 경성제국대학 예과 이공계에 입학하여 3년의 과정을 마치고, 그 당시 경성대학에는 수학과가 없었기에 이공학부 물리학과로 진학하여 1944년 9월에 졸업하였다. 그리고 1945년 경성대학 수학과 교수, 1947년 서울대학교 수학과 교수를 거쳐 1953년 캐나다로 유학을 갔다.

---

12) 연희전문 수물과는 1944년 마지막 졸업생 28명을 포함하여 총 266명을 배출했다.
13) 이상구, 『한국 근대수학의 개척자들』, 사람의 무늬, 2013.

한국의 근대 수학교육

1908년 일제의 사립학교령, 1910년 한일병탄, 1911년 학부령과 4차에 걸친 조선교육령 수정안 등을 거치면서 일제는 조선에서의 교육을 식민지 보통교육에 초점을 맞추어, 오직 초등교육과 직업교육에만 비중을 두었다.

그 결과 일제 강점기에 한반도에서 수학분야의 고등교육은 전혀 이루어지지 않았고 우리나라 대학과정에서 수학과는 단 하나도 존재하지 않았다.

1910~1945년 사이는 한반도에서 보통학교교육조차 의무교육이 아니었다. 조선에서 고등보통학교(고보)를 졸업한 조선인이 고등교육을 받기 위해 일본에 건너가더라도 고등학교 입학시험에 응시할 수 없었다. 1940년까지도 일본의 중학교 졸업생에 비하여 수학 연수가 2~4년 모자랐기 때문이다. 따라서 조선에서 고등보통학교를 마친 학생은 일본으로 유학을 가서 중학교 4학년 또는 5학년으로 편입하여 졸업한 후 대학에 진학할 수 있었다.

일본의 관립대학은 대학에 입학하려면 일본의 고등학교나 대학예과에 입학해야만 했다. 이처럼 고등학교가 하나도 없는 한반도에서 중학교 수준에도 못 미치는 고등보통학교를 졸업한 조선인 학생의 대학 진학은 거의 불가능하였다. 이런 여건은 1945년까지 조선에 수학과 대학과정이 전혀 마련되지 못한 것과 함께 해방 후 한국 고등수학에 매우 부정적인 영향을 미쳤다.

경성제국대학

경성제국대학은 일제의 여섯 번째 제국대학으로, 1924년에 예과만 우선 설립되었다. 예과 합격생들은 학부에 진학하기 위해서 예과에서 2년(1934년 이후부터는 3년)간 공부해야 했다. 경성제국대학 예과의 경우는 일본의 다른 제국대학으로 편입할 수 없도록, 보통 제국대학의 3년제 예과와 달리 단 2년제로 운영했다. 따라서 경성제대 예과를 나온 학생은 다른 제국대학으로 진학할 수 없게 되었다. 1934년에 이르러서야 경성제국 대학 예과도 3년제로 바뀌었다. 조선에서 보통학교 3년, 고등보통학교 5년을 마친 학생들 중 일부가 경성제국대학 예과에 입학하여, 3년 동안 예과를 마친 후, 3년제 경성제국대학 본과에 입학할 수 있었다. 경성제대 본과는 1926년에 개설되었다. 학부는 법문학부와 의학부 단 두 개로 구성되었다. 경성제국대학은 1945년 일본의 패망과 함께 경성대학으로 전환되었다가 미군정에 의해 폐교되었다.

일제하의 한반도 이공계 대학교육은 1941년 경성제국대학의 이공학부 가 처음 생기고, 1944년 물리학과와 광산과 등에서 1회 졸업생을 배출하면 서 단 몇 명의 조선인 학생이 일본유학 대신 경성제국대학에서 이학사와 공학사 학위를 받은 것이 전부이다.

1945년까지 한반도에서의 대학수학교육은 1911년 일제가 한반도에서 의 대학과정을 모두 폐지하였기 때문에 아주 미미하였다.

1917년 4월 '사립연희전문학교'의 설립인가를 받은 연희전문 수물과에 서 미적분학을 정식으로 강의하였다. 현재 대학 2학년이 수강하는 미분방 정식이 연희전문 수물과 졸업반 학생들이 수강하는 과목이었다. 대학교육 이 합법적으로 가능해졌던 1922년이나 경성제국대학에 이공학부가 생긴 1941년이 되어서도 수학과가 없는 상태였기 때문에 우리나라의 정상적인 대학 수학교육은 1945년 해방 때까지 이루어지지 않았다.

성균관

1895년부터 조선은 고등교육기관인 성균관을 개편하고, 초등, 중등교육 기관과 근대고등교육기관을 설립하여 새로운 교육과정을 도입하고 근대

수학을 받아들이기 위한 노력을 기울였다. 그리고 이 노력은 1897년 8월 대한제국으로 국호를 바꾸면서 더욱 적극적으로 추진되었다.

고종은 1895년 성균관에 3년제 경학과를 설치하고 교과과정을 개편하여 강독, 작문, 역사학, 지리학, 수학(가감승제, 비례, 차분)을 필수과목으로 지정하였다. 국립성균관 경학과 교과과정에 최초로 중고등과정의 서양수학이 필수과목으로 지정된 것이다. 동시에 교수 임명제, 입학시험제, 졸업시험제를 실시하고 학기제, 연간수업일수, 주당강의시간수를 책정하는 등 근대적인 제도개혁을 단행하였다. 그리하여 성균관은 근대 대학의 구조를 갖추었다. 이어서 대한제국은 성균관을 근대적 고등교육기관으로 발전시키기 위하여 1905년과 1908년에 성균관관제를 개편하였다. 특이한 사항은 '경학과 기타학과(역사, 지리, 수학)' 분과를 했다는 점이다. 이에 따라 늘어난 전공을 담당하기 위하여 교원이 3명 추가되었다. 그리고 교과과정에 산술, 대수, 기하에 더해 물리, 화학과 같은 자연과학 강좌가 추가되었고, 입학자격은 20세 이상, 30세 이하로 제한되었다.

한성사범학교

한성사범학교는 학부고시(1894년 8월)에 따라 1894년 9월 18일 설립되었는데, 교과과정은 수신, 국문, 한문, 교육, 역사, 지리, 수학, 물리, 박물, 화학, 습자, 작문, 체조 등 모두 13개 과목을 가르쳤다. 당시 교원은 한국인과 일본인 두 사람이었고, 한 교실에 25명 정도 수용할 수 있었다. 이 학교에서 이상설, 이상익, 헐버트 등이 교감 또는 교사로 근무하였다. 이 학교는 1895년부터 1903년까지 속성과를 포함하여 172명의 졸업생을 배출하였고, 이들 중 1895년부터 1906년 8월까지 64명이 관립소학교 교원으로 임명되었다. 일제 통감부 설치 이전까지 한성사범학교 졸업생의 대부분은 관공립학교 교원으로 임명되어 국민 교육에 큰 기여를 하였다.

관공립소학교

관공립소학교는 1895년 7월 공포된 전문 29개조의 소학교령을 필두로
본격적으로 추진되었다. 제일 먼저 생긴 소학교가 한성사범학교의 부설학
교로 같은 건물(현재의 교동초등학교)에서 수업을 시작하였다. 소학교에
는 심상과와 고등과가 있었고, 수업연한은 심상과의 경우 3년, 고등과의
경우는 2년 내지 3년으로 규정되어 있었다. 심상과의 교과목은 수신,
독서, 작문, 습자, 산술, 체조, 본국역사, 도화, 외국어 등이며, 고등과는
여기에 외국지리와 외국역사 그리고 이과를 추가하도록 하였다. 육영학원
과 성균관에 이어 교사양성기관인 한성사범학교에서 관립 근대 중등수학
교육이 이루어졌다. 그리고 관립 근대 초등수학교육도 이 관립소학교에서
시작되었다.

1891년 중국의 동문관을 모델로 설립한 관립외국어학교의 수업연한은
일어, 한어(중국어)는 각 4년, 영어, 법어(프랑스어) 아어(러시아어), 덕어(독
일어)는 5년으로 규정되었다. 교육과정은 각국 어학이 중심이 되었으나
뒤에 수학, 지리 등의 일반과목과 실무교육으로서 상업총론, 우편사무와
같은 내용이 추가되면서 외국어 학교에서도 수학을 가르치기 시작했다.

사립 고등교육기관

배재학당 : 1885년 두 명의 학생으로 시작한 배재학당은 영어, 지리, 수학,
  과학 등을 지도하였고, 1895년 대학과를 개설하여 자연과학강좌를
  실시하였다. 1917년 일제에 의해 대학과는 폐지되었지만, 20세기 초
  한국인 수학교사를 배출하는 역할을 하였다.

이화학당 : 1886년 미국인 여선교사 스크랜튼(Scranton)에 의해 개교한 이화
  학당은 1908년 대한제국으로부터 인가를 받았으며 대수, 기하, 삼각법

등의 수학과목을 개설하였다.

한성의숙 : 1898년 설립한 한성의숙(낙영의숙)에서는 산술, 물리, 화학을 강의했고, 1899년 설립한 시무학교(중교의숙)에서는 산술, 기하, 물리, 화학을 가르쳤다.

배영의숙 : 1899년 설립한 배영의숙에서는 산술, 물리, 화학을 가르쳤다.

평양 대성학교 : 1907년 설립한 평양 사립대성학교에서는 수학(분수, 구적, 대수, 기하, 부기, 삼각법) 및 물리, 화학, 식물을 가르쳤다.

광흥학교 : 1898년 한성에 설립한 광흥학교에서는 산술, 일어, 영어, 법률, 지리, 역사 등을 교육하였으며, 1910년 고등속성과를 설치한 동덕여자의숙에서는 산술과목으로 분수, 소수, 주산을 지도하였고, 동물, 식물, 생리위생 등의 과목을 가르쳤다.

한성법학교 : 조선후기 역관이자 교육가인 현채(玄采, 1856~1925)가 교장이었던 사립 한성법학교(1905~1906)의 강사였던 변호사 이면우(李冕宇)는 1908년 이교승이 저술한 산술교과서(상)와 1909년 저술한 산술교과서(하)의 공저자이다. 이런 수학책을 펴낸 출판사는 이면우 법률사무소로 기록되어있다.

관립 경성고등공업학교

1945년까지 우리나라에 초등학교 교사를 배출하는 사범학교는 있었지만 중등학교 교사를 배출하는 고등사범학교는 단 하나도 없었다. 따라서 중등학교 이과 교사가 절대적으로 부족하던 1941년에 경성고등공업학교에 이과양성소가 부설되어 수학, 물상, 화학, 생물 중등교사를 양성하기도 했다. 경성고등공업학교는 해방이후에는 경성광산전문학교와 함께 경성제국대학 이공학부 공학계를 흡수하여 서울대학교 공과대학이 되었다.

중요한 것은 경성고등공업학교 부설로 1941년에 생긴 이과 교원양성소의 수학과에서 중등수학교사들을 배출한 것이다. 이는 기존의 사범학교에서 배출한 초등학교교사(수학)와는 차별화된 변화이다. 더구나 교육과정에서도 의미 있는 차이가 있었을 것이다. 고등보통학교인 중동학교에서 1915년 수학과 1회 졸업생을 배출했지만, 당시 일제가 이 학력을 인정하지 않았기 때문에, 공식적으로는 경성고등공업학교 부설 이과교원양성소 수학과가 일제시대 수학과란 이름을 가진 조선유일의 교육기관이었다. 이런 이유로 1960년대까지는 여러 대학에서 사범대학 수학전공을 수학교육과가 아니라 사범대 수학과라는 이름을 가지고 있었다.

따라서 1964년 서울대학교 공과대학에 생겼던 응용수학과의 뿌리는 경성고등공업학교 교원양성소 수학과로 볼 수 있다.

경성대학 예과

한반도에 이공계 대학이 처음생긴 1941년까지는 우수한 우리 학생이 4년제 대학에서 수학, 생물 등 기초학문을 배우려면 주로 일본에 있는 대학 예과나 일본의 중등교원 양성기관인 고등사범학교 및 그 외의 학교 (도쿄물리학교 등)로 진학하는 것 외에는 다른 길이 없었다.

1924년 경성제대 예과가 생겨 고등학교과정의 수학을 가르쳤다. 1941년부터 경성제대 물리과가 생겼으나 대학과정의 수학 과목은 개설되지 않았다. 특히 경성제국대학에서 현재의 자연과학부에 속하는 학과는 물리전공과 화학전공이 유일하였으므로, 수학교육 환경은 한층 더 척박하였다고 할 수 있다. 연희전문 수물과를 제외하면 1920년부터 1945년까지 고등수학교육은 미약하였고, 경성제국대학에서 운영하였던 물리학과의 교육과정안에 포함되어 있는 것이 전부였다.

일본인을 위주로 소수만을 선발한 경성제국대학에서는 조선인의 독립의식을 고양시킬 수 있는 정치나 경제, 이공계 등의 학부는 설립되지 않았고, 일제의 식민통치에 효과적으로 이용할 수 있는 인력양성을 위한 법문학부, 의학부만 설치 운영하였다. 그러다 1941년 3월 경성제국대학에 이공학부를 설치하고 물리학, 화학, 토목공학, 기계공학, 전기공학, 응용화학, 채광(광산) 및 야금의 7개 전공을 두었다. 그러나 조선인 입학생은 그 수가 적었다. 3년제 경성제국대학 이공학부는 1941년 4월에 신입생 총 37명을 맞아 일본인 교수들이 강의를 하였다. 1943년 말 경성제대 이공학부 1회 졸업생 중 조선인은 단 13명이며, 일제가 패망하는 1945년 3회까지 단 31명의 조선인 졸업생을 배출하는 데 그쳤다. 이곳에서 수학을 가르친 사람으로는 일본인 우노(宇野利雄, 전 도쿄고등상선 교수), 오케구치 준시로(桶口順四郎, 전 오사카제대 교수)가 있었다.

경성대학

1945년 10월 17일 우리나라의 유일한 대학이던 경성제국대학이 일제를 상징하는 "제국" 두 글자를 빼고 경성대학으로 개칭되고 경성대학 이공학부에 최초로 독립된 수학과가 개설되었다. 그러나 국립서울대학교 설립안(국대안) 파동으로 강의조차 제대로 이루어지지 않았다. 그해 11월 김지정(金志政)이 처음으로 경성대학 수학교수로 임명되었다. 12월에는 김지정, 이임학, 유충호가 임명되었으며 수학과장은 도쿄제국대학을 졸업하고 연희전문 강사를 역임한 김지정이 임명되었다. 김지정, 이임학, 유충호가 국대안 파동으로 사표를 내고 최윤식이 학과장으로 취임하였다. 최윤식은 1926년 도쿄대학 수학과를 졸업하고 휘문고보, 경성공업전문학교, 경성광산전문학교에 근무하다 해방 후 경성광산전문학교 교장직을 수행하다 서울대학교 교수로 부임하였다. 최윤식은 1956년 국내 최초로 수학박사학위(서울대)를 받았다. 경성대학 수학과 초창기에 미적분학 강의는 최윤식이 도쿄대학 유학시절 공부한 강의노트로, 대수(3차원 변환)와 해석기하

(Affine 변환) 등은 교재 없이 강의가 진행되었고, 대수와 기하는 일본교재로 강의하였다.

참고문헌

나일성, 『서양과학의 도입과 연희전문학교』, 연세대학교 출판부, 2004.
박성래 외, 『한국 과학기술자의 형성연구2 : 미국 유학편』, 1998.
이상구, 『한국 근대수학의 개척자들』, 사람의 무늬, 2013.
이희철, 「나의 아버지, 이춘호선생을 기리며」, 『진리 자유』 제35호, 연세대학교 출판부, 1999.

한국물리학계의 대부 최규남 박사

황 정 남

해방 때까지 박사학위를 취득한 한국인은 이원철(1926년, 천문학), 조응천(1928년, 전기공학), 최규남(1933년, 물리학), 박철재(1940년, 물리학)뿐이었다. 따라서 최규남은 한국 최초의 물리학 박사이다. 위의 네 사람 중 조응천을 제외한 3인이 모두 연희전문 수물과 출신이다. 즉, 연희전문 수물과는 우리나라 물리학의 효시로서 근대 과학발전에 선구자적 역할을 한 것이다. 최규남 박사는 95세로 타계할 때까지 한국의 교육, 과학발전을 위해 많은 업적을 남겼기에 상세한 이력을 열거하기가 어렵지만 교육과 과학에 관련된 약력만을 소개하면 다음과 같다.

1898.1.26	개성 출생
1918.3	개성 송도고등보통학교 졸업
1926.3	연희전문학교 수물과 졸업(4회)
1930.6	Ohio Wesleyan 대학원 석사
1933.6	Michigan 대학원 물리학 박사
1933.4~1944.3	연희전문 수물과 교수
1948.6	문교부 과학국장

1949.2	대한기술원 원장
1950.4~1951.8	문교부 차관
1951.9~1956.6	서울대학교 총장
1952.4~1960.3	한국물리학회 회장
1956.6~1957.11	문교부 장관
1958	5대 민의원 당선
1964	KIST 설립준비위원장

1. 유년 및 송도고보 시절

최규남(1898~1992)은 1898년 개성에서 태어났다. 7세 때 부친이 돌아가시기 전까지 한학자인 부친으로부터 한자교육을 받았다. 부친 별세 후, 모친은 신학문을 배워야 발전이 있다고 생각하여 집안의 반대를 무릅쓰고 윤치호가 설립한 한영서원에 1907년 9세가 되던 최규남을 입학시켰다. 당시 한영서원의 교과내용은 우리나라 역사를 가르침으로써 애국심을 고취하기 위한 유년필독, 초학지리, 산술, 체조, 창가 등이었다. 한영서원에서 학업성적도 우수하고 성실하다는 평판이 높자, 윤치호는 그의 후원자가 되어 미국유학 때에도 많은 도움을 주었다.

이후 한영서원은 총독부의 인가를 받아 송도고등보통학교로 이름과 체제가 바뀌게 되었다. 송도고보 시절 그의 별명은 '고질콜콜'이었는데, 의문이 생기면 끝까지 알고자 하는 그의 기질 때문에 그러한 별명이 붙여진 것이었다. 한 일화로 의학을 전공한 이만규 선생이 물리를 가르쳤는데 4학년 물리시간에 만유인력을 배우다 (질량)/(거리)^2 공식에 의문이 생겨 왜 '거리의 제곱에 반비례'한다는 법칙이 도출되었는지를 질문했다. 이 선생은 화를 내며 법칙이니 그냥 믿으라고 했고 당돌한 질문에 당황했으나, 탐구심과 학구열을 기특하게 여겨 그를 눈여겨보게 되었다. 한번은 지나친 지적 탐구심 때문에 처벌받을 위기에 처한 적도 있다. 서울에서 생물학을 가르치던 윤병섭 선생이 부임해오자 새로운 분야를 접하게 된 그는 수업시간마다 질문을 하였다. 참다못한 윤 선생이 교무회의에서 선생님을 저울질하는 학생은 처벌해야 된다고 건의하였다. 하지만 다행히 그의 학구열을 높이 평가했던 이만규 선생이 알고자 하는 의문일 뿐이지 선생님을 저울질하려는 의도가 아니라고 변호해 주어서 위기를 모면할 수 있었다.

이만규 선생님과의 만남은 이외에도 최규남의 진로에 큰 영향을 미쳤다. 그는 이 선생이 책임자로 있던 물리 실험실에서 조수로 있었다. 그의 일은 실험 도구를 청소하고 실험 준비를 하는 것이어서 자연스럽게 물리학을 전공하겠다는 생각을 하게 되었기 때문이다. 당시 학문이라고 하면 철학, 문학, 법률만을 생각하던 시절이었는데, 생소한 수물과를 지원한 것은 커다란 모험이 아닐 수 없었다.

최규남은 키도 크고 운동신경이 뛰어났다. 당시 송도고보에 야구선수 출신인 미국인 선교사 테일이 체육교사로 부임하였다. 그는 1911년 체격이 좋고 운동신경이 뛰어난 학생들을 선발하여 송도고보 야구팀을 창설하였다. 당연히 최규남은 투수 겸 4번 타자로 팀에서 중추적인 역할을 맡았고, 서울, 신의주, 함흥 등의 원정 경기에서 전국 1등의 영예까지 얻었다.

학생 시절, 그는 악대의 코넷주자로도 활동하였다. 일제 치하에서 악대 단원들은 개성시내를 순회하며 '대한 혼'이라는 가곡을 연주한 적이 있었다. 일본 헌병대는 대대적인 주동자 색출을 시행하였고, 그는 이 대한 혼 창가 사건으로 3~4개월 투옥되었다. 또한 3·1운동으로도 검거된 바 있다. 이 두 사건은 후에 미국 유학을 갈 때 비자 발급이 취소되는 결과를 낳게 된다.

1918년, 최규남은 송도고보를 수석으로 제1회로 졸업하였다. 그의 가계는 상급학교에 진학할 형편이 되지 못했다. 그래서 학비를 마련하고 윤치호와 3년간 교직생활을 하겠다는 약속도 지킬 겸 송도보통학교의 체조교사로 2년간 재직한 후에 송도고등보통학교 체육교원으로 임용되어 학비를 마련하였다.

2. 연희전문 시절

최규남은 3년간 저축한 740원과 당시 교장이었던 원영덕(미국인)이 보조한 100원으로 1922년 연희전문 수물과에 제4회로 입학하였다. 그 해에 30명 정원에 17명이 입학하였으며, 최종 졸업생은 6명에 불과하였다. 여기서 수물과의 교육이 엄격하였음을 알 수 있다. 수물과에서 그는 베커(A. L. Becker)와 신제린 교수로부터 역학, 열역학, 광학, 전자기학, 물리학 실험 강의, 밀러(E. M. Miller)교수로부터 일반화학, 물리화학, 화학 실험, 이춘호 교수로부터 고등대수, 해석기하, 미적분, 미방 등의 수업을 들었다.

연희전문 시절 최규남의 별명은 '불치하문(不恥下問)'이었다. 모르는 게 있으면 아랫사람에게도 물어보기를 부끄러워하지 않는다는 뜻으로 송도고보 시절의 기질이 대학에 와서도 이어진 것이다. 그는 학업에 열중하면서도 여러 면에서 활발하게 생활하였다. '조선학생회' 연희전문 위원(1925년)으로 학생운동에 참여하고, 농구선수, 야구선수로도 활동하였다. 특히 특대생으로 선발되었던 그의 성적표를 보면 거의 모든 과목의 평균 성적이 90점 이상이다.

1926년 우수한 성적으로 연희전문 수물과를 졸업하였다. 애초에 연희전문학교를 졸업 후 바로 미국으로 유학 갈 생각을 갖고 있었으나, 송도고보 시절 '대한 혼 창가' 사건으로 투옥되었고, 3·1운동 때의 검거 경력이

문제가 되어 미국 비자를 발급받을 수가 없었다. 개성으로 돌아가 송도고보
에서 수학과 물리학을 가르치는 교사가 되었지만 유학 갈 준비를 착실히
하였다.

3. 미국 유학 시절

비자 발급이 금지되어 미국 유학을 고민하던 그에게 우연히 신원보증을
해주겠다는 사람이 나타났다. 미 대사관에서는 그 사람의 보증을 신뢰하여
최규남의 비자를 발급해 주었고, 마침내 1927년 베커(A. L. Becker) 교수의
추천으로 미국 유학을 떠나게 되었다. 이때 윤치호 씨가 그에게 100원을
마련해 주면서 개화기에 많은 인재가 필요하니 이 사회에 필요한 사람이
되라고 격려해 주었다.

미국에 도착한 그는 먼저 마운트 유니언 컬리지(Mount Union College)에
서 연수과정을 밟았고, 오하이오주 웨슬리언 대학(Wesleyan Univ.)에 편입
하여 1929년 동 대학을 졸업하였다. 곧이어 동 대학원에 입학, 1930년
「라만 효과의 분광학적 고찰」로 석사학위를 받았다. 석사학위 제목을
「라만 효과의 분광학적 고찰」로 정하게 된 동기는 1927년 인도의 라만
박사가 동양인 최초로 노벨 물리학상을 받은 것에서 찾을 수 있다. 이에
지도교수인 자비스 박사가 같은 동양인인 네가 분자를 사용해서 라만
효과를 재확인해보라고 최규남을 격려하였기 때문이다. 이때부터 세계
최초로 분자물리학을 연구하게 되었다. 즉, 분자물리학 분야의 선구자인
것이다.

그는 「Compton 효과의 재음미」를 발표하였고, 특히 물리학 학술지인
『Phys. Rev』 1930년 1월호에 「Infra Red Absorption Spectrum of HCN」을
발표하였는데, 이 학술지는 당시는 물론 현재에도 물리학 분야에서 최고위

406

권위지로 인정받고 있다. 한국인으로써, 『Phys. Rev』에 논문을 발표한 사람은 그가 최초이다. 이어 그는 미시간 대학(Univ. of Michigan) 대학원에 진학, 물리학과 과장이었던 렌들(Rendle) 박사의 지도아래 박사논문을 준비하였다. 박사과정에서 분자물리학을 연구하였는데 그중에서도 특히 분자의 진동운동을 연구하였고, 1931년 4월호 『Phys. Rev』에 「Infra Red Absorption Spectrum of CO_2」를 발표하였다. 박사학위논문의 주제는 시안화수소(HCN) 분자의 적외선 흡수 스펙트럼의 분광학적 연구였다.

시안화수소 수용액은 흔히 잘 알려진 독약인 청산이지만, 시안화수소는 아크릴 섬유, 합성고무, 플라스틱 제조 및 전기도금에 필수적으로 사용하는 촉매제이다. 당시 인공섬유인 나일론이 발명되면서 시안화수소에 대한 연구가 각광을 받고 있을 때였다. 분자합성, 즉 촉매작용에서 중요한 요소는 분자의 진동운동이고, 이 분자운동을 결정하는 물리적 근원은 관성능률(Moment of Inertia)이다. 그는 HCN의 이 관성능률측정을 연구하였다.

박사과정 중 지도교수의 도움으로 실험 장비를 구축하여 실험하였는데, 결과의 재현성에 문제가 발생하였다. 실험할 때마다 관성능률의 측정치가 다르게 나왔던 것이다. 거의 1년간을 실험하며 고민하다 지도교수와 상의한 결과, 지도교수는 지금까지 낮에만 실험하였는데, 밤에 실험을 해보라는 대안을 제시하고 지하 9층에 있는 특별한 실험실을 마련해 주었다. 새로운 실험실에서 그는 밤 12시부터 실험을 한 결과, 지속적으로 같은 실험값을 얻게 되었다. 그 전까지 실패했던 원인은 낮에는 다른 연구실에서도 실험을 하기 때문에 그 때 발생하는 초단파가 그의 실험에 영향을 주었던 것에 있었다.

드디어 그는 1932년 2월호 『Phys. Rev』에 「Announcement of new value of Moment of Inertia of the HCN Molecule」을 발표하여 1933년 물리학 박사학위를 수여받았다. 그가 측정한 HCN의 관성능률은 현재까지도

가장 정확한 값으로, 세계적인 인정을 받아 'Choi's Value $(18.68 \times 10^{40} g \cdot cm^2)$'
로 불리고 있다.

4. 연희전문학교 교수 재직 시절

최규남은 박사학위를 받은 후, 지도교수가 켄터키 주립대학의 조교수
자리와 지도교수 밑에서 연구를 지속할 것을 제안하였으나, 연희전문학교
의 교육발전에 이바지해 달라는 요청을 듣고 1933년 모교의 조교수로
부임하였다. 그는 물리연구실을 확충하는 등 열악한 교육환경을 개선하려
고 노력하는 한편 당시 세계적으로 각광받던 새로운 물리학 분야인 양자역
학, 원자물리학, 물성론을 국내에 소개하였다. 또한 수물과 1학년 일반물리
학, 1, 2학년 대수학, 3학년 벡터해석, 4학년 해석역학 등을 강의하며
후학 양성에 힘썼다.

1938년 수물과 학과장이 되어 3년간 수물과 교육개선에 많은 노력을
기울였으며, 1940년 연희창립 25주년 기념 준비위원으로 특별음악회
개최와 육상경기대회 준비를 담당하기도 하였다.

태평양 전쟁이 막바지에 이르자 일본제국주의자들은 연희전문의 교장
을 일본인으로 바꾸고, 학교 이름도 1944년 경성공업전문학교로 바꾸었다.
이때 그는 이원철, 유억겸, 이춘호 등과 함께 연희전문에서 추방되어
해방될 때까지 경기도 고양군 오금리에서 농사를 지었다.

5. 공직 시절

해방 후 최규남은 유억겸, 이춘호 등과 함께 일제로부터 연희전문접수위

원으로 연희전문 재건에 노력하는 한편 김성수, 백낙준, 윤일선과 함께 경성제대 접수위원으로 이공학부 접수를 담당하여 서울대학교 설립 시부터 참여하였고, 1947년 이춘호가 서울대학교 제2대 총장이 되면서 교무처장을 맡게 되었다. 이때 정부로부터 문교부 차관의 제의를 받았으나, 정치에 관심이 없던 그는 문교부에 과학교육국을 설치하면 국장으로 가겠다고 차관직을 사양하였다.

그의 뜻대로 과학교육국이 1948년 설치되자 서울대를 떠나 문교부의 과학교육국장으로 가게 되었다. 그는 이승만 대통령에게 순수과학을 연구하는 연구원과 정부 내에 과학기술을 전담하는 부서가 필요하다고 상세히 설명하였다. 이를 위해 그는 1949년 10월 3일부터 일주일간 경복궁 미술관에서 '제1회 과학전람회'를 개최하였는데, 이승만 대통령도 참석하고 10만 명이 관람을 해 대성황을 이루었다.

그런데 이 과학전의 성공으로 그는 미국경제협조체로부터 과학기술을 연구하는 대한기술원을 공동으로 설립하자는 제의를 받게 되었고, 1950년 정식으로 용산 철도공작창에 기계를 설치하여 연구를 수행할 준비를 갖추었다. 6월 중순 대한기술원에 미국인 기술자들이 방문하였고, 계속해서 지원하기로 하였으나, 대한기술원은 일주일 만에 6·25전쟁으로 인해 무산될 수밖에 없었다.

과학교육국의 국장 시절 그는 과학교육제도에 대해 몇 가지 제안을 한 것이 있다. 입학시험에서 문·이과 분리제도를 없애고, 물리, 화학 등의 기초과학을 필수과목으로 만들어 대학에서 문과생은 자연과학개론을, 이과생은 철학개론을 필수로 수강하여 학문의 연계성을 알아야 창조적 지식을 창출할 수 있다고 강조하였다.

6·25전쟁이 일어났을 때 그는 문교부 차관이었다. 부산 피난 시 전쟁 중이라도 교육은 중단할 수 없다는 신념하에 백낙준 문교부 장관과 함께 노천교육과 가교사 전시교육안을 입안하여 전쟁 중에도 교육을 하게

되었다. 당시 미 국방차관 페이가 노천교육 실태를 조사하려 내한하였다. 그는 '2차 대전 때 유럽은 교육을 중단했었으나, 한국은 교육을 계속하고 있다, 실제 전쟁은 최전선이 아니라 후방의 정신 상태에 있다, 후방의 교육이 건재한 것을 보니 한국전쟁은 우리가 이긴 싸움이다'라고 말했다.

이를 계기로 그는 1951년 서울대 총장에 취임하여 문교부 장관으로 옮긴 1956년까지 총장으로 재직하였다. 그는 전쟁으로 파괴된 서울대의 건물과 시설을 재건하고 입학, 졸업, 기성회비 등 제반 교육행정을 재정비하여 서울대가 현재와 같이 발전할 수 있다는 기반을 마련하는 데 큰 기여를 하였다.

그의 커다란 업적 중 하나인 미국원조기구와 미국원호처의 재정지원으로 미네소타 대학과 협약을 맺어, 교수와 학생 250여 명을 미네소타 대학(Univ. of Minnesota-Twin Cities)에 파견보냈던 '미네소타 Project'가 있다. 선진국의 첨단 과학기술을 습득할 수 있었던 '미네소타 Project'는 우리나라 과학기술 발전에 기여할 인재들을 육성하는 데 중요한 역할을 맡았다.

1952년 4월 물리학자들의 염원인 '한국 물리학회'가 창립되었다. 그는 초대회장으로 선출되어 8년간 물리학회를 이끌면서 현재 회원이 13,000명에 달하는 국내 거대학회 중 하나로 성장할 수 있도록 기반을 조성하였다. 당시 부회장은 박철재, 총무 윤세원, 재무 김창영 등으로, 연희전문 수물과 졸업생들이 물리학회를 운영하였다.

1956년 그는 문교부 장관으로 취임하였다. 그는 문교행정의 자주성을 역설하고 교육행정 개편을 단행하였다. 교육의 질적 향상을 최우선 정책으로 내걸었고 구체적인 실천방안으로 1. 의무교육 6개년 계획, 2. 과학기술교육 진흥, 3. 우수교사 양성을 위한 사범교육 진흥을 추진하였다. 그리고 박철재를 미국 오크리지 원자력연구소에 보내 방사성 동위원소에 관한 기술훈련을 받도록 하고 제네바에서 개최된 원자력 평화협정 회의에 그를 파견하는 등 원자력연구소 설립을 준비하여 원자력에 관한 법령을 통과시켰다. 이는 결국 Triga Mark 연구용 원자로를 도입하는 결과를 낳았다. 그리고 학술원·예술원법을 제정하였다. 문교부 장관 재직 시 불의와 타협하지 않는 대쪽 같은 성품으로 '최고집 장관'이라는 별명을 얻게 되었고 이로 인해 1년 5개월 만에 장관직을 그만두게 되었다.

6·25전쟁으로 과학기술 종합기구 설립은 좌절되었다. 그는 이에 대한 구상을 한시도 버리지 않았다. 1964년 경제과학심의회 과학담당위원으로 있으면서 과학기술의 설립에 대한 구체안을 여러 번 제안하였다. 장기영, 최형섭과 함께 박정희 대통령에게 여러 번 건의한 결과 1967년 4월 과학기술처가 정식으로 발족하였다.

그리고 같은 해 KIST설립 준비위원장이 되어 미국 측과 설립타당성, 부지선정 등을 논의하여 KIST를 설립하였다. 그러나 운영방식에 대해 논란이 있었다. 그는 순수한 연구기관으로 출범해야지 기업처럼 수익을 목적으로 하는 기관이 되어서는 안 된다고 강조하였다. 그리고 대학과 학연관계를 맺어 KIST에서 학생이 몇 년간 연구한 후 대학에서 학위를 받도록 대학에 문호를 넓혀야 된다고 주장하였다. 그러나 일부 위원들은 이에 반대하였다.

최규남은 이외에도 대한교련 회장, 교원공제회 초대회장, 5대 민의원 당선, 한국기상협회 초대회장, 학술원 회원, 연세대학교 명예이학박사, 웨슬리언 대학교 명예이학박사 등을 역임하면서 한국 과학기술의 기반을 조성하고, 또한 한국 교육의 기틀을 마련한 한국 과학계와 교육계의 큰 어른이시다.

참고문헌

『동훈논집』, 대한교과서 주식회사, 1968.
『참지식과 거짓지식』, 한불출판, 1997.
나일성, 『서양과학의 도입과 연희전문학교』, 연세대학교 출판부, 2004.
박성래, 『인물과학사』, 도서출판 책과 함께, 2012.

찾아보기

연구 참여자

김성보 | 연세대학교 사학과 교수
윤덕영 | 국사편찬위원회 편사연구관
이수일 | 연세대학교 사학과 강사
정명교 | 연세대학교 국어국문학과 교수
이준식 | 민족문제연구소 연구위원
장건수 | 연세대학교 명예교수
황정남 | 연세대학교 명예교수

연세국학총서 110

근현대 한국의 지성과 연세

연세대학교 국학연구원 편

초판 1쇄 발행 2016년 5월 15일

펴낸이 오일주
펴낸곳 도서출판 혜안

등록번호 제22-471호
등록일자 1993년 7월 30일

주소 ⑨ 04052 서울시 마포구 와우산로 35길 3(서교동) 102호
전화 3141-3711~2
팩스 3141-3710
이메일 hyeanpub@hanmail.net

ISBN 978-89-8494-548-7 93370
값 30,000 원